ATENÇÃO

Prezados(as) Alunos(as): todas as atividades serão inseridas diretamente no Portifólio referente à disciplina. O objetivo é aumentar a interação do(a) aluno(a) com a plataforma, além de atualizar as atividades. Entrem com sua senha e acompanhe as atividades no sistema. Se preferir, imprimam as atividades e anexem no seu material impresso. Guias de estudo que contenham as atividades são guias de estudo antigos, onde as atividades já foram modificadas. Por favor, observem.

Atenciosamente,

Direção da UNIGRAN EAD

Graduação a Distância 4º SEMESTRE

Pedagogia

DIDÁTICA

II

UNIGRAN - *Centro Universitário da Grande Dourados*

Rua Balbina de Matos, 2121 - CEP 79.824 - 900
Jardim Universitário
Dourados - MS
Fone: (67) 3411-4141 / Fax: (67) 3411-4167

Apresentação do Docente

Bem-vindo!

Lilian Nantes, graduada em Letras pelo Centro Universitário da Grande Dourados - Unigran (1994), graduada em Pedagogia pelo Centro Universitário da Grande Dourados – Unigran (2013), graduada em Artes Visuais no Centro Universitário da Grande Dourados (2021), Especialista em Metodologia do Ensino da Língua Portuguesa(1999), Mestre em Educação pela Universidade Católica Dom Bosco, (2013). Atua nas áreas de Letras, Pedagogia e Tecnólogos em: Desenvolvimento e Análise de Sistemas, Engenharia de Produção ,Processos gerenciais, Gestão Comercial, entre outros cursos na modalidade EAD da UNIGRAN.. Ministra as disciplinas de Linguagem e Argumentação, Práticas Pedagógicas em Instituições não Escolares, Inglês Instrumental, Princípios e Métodos da Gestão Escolar, Comunicação Empresarial, entre outras. Atua também como docente do Semipresencial e na Pós-Graduação EAD. Professora da Rede Estadual de Ensino desde 1997, atua também como Coordenadora do Curso Técnico em Serviços Públicos – Educação Profissional Técnica de nível médio na Modalidade a distância da Rede Escola Técnica do Brasil - REDE e-TEC BRASIL. Exerceu a função de Coordenadora Pedagógica da Pós-Graduação EAD e dos cursos livres de extensão. Atua como Coordenadora Adjunta do curso de Pedagogia da Unigran EAD.

NANTES, Lilian. Didática II. Dourados: UNIGRAN, 2023.

44 p.: 23 cm.

1. Docente. 2. Pedagógica.

Sumário

Conversa Inicial

Caros(as) acadêmicos(as),

Esta disciplina será muito importante para a formação de vocês, pois irá permear os detalhes dos aspectos práticos da docência, contextualizá-la, enfatizar as mudanças nas tradições educacionais, alterações nas leis de base para a educação, evidenciar como todos os passos do processo norteiam o ensino e a aprendizagem na educação básica.

Cada aula proporcionará reflexões e discussões sobre nossas crenças pessoais e como estas influenciam no profissional que se torna docente. A formação continuada, a preparação do planejamento para as aulas, as formas como o sistema apoia a elaboração dos planos e da aprendizagem, destacando a importância dos variados tipos de projeto.

Os textos selecionados para cada aula foram cuidadosamente preparados para valorizar os pontos mais importantes dos aspectos discutidos em cada aula, bem como as sugestões de aprendizagem estão a serviço da formação de vocês, portanto, aproveitem!

Lilia Nantes

Aula 1º

A ação docente e a prática pedagógica nos diversos contextos educativos

Caros(as) acadêmicos(as),

Animados(as) para nossa primeira aula sobre as práticas docente? Nesta aula, vamos explorar as definições de ação e prática docente, diferenciando-as da prática pedagógica e incentivando a reflexão sobre os aspectos pertinentes à sala de aula vivenciada na realidade do ensino brasileiro. Para isso, foi selecionado um conteúdo dinâmico e diversificado, promovendo entendimento para o alcance dos objetivos da nossa aula.

Aproveitem as leituras e boa aula!

— Bons estudos!

Objetivos de aprendizagem

Ao término desta aula, vocês serão capazes de:

- definir e diferenciar ação docente e prática pedagógica;
- evidenciar a importância da docência no desenvolvimento de alunos críticos e reflexivos.

Seções de estudo

1 - Importância das Práticas Docentes
2 - Contextos educacionais de ação pedagógica

1 - Importância das Práticas Docentes

A prática docente é um assunto importante para a nossa primeira aula, não é mesmo?! Afinal, falar de prática docente em sala de aula é falar de um saber-fazer do professor repleto de nuances e de significados. É considerar o protagonismo do aluno, o abandono de práticas tradicionais de ensino, de ações pedagógicas em prol daqueles com maiores dificuldades escolares e tantos outros aspectos fundamentais que embasam o trabalho do professor. (CRUZ, 2007).

Dizemos isso tudo porque o trabalho docente não se trata apenas de saberes, mas, também, sensibilidades cultivadas ao longo de sua formação e atuação que orientam sua ação no contexto de uma sala de aula. Ou seja, toda a história do indivíduo que se tornou professor é parte de quem ele é e, consequentemente, se tornará parte de quem são seus alunos. (CRUZ, 2007).

Mas vamos à algumas teorias e críticas sobre o assunto, não é mesmo?! Pois apenas com estudo, pesquisa e compreensão é possível modificar a realidade do ensino, as bases da educação e o desenvolvimento de toda uma geração! Vamos começar?!

De acordo com Libâneo (2005), os educadores enfrentam uma realidade educacional complexa, repleta de crises, incertezas, pressões sociais e econômicas, relativismo moral, dissoluções de crenças e utopias. Esse cenário é uma das características do ensino básico brasileiro, tanto pela desigualdade econômica quanto pela diversidade encontrada nas salas de aula. A multiculturalidade, por exemplo, precisa ser abarcada no planejamento de ensino. Sobre isso, afirma-se que:

> [...] a ressonância mais problemática disso se vê na sala de aula, onde decisões precisam ser tomadas e ações imediatas e pontuais precisam ser efetivadas visando promover mudanças qualitativas no desenvolvimento e aprendizagem dos sujeitos (LIBANEO, 2005, p. 02).

É fato, portanto, que a sala de aula é um contexto complexo, repleto de desafios. Para ilustrar essa abordagem, vamos analisar como acontece a união de teoria e prática no exercício de ensinar e apreender conhecimento, ou seja, na ação pedagógica. Uma dualidade é exaltada, a relação professor e aluno. Diante dessa assimetria, temos:

> O professor aprende com o aluno, ao pesquisar sua realidade, seu desenvolvimento cognitivo e afetivo, enquanto o aluno aprende, por meio de um processo de reconstrução e criação de

conhecimentos daquilo que o professor sabe, tem para compartilhar (VERDUM, 2013, s/p).

Nessa perspectiva de processos e relações entre professores e alunos, Silva (2021) afirma que há recortes feitos a partir das nossas realidades, da nossa relação pessoal com a escola, com o conhecimento e com a vida de uma maneira geral. Ou seja, é preciso lembrar e considerar a trajetória pessoal de cada educador, pois esta interfere diretamente na forma como ele entende e conduz suas práticas pedagógicas na sala de aula.

Sendo assim, podemos dizer que muitas mudanças nas práticas pedagógicas "devem acompanhar os avanços ocorridos na nossa sociedade como o uso da tecnologia, trazendo a aquisição do conhecimento mais atraente e próxima da realidade dos alunos" (SILVA, 2021, s/p). As ações dentro da sala de aula, por esse viés, tendem a corresponder principalmente às experiências adquiridas pelo educador, o que não o impede de se atualizar e oferecer melhorias constantes a seus alunos.

Muito bem, agora vamos falar um pouco de ações pedagógicas, como a atuação dos professores influenciam diretamente no ensino e aprendizagem dos educandos. Vamos analisar a tirinha:

Figura 1 - AÇÃO DOCENTE

Nesta tirinha, vemos uma criança tendo atitudes de criança, com a imaginação muito aguçada para aquilo que envolve seu próprio estágio de desenvolvimento, se permitindo estabelecer relações entre objetos ao seu redor com momentos de lazer de fora da sala de aula. A docente é uma senhora muito idosa, o que nos remete às professoras já esgotadas pela profissão e com referências pedagógicas tradicionais e limitantes. A ação disciplinar é o envio do aluno à sala do diretor, em que prováveis reprovações do comportamento infantil do aluno serão o tópico da conversa.

Mas então, o que devemos entender dessa representação? A indisciplina não deve ser corrigida? A ação disciplinar é contraproducente? A criança não precisa se concentrar no assunto da aula em lugar de soltar sua imaginação fora dos momentos de lazer? Estes são ótimos questionamentos. Vamos falar um pouco mais sobre isso.

Indisciplina: Segundo o Dicionário de Língua Portuguesa, o termo Indisciplina significa ausência de disciplina;

com desobediência; insubordinação (VASCONCELLOS, 1995, s/p), ou seja, esta seria uma característica de quem não obedece a preceitos, normas ou regras. O que se considera para rotular o aluno indisciplinado é o comportamento que se opõe aos princípios da disciplina; a desordem, a bagunça.

Mas agora, na proposta de analisar a fonte da indisciplina, vamos abordar o que se sabe sobre o sentimento dos professores, suas perspectivas acerca dos alunos e suas angústias dentro da sala de aula. Esse entendimento permitirá que façamos novas relações entre a formação docente e as formas contemporâneas de se olhar para o educando.

Bem, temos muito trabalho pela frente, então, vamos começar.

De acordo com Gil (2006), o docente contemporâneo, no exercício de suas atividades, encontra situações que vão além das habilidades e competências desenvolvidas em sua formação pedagógica para a atuação docente. A indisciplina em sala de aula é apontada pelos professores como um dos principais fatores que contribuem para a falta de resultados positivos no processo de aprendizagem.

Analisando a forma como os alunos encaram a sala de aula, há um fator que deve-se tornar uma consciência para os professores: a capacidade de aprendizagem de cada aluno, suas motivações para a aquisição de novos conhecimentos e habilidades. Segundo Gil (2006), além dos conhecimentos do conteúdo de suas disciplinas, o professor educador precisa estabelecer uma cultura de estudo contínuo, pois apenas o contato com a informação não se basta para esclarecer os motivos do sucesso ou insucesso no processo de ensino-aprendizagem.

Agora, vamos ler alguns trechos da Introdução do artigo intitulado *Fatores motivacionais como elementos influenciadores da dinâmica educacional*, por Cláudio Adão Moraes Andrade (2021), que demonstra pontos importantes sobre a motivação educacional, proporcionando uma perspectiva diferente a ser considerada quando se trata de ensino básico. Vamos lá?!

A motivação humana é um elemento biopsicossocial rico, diverso e complexo. Sintetiza fatores inatos e ambientais, é caracterizada por uma construção histórica onde o social e o cultural não ficam de fora. Tem relação com o lugar existencial do sujeito, as formas como internalizou suas experiências, a maneira como decodifica o simbólico e dá sentido à realidade. O afeto e a estrutura cognitiva interagem mediados pelo universo sociocultural e as condições objetivas de existência dos indivíduos.

No ambiente educacional, objeto dessa pesquisa, a motivação, nos instrumentaliza para pensar estratégias metodológicas e pressupostos educacionais potencializadores do êxito capaz de reduzir a evasão e o fracasso escolar. No entanto, entendemos que apenas concluir a formação não é suficiente. É possível extrair o máximo no/do percurso, desenvolver-se humana e tecnicamente, mobilizando o máximo de recursos internos para uma aprendizagem mais significativa (AUSUBEL, 1963, apud MOREIRA; MASINI, 2011).

Não é só o fracasso e o êxito que se relacionam com a motivação, mas inclusive, a identificação, entrega e consciência que dão sentido e qualifica a passagem por cada etapa de formação. O fator denominado motivação é uma chave para interpretar as narrativas. Quando as pessoas não estão muito animadas para fazer alguma coisa, é comum usar a expressão popular, "não estou muito motivado". Assim explicam os comportamentos e apontam os motivos pelos quais teriam agido de determinada forma.

Abraham Maslow (1954) em sua proposta de hierarquia das necessidades fala sobre a descoberta da natureza humana e como é essencial a motivação, pois as pessoas não funcionam mecanicamente como as máquinas, que não têm paixão, valores e sentimentos, por isso elas precisam de uma motivação que sintetize tudo aquilo que é importante numa ação objetiva e não alienada

Fonte: disponível em : http://purl.oclc.org/r.ml/v7n1/a3; Acesso em 21 out. 2022.

No texto acima, vimos que a motivação é essencial para o ser humano, logo, também precisa ser considerada quando o educador elabora seu plano de aulas, lida com seus alunos e estabelece seus termos de relacionamento. Tudo isso levará o ensino e aprendizagem a um patamar diferente, motivado para a educação e, como consequência, para o envolvimento protagonizando o discente como agente de sua própria educação.

Pensamento interessante, não é mesmo?! Controlar a indisciplina com o fator motivacional. Esse conceito nasce muito cedo no ensino, pois é o mesmo princípio utilizado para incluir metodologias lúdicas nas aulas, seja em qualquer nível de ensino em que o educador esteja inserido.

1.1 - Tecnologias da Informação e Comunicação (TICs)

Para complementar o pensamento desenvolvido no tópico anterior, vamos entender como as TICs, ou Tecnologias da Informação e Comunicação, contribuem para o desenvolvimento de uma aula interessante, coerente com o século XXI e com o ambiente em que as crianças crescem nos dias atuais.

Para entender um pouco mais, vamos ler o texto, breve fragmento retirado do artigo intitulado *A inclusão das TICs* na educação brasileira: problemas e desafios, de Werlayne Stuart Soares Leite e Carlos Augusto do Nascimento Ribeiro (2012), cujo assunto contextualiza estatisticamente o uso da tecnologia no ambiente educacional. Boa leitura!

Políticas públicas para inclusão das TICs
La tecnología educativa, no es más que la evolución en la enseñanza de la educación, la cual es usada como herramienta para facilitar un aprendizaje eficaz. Cairlins Morales

Países de todos os continentes têm investido no uso das TICs nas escolas e na inovação de processos pedagógicos. Infraestrutura de equipamentos TICs, acesso à Internet, desenvolvimento profissional e criação de conteúdos digitais de aprendizagem são alguns exemplos desses investimentos (CETIC, 2011). Ao final da década de 2000, parece haver o reconhecimento na América Latina de inúmeros benefícios que as TICs podem trazer à educação, qualquer que seja o modelo pedagógico dominante (Valdivia, 2008). Dados da Organização das Nações Unidas para a Educação, a Ciência e a Cultura, UNESCO (2010) afirmam que os investimentos em Tecnologia e Comunicação, voltados para projetos educacionais, estão aumentando nos países da América Latina e do Caribe. Muitos países estão investindo milhões de dólares por ano somente em equipamentos.

As iniciativas governamentais de incentivo ao uso de tecnologias de informação e comunicação nas escolas públicas brasileiras datam, aproximadamente, de 1996 (CETIC, 2011). Ou seja, muito tempo se passou, desde a década de 1970, até que os governos brasileiros iniciassem ações concretas nesta área. Principalmente na última década, os governos, nos seus três níveis (municipal, estadual e federal), vêm instituindo políticas públicas voltadas para a inclusão digital da população no Brasil.

Ações conjuntas dos governos, federal e estadual, por exemplo, através de programas como Programa Nacional de Informática na Educação, PROINFO, têm implantado, nas escolas da rede pública, salas de informática com acesso à internet. A tecnologia possibilitou os cursos à distância, levando a informação e o conhecimento em quase todas as cidades do país. Alguns anos atrás, para muitos alunos, era impossível cursar uma faculdade. Hoje essa realidade mudou. Vários cursos de graduação e pós-graduação são oferecidos à distância (FERREIRA, 2009). De acordo com o relatório do Centro de Estudos Sobre Tecnologias da Informação, CETIC (2011), as estatísticas produzidas pelas pesquisas contribuem para as discussões sobre políticas públicas, principalmente aquelas voltadas para a inclusão digital. Entretanto, o Brasil apresenta um quadro socioeconômico com enormes disparidades, o que impõe grande desafio para a definição de políticas que consigam reduzir tal problema. Portanto, essa busca pela universalização da tecnologia é importante e deve continuar sendo feita, mas, possivelmente, não será o maior contributo para atenuar a exclusão social no Brasil.

Fonte: disponível em http://repositorio.minedu.gob.pe/ handle/20.500.12799/2600; Acesso em 22 out. 2022.

Gostaram do texto?! A preocupação de abordar, através de Políticas Públicas, o uso da tecnologia para a promoção de conhecimento crítico e elaborado, demonstra a necessidade de prover alunos e professores com informação e a inclusão digital no contexto em que estes estão inseridos. Utilizar a tecnologia promove inclusão e desenvolvimento a todos os envolvidos no processo educacional.

Para nossa próxima seção, vamos falar um pouco sobre o professor, já que o profissional pedagogo não está limitado às salas de aula e sua atuação é fundamental em vários campos de ensino. Boas leituras!

2 - Contextos educacionais de ação pedagógica

Preparados para novos conceitos para a ação pedagógica?! Nesta seção, vamos trabalhar a ideia de transdisciplinaridade e como esse conceito tem atingido a formação pedagógica e, com isso, as ações desenvolvidas pelo profissional pedagogista.

Para começar, vamos definir o entendimento de ação pedagógica de acordo com Souza e Pinho (2017), a ação pedagógica é a face concreta da educação, na qual as teorias e políticas estão presentes sob forma prática, na coordenação dos planos de ação dos participantes em referência ao mundo. Segundo Dalbosco (2005, p. 172), a ação pedagógica é "[...] em última instância, o horizonte definitivo no qual ocorre o processo educacional-formativo dos seres humanos". Essa educação situada - a ação pedagógica - pode ser tomada como um ponto central tanto para se pensar a educação, no caso a Pedagogia, como para transformá-la.

INTERESSANTE DE SABER: Habermas (1988, p. 139) define ação como "aquelas manifestações simbólicas em que o ator [...] entra em relação ao menos com um mundo

(mas sempre também com o mundo objetivo". É dizer, a ação é uma manifestação simbólica com a qual o ator se relaciona, no mínimo, com o mundo objetivo. Embora sendo um conceito teleológico de ação, não se reduz apenas à produção de resultados, mas, ao incluir o comunicativo, a ação se torna ato ilocucionário, que afirma algo proposicionalmente e faz algo ilocucionariamente com essa afirmação. Para fundamentar esse conceito, Habermas se vale da teoria dos atos de fala de Austin e Searle, a qual define a ação como tendo duas dimensões ou conteúdos: proposicional e ilocucionária. A ação manifesta o saber tanto proposicional, quanto ilocucionariamente; aliás, ela é o enlace das duas dimensões. Esses autores representam a denominada pragmática formal, cuja ideia central é a dimensão performativa da linguagem, segundo a qual com a linguagem não apenas se diz, mas também se faz. São exemplos conhecidos: o batismo, a promessa, o veredicto, dentre outros. Assim, Habermas pode oferecer uma abordagem não dicotômica à relação entre teoria e prática, mas de continuidade, pois a ação (prática) é o saber (teoria) como ilocução. A partir desse conceito geral de ação, é possível passar a dois tipos de ação que aqui são centrais: a ação comunicativa e a ação estratégica. (Disponível em http://educa.fcc.org.br/scielo.php?script=sci_arttext&pid=S1982596x2018000200747#:~:text=A%20ação%20pedagógica%20é%20a,Segundo%20Dalbosco%20(2005%2C%20p. Acesso em out. 2022)

Muito bem, visto essa definição, vamos trabalhar?!

De acordo com Pereira e Pinho (2015), as possibilidades de mudança metodológicas se baseiam nos fundamentos epistemológicos, ontológicos e metodológicos da interdisciplinaridade e da transdisciplinaridade, o que provoca as mudanças nas ações e nas práticas pedagógicas desenvolvidas pelos professores em ambientes escolares.

O objetivo de se considerar dessa forma, segundo os autores, é fazer com que a educação deixe de lado metodologias mecânicas e reprodutivas, para serem pensadas e repensadas como uma construção complexa e que possam envolver "[...] diferentes áreas do conhecimento [...] um olhar mais amplo e abrangente sobre as situações que aflora no contexto [...]" (PEREIRA; PINHO, 2015, p. 51). Sendo assim, as ações pedagógicas são fatores essenciais para se considerar criticamente, uma vez que estão diretamente relacionadas ao desenvolvimento de novos conhecimentos, novas competências pessoais e profissionais, além, é claro, das relações intersubjetivas estabelecidas no ambiente escolar.

A educação pode ser observada a partir de seus manuais, ou seja, os processos são guiados por diretrizes, currículos e gestão específicos, sendo esta a base para as ações e práticas pedagógicas. Estabelecendo-se essa relação, podemos considerar o que segue como parte fundamental da análise do panorama educacional:

> Conforme aprendemos nos manuais de didática, o ensino é composto de planejamento, metodologia, avaliação, dentre outros elementos. Tais fatores, se isoladamente considerados, parecem configurar um sistema de monitoramento, em que os alunos são submetidos a um processo sempre igual, um fluxograma composto de fases dentro do qual são mais objetos que sujeitos. (ZASLAVSKY, 2020, s/p).

Esse sistema de monitoramento destacado por Zaslavsky (2020) é a base utilizada pela educação tradicional, que nivelava os alunos por baixo e tinha no educador a figura de autoridade e saber dentro da sala de aula. Hoje, os processos ainda estão presentes, quer dizer, o ensino sistematizado precisa sim de planejamento, metodologia, avaliação e etc.; entretanto, a educação contemporânea considera o aluno como protagonista de seu aprendizado, e como se desenvolvem os aspectos processuais para que o ensino e a aprendizagem aconteçam, esses sim se modificaram.

Para finalizar e entender esse conceito, vamos ficar com uma ressignificação do que se espera do ensino a partir da percepção de Zaslavsky (2020), que coloca em foco a aprendizagem, tendo em vista a maioria dos processos formativos, não se dá diretamente na prática cotidiana, em relação direta com o mundo.

De acordo com Zaslavsky (2020), existe a necessidade, para que o ensino cumpra seu papel formativo, de certo distanciamento da pessoa em formação em relação à realidade da sociedade. Os atores na ação pedagógica se relacionam indiretamente com o mundo, exoneradamente, ou seja, o educador compartilha a realidade com o uso de discurso selecionado e específico para a ação pedagógica.

Zaslavsky (2020) acredita que a atitude dos interlocutores precisa ser hipotética, pois lidam com hipóteses e significados a serem esclarecidos. Se a ação pedagógica estivesse articulada, em primeiro lugar, ao discurso teórico ou prático, não pareceria possível preparar uma atitude hipotética, pois a verdade e a correção, a quem está em formação básica, e diante da instituição escolar, são dificilmente contestáveis, ao contrário de problemas envolvendo o significado de manifestações.

Entretanto, associa-se a esse pressuposto destacado a educação significativa, acreditando-se que, apesar de não expor o aluno à realidade crua e mantendo-o no ensino com base em hipóteses, ainda assim é preciso aproximar sua realidade ao aprendizado sistematizado. Na imagem abaixo, percebemos como essa relação é estabelecida sem ferir o princípio de preservar a infância:

Figura 2 - APRENDIZAGEM SIGNIFICATIVA

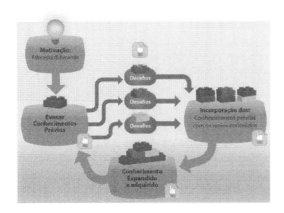

Fonte: disponível em https://br.pinterest.com/pin/479422322809606424/ Acesso em 22 out. 2022.

Muito bem, acreditando que esta aula propôs diversas reflexões, espera-se que os objetivos de aprendizagem possam ser construídos em base analítica por cada acadêmico individualmente, pois a pluralidade de pensamentos é o que torna a educação uma real forma de transformação da sociedade.

Enfim, chegamos ao final. Fiquem com a retomada dos pontos mais importantes da aula e aproveitem as sugestões de aprendizagem. Bons estudos e até a próxima.

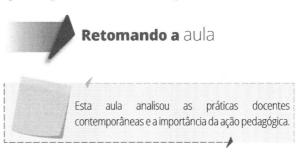

Retomando a aula

Esta aula analisou as práticas docentes contemporâneas e a importância da ação pedagógica.

1 - Importância das Práticas Docentes

Nossa primeira seção, analisou o conceito de prática docente, definindo sua importância e tendo a prática como um processo de aprendizagem através do qual os professores ressignificam sua formação e a adaptam à profissão, eliminando o que lhes parece inutilmente abstrato ou sem relação com a realidade vivida e conservando o que pode servir-lhes de uma maneira ou de outra no desenvolvimento de suas ações.

2 - Contextos educacionais de ação pedagógica

Consideramos nesta seção, que as práticas pedagógicas são ações conscientes e participativas que visam atender as expectativas educacionais de uma determinada comunidade. Ficou definido que essas ações servem para organizar, potencializar e interpretar as intencionalidades de um projeto educativo. O professor e o aluno trabalham em conjunto, tendo o aluno como protagonista de seu aprendizado e o professor como o motivador e que estimula a criticidade do aluno em relação às informações a serem transformadas em conhecimento.

Nossa próxima aula vai se dedicar a compreender as orientações pedagógicas, então, para estarem preparados para dar o próximo passo, aproveitem as sugestões de aprendizagem.

Bons estudos.

Vale a pena

Vale a pena ler,

PASSERO, Guilherme; ENGSTER, Nélia Elaine Wahlbrink; DAZZI, Rudimar Luís Scaranto. *Uma revisão sobre o uso das TICs na educação da Geração Z.* Renote, v. 14, n. 2, 2016. Disponível em: https://www.seer.ufrgs.br/index.php/renote/article/view/70652. Acesso em: 20 out. 2022.

Vale a pena assistir,

A Educação Proibida - Filme completo em HD (áudio Português), 2019. Disponível em: https://www.youtube.com/watch?v=OTerSwwxR9Y Acesso em 20 out. 2022.

Minhas anotações

Aula 2º

Orientações didáticas

Caros(as) acadêmicos(as),

Nossa primeira aula foi muito interessante, não é mesmo? Para nosso segundo momento, vamos abranger alguns assuntos específicos para a atuação docente, entendendo o que são as orientações didáticas e como estas influenciam na educação. Estamos considerando o ensino brasileiro como base dos nossos estudos, no entanto, todo sistema educacional possui diretrizes e orientações de como proceder quando o professor está em sala de aula. Boa aula!

Bons estudos!

Objetivos de aprendizagem

Ao término desta aula, vocês serão capazes de:

- promover ativamente a reflexão crítica sobre aspectos didático-pedagógicos;
- estabelecer valor a documentos de diretrizes para a ação docente.

12

Seções de estudo

1 - Orientações didático-pedagógicas
2 - Pesquisas didáticas

1 - Orientações didático-pedagógicas

Caros(as) estudantes, nesta segunda aula, vamos entender o documento que orienta e direciona as ações pedagógicas, as práticas docentes e a percepção da instituição de ensino quanto às ações de seus profissionais. Vejamos:

> Teremos em mente que as orientações didático-pedagógicas para elaboração do planejamento de ensino é um documento que traz orientações de como sistematizar o planejamento anual/semestral e ou modular do ensino-aprendizagem, tendo em vista a intencionalidade do ato de educar (PIMENTA, 2001, s/p).

De acordo com Pimenta (2001), a prática do professor deve se basear em promover o ensino-aprendizagem, ou seja, auxiliar com a construção do conhecimento técnico-prático estando preparado para garantir que a aprendizagem se realize como consequência da atividade de ensinar. Sendo assim, o professor deve estar preparado para estabelecer finalidades e intervenção para que as informações e conteúdos possam ser transformados em conhecimento, além de se preocupar com a não aprendizagem, transformando essa realidade em um desafio a ser superado.

Vamos analisar a imagem a seguir com a seguinte premissa em vista: como o professor se prepara para a prática docente? Sua preparação é um processo desenvolvido com base nos princípios previstos para a elaboração de suas aulas. Observem:

Figura 1 - ORGANIZAÇÃO E PLANEJAMENTO DE AÇÕES DIDÁTICO-PEDAGÓGICAS

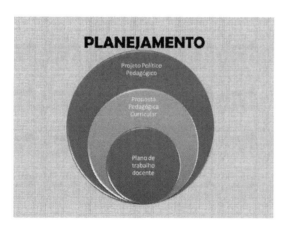

Fonte: Disponível em https://slideplayer.com.br/slide/3821376/; Acesso em 20 out. 2022.

Por esta imagem, podemos estabelecer relação entre alguns aspectos de gestão que evidenciam o trabalho docente com base nas diretrizes necessárias para o âmbito educacional. Pelo esquema da Figura 1, vemos o Projeto Político-Pedagógico (PPP) como a base, o plano que abarca todos os componentes da educação, ou seja, gestão, currículo, formação de professores, proposta curricular e o plano de aula dos docentes.

Em uma análise mais profunda, podemos também relacionar os aspectos próprios a atividade docente com conceitos e concepções modernas de ensino, pois é a partir da análise da realidade da educação brasileira que se torna possível desdobrar novas ideias. De acordo com essa afirmação, citamos o que segue:

> As teorias modernas da educação hoje apresentam-se em várias versões, variando das abordagens tradicionais às mais avançadas, conforme se situam em relação aos seus temas básicos: a 6 natureza do ato educativo, a relação entre sociedade e educação, os objetivos e conteúdos da formação, as formas institucionalizadas de ensino, a relação educativa. A literatura internacional e nacional dispõe de conhecidas classificações de teorias da educação ora chamadas de tendências ou correntes, ora de paradigmas (LIBÂNEO, 2005, p. 06).

Como Libâneo (2005) destaca, os estudos sobre as formas de ensino voltadas a alunos contemporâneos e com abrangência para as discussões da nova sociedade são possíveis a partir da reflexão da educação tradicional. Na figura 1, estabeleceu-se a hierarquia para se iniciar essa análise, pois é preciso partir da base para compreender como, dentro das salas de aula, os professores são capazes de influenciar seus alunos para uma formação crítica e reflexiva.

Em nossa próxima seção, vamos entender como as pesquisas didáticas favorecem as mudanças educacionais. Boas leituras!

2 - Pesquisas didáticas

Na seção anterior, vimos que o plano de aulas do professor não é aleatório, assim como não se refere apenas ao que o professor considera importante para o ensino de seus alunos, pelo contrário. Trata-se de uma ação pedagógica inserida em um projeto maior, focado no desenvolvimento de todo o corpo discente de uma instituição de ensino.

Nesta seção, vamos falar um pouco mais sobre a ação transformadora, pois a saída dos métodos tradicionais de ensino está diretamente condicionada à forma como os estudos sobre a educação são pensados e realizados. Para entender um pouco mais, vamos falar das pesquisas didáticas, ou seja, pensar a educação a partir de pesquisas sobre as formas de ensino praticadas em sala de aula, seja no passado ou no presente, brasileiras ou internacionais, estabelecendo relações entre elas que levarão ao desenvolvimento de um pensamento crítico do professor quanto às próprias ações pedagógicas.

O texto a seguir, é um fragmento da entrevista de Mirta Castedo (2022), especialista em educação, cedida à Organização de Formação Continuada Avisa Lá. Na entrevista, muito interessante por sinal, destacaremos apenas algumas perguntas, pertinentes à nossa aula. As perguntas respondem sobre a pesquisa didática, como sua relação se destaca nas mudanças educacionais. Aproveitem a leitura:

[...]

Avisa lá: Gostaríamos que você nos falasse um pouco mais sobre a "pesquisa didática" realizada na Argentina. É diferente da pesquisa acadêmica convencional que conhecemos no Brasil. Ela acontece diretamente na sala de aula. Por que é importante construir esse conhecimento didático?

MC: Nós não acreditamos que o conhecimento didático se limite à pesquisa psicolingüística ou sociológica sobre os grupos escolares. Certamente, estes são conhecimentos valiosos, mas não suficientes. São as chamadas "disciplinas de referência". O conhecimento didático é, acima de tudo, aquele construído na sala de aula, com componentes práticos e teóricos.

Elaboramos uma tipologia de situações didáticas para desenvolver os vários tópicos, para trabalhar com questões próprias da didática, tais como leitura por si só, escrita por si só etc. São conhecimentos teóricos construídos e experimentados na sala de aula. Não há como ser fora da sala de aula.

Avisa lá: E o professor tem um papel em relação à pesquisa didática?

MC: É muito fácil e tentador dizer que é o professor que deve pensar e elaborar a proposta didática. Mas, vou ser muito honesta: nas condições do nosso sistema educativo, isso não é possível. Para elaborar uma proposta didática, é necessário uma base teórica forte, além de conhecimento especializado sobre a disciplina. E o professor das séries iniciais, por definição, é generalista, pois dá aula de todas as matérias.

Além do mais, se precisa responder com compromisso e seriedade à demanda de 30 crianças e suas famílias, certamente não tem tempo, nem energia, para outra atividade. Por outro lado, o professor tem uma responsabilidade específica. Sua função social é ensinar. Ele não pode ficar experimentando situações didáticas. Ele deve trabalhar com a situação que mais seguramente irá provocar o efeito desejado em seus alunos. E o pesquisador faz exatamente o contrário: ele experimenta uma seqüência, mesmo sabendo que poderá não produzir o efeito desejado.

Avisa lá: Mas, de alguma forma, o professor colabora com a pesquisa?

MC: Os professores têm um papel fundamental na pesquisa quando a proposta da situação didática começa a ser usada. Ele atua em condições menos controladas do que na pesquisa, enfrentando outros obstáculos. No cotidiano, o professor trabalha interagindo com seus colegas, com o diretor da escola, com as famílias das crianças.

É uma realidade que até pode ser prevista, mas são os professores, durante o processo de formação, que trazem essa realidade e fazem com que mudemos a proposta. Por mais que pensemos numa situação didática, a apliquemos, registremos, analisemos e repitamos várias vezes, não vivemos a mesma situação que um professor. E esse retorno que ele nos dá é essencial. Foi, por exemplo, ouvindo o que os professores nos diziam sobre o caderno, a importância de ter atividades no caderno, que mudamos nossa forma de nos relacionarmos com esta prática, que não aprovávamos. Tivemos que enfrentar a pergunta: que atividades podemos propor que seja compatível com o uso do caderno?

Avisa lá: Mas, ao criar e propor situações didáticas, o trabalho do pesquisador não impede a autonomia e a criatividade do professor?

MC: São papéis diferentes, mas igualmente importantes. Tanto o pesquisador como o professor cumprem tarefas complexas, que envolvem conhecimento teórico e criatividade. O pesquisador propõe modelos e roteiros, recriados pelo professor nas condições reais, num trabalho inteligente, criativo, complexo. Não é um trabalho mecânico, automático. Podemos dizer aos professores que trabalhamos determinada situação didática com alunos de tal perfil, tal idade, considerando tais critérios, com tais resultados. Ou seja, de certa maneira, aspiramos a "modelizar" a situação. Mas usar esses modelos não impede a criação do próprio professor.

É como dizer que usar livro de receitas culinárias me impede de aprender a cozinhar e criar minhas próprias receitas. É certo que há bons e maus livros de cozinha. Há aqueles que, além de dizer "use uma colher de sal", nos dizem em que momento é melhor colocar o sal – o que nos permite generalizar. Não buscamos receitas que sejam repetidas letra por letra. Devemos dizer que fizemos tal coisa e aconteceu tal, e o professor, uma pessoa inteligente, saberá aproveitar à sua maneira o que está sendo dito.

[...]

LEIA A ENTREVISTA NA ÍNTEGRA NO LINK https://avisala.org.br/index.php/ assunto/alfabetizacao/pesquisa-didatica-e-apoio-para-a-sala-de-aula/ Acesso em 20 out. 2022.

Perspectiva interessante, não é? As pesquisas didáticas enfatizam a prática pedagógica dentro das salas de aula., análises críticas que permitem as mudanças no futuro do cenário educacional. Podemos enfatizar que essa preocupação não é apenas no Brasil, mas todos os sistemas educacionais se colocam em questionamento em algum momento. Nesse sentido:

> Sem renunciar a teorias nem, muito menos, a produzir teorias, a buscar explicações científicas, os novos paradigmas estão mais preocupados com análises profundas e contextuais do ensino, para averiguar o que está por trás da atuação de cada professor e para conhecer as estruturas cognitivas implícitas nos processos de ensino e aprendizagem (KENSKI, 2022, s/p).

Com isso, podemos depreender que as pesquisas acerca da prática diária dos professores são fundamentais para que o pesquisador entenda o comprometimento dos professores na relação ensino-aprendizagem, destacando a formação escolar como a forma de transformação de todo o sistema de ensino e registrando essas percepções em artigos e livros científicos.

Muito bem, mais uma aula interessante na nossa jornada para a compreensão crítica do nosso sistema de ensino, não é mesmo?! Claro que não acabamos por aqui, pois na próxima aula, vamos nos aprofundar em aspectos práticos, como o Planejamento e suas facetas.

Aproveitem agora a retomada dos pontos principais da nossa aula. Bons estudos!

Retomando a aula

Analisar as orientações didático-pedagógicas é essencial para que se possa transformá-las.

1 - Orientações didático-pedagógicas

Definimos, nesta primeira seção, a importância de documentos que orientem a ação pedagógica do professor dentro da sala de aula, refletindo como essas ações impactam no entendimento do conteúdo para os alunos. Além disso, o documento de orientação funciona como um guia que destaca vantagens para processo de ensino e aprendizagem.

2 - Pesquisas didáticas

Nossa segunda seção discutiu a importância do pesquisador para que se pense a educação, evidenciando que esses conhecimentos teóricos são construídos e experimentados na sala de aula, portanto, passíveis de serem avaliados constantemente, o que promove melhorias no sistema educacional constantemente.

Fiquem agora com as sugestões de aprendizagem! Aproveitem!

Vale a pena

Vale a pena ler,

LENOIR, Y. Didática e interdisciplinaridade: uma complementariedade necessária e incontornável. In: FAZENDA, I. *Didática e interdisciplinaridade*. Papiros Editora, e-book, 2022. Disponível em: https://books.google.com.br/books?hl=pt-BR&lr=&id=vHiADwAAQBAJ&oi=fnd&pg=PT3&dq=pesquisa+didática+&ots=6sr4VtHCtB&sig=8z9-rTQNYxxcyl8fDBSuk_60iEY#v=onepage&q=pesquisa%20didática&f=false; Acesso em 20 out. 2022.

Vale a pena assistir,

Pesquisa de investigação didática, 2010. Disponível em https://www.youtube.com/watch?v=aiWz8kOfYKI; Acesso em 24 out. 2022.

Minhas anotações

Aula 3º

A importância do planejamento na prática docente

Caros(as) acadêmicos(as),

Nesta aula, veremos como o processo de planejamento é importante para que a ação docente dentro da sala de aula seja desenvolvida com êxito para o ensino e a aprendizagem. As seções de estudo se dividem entre a definição, o entendimento do plano didático e a prática de como elaborar um planejamento para as aulas. Vamos lá?

Boas leituras.

Bons estudos!

Objetivos de aprendizagem

Ao término desta aula, vocês serão capazes de:

- destacar a importância dos tipos de planejamento dos processos de ensino.

Seções de estudo

1 - O documento: plano didático
2 - Como fazer um planejamento

1 - O documento: plano didático

Muito bem, vamos a mais uma aula muito importante para a formação pedagógica. O assunto é Planejamento e, para entender sua relevância no processo educacional, é fundamental compreender o que é ensinar, pois a partir da compreensão desse conceito, poderemos aprofundar nossa reflexão. Bem, dito isto, vamos definir segundo os autores, que "sem um conceito claro do que é ensinar, é impossível encontrar critérios de comportamento apropriados para compreender o que acontece numa sala de aula" (PAUL HIRST *apud* CORDEIRO, 2017, p. 20). Dessa forma, é preciso entender que, em sala de aula, há desafios muito específicos para o trabalho docente.

Libâneo (2005) acredita que a elaboração dos objetivos é uma avaliação crítica que o professor realiza acerca das referências que utiliza, balizadas pelas suas opções em face dos determinantes sócio-políticos da prática educativa. Dessa maneira, evidencia-se a pertinência de objetivos e conteúdos previstos pelo sistema educacional. Ainda entende-se que, realizar essa análise, permite que seja verificado em que medidas o planejamento e os objetivos atendem às exigências de democratização política e social.

Ou seja "[...] deve, também, saber compatibilizar os conteúdos com necessidades, aspirações, expectativas da clientela escolar, bem como torná-los exequíveis face às condições sócio-culturais e de aprendizagem dos alunos [...]" (LIBÂNEO, 2005, p. 121).

Para entendermos melhor, então, o que está evidenciado por Libâneo (2005), é que o professor possui autonomia para estabelecer-se com suas expectativas e percepções. Ou seja, do ponto de vista do professor, "ele procura se apoiar em alguns procedimentos que pensa serem confiáveis: modelos de aula que ele teve como alunos, modelos de aula que ele já experimentou e que tiveram algum sucesso" (CORDEIRO, 2017, p. 34). Sendo assim, o docente sempre pode recorrer aos manuais de Pedagogia, uma vez que esses orientam acerca do que fazer e o que não fazer quando as situações fogem ao controle do agente da educação.

Cordeiro (2017) enfatiza que não há "receita", pois, cada aula, em cada situação particular, é uma experiência nova em que cada situação particular apresenta um conjunto de circunstâncias particulares. Para isso, voltamos à elaboração do planejamento escolar, considerando a preparação de objetivos, conteúdos e métodos a serem estabelecidas. Nesse sentido, considere-se que:

> [... os planejamentos] - estão recheados de implicações sociais, têm um significado genuinamente político. Por essa razão o planejamento é uma atividade de reflexão

acerca das nossas opções e ações; se não pensarmos detidamente sobre o rumo que devemos dar ao nosso trabalho ficaremos entregues aos rumos estabelecidos pelos interesses dominantes na sociedade. (LIBÂNEO, 2005, p. 222)

Importante refletir sobre as palavras do autor, pois o trabalho docente vai muito além de apresentar conteúdos escolares baseados nas diretrizes educacionais. Ainda assim, destaca-se que no que diz respeito aos conteúdos de ensino, podemos situá-los como um "conjunto de conhecimento, habilidades, modos valorativos e atitudinais de atuação social, organizados pedagogicamente e didaticamente, tendo em vista a assimilação ativa e aplicação pelos alunos na sua na sua prática de vida" (LIBÂNEO, 1993, p. 128).

A construção do conhecimento, como visto nas palavras de Libâneo, podem ser demonstradas na figura 1 abaixo, que apresenta os passos do planejamento didático. Vamos observar:

Figura 1 - PLANEJAMENTO DIDÁTICO

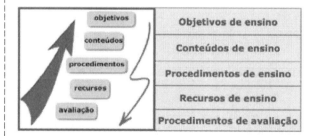

Fonte: disponível em https://www.eprofessor.blog.br/2019/12/o-planejamento-didatico-uma-ferramenta.html Acesso em 24 out. 2022.

Na imagem, vemos o encadeamento dos passos para se organizar um bom planejamento didático. Estabelece-se, a partir da elaboração, uma importante ferramenta para direcionar o trabalho docente no ensino e aprendizagem. Sendo assim, parece importante aprender a elaborar um bom planejamento, não é mesmo?! Então, vamos na próxima seção.

2 - Como fazer um planejamento

Muito bem, antes de entrarmos nos aspectos práticos de elaboração de um planejamento, vamos entender algumas coisas. Conforme Puhl (2020), a definição de um bom planejamento é possuir coerência e unidade, apresentar continuidade e sequência didática, possuir flexibilidade, objetividade e ser funcional, ou seja, precisa de clareza, precisão e atender às diretrizes educacionais. Nesse sentido, podemos usar como definição o que segue:

> Frente ao exposto, entende-se que o planejamento didático é, para o professor, uma ferramenta indispensável e eficaz na sua práxis pedagógica, permitindo orientar o aluno e propor intervenções na sua aprendizagem. Como vimos durante neste

texto, é por meio desta poderosa ferramenta que se desenha e articula conteúdos, objetivos, procedimentos, recursos e formas de avaliar (VASCONCELLOS. 1995, s/p).

Estamos assumindo que o objetivo do docente é, portanto, a aprendizagem do aluno. Para isso, a posição de uma prática de ensino coerente com a realidade em que o discente está inserido é fundamental. Quanto ao trabalho do professor, planejar suas aulas é um compromisso com a educação promover ações de qualidade, o que garantirá que as expectativas e objetivos desejados sejam alcançados da melhor forma possível.

Vamos ver na figura 2, uma representação dos passos para a construção de um planejamento. Veremos que as estratégias para a mudança de um estado inicial do conhecimento da criança, precisa de organização para que seja transformado e se torne novo, acrescido das novas informações necessárias para sua consolidação. Vejamos:

Figura 2 - PLANEJAMENTO

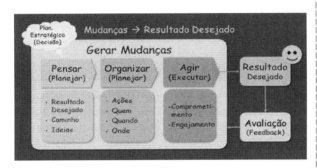

Fonte: disponível em https://portal.fslf.edu.br/blog/noticias/saiba-a-diferenca-entre-plano-de-ensino-e-plano-de-aula/ Acesso em 20 out. 2022.

Pela imagem, vemos que é necessário se pensar no processo, ou seja, planejar o que será realizado para alcançar os objetivos estabelecidos, seja para a aula, para a instituição ou para ações pedagógicas com temas transversais, interdisciplinares. Depois, organiza-se os métodos e estratégias considerando todas as informações coletadas, como: quais ações serão desenvolvidas? Quem é o público-alvo a ser aplicadas as ações pedagógicas? Quando será realizada a aula ou a ação? Onde será executado o planejamento? Por fim, executa-se a ação. Para este último, é preciso estar comprometido com os resultados esperados, promover engajamento da equipe e dos alunos. Então, entramos na fase de avaliação, tanto dos processos e envolvimento dos alunos, quanto dos resultados que se esperava atingir.

Na figura 3, temos uma imagem que representa esse processo com a retroalimentação dos passos a serem desenvolvidos, ou seja, após a preparação, desenvolve-se a ação pedagógica, avalia-se os resultados e, quando necessário, retorna-se ao planejamento e preparação das ações para aproveitar a flexibilidade e corrigir o que não estiver funcional para o alcance dos objetivos propostos. Vejamos:

Figura 3 - PREPARAÇÃO DO PLANO

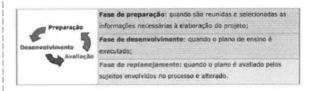

Fonte: disponível em https://portal.fslf.edu.br/blog/noticias/saiba-a-diferenca-entre-plano-de-ensino-e-plano-de-aula/; Acesso em 24 out. 2022.

Analisando a figura 3, vemos os detalhes das fases do planejamento: a) preparação é quando informações são reunidas, como o para quem, o que; b) desenvolvimento é a fase em que se estabelece onde e quando o planejamento será executado; c) replanejamento é a fase em que se avalia e verifica se os objetivos do planejamento foram alcançados.

Vamos deixar aqui o blog de Elizabeth Fantauzzi, disponível no link https://www.eprofessor.blog.br/2019/12/o-planejamento-didatico-uma-ferramenta.html (Acesso em 24 out. 2022); em que a educadora detalha as fases do planejamento de modo muito didático e interessante.

Muito bem, esta aula chega ao fim com a esperança de que tenha sido bem aproveitada, pois as próximas deverão completar a construção dos sentidos de vocês. Fiquem com a retomada dos pontos principais da aula e aproveitem as sugestões de aprendizagem.

Boas leituras!

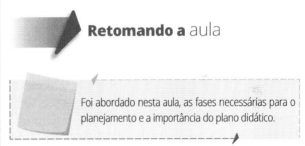

Retomando a aula

Foi abordado nesta aula, as fases necessárias para o planejamento e a importância do plano didático.

1 - O documento: plano didático

Ficou definido em nossa primeira seção, que a necessidade de planejamento e organização do tempo nas atividades profissionais e pessoais tem relevância em nossas vidas, não sendo diferente com o cotidiano escolar. O plano didático é importante pois explicita o que são os objetivos da aula, como serão atingidos e em quanto tempo. Ele funciona como uma guia que orienta o professor sobre seus objetivos e abre um leque de opções criativas a fim de alcançá-los.

2 - Como fazer um planejamento

A segunda seção definiu o planejamento como uma estratégia essencial para o desenvolvimento de ações pedagógicas. Dividido em quatro etapas, é a partir dele que se torna possível seguir um roteiro, auxiliando como ensino e aprendizagem. As etapas são o conhecimento da realidade, elaboração do plano, a execução do plano, e a avaliação e aperfeiçoamento do plano.

Muito bem, fiquem agora com as sugestões de

aprendizagem e até a próxima aula!
Bons estudos.

Vale a pena

Vale a pena ler,

INSTITUTO FEDERAL DO PARANÁ. *Orientações para elaboração do plano de ensino*, 2020. Disponível em: https://reitoria.ifpr.edu.br/wp-content/uploads/2014/06/Orientações-Plano-de-Ensino.pdf; Acesso em 20 out. 2020.

Vale a pena assistir,

A Voz do Coração Filme Completo Dublado, 2022. Disponível em: https://www.youtube.com/watch?v=2Uc3d4zBfEY Acesso em 20 out. 2022.

Minhas anotações

Aula 4º

Planos de ensino: programação das atividades pedagógicas

Caros(as) acadêmicos(as),

Dando continuidade ao desenvolvimento da temática do planejamento, nesta aula, vamos tratar do plano de ensino, enfatizando aspetos da generalização que engloba todo o sistema educacional evidenciando as bases para as ações didáticas. Ufa! Temos muito trabalho pela frente, então, vamos começar!

Bons estudos!

Objetivos de aprendizagem

Ao término desta aula, vocês serão capazes de:

- estabelecer relação entre aspectos didáticos práticos e teóricos;
- evidenciar como o plano de ensino é importante para as ações didáticas.

Seções de estudo

1 - Tipos de plano de ensino
2 - Principais elementos do plano de ensino
3 - Planejamento, plano e projeto

1 - Tipos de plano de ensino

Chegamos a um assunto um pouco mais amplo, o plano de ensino, usado para estabelecer estratégias gerais para longos períodos, como um bimestre, um semestre ou anual. Para sua definição, portanto, temos o que segue:

> Plano de ensino é uma programação das atividades pedagógicas que serão desenvolvidas durante a aplicação da disciplina. É um roteiro onde são correlacionados os conteúdos com as metas que se pretende alcançar durante e ao final da cadeira, descrevendo métodos e técnicas para atingir os objetivos (SOUZA; PINHO, 2017, s/p).

Por essa perspectiva, assumimos que o plano de ensino é uma programação das atividades pedagógicas que serão desenvolvidas durante a aplicação de uma disciplina em toda a sua extensão. Nele, está descrito um roteiro relacionando os conteúdos com as metas que se pretende alcançar durante e ao término da disciplina. Descreve métodos e técnicas para atingir os objetivos estabelecidos para ela.

Conforme enfatiza Silva (2021), mesmo que seja um instrumento que destaca as estratégias do educador em relação à sua disciplina, um bom plano de ensino deve ter flexibilidade, podendo ser alterado a qualquer momento da execução, se necessário. Ainda assim, o ideal é que o docente se mantenha no planejamento, proporcionando previsibilidade aos alunos, especialmente aos educandos de ensino superior.

Na figura 1, vemos que não há apenas um tipo de planejamento. O plano de ensino é um deles e não é o único. O docente deverá analisar suas necessidades e quais ações pedagógicas pretende executar, a partir dessa definição, estabelecer qual o melhor plano para oferecer suporte à execução. Vejamos:

Figura 1 - TIPOS DE PLANEJAMENTO

Fonte: Disponível em https://www.google.com/search? Acesso em 20 out. 2022.

Agora, vamos refletir um pouco sobre os tipos de planejamento, pois ainda que pareça fácil elaborar um plano de ensino e aprendizagem, a composição deste leva a diversas dúvidas sobre como organizar, o que colocar em cada parte e mesmo como escrever o documento. Essa dificuldade se acentua quando consideramos que cada instituição de ensino, ou mesmo cada programa de ensino, como pós-graduação, especialização ou graduação, ou mesmo ensino básico, tenham seus próprios modelos para elaboração do planejamento de ações pedagógicas. Sendo assim, não existe uma "receita" que sirva para todas as disciplinas, e nem mesmo da mesma disciplina para cursos diferentes. Nesse sentido:

> Ao compor seu plano de ensino, considere as seguintes questões: "o quê", "para quê", "como" e "com o quê" vai ensinar. Tendo respondido a essas questões, você terá "material" para montar cada etapa do seu plano: conteúdos, objetivos, metodologias e meios de avaliação (SILVA, 2021, s/p).

Ainda assim, sempre se precisa considerar ter o planejamento bem elaborado e com as estratégias elaboradas em consonância com as ações pensadas. Além disso, a instituição e, consequentemente, o educador, deve seguir as orientações previstas na LDB, pois sua composição deverá atender aos alunos seguindo as diretrizes.

FIQUE SABENDO QUE... Conforme definido na Lei de Diretrizes e Bases da Educação Nacional (LDB, Lei nº 9.394/1996), a Base deve nortear os currículos dos sistemas e redes de ensino das Unidades Federativas, como também as propostas pedagógicas de todas as escolas públicas e privadas de Educação Infantil, Ensino Fundamental e Ensino Médio, em todo o Brasil. (Disponível em: https://www.sed.ms.gov.br/perguntas-frequentesbncc/#:~:text=Conforme%20definido%20na%20Lei%20de,Ensino%20Fundamental%20e%20Ensino%20Médio%2C; Acesso em 25 out. 2022).

O docente deve ter em mente quais conhecimentos, competências e habilidades se espera que todos os estudantes tenham domínio ao término da educação básica a partir da Base (BNCC). É importante lembrar que a LDB segue os princípios éticos, políticos e estéticos definidos pelas Diretrizes Curriculares Nacionais da Educação Básica, ou seja, a BNCC estabelece os propósitos orientadores da educação brasileira para que se obtenha uma formação humana integral e a construção de uma sociedade justa, democrática e inclusiva.

Voltamos, na próxima seção de estudos, aos elementos do plano de ensino, estabelecendo o que se espera encontrar neste quando se inicia uma disciplina. Muito bem, vamos continuar!

2 - Principais elementos do plano de ensino

Nesta aula, iremos definir as diferenças entre um Plano de Ensino e um Plano de Aulas. Ambos são constantemente confundidos um com o outro. Sendo assim, vamos definir conforme que "o plano de ensino se trata de um planejamento completo, que pretende guiar de forma geral as atividades de uma determinada disciplina enquanto durar o período letivo". (SALVI; BATTINI, 2018, s/p). Ainda assim, também se pressupõe e o plano de ensino também deva ter flexibilidade, podendo alterá-lo conforme as necessidades de aprendizagem dos educandos. Ou seja:

Entre os principais objetivos do plano de ensino, estão a carga horária e a ementa da disciplina. Também devem ser apresentados itens como a justificativa, além dos objetivos gerais e específicos (SALVI; BATTINI, 2018).

O plano de aula, por sua vez, é um roteiro que deverá orientar as ações pedagógicas durante uma determinada aula, com todos os conhecimentos e atividades que estarão desenvolvidas. Se pressupõe mais detalhes, com atenção a todas as fases de apresentação de conteúdos e tarefas, e a consolidação por meio da fixação de exercícios e avaliações também definidas no plano de aula.

EXEMPLO DE PLANO DE AULA: Em uma aula de Língua Portuguesa, por exemplo, o tema da aula pode ser definido como o "uso da crase". Entre os objetivos, podem estar a definição do conceito da crase e a demonstração da sua função, além de quando usar ou não. Podem ser definidos recursos como a leitura do trecho de uma música que exemplifica o uso de crase (Disponível em: https://rcolacique.files.wordpress.com/2013/02/tipos-e-nc3adveis-de-planejamento.pdf. Acesso em 20 out. 2022).

Vamos fazer uma leitura sobre esse assunto, tudo bem?! Alguns podem se perguntar se é obrigatória a existência de um plano de ensino, se não seria mais produtivo focar esforços nos planos de aula. Bem, no texto apresentado a seguir, veremos algumas consequências de não se elaborar um bom plano de ensino, ok? Vamos lá:

E as consequências de não ter um plano de ensino?
Por outro lado, não construir um plano de ensino pode fazer com que a disciplina seja ministrada com improvisação, por exemplo. Veja adiante algumas consequências de não adotar esse método!

Falta de sistematização
Caso os docentes não elaborem um plano de ensino eficaz, a disciplina pode avançar marcada pela improvisação. Sem a estruturação necessária, que permite identificar e corrigir possíveis dificuldades e imprevistos, a matéria pode não alcançar todo o seu potencial didático.

Dificuldade de aprendizagem
A ausência de planejamento da disciplina também pode acarretar em aulas em que os alunos fiquem sem orientação quanto ao conteúdo que será apresentado. Essa falta de orientação pode prejudicar a aprendizagem da matéria e dificultar a conquista dos resultados pretendidos pelo professor.

Descontinuidade
A inexistência de um plano de ensino ainda pode causar um descontrole das atividades que serão desempenhadas na disciplina. As ações podem ocorrer de forma desordenada e sem coerência com os objetivos definidos.
Leia o texto na íntegra no link: https://minhabiblioteca.com.br/blog/como-fazer-um-plano-de-ensino/ Acesso em 24 out. 2022.

Perceberam que a organização de toda a disciplina está

sujeitada ao plano de ensino? Ter planejamentos aula a aula é fundamental sim, no entanto, ele irá cumprir os objetivos estabelecidos inicialmente no plano de ensino, não deixando de abordar nenhum dos aspectos preestabelecidos.

3 - Planejamento, plano e projeto

Vamos concluir esta aula com a leitura de um trecho do artigo intitulado *Planejamento educacional*, de Francisco José Candido dos Reis, Maria Paula Panúncio-Pinto e Marta Neves Campanelli Marçal Vieira (2014), que aborda a temática discutida nesta aula de modo científico e, acreditando que será muito válido para nossas análises, deixo aqui o tópico específico e o link para a leitura completa do artigo. Vamos lá?

2.3 O Plano de Aprendizagem e o Plano de Aula
O Plano de Aprendizagem, também denominado Plano ou Projeto de Ensino, é a sistematização da proposta geral de trabalho de um professor num determinado componente curricular, eixo, módulo ou disciplina. Em geral, ele contém os objetivos gerais do componente curricular, integrado com os objetivos daquele momento da formação do estudante, relativos à construção/aquisição de conceitos, atitudes e procedimentos; o programa (conteúdos encadeados e sua relação com os demais componentes curriculares concomitantes naquele momento específico do curso). Além disso, um plano de aprendizagem deve definir as estratégias de ensino-aprendizagem, tanto as metodologias de ensino quanto os momentos, métodos, estratégias e critérios de avaliação*. Finalmente, o Plano de Aprendizagem deve apresentar um conjunto de referências bibliográficas cuidadosamente escolhidas, representativas do conhecimento atual, com base em sólida investigação científica. A complexidade da leitura sugerida deve ser coerente com o momento da formação e com o conhecimento prévio dos estudantes. Além disso, é essencial que as referências sugeridas possam ser lidas no tempo disponibilizado e que seu acesso seja garantido.
Para que o Plano de Aprendizagem faça sentido, ele precisa estar articulado ao PPP, e ser coerente com a organização curricular do curso, o que irá permitir ao professor compreender aspectos fundamentais como as habilidades e competências desejadas para aquele momento da formação, o perfil do egresso, a carga horária e os recursos disponíveis; além da totalidade do que é ofertado ao estudante naquele momento para que sobreposições, repetições ou lacunas sejam evitadas.
O Plano de Aula é o recorte do Plano de Aprendizagem para um ponto específico do programa, contendo a proposta de trabalho do professor para uma determinada aula ou conjunto de aulas, representando um maior detalhamento e objetividade do processo de planejamento didático, contendo o tema/conteúdo, os objetivos da aula (ao final desta aula espera-se que o estudante seja capaz de), a metodologia, os recursos, o tempo, a avaliação da aprendizagem e a bibliografia.
LEIA O ARTIGO NA ÍNTEGRA NO LINK file:///C:/Users/Bella/OneDrive/LILIA%20 Unigran/DIDÁTICA%20II%20-%20PED/1.pdf; Acesso em 20 out. 2022.

Muito interessante, não é mesmo?! A percepção de relevância do planejamento não é exclusividade da área da educação, entretanto, como amplamente evidenciado nesta aula, a educação é baseada na premissa de pesquisas, objetivos, estratégias e metodologias que atendam a diversidade encontrada no âmbito educacional, seja no contexto geral das instituições de ensino, seja dentro das salas de aula.

Fiquem agora com a retomada dos pontos principais abordados na aula.

Bons estudos.

Retomando a aula

Esta aula destacou características específicas de plano educacional, plano de ensino, planejamento e projeto.

1 - Tipos de plano

Em nossa primeira seção, vimos que é possível dividir o planejamento educacional em quatro grandes dimensões: pedagógica, curricular, do ensino e administrativo. Dentro dessas quatro categorias, temos o plano de aula, usado especificamente para descrever as estratégias para a sala de aula.

2 - Principais elementos do plano de ensino

No desenvolvimento de nossa aula, trouxemos os principais elementos do plano de ensino? a) Título da disciplina; b) Carga horária; c) Ementa; d) Objetivos gerais e específicos; e) Justificativa; f) Metodologia; g) Conteúdo programático; h) Critérios de avaliação. Ficou definido durante a aula que o objetivo do Plano de Ensino é facilitar e incentivar a interdisciplinaridade no planejamento pedagógico, permitindo aos professores o acesso aos Planos de Ensino de seus colegas e a elaboração conjunta. De acordo com a nomenclatura utilizada no Projeto Pedagógico do Curso, sendo utilizado no ensino superior.

3 - Planejamento, plano e projeto

Nesta seção, conceituamos planejamento - processo que envolve operações mentais, como: analisar, refletir, definir, selecionar, estruturar, distribuir ao longo do tempo, e prever formas de agir e organizar -; plano de ensino - plano de ação; é o registro do planejamento das ações pedagógicas para o componente curricular durante o período letivo -; e projeto - documento de planeamento institucional e estratégico da escola, em que se aborda de forma clara, a missão, visão e os objetivos gerais da escola, que orientam a sua ação educativa no âmbito da sua autonomia.

Enfim, chegamos ao final de mais uma aula. Aproveitem as sugestões de leitura.

Bons estudos!

Vale a pena

Vale a pena ler,

O que é Aprendizagem Baseada em Projetos? E como implementar, 2022. Disponível em: https://tutormundi.com/blog/aprendizagem-baseada-em-projetos/ Acesso em 20 out. 2022.

Vale a pena assistir,

Escola da Vida - Dublado | FILME COMPLETO | Ryan Reynolds, 2020. Disponível em: https://www.youtube.com/watch?v=KktwsRIT-Ls Acesso em 20 out. 2022.

Minhas anotações

Aula 5°

Gestão de projetos educacionais

Caros(as) acadêmicos(as),

Estamos na metade da nossa disciplina e vamos entender um pouco mais sobre o projeto educativo. Animados(as)?! Nesta aula, além de conceitos e definição, vamos aprofundar a compreensão de que há formas de se elaborar o projeto educacional de maneira adequada, portanto, vamos dar a conhecer metodologias e características de um bom projeto.

Vamos lá?!

— Bons estudos!

Objetivos de aprendizagem

Ao término desta aula, vocês serão capazes de:

- definir um projeto educativo;
- estabelecer relação entre planos de aula e aprendizagem por projeto.

Seções de estudo

1 - Como fazer o projeto educativo

Estamos com muito conteúdo já, não é mesmo?! Afinal, vimos na aula anterior as definições de plano didático pedagógico, planejamento, projeto de ensino, plano de ensino, plano de aula... é muito planejamento para promover o aprendizado, concordam?! Mas não terminamos ainda. Nesta aula, vamos entender o que é o projeto educativo mais profundamente, ou seja, preparem-se para analisar aspectos e características específicas desse planejamento de ações pedagógicas. Vamos começar?!

De acordo com Passero *et. al.* (2016), o Projeto Educativo é o documento de planeamento institucional e estratégico da escola, onde se aborda de forma clara, a missão, visão e os objetivos gerais da escola, que orientam a sua ação educativa no âmbito da sua autonomia.

Mas então, se surgiu a dúvida sobre a diferença entre Projeto Educativo, Projeto Político-Pedagógico e Projeto de Ensino, fiquem sabendo que é mais comum do que parece. Os três tipos de projeto estão presentes no âmbito escolar, de fato, mas cada um deles atende a uma demanda diferente. Vamos conceituar?!

Projeto Educativo: trata-se de um plano de trabalho integrado, estruturado a partir dos interesses e necessidades compartilhados por educadores e educandos, de forma organizada e intencional, visando satisfazer necessidades e resolver problemas reais. Ou seja, é um documento de orientação pedagógica que, não podendo contrariar a legislação vigente, elaborado para definir a instituição de ensino à qual pertence e dá-la a conhecer por qualquer interessado. Um projeto é um esforço único, temporário e progressivo empreendido para criar um produto, serviço ou resultado exclusivo. Em outras palavras, um projeto tem início e fim determinados (é, portanto, temporário), e um objetivo final.

(Disponível em: https://institutoayrtonsenna.org.br/pt-br/meu-educador-meu-idolo/materialdeeducacao/educacao-por-projetos-como-implementar-essa-ideia.html. Acesso em 04 de nov de 2022).

Projeto Político-Pedagógico (ou Projeto Pedagógico): instrumento balizador para a atuação da instituição de ensino e, por consequência, expressa a prática pedagógica de uma escola ou universidade e de seus cursos, dando direção à gestão e às atividades educacionais. Na escola democrática, todos podem opinar sobre os projetos necessários ao processo de ensino e aprendizagem, conhecer o conjunto do trabalho que entrará em vigor na escola e oferecer ajuda e contribuição naquilo que for possível. É como um plano de ação no qual estará discriminada toda atividade pretendida para os cinco anos subsequentes.

Projeto de Ensino: toda proposta de atividade com vista à melhoria da qualidade do processo de ensino. Nele, o professor e o (s) aluno (s) são os elementos principais do processo. São as ações previstas no projeto educativo colocadas em prática. O projeto de ensino é utilizado, normalmente, para tratar de assuntos mais conceituais da programação disciplinar e dos conteúdos acadêmicos.

INFORMAÇÃO IMPORTANTE: Um projeto educativo é hoje entendido como "o documento que consagra a orientação educativa duma escola no qual se explicitam os princípios, os valores, as metas e as estratégias segundo os quais a escola se propõe cumprir a sua função educativa", devendo tal documento ser elaborado e aprovado pelos órgãos de administração e gestão da escola para um horizonte de três anos. No caso atual para o triénio de 2013/2017. Neste sentido, o projeto educativo deve assumir-se como o instrumento essencial do processo de autonomia do agrupamento, tal como está previsto e definido no Decreto-lei n.º 75/2008, de 22 de abril, republicado pelo Decreto-lei n.º 132/2012, de 2 de julho, relativo ao regime de autonomia, administração e gestão dos estabelecimentos públicos do ensino não superior. (Disponível em: https://www.scielo.br/j/es/a/nwSyTbMwryZ7PmxGrxyN8Ky/?format=pdf&lang=pt; Acesso em 25 out. 2022)

A gestão de projetos escolares tem como foco práticas e metodologias educacionais. Ela envolve a aplicação de diferentes técnicas, ferramentas e capital intelectual para orientar as equipes e conduzi-las durante a execução do projeto. (Disponível em: https://www.siteware.com.br/uncategorized/gerenciamento-de-projetos-educacao/ Acesso em: 25 out de 2022).

Consideramos o Projeto Educativo como um instrumento de Gestão participada e de Gestão de Autonomia que visa essencialmente a descentralização e a desconcentração da Administração Educativa, tal como está consagrado na Lei de Bases do Sistema Educativo n.º 46/86 com as alterações introduzidas pela Lei Nº 115/1997, de 19 de setembro, e com as alterações e aditamentos introduzidos pela Lei nº 49/2005 de 30 de agosto e nos Decretos Lei n.º 75/2008 e nº 43/89, Aliás, neste último, designadamente no capítulo relativo à autonomia das escolas, podemos ler o seguinte:

> A autonomia da escola concretiza-se na elaboração de um projeto educativo próprio, constituído e executado de forma participada, dentro dos princípios de responsabilização dos vários intervenientes na vida escolar e de adequação às características e recursos da escola e às solicitações da comunidade escolar em que se insere (PASSERO et. al., 2016, s/p).

Assim, e pelas suas características próprias, o Projeto Educativo deve, a princípio, assumir-se como um instrumento de diálogo permanentemente aberto aos valores do pluralismo democrático. Além disso, e na medida em que é construído em estreita articulação com os documentos diretores que regem as ações escolares, o Regulamento Interno e o Plano de Atividades, está, também, em relação ao projeto, potencializando a reflexão sobre a realidade das escolas que o integram, contribuindo para uma avaliação construtiva de modelos e de práticas educativas.

Para lembrar... Um projeto educativo é um plano de trabalho integrado, estruturado a partir de interesses e necessidades compartilhados por educadores e educandos, de forma organizada e intencional, visando satisfazer necessidades e resolver problemas reais. (Disponível em: https://institutoayrtonsenna.org.br/pt-br/meu-educador-meu-idolo/materialdeeducacao/educacao-por-projetos-como-implementar-essa-ideia.html. Acesso em 04 nov de 2022). Sendo assim, as 9 etapas essenciais para montar um projeto escolar inovador e tirar suas ideias do papel, são:

- Escolha da Temática ou Problema;
- Contextualização ou Investigação do tema;
- O famoso Brainstorming ou Chuva de Ideias;
- Definição de Critérios para seleção das ideias;
- Cronograma;
- Divisão de Tarefas para começar a execução;
- Fase de Testes e Prototipagem para validação das ideias;
- Desenvolvimento da Solução Final;
- Documentação de todas as etapas do desenvolvimento do projeto (PASSERO *et. al.*, 2016, s/p).

Percebam que o projeto de ensino não é o mesmo que o projeto de aprendizagem. De acordo com Passero *et. al.* (2016), definimos projeto de aprendizagem como a construção do aluno perante aquilo que lhe é apresentado, ou seja, suas conclusões e considerações acerca dos problemas, hipóteses ou sugestões que lhe são apresentadas para observação e reflexão.

Mas vamos continuar. Falaremos um pouco sobre gestão de projeto, o que os auxiliará a perceber quais etapas são as mais importantes para se estabelecer relações verdadeiras entre o objeto de estudo e o aprendizado dos alunos.

Vamos lá?!

2 - Gestão do projeto educativo

Bem, definimos o projeto educativo como o chamado plano de trabalho integrado, ou seja, ele é estruturado a partir de interesses e necessidades de educadores e educandos, estabelecido de maneira organizada e intencional, com objetivos e metodologias claras, visando satisfazer as inquietações educacionais dos alunos e dos professores.

Dito isto, saibam que a gestão de projetos educativos objetiva envolver os alunos nos processos do projeto, tendo como premissa, portanto, a aplicação de diferentes técnicas, ferramentas e capital intelectual para orientar as equipes pedagógica e discente e conduzi-las durante a execução do projeto.

Vamos ver o que é preciso analisar para entender o projeto educativo:

- Faça um diagnóstico dos problemas;
- Defina o objetivo geral e os específicos do seu projeto;
- Desenhe o escopo do projeto;
- Crie um cronograma;
- Defina o orçamento disponível;
- Escolha os indicadores de desempenho (PADILHA,

2001, s/p).

Tendo esses cuidados e revisando constantemente o planejamento do projeto educativo, a avaliação de cada aluno poderá explorar um pouco o conhecimento à sua maneira. Pensando nisso, podemos destacar cinco diferentes tipos de projetos educacionais. São eles:

Projetos de Intervenção
Tratam-se de projetos que visam promover determinada intervenção no sistema educacional vigente. Busca-se introduzir mudanças estruturais.

Projetos de Pesquisa
Este tipo de projeto educacional tem como foco investigar determinados problemas e possíveis soluções. Para isso, pode-se recorrer a estudos bibliográficos e de campo.

Projetos de Desenvolvimento
São considerados projetos de desenvolvimento aqueles que têm como finalidade produzir novos materiais, serviços, software educacional, disciplinas e grade curricular, por exemplo.

Projetos de Ensino
Os projetos dessa tipologia têm como foco promover a melhoria dos processos de aprendizado e ensino dentro de uma ou mais disciplinas.

Projetos de Trabalhó
Por fim, os projetos de trabalho tratam do desenvolvimento de atividades dentro de uma ou mais disciplinas com o objetivo de fazer com que os alunos aprendam novos conceitos, práticas e habilidades sobre determinado assunto.

Disponível em: https://www.siteware.com.br/uncategorized/gerenciamento-de-projetos-educacao/ Acesso em 25 out. 2022.

É importante ressaltarmos que esses cinco tipos de projetos não são excludentes entre si. Isso significa que é possível, por exemplo, desenvolver de maneira integrada, um projeto de desenvolvimento e um projeto de pesquisa.

Apenas para ilustrar, vamos analisar a figura 1, a imagem destaca o sumário de um projeto educativo:

Figura 1 - SUMÁRIO DE PROJETO EDUCATIVO

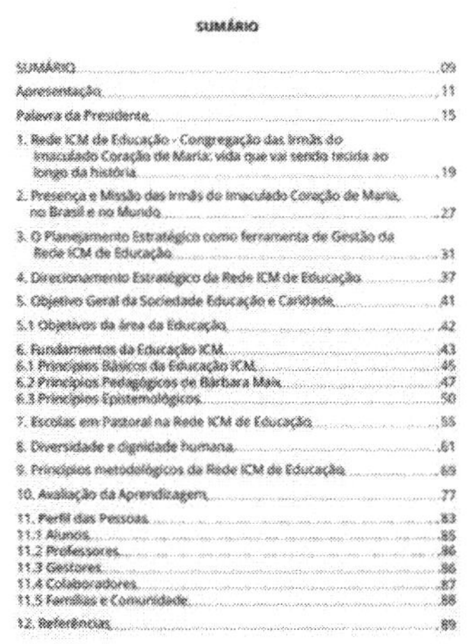

Fonte: disponível em: https://redeicm.org.br/maedededeus/wp-content/uploads/sites/14/2017/08/ProjetoEducativo.pdf Acesso em 25 out. 2022.

Vemos neste sumário, o histórico da instituição, legislação, objetivos do projeto, fundamentação teórica da educação e da fundação, os princípios que regem a instituição, definição de formas avaliativas, perfil do público-alvo, local e características da comunidade. É um documento que revela a identidade da instituição, oferecendo ao leitor, um panorama geral sobre os objetivos desta e suas ações principais, bem como os valores e a missão da escola.

Muito bem, meus caros, finalizamos mais uma aula, nos encontramos em breve!

Bons estudos.

Retomando a aula

Esta aula analisou o conceito de projeto educativo, oportunizando destacar as diferenças entre PPP, projeto educativo e projeto de ensino.

1 - Como fazer o projeto educativo

Ficou definido que o projeto educativo é feito com base na missão, visão e valores da instituição, bem como revelou-se a necessidade de descrever o público-alvo, pesquisas a respeito da comunidade e as principais ações da instituição.

2 - Gestão do projeto educativo

Sobre a gestão do projeto, o responsável tem como foco as práticas e metodologias educacionais. Envolve a aplicação de diferentes técnicas, ferramentas e capital intelectual para orientar as equipes e conduzi-las durante a execução do projeto, sendo que tudo deve estar previsto no projeto.

Finalizamos mais um passo na construção do conhecimento, caros(as) acadêmicos(as). Aproveitem as sugestões de leitura e vídeo.

Bons estudos.

Vale a pena

Vale a pena **ler**

FANTAUZZI, E. *O que é planejamento? Como elaborar um planejamento?* Blog e-professor: aprendizagem em rede, s/d. Disponível em https://www.eprofessor.blog.br/2019/12/o-planejamento-didatico-uma-ferramenta.html; Acesso em 25 out. 2022.

Vale a pena **assistir**

Didática - Planejamento - Videoaula 01 - Profª Elismara Zaias Kailer, 2022. Disponível em https://www.youtube.com/watch?v=N-12r2k8KZ0; Acesso em 25 out. 2022.

Minhas anotações

Aula 6º

A avaliação no processo de ensino e da aprendizagem

Caros(as) acadêmicos(as),

Vimos como o plano de aulas do professor está inserido no plano de ensino da instituição, não é mesmo? Agora vamos falar um pouco sobre a avaliação do processo, pois é nesse momento do processo educacional que professores e equipe pedagógica em geral, verificam se o projeto de ensino e os planejamentos estão atingindo os objetivos estabelecidos.

Vamos começar?!

Boas leituras!

Bons estudos!

Objetivos de aprendizagem

Ao término desta aula, vocês serão capazes de:

- diferenciar os tipos de avaliação;
- estabelecer a importância da avaliação para o processo de ensino-aprendizagem.

Seções de estudo

1 - Definição de avaliação

Preparados(as) para começarmos nossos estudos? Ótimo, pois iniciaremos pelo conceito principal, ou seja, respondendo à pergunta: O que é avaliação?

A avaliação é um processo pelo qual se procura identificar, aferir, investigar e analisar as modificações do comportamento e rendimento do aluno, do educador e do sistema confirmando se a construção do conhecimento se processou, seja teórico (mental) ou prático. Avaliar é conscientizar a ação educativa (SANT'ANNA, 1995, p.31-32).

Poético, não é? Diferente da percepção tradicional de avaliação, que consistia em categorizar, excluir, segmentar, premiar ou castigar aos alunos. Diante disso, também devemos salientar que há vários tipos de avaliação, cada um com uma função dentro do processo – e vamos falar sobre alguns deles aqui -, além da avaliação do próprio processo. Aliás, esse é um conceito interessante, pois o próprio processo de ensino e avaliativo precisa ser constantemente repensado, pelo menos, na sociedade contemporânea!

Muito bem, então vamos continuar!

Figura 1 - PONTUAÇÃO CLASSIFICATÓRIA

Fonte: disponível em https://www.google.com/search? Acesso em 25 out. 2022.

Na figura 1, vemos uma ação muito comum na educação tradicional: a pontuação classificatória. Está representado que, pelo comportamento do aluno, o professor o classifica com boa pontuação ou má pontuação. Apesar de ainda existir essa forma de avaliação, o conceito desta evoluiu na sociedade contemporânea.

Ainda que existam manuais elaborados para ensinar formas avaliativas, tais concepções nem sempre apresentam conceitos válidos para serem aplicados na sociedade da era da informação e poucos são os que apresentam uma caracterização real do significado da palavra "avaliação". Sendo assim, vamos listar alguns conceitos e discuti-los, tudo bem?!

01 – "A avaliação é a reflexão transformada em ação. Ação, essa, que nos impulsiona a novas reflexões. Reflexão permanente do educador sobre sua realidade, e acompanhamento, passo a passo, do educador, na sua trajetória de construção na qual educandos e educadores aprendem sobre si mesmos e sobre a realidade escolar no ato próprio da avaliação." (HOFFMANN, 1992, p. 18)

A conceituação de Hoffmann (1992), ainda coerente com as propostas de avaliações múltiplas e enriquecedoras, baseando a avaliação no processo em lugar da capacidade única do aluno em responder questionários, ainda não traduz o que esperar deste processo avaliativo.

Mas, vamos continuar...

02 – "A avaliação é um julgamento de valor sobre manifestações relevantes da realidade tendo em vista uma tomada de decisão." (LUCKESI, 2002, p. 81).

Luckesi (2002), trata a avaliação de modo geral nessa conceituação. Sua perspectiva é a reflexão sobre as ações correspondentes ao ensino-aprendizagem, ou seja, o professor leva o aluno à hipóteses e resultados, enquanto o aluno se coloca em posição investigativa e busca caminhos para solucionar as hipóteses propostas.

Mas será que ficou clara essa noção a partir de sua conceituação?! Vamos prosseguir.

03 - "A avaliação é um processo pelo qual se procura identificar, aferir, investigar e analisar as modificações do comportamento e rendimento do aluno, do educador e do sistema confirmando se a construção do conhecimento se processou, seja teórico (mental) ou prático. Avaliar é conscientizar a ação educativa." (SANT'ANNA, 1995, p.31-32)

A concepção de Sant'anna (1995) sobre o processo avaliativo é o que chamamos de construção, tendo como base a consciência da ação educativa, a participação dos agentes (aluno-professor) e sua relação com as informações curriculares.

Estamos avançando, não é?! Continuemos.

04 – "A avaliação escolar é um componente do processo de ensino que visa, através da verificação e qualificação dos resultados obtidos, determinar a correspondência destes com os objetivos propostos e, daí, orientar a tomada de decisões em relação às atividades didáticas." (LIBÂNEO, 1991, p. 196)

De acordo com Libâneo (1991), a avaliação serve ao propósito de construção, ou seja, a partir dos resultados obtidos e da revisão dos objetivos do processo avaliativo, inicia-se uma nova fase da avaliação, a reconsideração e incentivo à tomada de decisão quanto ao entendimento do próprio educando em relação ao conhecimento.

05 – "A avaliação é o processo pelo qual o professor acompanha a aquisição de conhecimento do aluno, verificando se houve domínio competente dos conteúdos (conceitos básicos, princípios e conhecimento). O desenvolvimento de determinadas capacidades relacionados à aprendizagem dos conteúdos trabalhados e atitudes a serem desenvolvidas pelos alunos." (FUSARI, 1998, p. 12-13)

Observem que Fusari (1998), apesar de não ser tradicional, o conceito oferecido pelo autor também não é transformador, abrindo margem para ser interpretado como enfoque no conteúdo, não no educando. É importante considerar o receptor quando oferecemos um conceito, não acham?!

Vamos continuar.

06 – " A função fundamental que a avaliação deve cumprir no processo didático é a de informar ou conscientizar os professores acerca de como caminham os acontecimentos em sua turma, os processos de aprendizagem que desencadeiam em cada um de seus alunos, durante o mesmo." (GIMENO, 1994, p. 32)

Leiam atentamente o conceito oferecido por Gimeno (1994), pois ele aborda a avaliação de modo complexo, pois define a avaliação como uma estratégia de aprendizagem. Vejam como o autor coloca o processo avaliativo como parte da construção do conhecimento do aluno que, por sua vez, são priorizados pelo projeto de aprendizagem.

Vamos ao próximo.

07 – "A avaliação visa mostrar ao professor e ao aluno o seu desempenho na aprendizagem bem como no decorrer das atividades escolares, oportunizando localizar as dificuldades encontradas no processo de assimilação e produção do conhecimento, possibilitando ao professor correção e recuperação". (BLOOM, HASTNGS, MADAUS, 1983, p.175).

Vejam como os conceitos de Bloom, Hastngs e Madaus (1983) são tradicionais, começando pela ênfase na importância da apreensão do conteúdo, mensurada pelo desempenho nas atividades avaliativas. Além disso, os autores mencionam "localizar as dificuldades encontradas no processo de assimilação", lembrando as antigas estratégias de ter o conteúdo decorado, apreendido e reproduzido sem reflexão ou criticidade. Por fim, podemos destacar as expressões "correção e recuperação" providenciadas pelo protagonista do processo educativo: o professor, cuja autoridade era inquestionável e seu conhecimento o único a ser considerado.

Ufa! Que bom ver os conceitos se transformando, não é mesmo?! Vamos continuar.

08 – "A avaliação significa atribuir valor a uma dimensão mensurável do comportamento em reação a um padrão de natureza social ou científica". (BRADFIELD e MOREDOCK, 1963, p. 177)

Na concepção de Bradfield e Moredock (1963), também temos a tradicional concepção de mensurar, comparar, nivelar dimensões e atribuir valor, entretanto, os autores vão mais além, eles colocam o aluno como o objeto ao qual se deve avaliar, seu comportamento e suas reações diante de conteúdos, informações e conhecimentos científicos. Ou seja, não apenas a aquisição dos conteúdos escolares era avaliada, mas o indivíduo em si também.

09 – "A avaliação é um processo integral, estende-se seu objeto. Antigamente, a escola preocupava-se apenas com o domínio cognitivo. Atualmente, não estamos apenas interessados no que o aluno sabe, mas naquilo que faz com o que sabe». «A medida em que o aluno se torna ativo no processo de aprendizagem, torna-se também ativo no processo de avaliação. Isto redunda numa ênfase nas técnicas de autoavaliação e nos instrumentos que levam o aluno ao controle objetivo de seus próprios aprendizados. " (LÜDKE e MEDIANO, 1992)

Lüdke e Mediano (1992), por sua vez, nos oferecem luz para prosseguirmos nas reflexões críticas sobre os processos avaliativos. Vejam que os autores destacam o saber fazer, a aplicabilidade do conhecimento, bem como enfatizam o protagonismo do estudante como desejável e, como consequência, o desenvolvimento da capacidade de autoavaliação, uma vez que são desenvolvidas as habilidades próprias da percepção de si mesmos.

10 - "A avaliação em educação significa descrever algo em termos de atributos selecionados e julgar o grau de aceitabilidade do que foi descrito. " "O algo, que deve ser descrito e julgado, pode ser qualquer aspecto educacional, mas é, tipicamente, (a) um programa escolar, (b) um procedimento curricular ou (c) um comportamento de um indivíduo ou de grupo." (THORNDIKE e HAGEN, 1960 *apud* SANT'ANNA, 2010, p. 29).

Por fim, nosso último conceito a ser abordado nesta aula, construído por Thorndke e Hagen (*apud* SANT'ANNA, 2010), cujo entendimento acerca da avaliação está em concordância com o que esperamos dos processos avaliativos contemporâneos. Vimos alguns pensamentos tradicionais que visam a apreensão de conteúdos; os autores, entretanto, destacam que há um julgamento daquilo que é aceitável sobre a compreensão do educando, o que implica em permitir a construção do conhecimento com base nos conhecimentos prévios do aluno.

Agora que analisamos os principais conceitos de Avaliação, vamos entender esse aspecto do processo de ensino e aprendizado. Vamos lá?!

2 - Avaliação do ensino-aprendizagem

A avaliação não é moleza, não é mesmo?! Pelas definições dos autores citados na seção anterior, vimos o quão importante é a avaliação escolar, pois é através dela que se verifica se os objetivos do ensino foram alcançados. Para entender como o processo avaliativo influencia a aprendizagem, vamos começar pelo que segue:

> As escolas exigem que o resultado de seu trabalho seja avaliado da maneira mais objetiva e válida, porém sabemos que será diferente o ponto de vista, como são diferentes as técnicas e os instrumentos de avaliação a empregar e de acordo com a concepção que se faça de "educação" e de "escola" (PÂRO, 1990, s/p).

Como vimos, segundo Pâro (1990), para os processos de ensino e aprendizagem, o professor precisará conhecer cada aluno individualmente, como pessoa, como ser em desenvolvimento. A partir desse relacionamento individual, o professor poderá orientar cada aluno no desenvolvimento de seu potencial, sempre conforme o seu próprio ritmo de aprendizagem. Ambos, professor e aluno, devem compreender que há limitações de aprendizado, mas com métodos adequados e acompanhamento no plano intelectual, afetivo, físico e social.

A partir dessa relação estabelecida entre professor-aluno, o educando deve ser colocado em evidência em relação às metas do ensino, mas não de qualquer forma, mas sim traçadas por ele e pelo professor, levando em conta os objetivos gerais da escola, os objetivos específicos da disciplina e a etapa do desenvolvimento do educando. Dessa forma, segundo Padilha (2001), é possível uma avaliação dialógica reflexiva onde os educadores, permitindo-se uma tomada de consciência coletiva e possibilitando ao professor repensar sua prática.

A figura 2 representa o aluno que não se expressa em sala, aproveitando o momento que mais deveria existir dentro da sala de aula: o momento da dúvida. Ao proporcionar ao educando o momento da dúvida, sem avaliar o indivíduo, mas sim, identificando seus potenciais e usando isso para guia-los pelo caminho da compreensão. Vejamos a tirinha:

Figura 2 - A COMPREENSÃO DO ALUNO

Fonte: disponível em https://www.google.com/search? Acesso 25 out. 2022.

Agora que analisamos os aspectos mais interessantes sobre a avaliação e sua influência direta no processo de ensino e aprendizagem, bem como as relações professor-aluno, vamos observar os aspectos práticos das ações.

3 - Importância da avaliação no processo de ensino-aprendizagem

Segundo Padilha (2001), o principal objetivo da avaliação é fornecer informações acerca das ações da aprendizagem e, por esse motivo, não pode ser realizada apenas no final do processo, pois dessa forma o seu objetivo principal, que é a aprendizagem do aluno, acaba se perdendo.

Pensando nisso, fica claro que não há apenas um tipo de avaliação. As estratégias avaliativas podem ser descritas conforme o fragmento do texto intitulado Conheça os principais tipos de avaliação e dicas para aplicá-los, de Saraiva Educação (2022), que caracteriza e torna clara a importância de cada uma dessas formas. Aproveitem a leitura:

1. Avaliação diagnóstica
A avaliação diagnóstica é aquela que busca analisar o desenvolvimento dos alunos ao longo do processo. A partir desse tipo de avaliação, é possível identificar os pontos fortes e fracos de cada estudante, gerando dados que servirão de base para as futuras decisões pedagógicas da instituição. Ela pode ser aplicada com: provas escritas, provas orais, avaliação online e simulados.

2. Avaliação formativa
Já a avaliação formativa tem como objetivo avaliar se as práticas pedagógicas aplicadas na sua IES estão gerando os resultados esperados. Ela identifica os principais gargalos na relação do aluno com os métodos de aprendizagem, fazendo com que os professores entendam o que está dando certo ou não.

A avaliação formativa pode ser aplicada com estudos de caso, lista de exercícios, seminários, autoavaliação, e qualquer abordagem que ajude a entender o perfil de cada aluno e de que forma ele se sente mais confortável aprendendo.

3. Avaliação somativa
A avaliação somativa irá examinar o desempenho dos alunos como um todo, entendendo se ele realmente tem domínio do conteúdo ou não. Por exemplo, a avaliação é aplicada todo fim de semestre ou do ano para ter uma ideia mais ampla de como foram os resultados, principalmente em comparação com períodos anteriores. Isso ajuda a entender se eventuais mudanças anteriores foram efetivas ou não;
Esse tipo de avaliação pode ser aplicado com: exames de múltipla escolha, exames que pedem respostas dissertativas, entre outros que foquem no conteúdo das disciplinas.

4. Avaliação comparativa
Como o próprio nome já diz, a avaliação comparativa vai entender o aproveitamento de um aluno, comparando um período com outro. E esse tempo a ser avaliado e comparado pode ser definido pelos profissionais da educação.
Pode ser, por exemplo, o começo de uma aula e seu fim, ou um semestre com outro, um ano com outro. Se o período de comparação for menor, fica mais fácil acompanhar os resultados de perto.
A avaliação comparativa pode ser aplicada com: resumos de conteúdo, testes rápidos, para os períodos curtos, relatórios, etc.
É sempre bom lembrar que os tipos de avaliação são complementares e, se possível, devem ser aplicados em conjunto na sua instituição. Ao pensar em seus processos avaliativos, pense em cada um desses tipos e tente sempre incluí-los.
Disponível em: https://blog.saraivaeducacao.com.br/tipos-de-avaliacao/; Acesso em 25 out. 2022.

Texto interessante, não é? Todos esses tipos de avaliação e nossos alunos sofrendo a pressão das provas!

Figura 3 - PRESSÃO DAS PROVAS

Fonte: disponível em https://www.google.com/search? Acesso em 25 out. 2022.

Observando a imagem, o que ela nos lembra?! Remete à lembrança das avaliações tradicionais em que o aluno precisava ter apreendido o conteúdo e reproduzi-lo na íntegra em uma prova escrita, não acham? A mensura do conhecimento feita dessa forma não parece medir o que, de fato, os alunos aprenderam, quanto conhecimento foi construído e se tornou parte da consciência dos alunos. Pensem nisso:

As avaliações são muito importantes para fazer um diagnóstico completo de como está o desenvolvimento dos alunos no processo de aprendizagem. É a partir dessa análise que será possível identificar pontos de melhoria com os estudantes, e em qual ponto já pode ser explorado algo mais avançado (LEITE, RIBEIRO, 2012, s/p).

Seria, portanto, a prova escrita a melhor ferramenta para entender o aluno? É necessário aplicar avaliações durante todo o tempo do ensino e não só no final dos períodos letivos. Na educação contemporânea, já conseguimos entender que avaliar um aluno não está relacionado só à sua nota. A avaliação permite entender como está o seu domínio no assunto, como ele consegue fazer ligações com outras matérias, aplicar isso no dia a dia e muito mais. Ao perceber esses aspectos, o professor deverá buscar as estratégias adequadas para auxiliar no desenvolvimento do aluno, não para recuperar notas, mas para concretizar o conhecimento.

Vejamos a figura a seguir, em que seguimos em uma compreensão hermenêutica sobre aspectos da avaliação, questionando: quando? Como? Por quê? Quem? O quê? E onde?

Figura 4 - A AVALIAÇÃO

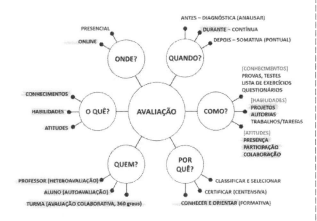

Fonte: disponível em https://horizontes.sbc.org.br/index.php/2021/09/avaliacao-online/ Acesso em 25 out. 2022.

Percebam na imagem, que a avaliação é um processo contínuo, por isso o círculo, e que não envolve apenas o olhar do professor sobre os conhecimentos adquiridos pelos alunos. Pelo contrário, inclui-se aí também a autoavaliação e a avaliação colaborativa, o que torna o processo ainda mais proveitoso para todos os envolvidos.

Muito bem, concluímos mais uma aula, fiquem agora com a retomada dos pontos principais e as sugestões de aprendizagem. Bom proveito e até a próxima.

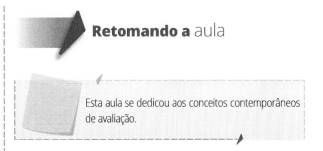

Retomando a aula

Esta aula se dedicou aos conceitos contemporâneos de avaliação.

1 - Definição de avaliação

Nossa primeira seção respondeu ao questionamento: Qual é o conceito de avaliação? Para nossas conjecturas, ficou definido que Avaliação é o processo que revela como e o que o aluno aprendeu, como ele mudou seu jeito de pensar, alcançando as expectativas previamente traçadas ou alterou as expectativas à medida em que desenvolveu seu próprio raciocínio durante a construção do conhecimento. No Brasil, geralmente os educadores lançam mão de provas, entretanto, vimos como é possível avaliar o aluno em situações de trabalho em grupo, exposições orais, produções de texto e outras. Além disso, percebemos que a avaliação não é um processo que beneficia apenas aos alunos, mas aos docentes e a instituição, como uma unidade interligada e codependente.

2 - Avaliação do ensino-aprendizagem

Nossa segunda seção se dedicou a entender o processo avaliativo, definindo que a avaliação da aprendizagem é uma das ferramentas que os educadores têm para verificar a eficácia da transmissão e absorção dos conteúdos pelos alunos. No ensino tradicional, as provas carregam um peso muito grande, pois a pressão por boas notas é uma realidade. Apesar de ser um instrumento utilizado para avaliar a evolução dos alunos ao longo do processo de ensino-aprendizagem, avaliar vai além de aplicar testes e conceder notas aleatórias, mas exige um acompanhamento do estudante em diferentes momentos do processo educativo, dedicação do docente para diversificar as estratégias avaliativas e conhecimento profundo de seus alunos.

3 - Importância da avaliação no processo de ensino-aprendizagem

Nossa última seção revelou a importância da avaliação, deixando evidente que a avaliação da aprendizagem na escola tem dois objetivos principais, não tendo relação com classificação por pontuação, mas sim: auxiliar o educando no seu desenvolvimento pessoal, a partir do processo de ensino-aprendizagem, e responder à sociedade pela qualidade do trabalho educativo realizado. Para isso, a avaliação deve considerar a retroalimentação, ou seja, os processos avaliativos não são uma relação causal entre o que o aluno aprendeu e o que o professor ensinou, mas sim, um identificador de como o trabalho docente foi desenvolvido, a validação ou descarte de determinadas estratégias de ensino, entre outros aspectos individuais, como considerar o conhecimento prévio de cada estudante em particular.

Nossa aula foi interessante, não é mesmo?! Fiquem agora com as sugestões de aprendizagem e até a próxima!

Vale a pena

Vale a pena **ler**

PIMENTEL, M. *Princípios da avaliação para aprendizagem na educação online.* SBC Horizontes, 2021. Disponível em: https://horizontes.sbc.org.br/index.php/2021/09/avaliacao-online/ Acesso em 25 out. 2022.

Vale a pena **assistir**

Avaliação no Processo de Alfabetização e Letramento | Pedagogia para Concurso, 2022. Disponível em: https://www.youtube.com/watch?v=aOP-mVpZV5E Acesso em 25 out. 2022.

Minhas anotações

Aula 7º

O projeto político-pedagógico

Caros(as) acadêmicos(as),

Vimos nas aulas anteriores, a definição de projeto, planejamento, plano de ensino e plano de aula. Agora, vamos entender o Projeto Político- Pedagógico de uma instituição, seus objetivos, sua função em relação ao ensino e sua elaboração. Tudo no PPP é uma evolução, pois passou de um documento do gestor com todas as suas exigências para o ano letivo de sua equipe pedagógica, para uma construção democrática e participativa em que o gestor, equipe pedagógica, pais, alunos, comunidade envolvida, todos devem participar. Ficou curioso (a)?!

Vamos começar!

— Bons estudos!

Objetivos de aprendizagem

Ao término desta aula, vocês serão capazes de:

- definir Projeto Político- Pedagógico;
- estabelecer valor às mudanças na elaboração participativa do documento.

Seções de estudo

1 - Itens de composição do PPP
2 - LDB
3 - Objetivo do PPP

1 - Itens de composição do PPP

Nossa jornada, caros(as) acadêmicos(as), nos trouxe aqui, à mesa de elaboração de um Projeto Político- Pedagógico. Vamos com um pouquinho de história?! Nem sempre o PPP esteve nas mãos de todos, como hoje tem sido elaborado.

De acordo com Sulzbach (2011), O Projeto Político-Pedagógico (PPP) teve sua origem no período de reformas que aconteceram no Brasil na década de 1980, época em que os governos de oposição, aos poucos, foram delineando uma política educacional contrária a que fora imposta pelos governos militares, embora sua determinação só ocorresse na Lei de Diretrizes e Bases da Educação Nacional (LDB) n°9394/96.

A perspectiva de Cíntia dos Passos Sulzbach (2011) é interessante, portanto, vamos fazer a leitura de um fragmento da Introdução de seu artigo intitulado *O processo histórico de construção do projeto político*. Além de uma contextualização histórica, a autora reflete criticamente o cenário mundial destas mudanças. Vamos lá?!

INTRODUÇÃO

No percurso de implantação de reformas neoliberais no campo educacional, a descentralização se faz presente como forma de regulação estatal que permitirá às escolas obterem autonomia para elaborar suas propostas pedagógicas.

O Projeto Político-Pedagógico (PPP) vem na esteira destas transformações, teve sua origem no período de reformas que aconteceram no Brasil na década de 1980, época em que os governos de oposição, aos poucos, foram delineando uma política educacional contrária a que fora imposta pelos governos militares, embora sua determinação só ocorresse na Lei de Diretrizes e Bases da Educação Nacional (LDB) n°9394/96. A longa trajetória percorrida desde a elaboração da LDB até sua promulgação culminou num projeto de lei, de acordo com as expectativas de reforma do governo.

O modelo crítico reprodutivista em voga nos anos 1970, já não servia para a década de 1980, pois, não ia além do que legitimar a reprodução do modelo de sociedade vigente. Conforme Saviani (2010, p.393) estes modelos:

Empenham-se, pois, em explicar a problemática educacional remetendo-a sempre a seus determinantes objetivos, isto é, à estrutura socioeconômica que condiciona a forma de manifestação do fenômeno educativo. Mas é reprodutivista porque suas análises chegam invariavelmente à conclusão que a função básica da educação é reproduzir as condições sociais vigentes.

E em face ao modelo crítico reprodutivista dos anos 70, nos anos 80 emergiu a necessidade de construir pedagogias contra-hegemônicas que se articulassem com os interesses dos dominados.

O consenso forjado frente às proposições do governo foi se legitimando gradativamente a partir de encontros e publicações na área educacional, bem como das políticas anunciadas pelo governo. No entanto, o movimento que culminou com a configuração do PPP na LDB teve início uma década antes, ainda nos anos 1980.

A década de 80 foi marcada por importantes mudanças em nível mundial, iniciadas nos países industrializados, acarretando reestruturação de ordem econômica, política, social e cultural. Estas modificações repercutiram, em efeito cascata, na economia e na educação brasileira, bem como nas demais dimensões da sociedade.

Leia o artigo na íntegra no link https://periodicos.unoesc.edu. br›article›download/ Acesso em 26 out. 2022. Acesso em 25 out. 2022.

O texto de Sulzbach (2011) revela uma reflexão muito importante, a hegemonia da sala de aula ou, mais abrangentemente, do contexto escolar. A diversidade e multiculturalismo há muito vem sendo considerados no momento de elaborar um documento que faça sua projeção por vários anos. O impacto do alcance do Projeto Pedagógico deve, portanto, considerar não apenas a instituição, mas cada um dos envolvidos. Portanto, instaurou-se a democracia dentro do ambiente escolar.

Vamos aprofundar um pouco. Devemos entender o PPP como um instrumento balizador para a atuação da instituição de ensino e, por consequência, também a expressão da prática pedagógica de uma escola ou universidade e de seus cursos, dando direção à gestão e às atividades educacionais. Sendo assim, podemos definir que:

> Esta parte do PPP deve, em especial, ser debatida com a equipe de gestores e professores. Assim, todos podem opinar sobre os projetos necessários ao processo de ensino e aprendizagem, conhecer o conjunto do trabalho que entrará em vigor na escola e oferecer ajuda e contribuição naquilo que for possível (LEITE; RIBEIRO, 2012, s/p).

O PPP, portanto, é um documento que contém todo o planejamento da escola, reunindo seus objetivos, valores, metodologia de ensino e ações a serem colocadas em prática, tudo isso com a finalidade de alcançar as metas estabelecidas. Os projetos e ações docentes, o plano de aula, tudo deverá ter como base, aquilo que foi previsto e predeterminado no PPP, pois sua construção lhe confere o pensamento crítico da diversidade dentro da instituição.

Sendo assim, para que o PPP seja elaborado assertivamente, é preciso considerar uma visão geral sobre a instituição, especificando quais são as suas particularidades, que competências quer desenvolver nos alunos e como deseja fazê-lo.

Vamos usar agora, o texto a seguir sobre os elementos que devem constar em um PPP, quais aspectos precisam estar descritos no documento e como este precisa preencher lacunas, por exemplo, da renda de seus funcionários.

Vamos à leitura?!

Identificação da escola

O passo inicial é identificar a escola a qual o documento se refere, criando o cabeçalho. As informações que serão inseridas no cabeçalho do PPP são, primeiramente, o nome da instituição de ensino, a sua localização e a entidade mantenedora. Em seguida, serão informados o registro civil e os números do CNPJ da instituição. Por fim, deve-se destacar o nome do diretor, do coordenador pedagógico e, claro, dos demais integrantes da equipe responsável.

Missão

Nesse item, é importante explicar quais são os princípios norteadores da escola. Ou seja, esclarecer qual é o estudante que a instituição deseja formar e o que ela acredita ser ideal para garantir uma boa educação.

É fundamental contar a história da escola, já que, dessa forma, é possível criar uma referência para o documento que está sendo produzido. De maneira resumida, o interessante é que a instituição de ensino mostre que deseja formar cidadãos capacitados e conscientes para atuar na realidade em que se encontram inseridos.

Contexto das famílias dos alunos

É muito importante que se crie um panorama das pessoas que formam a comunidade atendida pela escola. Assim, é possível dar uma orientação adequada aos trabalhos que serão desenvolvidos durante o ano letivo.

Para isso, os responsáveis pela elaboração do Projeto Político Pedagógico precisam coletar informações sobre os estudantes por meio de pesquisas ou a partir das fichas de matrícula.

As estatísticas socioeconômicas sobre a comunidade onde a instituição está instalada não podem ser deixadas de lado. Essa informação é adquirida nos órgãos públicos, prefeituras e secretarias municipais. Cabe ressaltar também a importância de definir a colaboração que se espera da família no processo educacional.

Dados do ensino-aprendizagem

É essencial que, no documento, seja explicado como o ensino está acontecendo na escola. Para tanto, dados internos, como taxas de reprovação, médias de notas e quantidade de alunos, devem ser citados. Tais dados podem também ser comparados com estatísticas mais amplas, municipais ou regionais. Dessa maneira, é possível avaliar qual é o desempenho dessa instituição em comparação a outras.

Recursos disponíveis

Essa é uma seção em que é importante descrever os recursos que a escola possui. Aqui, entra a descrição de todos os recursos tecnológicos disponíveis, da estrutura física da instituição, do quadro de funcionários, dentre outros. Mostrar os recursos com transparência e clareza é substancial para que se tenha uma noção das limitações e das potencialidades da escola.

Faz-se necessário ressaltar que, depois de pronto, o PPP precisa ser disponibilizado para toda a comunidade escolar. Por isso, ele deve ser impresso, distribuído ou, então, deixado em um fichário acessível a todos. Quando todos têm conhecimento do conteúdo do PPP, amplia-se o engajamento da comunidade com as propostas contidas nele.

Vale destacar a importância de acompanhar os trabalhos realizados pela escola a fim de verificar se eles estão de acordo com as metas propostas no documento.

O Projeto Político Pedagógico é capaz de proporcionar, à instituição, condições de reunir pessoas e recursos, buscar meios e de se planejar para garantir que o projeto seja produtivo e traga resultados satisfatórios para o processo de ensino-aprendizagem.

Disponível em: https://escoladainteligencia.com.br/blog/descubra-o-que-deve-conter-em-um-projeto-politico-pedagogico-ppp/; Acesso em 25 out. 2022.

São muitos os aspectos a serem considerados, não

é mesmo? Paulo Freire acredita que a educação é um ato político. Pensando nisso, a charge nos permite um momento de reflexão, vejam:

Figura 1 - DÉFICITS DA EDUCAÇÃO

Fonte: disponível em https://www.vereadoresdesantos.com/projeto-do-botao-do-panico-expoe-visao-miope-da-realidade-escolar/; Acesso em 25 out. 2022.

Os aspectos políticos também são considerados no PPP devido à relação entre o apoio do Governo, a criação de políticas públicas, desenvolver estratégias de gestão que aproveitem as melhores diretrizes e oportunidades para a manutenção física e pedagógica da instituição.

Agora que tratamos um pouco dessas relações, vamos falar de legislação. A Lei de Diretrizes e Bases da educação é imprescindível para o apoio das instituições. Vamos conhecer um pouco mais sobre ela e suas recentes atualizações.

2 - LDB

Esta seção pretende entender um pouco mais sobre a Lei que regula a educação. No artigo *Um breve comparativo entre as LDBs, de Lyjane Q. L.* Chaves (2021), podemos ver um comparativo entre as atualizações da Lei no decorrer dos anos e nas mudanças de governo.

Vamos lá? Aproveitem a leitura:

Um breve comparativo entre as LDBs

Lyjane Queiroz Lucena Chaves
Mestranda em Educação (UERR), especialista no Ensino de Língua Portuguesa e Literatura (UERR) e no Ensino de História e Geografia (Faculdade Claretiano), licenciada em História (UFRR)

A Lei de Diretrizes e Bases da Educação (LDB) define e regulariza o sistema de educação a partir da Constituição. A primeira LDB levou 13 anos para ser aprovada; foi publicada em 1961, pelo então presidente João Goulart. Foi seguida por outra versão, em 1971, durante o regime militar. É interessante, antes de fazer o comparativo das LDBs, apresentar as principais e importantes características de cada uma.

A primeira LDB data de 1961; dá mais autonomia aos órgãos estaduais, diminuindo a centralização do poder no MEC; regulariza a existência dos Conselhos Estaduais de Educação e do Conselho Federal de Educação; garante o empenho de 12% do orçamento da União e 20% dos municípios com a educação; o ensino religioso é facultativo e há obrigatoriedade de matrícula nos quatro anos do ensino primário, dentre outras normas.

Dentre as características da LDB de 1971, publicada durante o regime militar pelo presidente Médici, destaca-se o ensino de primeiro grau obrigatório dos 7 aos 14 anos; aborda a educação a distância; prevê um núcleo comum para o currículo de 1º e 2º grau; determina que os municípios devem gastar 20% do orçamento com educação, mas não prevê dotação orçamentária para a união ou os estados.

Com a promulgação da Constituição de 1988, a LDB anterior foi considerada obsoleta, mas apenas em 1996 o debate sobre a nova lei foi concluído. A atual LDB foi sancionada pelo presidente Fernando Henrique Cardoso e pelo ministro da Educação Paulo Renato em 1996; seu relator foi Darcy Ribeiro. Baseada no princípio do direito universal à educação para todos, a LDB de 1996 trouxe diversas mudanças, como a inclusão da Educação Infantil, com creches e pré-escolas, como primeira etapa da educação.

Quanto ao orçamento com a educação, a LDB de 1961 garantia o empenho de 12% do orçamento da União e de 20% dos municípios, como já foi comentado. A LDB de 1971 define que os municípios devem gastar 20% do seu orçamento com a educação, e não prevê dotação orçamentária para a União ou os estados. Em contrapartida, a atual LDB garante que a União deve gastar no mínimo 18% e os estados e municípios no mínimo 25% de seus respectivos orçamentos na manutenção e desenvolvimento do ensino público, conforme o Art. 69.

Na LDB de 1961, o ano letivo era de 180 dias; com a de 1971, o ano letivo passa a ser de no mínimo 180 e 90 dias de trabalho escolar efetivo. A Lei de Diretrizes e Bases da Educação de 1971 prevê um núcleo comum para o currículo de 1º e 2º graus (novos nomes do primário e ginásio e do colegial) e uma parte diversificada em função das peculiaridades locais; a de 1996, prevê um núcleo comum para o currículo do Ensino Fundamental e Médio – nomes ainda mais novos para as duas etapas finais da Educação Básica.

A questão da formação dos docentes está presente desde a primeira LDB, que garantia a formação do professor para o ensino primário no ensino normal de grau ginasial ou colegial e a formação do professor para o ensino médio nos cursos de nível superior. Na segunda LDB, a formação preferencial do professor para o ensino de 1º grau, da 1ª à 4ª séries, tem habilitação específica no 2º grau; a formação preferencial do professor para o ensino do segundo segmento do 1º grau e o 2º grau em curso de nível superior, como graduação; e, por último, a formação preferencial dos especialistas da Educação em curso superior de graduação ou pós-graduação.

A última LDB prevê a formação dos docentes para atuar na Educação Básica em curso de nível superior, sendo aceito o Ensino Médio específico para a Educação Infantil e as quatro primeiras séries do Fundamental, além da formação dos especialistas da educação em curso superior de Pedagogia ou pós-graduação.

A LDB aprovada em 1961 introduziu a descentralização do ensino. Aqui, coube aos governos estaduais o poder de legislar e organizar o seu sistema de ensino. A de 1996 promoveu a descentralização e a autonomia para as escolas e universidades, além de instituir um processo regular de avaliação do ensino. Essa LDB promoveu a autonomia dos sistemas de ensino e a valorização do magistério.

No que se refere ao dinheiro público, a LDB de 1961 não é exclusivo para as instituições de ensino público; a de 1971, segue o mesmo processo, que vem ser alterado com a LDB atual, a de 1996. Essa nova lei prevê que o dinheiro público pode financiar escolas comunitárias, confessionais ou filantrópicas, conforme o Art. 77.

A LDB em vigor trouxe diversas mudanças em relação às leis anteriores.

Foi a partir dela que o Ensino Fundamental passou a ser obrigatório e gratuito; a Lei prevê a criação do Plano Nacional de Educação e do Fundo Nacional de Desenvolvimento do Ensino Fundamental, além da inclusão de creches e pré-escola na chamada Educação Básica.

Na LDB de 1996, os níveis escolares estão divididos em: Educação Básica, que inclui Educação Infantil, Ensino Fundamental e Ensino Médio; e em Educação Superior. A Lei de 1971 tratava apenas dos níveis de 1º grau e 2º grau, porém não citava o de ensino superior, que era definido em outra lei específica.

Em comum, as duas últimas LDBs dizem que a Educação Básica tem por finalidade desenvolver o educando, assegurar-lhe a formação comum indispensável para o exercício da cidadania e fornecer-lhe meios para progredir no trabalho e em estudos posteriores.

CHAVES, Lyjane Queiroz Lucena. **Um breve comparativo entre as LDBs**. *Revista Educação Pública, v. 21, nº 29, 3 de agosto de 2021. Disponível em: https://educacaopublica.cecierj.edu.br/artigos/21/29/um-breve-comparativo-entre-as-ldbs Acesso em 25 out. 2022.*

Gostaram do texto? A perspectiva de Chaves (2021) sobre as alterações nos permite avaliar como a educação tem se modificado com o passar dos anos. Claro que não é só de Lei que se faz um bom ensino, mas é muito importante estabelecer uma relação entre as mudanças educacionais e a forma como está regulamentada.

INTERESSANTE: Foi incluído na Lei de Diretrizes e Bases da Educação (LDB - Lei 9.394, de 1996) o compromisso da educação básica com a alfabetização plena e a capacitação gradual para a leitura. Publicada no Diário Oficial da União desta quarta-feira (13), a Lei 14.407, de 2022, é oriunda do PL 5.108/2019, aprovado pelo Senado em 21 de junho. A norma foi sancionada sem vetos pelo presidente Jair Bolsonaro. (Disponível em: https://www12.senado.leg.br/noticias/materias/2022/07/13/sancionada-lei-que-inclui-na-ldb-compromisso-de-alfabetizacao-no-ensino basico#:~:text=Sancionada%20lei%20que%20inclui%20na%20LDB%20compromisso%20de%20alfabetização%20no%20ensino%20básico,-Compartilhe%20este%20conteúdo&text=Foi%20incluído%20na%20Lei%20de,capacitação%20gradual%20para%20a%20leitura; acesso em 24 out. 2022)

As mudanças legislativas nem sempre refletem a realidade, mas são um passo importante para que haja transformações. Por exemplo, a nova lei (Lei 14.407/22), define a leitura como prioridade na educação básica. Entre os direitos a serem garantidos pelo Estado, acrescenta-se que a alfabetização plena e a capacitação gradual para a leitura ao longo da educação básica são requisitos indispensáveis para a efetivação dos direitos e objetivos de aprendizagem e para o desenvolvimento dos indivíduos. Considerando as lacunas educacionais que temos, tendo em vista os analfabetos funcionais e as ações parciais que ocorrem para resolver estes déficits educacionais, a criação de legislação específica para este caso é um passo importante. (Disponível em: https://www12.senado.leg.br/noticias/materias/2022/07/13/sancionada-lei-que-inclui-na-ldb-compromisso-de-alfabetizacao-no-ensino-basico. 25 de out de 2022).

No dia da aprovação, o relator da proposta, senador Veneziano Vital do Rêgo (MDB-PB), ressaltou que as medidas são fundamentais para uma escolarização satisfatória, que proporcione condições de o cidadão progredir e dominar saberes de outras áreas. Esse pensamento, é claro, não basta para que existam ações voltadas para o cumprimento da legislação. Entretanto, havendo sempre pesquisas didáticas e discussões educacionais, estabelecer uma base legal para o empenho impulsiona a ciência e promove educadores pesquisadores que destaquem os aspectos mais relevantes para mudanças na educação.

Mas em que a legislação influencia no PPP? Muito bem, de acordo com os artigos 12 a 14 da LDB, a escola tem autonomia para determinar qual será o seu PPP e a estrutura que será seguida. O documento, então, é encaminhado para a secretaria de ensino e deve ser revisado pela instituição de ano em ano. Com as atualizações da LDB, o PPP também precisa ser alterado, atendendo às exigências desta, ainda que mantendo sua autonomia.

Vamos aos objetivos do PPP!

3 - Objetivo do ppp

Vamos entender os objetivos do PPP, mas primeiro, vamos estabelecer que a LDB, em seus artigos 12, 13 e 14, atribui aos estabelecimentos de ensino a incumbência de elaborar e executar, de forma democrática, seus Projetos Pedagógicos. Em vista disso, Ramos e Souza (2015) destacam que o PPP se trata de um instrumento de trabalho que mostra o que vai ser feito, quando, de que maneira, por quem, para chegar a que resultados. Além disso, harmoniza as diretrizes da educação nacional com a realidade da escola; o PPP deve demonstrar a autonomia da escola e demonstrar seu compromisso com os alunos e os pais. Ou seja:

> É a valorização da identidade da escola e um chamamento a responsabilidade dos agentes com as racionalidades interna e externa. Essa idéia implica a necessidade de uma relação contratual, isto é, o projeto deve ser aceito por todos os envolvidos, dá a importância de que seja elaborado participativa e democraticamente [sic] (RAMOS; SOUZA, 2015, s/p).

O envolvimento da comunidade, equipe pedagógica e dos alunos e pais é fundamental para que haja um processo democrático, em que se ouve os lados dos interessados. Segundo Veiga, (2001), esse processo não deve se restringir à direção da escola. De acordo com o autor, cada membro da equipe da escola precisa entender claramente os objetivos, metas e ações. Para que o PPP seja efetivo e permita a construção da escola como espaço público de liberdade e criatividade. Por isso é importante que as pessoas se sintam parte ativa desse processo.

Bem, chegamos ao fim de mais uma aula. A próxima será nossa última, e para ela, reservamos uma análise da Base Nacional Comum Curricular (BNCC), comentando as alterações e refletindo os impactos na realidade educacional do país.

Aproveitem a retomada dos pontos principais da aula e as sugestões de leitura. Bons estudos!

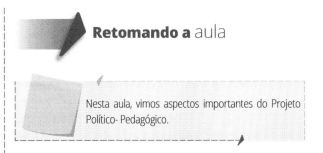

Retomando a aula

Nesta aula, vimos aspectos importantes do Projeto Político- Pedagógico.

1 - Itens de composição do PPP

A primeira seção tratou os itens de composição do Projeto Pedagógico. Definiu-se que, democraticamente, é preciso preenche-se os seguintes itens: a) identificação da escola; b) missão da instituição; c) comunidade e público-alvo; d) plano de ação; e) informações sobre o andamento dos projetos de aprendizagem; f) diretrizes pedagógicas; g) o relacionamento com as famílias; h) questões financeiro-administrativas. Sendo assim, todos os envolvidos, ao participarem da construção, tem condições de contribuir seriamente com os parâmetros educacionais a serem utilizados no Projeto.

2 - LDB

Nesta seção, abordamos as atualizações da LDB (Leis de Diretrizes e Bases), enfatizando as mudanças que o sistema legislativo propõe para o sistema educacional. Essas duas áreas trabalhando juntas, além de auxiliar nas mudanças educacionais, ainda permitem que estas novas facetas sejam permanentemente incorporadas à educação.

3 - Objetivo do PPP

Por fim, a última seção tratou os principais objetivos do Projeto Político- Pedagógico. Durante a aula, definiu-se que este promove a autonomia na gestão administrativa e pedagógica, por meio de ações que se adequam à realidade, identidade, diversidade cultural e religiosa de cada instituição escolar. A seção também destacou que no PPP, a especificidade de cada escola.

Aproveitem as sugestões de aprendizagem.

Vale a pena

Vale a pena **ler**

OLIVEIRA, O. M.; FERREIRA, V. C. P. O *projeto político-pedagógico*: instrumento para uma gestão escolar democrática. Mestrado em gestão e avaliação da Educação Pública, 2013. Disponível em; http://mestrado.caedufjf.net/o-projeto-politico-pedagogico-instrumento-para-uma-gestao-escolar-democratica/; Acesso em 25 out. 2022.

Vale a pena **assistir**,

LOPES, N. *O que é o projeto político-pedagógico (PPP)*, 2010. Disponível em https://gestaoescolar.org.br/conteudo/560/o-que-e-o-projeto-politico-pedagogico-ppp; Acesso em 2022.

Minhas anotações

Aula 8°

BNCC: atualizações e comentários (competências gerais)

Tratamos até aqui, as temáticas fundamentais para os processos de ensino. Nesta última aula, vamos falar um pouco sobre a BNCC (Base Nacional Comum Curricular), focando principalmente nas atualizações dos últimos anos. Espero que a construção do conhecimento se complete neste nosso último momento!

Então, aproveitem os textos selecionados e boa aula.

Bons estudos!

Objetivos de aprendizagem

Ao término desta aula, vocês serão capazes de:

- compreender a importância da BNCC para o ensino;
- observar as alterações realizadas nos últimos anos.

Seções de estudo

1 - Influências da BNCC no projeto político-pedagógico

Chegamos à última aula e o caminho até aqui foi cheio de informações muito interessantes, não é? Passamos por conceitos fundamentais da educação e para as bases do sistema educacional, então, vamos aprofundar essa perspectiva, tudo bem?

Vamos falar agora do Projeto Político-Pedagógico. Segundo Kenski (2022), o PPP é um documento que define a identidade e as diretrizes que serão implementadas na escola para aprendizagem e formação integral dos alunos. A construção democrática do Projeto é usada como um guia para orientação das atividades da instituição segundo a realidade da própria escola, bem como os objetivos dispostos pela Base Nacional Comum Curricular (BNCC). Nesse sentido:

> A Base determina as aprendizagens que todos os alunos da Educação Infantil até o Ensino Médio devem desenvolver ao longo da Educação Básica e deverá ser implementada até 2020. Ela deve servir como norte para as diretrizes que estarão especificadas no projeto político-pedagógico (KENSKI, 2022, s/p).

Com essa perspectiva oferecida por Kenski (2022), nós nos voltamos para a construção do Projeto, enfatizando que, para que haja envolvimento da comunidade na elaboração desse documento, a BNCC precisa estar em evidência e o gestor escolar deve proporcionar a oportunidade para ouvir todas as partes. Para isso, fazem reuniões pedagógicas com os professores, conversa com alunos e seus responsáveis e os envolve nas mudanças educacionais.

Vamos fazer uma leitura que demonstra como a atualização do PPP e as implicações da BNCC na educação se tornam relevantes no direcionamento dos caminhos das instituições de ensino. vamos à leitura?

No curso realizado pela NOVA ESCOLA, a diretora Priscila Arce mostrou um exemplo de implementação da BNCC e revisão do projeto político-pedagógico da instituição. Ela conta que a primeira iniciativa foi mapear o perfil da comunidade e fazer o levantamento dos problemas e das forças da escola. "Percebemos que o PPP possuía a visão dos gestores e professores, mas faltava a dimensão dos alunos, pais e a comunidade". As reuniões podem seguir um modelo mais informal, de forma que todos sintam acolhidos e entendam o processo como necessário e não apenas uma medida burocrática e obrigatória. Dependendo da dinâmica escolhida pela escola para coletar sugestões, essa etapa pode ser desenvolvida através de questionários. No exemplo implementado por Priscila, os questionários abordavam o conhecimento dos pais e responsáveis sobre os métodos desenvolvidos na escola, o que poderia ser melhorado e o que eles mais gostavam. "Era importante observar se o PPP observava a realidade, o que realmente estava sendo realizado na escola", relata a diretora.

(Disponível em: https://gestaoescolar.org.br/conteudo/2183/como-alinhar-o-ppp-da-escola-a-base-nacional-comum-curricular#:~:text="Era%20importante%20observar%20se%20o,com%20os%20pais%20e%20responsáveis. Acesso em 25 out. 2022).

Interessante perspectiva, não é? Com isso, percebemos que, na verdade, o Projeto Pedagógico é um documento que precisa estar alinhado aos objetivos da Base, existindo na escola como o instrumento orientador que oferece segurança para as ações da equipe educacional. Em outras palavras, quando devidamente coerente com a BNCC, o PPP possui itens relevantes para o bom desempenho da escola e dos alunos. Por esse motivo, "é importante que ele seja revisado a cada ano a fim de atender às mudanças e às necessidades da comunidade escolar" (HORA, 2022, s/p). E sabemos que as mudanças educacionais são necessárias e foco de todo o nosso trabalho duro para a formação de bons profissionais da educação.

Sendo assim, vamos abordar os cinco princípios básicos que devem estar destacados no PPP e que, sem dúvida, estão alinhados à LDB e a BNCC:

- Igualdade de condição para acesso e permanência na escola
- Qualidade
- Gestão democrática
- Liberdade
- Valorização do Magistério (HORA, 2022, s/p)

Importante esse assunto, não acham? Tão importante que as atualizações da BNCC precisam constar nos documentos das escolas em prazos bem determinados, como as competências aprovadas em 2017, cujo prazo estabelecido para que as escolas do país se adequassem a elas seria até o fim de 2020. Essas atualizações constam no quadro abaixo:

O que são competências? Na BNCC, competência é definida como a mobilização de conhecimentos (conceitos e procedimentos), habilidades (práticas, cognitivas e socioemocionais), atitudes e valores para resolver demandas complexas da vida cotidiana, do pleno exercício da cidadania e do mundo do trabalho.

(Disponível em: http://basenacionalcomum.mec.gov.br/a-base; Acesso em 26 out. 2022)

É preciso ter em mente que o objetivo da BNCC é garantir que os estudantes das escolas públicas e particulares brasileiras tenham acesso a uma educação igualitária, que garanta o direito de aprendizagem para os alunos. Portanto, competências e habilidades destacadas na Base devem ser consideradas e trabalhadas pelas equipes pedagógicas das escolas, sem exceção.

Ficou determinado, por exemplo, que na Educação Infantil, Ensino Fundamental e Ensino Médio, deve-se trabalhar as seguintes competências:

- Conhecimento
- Pensamento científico, crítico e criativo
- Repertório cultural
- Cultura digital
- Comunicação
- Trabalho e projeto de vida
- Argumentação
- Autoconhecimento e autocuidado
- Empatia e cooperação
- Responsabilidade e cidadania

Com isso, esta ferramenta de unificação auxilia na formação dos alunos para que tenham a capacidade de agir na sociedade. A partir do sistema educacional, a expectativa é de, no futuro, termos cidadãos capazes de criar uma sociedade mais justa, democrática e inclusiva.

Portanto, todas as competências da BNCC devem estar incluídas no planejamento de todas as disciplinas e turmas, "sempre respeitando a faixa etária dos alunos, a realidade das escolas e o contexto no qual os estudantes estão inseridos" (FERREIRA, 2000, s/p), o que precisa ser atendido impreterivelmente por todas as escolas brasileiras.

Teremos um tópico com algumas discussões contemporâneas sobre a BNCC, como sua contextualização com a realidade vivenciada no século XXI, adventos tecnológicos, discussões de gênero e preconceito, entre outros temas transversais importantes para nossa sociedade. Vamos lá?

1.1 - Discussões contemporâneas sobre a BNCC

Para este tópico, vamos ter uma leitura sobre características que levam à construção da Base Nacional Comum Curricular, importantes para a existência de coerência no ensino nas diferentes regiões brasileiras, considerando que cada uma possui suas próprias características e realidade social. Acompanhem:

Contextualização histórica e caracterização: fortalecer a identidade da escola e sua comunidade e promover a reflexão sobre suas particularidades, seus desafios, seus recursos e seu potencial.
Diagnóstico de indicadores educacionais: identificar e analisar os resultados educacionais da escola neste momento por meio de indicadores (oficiais e aqueles coletados na própria escola por meio dos Parâmetros e Indicadores de Qualidade da Educação Infantil, clima escolar, entre outros), construindo metas compartilhadas para a melhoria deles.
Missão, visão e princípios: gerar engajamento em torno de visão e objetivos comuns, fortalecendo a gestão democrática e participativa.
Fundamentação teórica, prática e bases legais: gerar compreensão de que o PPP é um documento embasado e respaldado por diretrizes locais, estaduais e nacionais que vão além da escola. Discutir os marcos conceituais, a proposta curricular da rede e avançar no detalhamento de questões específicas e complementares ao currículo no contexto da escola (metodologias de ensino, conteúdos, expectativas de aprendizagem, intencionalidade educativa e formas de avaliação e apoio aos alunos).
Plano de ação: estabelecer o caminho para a realização da missão

construída coletivamente, com um planejamento claro que oriente a atuação de toda a comunidade escolar, bem como o monitoramento e a superação de problemas detectados durante o ano. As principais ações e os projetos que vão acontecer durante o ano estão aqui.
Outros elementos: incluir elementos importantes como a Proposta Curricular da rede e seu detalhamento na escola (caso não esteja incluída dentro da Fundamentação Teórica e Prática) e o Regimento Escolar (normas e procedimentos da instituição).

Disponível em: https://sae.digital/revisao-do-projeto-politico-pedagogico/ Acesso em 25 out. 2022.

A leitura foi esclarecedora, não concordam? Observa-se que, para a elaboração de um documento, tantos fatores são considerados, analisados, refletidos criticamente e colocados juntos de modo a constituir uma diretriz única para a educação, é uma pequena esperança de que estamos de fato preocupados com o futuro educacional do nosso país. Sendo assim, vamos à próxima seção, as atualizações da BNCC em relação à LDB, cujas modificações foram significativas nos últimos anos.

2 - Atualizações da bncc

A pergunta é: O que é a LDB e o que mudou em 2020? Muitas polêmicas movimentaram o cenário educacional em 2020, mudança de governo, novas diretrizes educacionais, alterações curriculares, enfim... Para organizar o pensamento, foi preciso alterar os documentos que regulamentam a educação brasileira, logo, temos as alterações na LDB e, com isso, as atualizações da BNCC, pois estão, como estamos vendo nesta aula, intrinsecamente interligadas.

Pensando na forma mais clara de demonstrar essas alterações, vamos fazer a leitura de um texto que define esses documentos, tanto a LDB quanto a BNCC, nos evidenciando os pontos principais de modificações. Vamos lá?

A Lei de Diretrizes e Bases da Educação (LDB) define e regulamenta a organização da educação brasileira com base nos princípios presentes na Constituição. Trata-se de uma lei constantemente atualizada.
No primeiro semestre de 2020, com a pandemia da Covid-19, foi publicada a Medida Provisória nº 934, que dispõe sobre a quantidade de dias letivos para a educação básica e ensino superior. A MP dispensou a obrigatoriedade de 200 dias letivos descritos na LDB.
O Decreto, entretanto, deixa explícita a obrigatoriedade da carga horária mínima atual, para estabelecida nos dispositivos da Lei ° 9.394, ou seja, 800h ainda devem ser cumpridas.

Disponível em: https://www.portaldaindustria.com.br/industria-de-a-z/novo-ensino-medio/#:~:text=A%20BNCC%20pretende%20promover%20a,entes%20federados%20e%20às%20escolas. Acesso em 25 out. 2022.

Muito esclarecedor, não é?
Devemos considerar as mudanças, por mais que desorganizem um sistema aparentemente funcional, como uma oportunidade de modificarmos a realidade educacional do país, pois é visivelmente frágil a condição dos nossos estudantes de escolas públicas. Constantemente, nos deparamos com as deficiências do sistema de ensino brasileiro,

seja em uma criança que não domina a leitura e a escrita no quinto ano do ensino fundamental, ou em um adolescente que não possui perspectivas de trabalho ao término da fase escolar. Devido a isso, tivemos esta alteração:

> O novo modelo de ensino é composto por um currículo básico e 5 itinerários formativos, o que inclui a possibilidade de uma formação técnica. Em 2022, escolas públicas e privadas começam, oficialmente, a implementar o Novo Ensino Médio. Gradual, a mudança começará pelo 1º ano dessa etapa de ensino e deve atingir todos os três anos até 2024 (MORALES, 2022, s/p).

Quando esta proposta entrou em votação, a inquietação foi generalizada, as incertezas nos colocaram frente às novas necessidades que tal decisão demandaria, bem como evidenciou a falta de infraestrutura e investimentos na educação. No entanto, acende-se uma luz quando percebe-se, após o primeiro ano da implementação do ensino médio em tempo integral, que o público estudantil dessa etapa de escolarização se torna melhor assistido. Esperamos, é claro, que tudo dê certo com a rede de apoio dessa iniciativa.

Muito bem, caros (as) acadêmicos (as), chegamos ao final da nossa última aula e tivemos uma grande trajetória, não é?! Aproveitem as últimas sugestões de leitura e bons estudos.

Retomando a aula

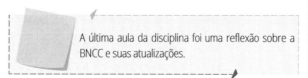

A última aula da disciplina foi uma reflexão sobre a BNCC e suas atualizações.

1 - Influências da BNCC no Projeto Político-Pedagógico

Na primeira seção da nossa última aula, vimos as influências que a Base possui na construção do Projeto Pedagógico. Para que o projeto seja elaborado de acordo com a BNCC, este deve estimular o engajamento da equipe docente, discente e das famílias tendo a característica principal esperada para o projeto, ou seja, colaborativo e democrático. A ideia é focar e atender as necessidades reais e os planos escolares.

2 - Atualizações da BNCC

Por fim, nossa última seção destaca as atualizações da BNCC nos últimos anos. Definimos que, para um processo verdadeiro de revisão dos currículos de forma articulada, sem, contudo, implicar em grande diversidade de modelos do documento no país, foi criado um padrão de currículo através de um regime de colaboração. Descobrimos também que essa padronização permite a flexibilidade e inclusão de especificidades de cada cidade. O regime colaborativo

acaba abrindo portas para que outros assuntos possam ser trabalhados de forma articulada, e não apenas na elaboração do currículo.

Muito bem, esta foi a nossa última aula. Esperamos que nossa jornada tenha sido enriquecedora.

Continuem estudando e boas leituras!

Vale a pena

⁴Vale a pena **ler**,

MORALES, J. *Novo Ensino Médio*: o que motivou a mudança, como vai funcionar, desafios. Guia do Estudante, 2022. Disponível em: https://guiadoestudante.abril.com.br/atualidades/novo-ensino-medio-o-que-motivou-a-mudanca-como-vai-funcionar-desafios/; Acesso em 25 out. 2022.

⁴Vale a pena **assistir**,

BNCC propõe mudanças para a Educação Infantil | Conexão, 2022. Disponível em: https://www.youtube.com/watch?v=gOGcuIwMtHM; Acesso em 25 out. 2022.

Referências

BRASIL. *Lei de Diretrizes e Bases da Educação Nacional*. Brasília: Senado Federal, 2006.

BRASIL. *Lei nº 4.024, de 20 de dezembro de 1961*. Brasília: Senado Federal, 1961. Disponível em: https://www2.camara.leg.br/legin/fed/lei/1960-1969/lei-4024-20-dezembro-1961-353722-publicacaooriginal-1-pl.html. Acesso em: 07 abr. 2021.

BRASIL. *Lei nº 5.692, de 11 de agosto de 1971*. Brasília: Senado Federal, 1971. Disponível em: https://www2.camara.leg.br/legin/fed/lei/1970-1979/lei-5692-11-agosto-1971-357752-publicacaooriginal-1-pl.html. Acesso em: 07 abr. 2021.

CHAVES, L. Q. L. Um breve comparativo entre as LDBs. *Revista Educação Pública*, v. 21, nº 29, 3 de agosto de 2021. Disponível em: https://educacaopublica.cecierj.edu.br/artigos/21/29/um-breve-comparativo-entre-as-ldbs

FELIX, M. F. A administração escolar e seus desafios atuais. *Revista Brasileira*: administração da educação. Brasília, 1991.

FERREIRA, N. *Gestão democrática da educação*. São Paulo: Cortez, 2000.

HORA, D. C. *Gestão democrática na escola*. 7 ed. Campinas: Papirus, 1994.

KENSKI, V. M. A formação do professor pesquisador: experiencias no grupo de pesquisa "memória, ensino e novas tecnologias (MENT)". In: FAZENDA, I (Org.). *Didática e interdisciplinaridade*. Papirus Editora, E-book, 2022. Disponível em: https://books.google.com.br/books?hl=pt-BR&lr=&id=vHiADwAAQBAJ&oi=fnd&pg=PT3&dq=pesquisa+didática+&ots=6sr4VtHCtB&sig=8z9-rTQNYxxcyl8fDBSuk_60iEY#v=onepage&q=pesquisa%20didática&f=false; Acesso em 20 out. 2022.

LEITE, W. S. S.; RIBEIRO, C. A. N. *A inclusão das TICs na educação brasileira*: problemas e desafios. Investigações educativas, 2012. Disponível em: http://hdl.handle.net/20.500.12799/2600; Acesso em 20 out. 2022.

LIBÂNEO, J. C. As teorias pedagógicas modernas ressignificadas pelo debate contemporâneo na educação. In: _____. *Educação na era do conhecimento em rede e transdisciplinaridade*. São Paulo: Alínea, 2005.

LIBÂNEO, J. C. *Didática*. São Paulo: Cortez, 1994.

MORALES, J. *Novo Ensino Médio*: o que motivou a mudança, como vai funcionar, desafios. Guia do Estudante, 2022. Disponível em: https://guiadoestudante.abril.com.br/atualidades/novo-ensino-medio-o-que-motivou-a-mudanca-como-vai-funcionar-desafios/ Acesso em 22 out. 2022.

PADILHA, P. R. *Planejamento Dialógico*: Como construir o projeto pedagógico da escola. São Paulo: Cortez, 2001.

PÂRO, V. H. *Administração escolar*. São Paulo: Cortez/ Autores Associados, 1990.

PASSERO, G.; ENGSTER, N. E. W.; DAZZI, R. L. S. Uma revisão sobre o uso das TICs na educação da Geração Z. *Revista RENOTE*, Porto Alegre, v. 14, n. 2, 2016. DOI: 10.22456/1679-1916.70652. Disponível em: https://www.seer.ufrgs.br/index.php/renote/article/view/70652. Acesso em: 24 out. 2022.

PIMENTA, S. G. *O estágio na formação de professores*: unidade teoria e prática? São Paulo: Cortez, 2001.

PRÁTICAS PEDAGÓGICAS. Como elaborar um plano de aula de acordo com a BNCC. *Revista Sistema Poliedro*, 2022. Disponível em: https://www.sistemapoliedro.com.br/blog/como-elaborar-um-plano-de-aula-de-acordo-com-a-bncc/#:~:text=Planejamento%20e%20Plano%20de%20Aula%20de%20acordo%20com%20a%20BNCC&text=O%20planejamento%20é%20a%20determinação,os%20objetivos%20traçados%20no%20planejamento. Acesso em 25 out. 2022.

SALVI, I. L; BATTINI, O. *O trabalho do professor e a indisciplina no espaço educacional*: processos e conflitos. Educação Pública, 2018. Disponível em: https://educacaopublica.cecierj.edu.br/artigos/18/10/o-trabalho-do-professor-e-a-indisciplina-no-espao-educacional-processos-e-conflitos#:~:text=A%20indisciplina%20em%20sala%20de,indisciplina%20em%20sala%20de%20aula. Acesso em 20 out. 2022.

SILVA, P. A. Prática pedagógica dos docentes. *Revista Científica Multidisciplinar Núcleo do Conhecimento*. Ano 06, Ed. 02, Vol. 06, pp. 117-125. 2021. ISSN: 2448-0959, Link de acesso: https://www.nucleodoconhecimento.com.br/educacao/pedagogica-dos-docentes, DOI: 10.32749/nucleodoconhecimento.com.br/educacao/pedagogica-dos-docentes

SOUZA, J. G.; PINHO, M. J. Interdisciplinaridade e transdisciplinaridade como fundamentos na ação pedagógica: aproximações teórico-conceituais. *Revista Signos*, v. 38, n. 2, 2017. Disponível em: http://www.univates.br/revistas/index.php/signos/article/view/1606; Acesso em 20 out. 2022.

VASCONCELLOS, C. *Planejamento*: projeto de ensino-aprendizagem e projeto político. São Paulo: Libertad, 1995.

ZASLAVSKY, A. Para um conceito Habermasiano de ação pedagógica. *Revista Educação e Filosofia*. vol.32 no.65 Uberlândia, 2020. Disponível em: https://doi.org/10.14393/revedfil.issn.0102-6801.v32n65a2018-11 Acesso em 20 out. 2022.

Minhas anotações

Graduação a Distância 4º SEMESTRE

Pedagogia

ESTIMULAÇÃO
DE BEBÊS

UNIGRAN - *Centro Universitário da Grande Dourados*

Rua Balbina de Matos, 2121 - CEP 79.824 - 900
Jardim Universitário
Dourados - MS
Fone: (67) 3411-4141 / Fax: (67) 3411-4167

CEAD
Coordenadoria de Educação a Distância

Apresentação da Docente

A professora Geórgia Cristian Borges é bacharel e licenciada em psicologia pelo Centro Universitário da Grande Dourados- UNIGRAN (2003). Mestre em ciências da saúde pela Universidade de Brasília-UNB. Psicopedagoga pela UNIGRAN, Pedagoga (Claretiano, MBA em Gestão Escolar - USP Esalq. Educadora Parental pela Associação Internacional de Disciplina Positiva. Leciona a disciplina de Educação especial e educação inclusiva na UNIGRANET desde 2008.

BORGES, Geórgia Cristian. Estimulação de Bebês.
Dourados: UNIGRAN, 2023.

42 p.: 23 cm.

1. Desenvolvimento. 2. Bebês. 3. Estimulação.

Sumário

Conversa Inicial

A disciplina "Estimulação de Bebês" tem como objetivo fornecer subsídios para a discussão sobre as condições e práticas atuais relacionadas à estimulação precoce, ao desenvolvimento cognitivo, afetividade e aprendizagem, e ainda entender o processo de apego nos anos iniciais de vida.

É um momento de reflexão e discussão acerca da teoria que envolve esse universo, com o intuito de aumentar o entendimento dos profissionais pedagogos e facilitar as relações e atitudes no âmbito escolar.

Primeiramente, veremos a conceituação do desenvolvimento do vínculo afetivo e as teorias que o fundamentam, como a teoria do apego de Bowlby. Posteriormente, teremos uma seção para discutir sobre a relação entre afetividade e aprendizagem e, por fim, partiremos para o entendimento, definição, evolução do termo e aplicabilidade da estimulação precoce de bebês.

Encerraremos nossa disciplina com a prática da estimulação precoce tentando compreender a relação existente entre o estabelecimento de vínculos afetivos, aprendizagem e estimulação de bebês.

Apresento também alguns artigos que considero fundamentais para a compreensão da disciplina.

Penso que este momento é para refletirmos e discutirmos a realidade que envolve nossa prática na estimulação de bebês de 0 à 3 anos de idade. Abre-se um espaço para a construção do conhecimento, de trocas e de muito aprendizado.

A participação e experiência de todos vocês serão fundamentais nesse processo. Conto com vocês!!!!

Sejam todos bem-vindos!!!!

Abraços
Prof. Georgia C. Borges

Aula 1º

Desenvolvimento do vínculo afetivo

Crianças que não recebem sua cota de amor nos primeiros anos de vida podem não ter as ligações cerebrais necessárias para estabelecer relações íntimas. (PERRY apud SILBERG, 2011, p. 14).

Figura 1: Vínculo afetivo
Fonte: <http://arquidiocesedecampogrande.org.br/arq/formacao-familia/pais/2793-como-multiplicar-a-inteligencia-do-bebe.html?showall=1.jpg>. Acesso em jun. 2013.

Olá pessoal! Nesta aula iremos partir do desenvolvimento do vínculo afetivo, tendo em vista o conhecimento da teoria do apego de Bowlby, até a compreensão dos tipos de comportamento de apego. Será importante revisitar as aulas de psicologia do desenvolvimento, pois muito do desenvolvimento do apego foi tratado pela Psicanálise.

Bons estudos!

Objetivos de aprendizagem

Ao término desta aula, vocês serão capazes de:

- discutir o desenvolvimento do vínculo afetivo;
- compreender a teoria do apego.

Seções de estudo

1 - Desenvolvimento do vínculo afetivo e apego
2 - Conhecendo a teoria do apego; qualidade e tipos de vínculos

1 - Desenvolvimento do vínculo afetivo e apego

Figura 2. Sorriso. Fonte: <http://www.frasesparafacebook. info/imagens/bebe-9.jpg>. Acesso em jun. 2013.

Quando pensamos na palavra apego, logo nos lembramos das pessoas mais próximas, ou daquelas as quais temos carinho ou afeto. Escutamos as pessoas dizerem: "sou muito apegada a minha mãe"! Isso claro numa linguagem popular. Vamos verificar como o dicionário Aurélio define a palavra apego:

"1. aferro, pertinácia, tenacidade, afinco.
2. Inclinação afetuosa; afeição"

A expressão apego está relacionada ao desejo de estar próximo de alguém que não pode ser substituído. Baseia-se a um vínculo afetivo desenvolvido pelo indivíduo em relação à importância dada a outro alguém. Desta forma, a pessoa necessita da presença do outro e acrescenta-se a isso um sentimento de segurança, a partir do qual o indivíduo pode explorar o mundo e experimentar outras relações (AINSWORTH,1989; BEE,1997).

Qual seria a diferença entre apego e vínculo afetivos?

Já vimos o significado da palavra apego, vamos agora, para o que o Dicionário Aurélio nos fala sobre vínculo e o afeto:

Vínculo: 1. Tudo que ata, liga ou aperta. 3 ligação moral. Afeto: Relação, subordinação.

Para refletir
Podemos, então, concluir que vínculo afetivo seria uma ligação ou relação de afeto, amor e simpatia?

Segundo Bee (1997) a diferença estaria diante de quem sente, por exemplo: o que o bebê sente em relação aos seus pais seria um apego na medida em que esta relação se dá na base da segurança e, assim, propicia a exploração do mundo a sua volta. Já o vínculo afetivo seria o sentimento dos pais para com os filhos, uma vez que a relação dos pais na presença do filho, não cause um aumento em seu sentimento de segurança.

Podemos então concluir que o termo "apego" está diretamente ligado ao sentido de segurança, ao acolhimento e cuidado prestado por alguém confiável.

2 - Conhecendo a teoria do apego; qualidade e tipos de vínculos

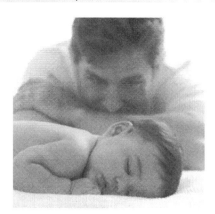

Figura 3: Pai e bebê. Fonte: <http://www.portaldospais.com/wp-content/ uploads/2012/03/MP900408926-300x300>. Acesso em jun. 2013.

Curiosidade
Estudaremos, agora, como esta teoria do apego começou e quem foi seu precursor!

Figura 4: John Bowlby. Disponível em: <http:// www.cyc-net.org/cyc-online/ images/0403-bowlby.jpg>. Acesso em jul. 2013.

John Bowlby, um psiquiatra e psicanalista inglês, começou a estudar sobre os efeitos da privação da figura materna para a saúde mental em crianças. Seus estudos se deram como assessor da Organização Mundial de Saúde na área de saúde mental, juntamente com James Robertson (1948). Ambos estudaram os efeitos da privação materna em crianças (antes, durante e depois da separação de suas mães) com idades entre 2 e 4 anos. As bases utilizadas para o desenvolvimento da teoria do apego partiram dos estudos psicanalíticos, biológicos evolucionários, da psicologia do desenvolvimento e ciências cognitivas, assim como de estudos etológicos. Neste sentido, ao estabelecer os efeitos da privação da figura materna em crianças em seus primeiros anos de vida, o autor se contrapõe à psicanálise apoderando-se de conceitos extraídos da etologia, com o intuito de saber quais as implicações para a vida adulta dos fortes vínculos afetivos entre o bebê humano e o provedor de segurança e conforto (BOWLBY, 2002).

Bowlby buscou alternativas embasadas

cientificamente para se defender dos reducionismos teóricos, dando ênfase aos mecanismos de adaptação ao mundo real, assim como às competências humanas e à ação do indivíduo em seu ambiente (WATERS et al 2000 apud DALBEM; DELL'AGLIO, 2005, p. 3).

A psicanálise e outras teorias do desenvolvimento, vocês já estudaram em Psicologia do desenvolvimento, lembram-se? E o que seria esta teoria etológica e porque o teórico teria optado por este caminho?

Tratar-se de uma teoria que explica a conduta humana através de conceitos evolucionistas biológicos. Tem como objetivo, demonstrar aspectos biológicos da espécie, também, em outros mamíferos e investigar o mecanismo de sobrevivência com relação a busca de proximidade do filhote com um adulto da mesma espécie.

(...) em organismos vivos, estrutura e função só podem desenvolver-se num determinado meio ambiente e que, embora a hereditariedade seja poderosa, a forma exata que cada um adquire dependerá da natureza desse meio ambiente (BOWLBY, 1997, p. 47).

Um importante conceito da etologia, chamado de períodos sensíveis, observado na vida animal, mostra que os indivíduos em alguns períodos da vida estão mais suscetíveis a serem influenciados por determinados fatos, que em outros. Nas observações em bebês, ainda com 6 meses de vida, é possível verificar que nos meses anteriores boa parte dos bebês se encontram altamente sensibilizados para o desenvolvimento dos comportamentos de apego (BOWLBY, 2002).

E o que seriam estes comportamentos de apego?

O conjunto de comportamentos de apego inclui: sorrir, aconchegar-se, estabelecer contato visual e chorar. Atitudes inatas expressadas pelo bebê (BOWLBY, 2002). Em contrapartida, o estresse e o luto são expressões causadas pela separação permanente da figura de apego. Por tratar-se de uma vinculação muito especial a uma figura (AINSWORTH, 1989 apud BOWLBY, 2002).

Figura 5. Sentimentos.
Fontes: <http://bloglechoue.blogspot.com.br/2011/01/ser-crianca.html>.
<http://revistacrescer.globo.com/Revista/Crescer/0,,EMI17793-10510,00.html>.
Acesso em jun. 2013.

O comportamento de apego proporciona o aparecimento de laços afetivos, os quais se estabelecem primeiramente na infância, na relação com os pais, e logo depois com o amadurecimento e vida adulta com outros adultos e demais parceiros. Trata-se de uma tentativa de aproximar-se da figura em questão ou chamar sua atenção, que inicialmente se dará, como dito anteriormente, com o indivíduo que estabelece o vínculo, neste caso, a figura maternal (BOWLBY, 2002).

Figura 6: Amamentação
Fonte: <http://luizadevestido.blogspot.com.br/2012/
06/fotos-de-bebes_16.jpg>. Acesso em jun. 2103.

No século passado, era largamente aceito que a razão pela qual a criança desenvolve um forte laço com sua mãe é o fato de que esta a alimenta. Dois tipos de impulsos são postulados, primário e secundário. O alimento é tido como primário; a relação pessoal, referida como dependência, como secundário (BOWLBY, 1990, p.37).

Assim, para (BOWLBY apud GOLSE, 1998, p 129)

o comportamento de apego é resultado de uma necessidade inata de aquisições, possuindo também uma dupla função: uma função de proteção (segurança trazida pelo adulto capaz de defender o bebê vulnerável contra toda agressão) e uma função de socialização: o apego desloca-se, no curso dos ciclos da vida da mãe aos próximos, depois aos estranhos, e enfim a grupos cada vez maiores e torna-se um fato tão importante na estruturação da personalidade da criança (...).

Para John Bowlby, a sobrevivência da espécie está vinculada ao apego dos bebês por seus cuidadores ou mães, uma vez que os bebês humanos são incapazes de sobreviver sozinhos por um longo período de tempo e ficam na dependência de seus cuidadores, o que nutre à proteção da espécie (BOWLBY, 1990).

Veremos, a seguir, como se elicia o comportamento de apego, ou seja, como ele é estimulado.

A ativação do comportamento de apego pode se dar por influência de dois fatores, um ligado aos aspectos físicos e temperamentais do bebê e outro influenciado pelas condições ambientais. Ambos são interligados e apresentam uma direta influência na estimulação do apego e nas respostas afetivas, assim como no desenvolvimento cognitivo, tendo em vista que envolve uma representação mental das figuras de apego, de si mesmo e do ambiente, sendo estas advindas na experiência (BOWLBY, 1990).

O comportamento de apego será eliciado quando o bebê estiver assustado, cansado, com fome ou sob estresse, levando-o a emitir sinais que podem desencadear a aproximação e a motivação do cuidador. O comportamento de apego traz segurança e o conforto e possibilita o desenvolvimento a partir da principal figura de apego do comportamento de exploração. Quando uma pessoa está apegada ela tem um sentimento especial de segurança e conforto na presença do outro e pode usar o outro como uma 'base segura' a partir da qual explora o resto do mundo (LANTZMAN, 2013, p. 1).

Existe um padrão de comportamento que revela a qualidade ou a força de apego. Estas formas servem para buscar aproximação com outras pessoas, acontecendo com crianças, adolescentes e adultos. Estes comportamentos estão presentes em todo o ciclo vital de variadas formas e intensidades, sendo **ativas:** comportamento de procurar o cuidador; **formas aversivas:** comportamentos que sinalizam o cuidador o interesse de interação da criança, como o sorriso ou o choro (AINSWORTH, 1989 apud DALBEM; DELL'AGLIO, 2005, p. 2).

Quadro 1: Características da teoria de Bowlby

Reforçando aspectos da teoria

Bowlby enfatiza em sua teoria, sete características

Especificidade	O comportamento de apego é dirigido para um ou alguns indivíduos específicos, geralmente em ordem clara de preferência.
Duração	O apego persiste, geralmente, por grande parte do ciclo vital.
Envolvimento emocional	**Ontogenia** – O comportamento de apego desenvolve-se durante os primeiros nove meses de idade de vida dos bebês humanos. Quanto mais experiências de interação social um bebê tiver com uma pessoa, maiores são as probabilidades de que ele se apegue a essa pessoa. **Por essa razão, torna-se a principal figura de apego de um bebê aquela pessoa que lhe dispensar a maior parte dos cuidados maternos.** O comportamento de apego mantém-se ativado até o final do terceiro ano de vida; no desenvolvimento saudável, torna-se, daí por diante, cada vez menos ativado. Muitas das emoções mais intensas surgem durante a formação, manutenção, rompimento e renovação de relações de apego.

Aprendizagem	Recompensas e punições desempenham apenas um papel secundário. De fato, o apego pode desenvolver-se apesar de repetidas punições por uma figura de apego.
Organização	O comportamento de apego é organizado segundo linhas bastante simples. Mediado por sistemas comportamentais cada vez mais complexos, os quais são organizados ciberneticamente. Esses sistemas são ativados por certas condições e terminados por outras. Entre as condições ativadoras estão **o estranhamento, a fome, o cansaço e qualquer coisa assustadora**. As condições terminais incluem a visão ou som da figura materna e a interação com ela. Quando o comportamento de apego é fortemente despertado, o término poderá requerer o contato físico ou o agarramento à figura materna e (ou) ser acariciado por ela.
Função biológica	O comportamento de apego ocorre nos jovens de quase todas as espécies de mamíferos e, em certas espécies, persiste durante toda a vida adulta. A manutenção da proximidade com um adulto preferido por um animal imaturo é a regra geral, o que sugere que tal comportamento possui valor de sobrevivência. Assim, a função do comportamento de apego é a proteção, principalmente contra predadores. Cabe ainda fazer a distinção entre comportamento de apego e apego. Ao falar de uma criança que esteja apegada ou que tenha um apego a alguém, quero dizer que esta pessoa está fortemente disposta a procurar a proximidade e contato com esse alguém e a fazê-lo, principalmente, em certas condições específicas. A disposição de comportar-se dessa maneira é um atributo da pessoa apegada.... O comportamento de apego, em contraste, se refere a qualquer das formas de comportamento, nas quais a pessoa se engaja, de tempos em tempos, para obter ou manter uma proximidade desejada.

Fonte: (BOWLBY, 1989, p.40).

Fica evidente que o cuidar trata-se de uma grande demanda de responsabilidades, de comportamentos adicionais ao comportamento de apego, os quais motivam o auxílio ou ajuda, confiança e conforto, incentivando a autonomia do bebê e estabelecendo uma base que seja segura. Tornando-se, assim, a teoria do apego um sistema normativo e provedor de segurança (BOWLBY, 2002).

É importante ter em mente o princípio que Bowlby formulou em seu primeiro relatório: "o que se acredita ser essencial para saúde mental é que o bebê e a criança pequena experimentem um relacionamento carinhoso, íntimo e contínuo com a mãe (ou com mãe-substituta permanente), no qual ambos encontrem satisfação e prazer" (BOWLBY, 2002 p. X.)

Figura 7: Família
Fonte: <http://maemel.blogspot.com.br/2012/05/os-erros-dos-pais-de-primeira.html>. Acesso em jul.2013.

O relacionamento da criança com os pais é instaurado por um conjunto de sinais inatos do bebê, que demandam proximidade. Com o passar do tempo, um verdadeiro vínculo afetivo se desenvolve, garantido pelas capacidades cognitivas e emocionais da criança, assim como pela consistência dos procedimentos de cuidado, pela sensibilidade e responsividade dos cuidadores. Por isso, um dos pressupostos básicos da teoria do apego é de que as primeiras relações de apego, estabelecidas na infância, afetam o estilo de apego do indivíduo ao longo de sua vida (BOWLBY, 1989).

Figura 8: satisfação das necessidades.
Fonte: <http://3.bp.blogspot.com>. Acesso em jul. 2013.

Num dado momento, o autor se refere à teoria da aprendizagem para a elaboração do termo Teoria do Impulso Secundário, na qual o bebê se manifestaria em direção à figura materna com a expectativa da satisfação de suas necessidades.

Golse (1998) ressalta que o comportamento de apego é instintivo, evolui ao longo do ciclo da vida, e não é herdado; o que se herda é o seu potencial ou o tipo de código genético que permite à espécie desenvolver melhores resultados adaptativos, caracterizando sua evolução e preservação. Evidências de que as crianças também se apegam a figuras abusivas sugerem que o sistema do comportamento de apego não é conduzido apenas por simples associações de prazer. Ou seja, as crianças desenvolvem o comportamento quando seus cuidadores respondem às suas necessidades fisiológicas, mas também quando não o fazem (CASSIDY, 1999 apud DALBEM; DELL'AGLIO, 2005, p. 2).

Vamos estudar, agora, um experimento laboratorial realizado por Ainsworth e Wittig (1969) a partir da teoria de Bowlby, com o intuito de qualificar o vínculo estabelecido entre o bebê 12 e 18 meses e sua principal figura de cuidado. Este experimento se chamou "Teste de Situação Estranha". Os autores puderam observar os comportamentos de apego que surgiam por meio de situações de alto e baixo estresse. O comportamento ativado, nestas condições era a separação da figura cuidadora. O estudo possibilitou a descrição de três padrões de apego: apego seguro, apego inseguro/esquiso e apego inseguro resistente. As seguintes características foram observadas em cada categoria:

Quadro 2: tipos de vínculos

Tipo de vínculo	Comportamento
Apego seguro	ativos nas brincadeiras, buscam contato com a mãe após uma breve separação e serem confortadas com facilidade, voltando a se envolver em suas brincadeiras; sinalizam a falta da mãe na separação, saúda ativamente a mãe na reunião, e então volta a brincar
Apego inseguro/ esquivo	após uma breve separação da mãe, evita se reunir a ela quando de sua volta; o bebê exibe pouco ou nenhuma aflição quando separada da mãe e evita ativamente e ignora a mãe na reunião
Apego inseguro/ resistentes	demonstraram uma oscilação entre a busca de contato com sua mãe e a resistência ao contato com esta, além de terem se mostrado mais coléricos ou passivos que as crianças com os padrões de apego anteriormente descritos o bebê sofre muito, tem muita aflição ou angustia pela separação e busca o contato na reunião, mas não pode ser acalmado pela mãe e pode exibir forte resistência

Fonte: (BOWLBY, 2002).

Foram inúmeras as contribuições deste experimento para a teoria do apego. Primeiramente por descreverem que o apego é resultado da interação bebê/ mãe, e posteriormente, por observarem que o apego se estabelece pela variação da dependência do tipo de cuidado e de características inerentes ao bebê.

É importante saber que, o que irá determinar como o indivíduo verá o mundo e a si próprio, será o desenvolvimento seguro ou inseguro de um modelo de apego. Uma vez que estes modelos servirão de base para a formação do modelo de funcionamento interno que é estabelecido no indivíduo a partir da sua primeira relação. Se este modelo, se der por vias de segurança, esta criança desenvolverá expectativas positivas em relação ao mundo, vislumbrando a satisfação de suas necessidades ou então, por vias de insegurança, verá o mundo com menos positividade (BOWLBY, 2002).

Para continuarmos nossa exploração no universo dos vínculos, abordaremos na próxima aula os aspectos da afetividade e como eles influenciam na aprendizagem da criança.

Após terem realizado uma boa leitura dos assuntos abordados em nossa aula, na Sala Virtual estão disponíveis os arquivos com as atividades (exercícios) que deverão ser

respondidas e enviadas.

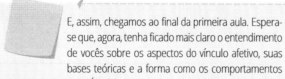

Retomando a aula

E, assim, chegamos ao final da primeira aula. Espera-se que, agora, tenha ficado mais claro o entendimento de vocês sobre os aspectos do vínculo afetivo, suas bases teóricas e a forma como os comportamentos de apego se formam. É importante ter em mente qual a importância dos primeiros anos de vida para o comportamento de apego e para a saúde afetiva da criança. Frisando que a maior função da formação deste vínculo é a segurança e a proteção.

1 - Desenvolvimento do vínculo afetivo e apego

A expressão apego está relacionada ao desejo de estar próximo de alguém que não pode ser substituído. Baseia-se a um vínculo afetivo desenvolvido pelo indivíduo em relação à importância dada a outro alguém. Desta forma, a pessoa necessita da presença do outro e acrescenta-se a isso um sentimento de segurança, a partir do qual o indivíduo pode explorar o mundo e experimentar outras relações (AINSWORTH, 1989; BEE, 1997).

2 - Conhecendo a teoria do apego; qualidade e tipos de vínculos

Tipo de vínculo	Comportamento
Apego seguro	ativos nas brincadeiras, buscam contato com a mãe após uma breve separação e serem confortadas com facilidade, voltando a se envolver em suas brincadeiras; sinalizam a falta da mãe na separação, saúda ativamente a mãe na reunião, e então volta a brincar
Apego inseguro/ esquivo	após uma breve separação da mãe, evita se reunir a ela quando de sua volta; o bebê exibe pouco ou nenhuma aflição quando separada da mãe e evita ativamente e ignora a mãe na reunião
Apego inseguro/ resistentes	demonstraram uma oscilação entre a busca de contato com sua mãe e a resistência ao contato com esta, além de terem se mostrado mais coléricos ou passivos que as crianças com os padrões de apego anteriormente descritos o bebê sofre muito, tem muita aflição ou angustia pela separação e busca o contato na reunião, mas não pode ser acalmado pela mãe e pode exibir forte resistência

Fonte: (BOWLBY, 2002).

Vale a pena

Vale a pena ler,

GANDRA, M. I. de S. - *A Importância do Apego no Processo de Desenvolvimento*. Disponível em: <http://www.criancaemfoco.com.br/index.php?option=com_content&view=article&id=95:a-importancia-do-apego-no-processo-de-desenvolvimento&catid=24:artigos&Itemid=90>. Acesso em jul. 2013.

Apego, afeto e desenvolvimento cerebral direito. Tradução livre de trechos do artigo: Attachment, Affect Regulation, and the Developing Right Brain: Linking Developmental Neuroscience to Pediatrics - Pediatrics in Review-Vol.26 No. 6. Disponível em: <http://neurodesenvolvimento.blogspot.com.br/2011/06/apego-afeto-e-desenvolvimento-cerebral.html>. Acesso em jul.2013.

Vale a pena acessar,

<http://criancaemfoco.com.br/>.

Vale a pena assistir,

Documentário Hanami: o florescer da vida. 3 Mãe-Bebê: Aprenda com seu filho brincando. Disponível em: <http://catarse.me/en/hanami-o-florescer-da-vida>. Acesso em jul. 2013.

Loverboy Kevin Bacon, EUA, 2005. Disponível em: <http://50anosdefilmes.com.br/2007/obsessao-loverboy/>. Acesso em jul. 2013.

Minhas anotações

Aula 2º

Afetividade e aprendizagem

Quando você expressa as diferentes emoções, seu cérebro é estimulado.

As emoções provocam a liberação de substâncias químicas que ajudam o cérebro a se lembrar dos diversos sentimentos e dos eventos que estão relacionados a eles (SILGBERG, 2011).

Depois de conhecermos as concepções do desenvolvimento do vínculo afetivo podemos agora, investigar o universo da afetividade e do aprendizado.

Figura 9: Afetividade
Fonte: <http:// arquidiocesedecampogrande.org.br/ arq/formacao-familia/pais/2793-como-multiplicar-a-inteligencia-do-bebe. html?start=7>. Acesso em jun. 2013.

Precisamos, desta forma, estudar os conceitos relacionados à afetividade no início da vida e sua relação com a aprendizagem e o processo educacional.

Bons estudos!

Objetivos de aprendizagem

Ao término desta aula, vocês serão capazes de:

- compreender os termos aprendizagem e afetividade;
- diferenciar afetividade de emoção;
- identificar a importância da afetividade no processo ensino-aprendizagem.
- estudar o objetivo da educação infantil.

Seções de estudo

1 - Afetividade
2 - Afetividade no contexto educacional

1 - Afetividade

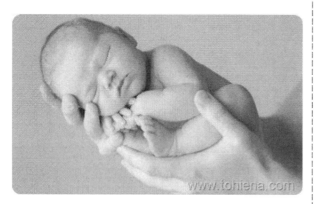

Figura 10: Bebê dormindo. Fonte: <http://www.tohiena.com/2010/02/ fotografias-bebes-recem-nascidos.jpg>. Acesso em jun. 2013.

Afetividade é o conjunto de reações psíquicas de um indivíduo: sentimentos, emoções e paixões.

Vamos começar nossa aula, revendo um trecho do livro "Afetividade e aprendizagem: contribuições de Henri Wallon" (ALMEIDA; MAHONEY, 2007) para entendermos um pouco melhor do que se trata o termo afetividade.

Afetividade, refere-se à capacidade, à disposição do ser humano de ser afetado pelo mundo externo e interno por meio de sensações ligadas a tonalidades agradáveis ou desagradáveis. fatores orgânicos e sociais, está associada as seguintes reações psíquicas: Emoções: predomínio da ativação fisiológica/ exteriorização da afetividade, sua expressão corporal, motora, tem um poder plástico, expressivo e contagioso, estabelece os primeiros laços com o mundo humano, físico e cultural. das oscilações viscerais e musculares se diferenciam as emoções e se estabelecem padrões posturas para medo, alegria, raiva, ciúmes, tristeza etc.. a emoção estimula o desenvolvimento cognitivo. sempre que dominam atitudes afetivas as imagens mentais confundem, quando o predomínio é cognitivo as imagens são mais claras. Sentimento: ativação representacional. tende a reprimir, a impor controles que quebrem a potência da emoção. o adulto tem maiores recursos de expressão de sentimentos: observa, reflete antes de agir, sabe onde e como expressá-los, traduz intelectualmente seus motivos e circunstancias. Paixão: da ativação do autocontrole como condição para dominar um situação. Para tanto, configura a situação (cognitivo), o comportamento, de forma a atender às necessidades afetivas.

Já ficou claro que, para Wallon (1975), a emoção é a exteriorização da afetividade, tratando-se de um evento fisiológico com reações motoras e hormonais, tendo, também, seu caráter de comportamento social com a manutenção da adaptação do ser humano ao seu convívio. Até mesmo antes da linguagem a emoção é um instrumento para o bebê se relacionar com o mundo externo. Ficando a razão como destino final do homem.

Deste modo, Coll (2004), argumenta que tanto os desejos, as emoções e os sentimentos, estão interligados à afetividade, e que a mesma serve de fundação para às ações do sujeito.

Para a psicanálise, afetividade é o conjunto de fenômenos psíquicos manifestados sob a forma de emoções ou sentimentos e acompanhados da impressão de prazer ou dor, satisfação ou insatisfação, agrado ou desagrado, alegria ou tristeza; e afeto, o termo que a psicanálise foi buscar na terminologia psicológica alemã, exprime qualquer estado afetivo, penoso ou desagradável, vago ou qualificado, quer se apresente sob a forma de uma descarga maciça, quer como tonalidade geral (ANDRADE, 2007, p.4)

Figura 11: Piaget, Vygotski e Wallon FONTE: <http://2.bp.blogspot.com/_KHud_LUQJgA/TRnvL6nzkpI/ AAAAAAAAADM/GULOejIsV7g/s320/imagem.JPG>. Acesso em jul.2013.

É sabido que muitos foram os estudiosos que deram importância à afetividade como parte do processo evolutivo, dois deles muito conhecidos na área da educação foram: Jean Piaget (1896-1980) e Lev Vygotsky (1896-1934). Mas quem, de fato, se aprofundou nesta perspectiva, de que a emoção faz parte das dimensões do desenvolvimento infantil juntamente com os aspectos motores e cognitivos, atuando e se interligando a todo o momento, foi o estudioso Henri Wallon (1879-1962).

Para relembrar....

Quadro 3: Comparativo dos autores

QUADRO COMPARATIVO			
Autor	JEAN PIAGET	VYGOTSKY	WALLON
Período	1896-1980	1897-1934	1879-1962
Pesquisador	Yves de La Taille	Marta Kohl Oliveira	Izabel Galvão
Palavras-chave	Construção do conhecimento	Interação Social	Afetividade
Eixos da teoria Principais conceitos	Assimilação / Acomodação Esquema / Equilibração Estágios de desenvolvimento	Mediação simbólica: instrumentos e signos Zona de Desenvolvimento Proximal	O movimento: express/ instrum. Às emoções: afetividade A inteligência: sincrético e cat. A const. Eu: imitação / negação
Relação do indivíduo com o mundo	Adaptação (conhecimentos prévios)	Da parte para o todo: Processo de socialização (relação com o mundo)	Do todo para a parte: Processo de individuação ("constituir-se" indivíduo)
Papel do professor / escola	"Desequilibrar" os esquemas dos alunos a partir de seus conhecimentos prévios	"Intervir" na Z.D.P, ou seja, na distância entre o que o aluno já domina e o que faz com ajuda	Considerar: história do aluno, demandas atuais e perspectivas (futuro)
Perfil do aluno	Participante do processo de construção do conhecimento, co-autor, ativo, questionador		

Tabela – Profª. Walkíria Cibelle Roque

FONTE: <http://i2.wp.com/walkiriaroque.files.wordpress.com/2010/11/tabela-piaget-vygotsky-e-wallon1.jpg?fit=1000%2C1000>. Acesso em jun. 2013.

Interessante observar no quadro acima, que para todos os autores o perfil do aluno é ativo e criativo no processo de construção do conhecimento. Observa-se, também, o enfoque de cada autor, sendo a afetividade o foco dos estudos de Wallon.

Veremos, mais a frente, uma breve explanação das teorias da aprendizagem de Piaget e Vigostyki. Neste momento, nos deteremos às questões da efetividade.

A afetividade torna-se um campo fundamental, pois mesmo quando o bebê começa a andar, por exemplo, está promovendo os aspectos cognitivos e motores, porém ambos estimulados por aspectos emocionais, um olhar de desaprovação da mãe poderia, desestimulá-lo a aprender, afirma Laurinda Ramalho de Almeida, vice-coordenadora do Programa de Estudos Pós-Graduados em Educação, da PUC-SP, acrescentando que "*O que é conquistado em um plano atinge o outro mesmo que não se tenha consciência disso*" (SALLA, 2013).

Aliado a importância da afetividade, Wallon coloca que o ambiente tem função determinante no processo de desenvolvimento, assim como a capacidade biológica, contudo, é o meio que vai contribuir para que os recursos orgânicos se potencializem e se desenvolvam.

FIGURA 12: Bebês e a música. Fonte: <http://imguol.com/2013/05/08/crianca-bebe-instrumentos-musicais-1368034813387_615x300.jpg>. Acesso em jun.2013.

"Uma criança com um aparelho fonador em perfeitas condições, por exemplo, só vai desenvolver a fala se estiver em um ambiente que desperte isso, com falantes que possam ser imitados e outros mecanismos de aprendizagem", explica Almeida (apud SALLA, 2013 p.1).

Wallon, também, divide o desenvolvimento em etapas, assim como Piaget. Neste caso, ele divide em cinco estágios: impulsivo-emocional; sensório-motor e projetivo; personalismo; categorial; e puberdade e adolescência. Vejamos o que dele descreve nas primeiras fases.

A inteligência e a afetividade se inter-relacionarão ao longo de todo o processo do desenvolvimento. Deste modo, a afetividade irá aparecer em predominância no primeiro ano de vida, usando-a para interagir e se expressar com as pessoas. Logo após, na fase sensório-motora e projetiva, o que predominará será a inteligência. É neste momento que a criança começa a desenvolver movimentos mais complexos como: andar, falar e experenciar objetos assim avançando no conhecimento do mundo ao seu redor. Estes predomínios de um e outro em etapas diferentes não quer dizer que uma delas desaparece. Tanto a emoção quanto a cognição, ambas se relacionam a todo o tempo unindo-se às conquistas anteriores (GALVÃO, 1995)

Veremos, a seguir, um trecho do livro Henri Wallon: uma concepção dialética do desenvolvimento infantil, de autoria de Izabel Galvão (1995). A autora faz uma reflexão a cerca da teoria de Wallon no aspecto da afetividade.

A proposta sobre afetividade do teórico Henri Wallon (1879-1962) tem por objeto a gênese dos processos psíquicos que constituem a pessoa. Baseia-se numa visão não fragmentada do desenvolvimento humano, buscando compreendê-lo do ponto de vista do ato motor, da afetividade e da inteligência, assim como do ponto de vista das relações que o indivíduo estabelece com o meio. Procura compreender a imbricação entre os fatores de origem orgânica e social, bem como as contradições e as complementaridades existentes entre a emoção e os outros campos funcionais que enfoca no desenvolvimento da pessoa.

A autora afirma que que Wallon, aborda as manifestações essencialmente expressivas, as emoções diferenciam-se de outras manifestações da afetividade cuja gênese depende da representação simbólica, como os sentimentos e as paixões. Acompanhadas de variações do tônus muscular que podem imprimir modificações no funcionamento neurovegetativo-intensidade da salivação, dos batimentos cardíacos, dos movimentos peristálticos, da respiração e no sistema expressivo tom e melodia da voz, qualidade dos gestos, expressão fácil, postura corporal, as emoções tem incontestável valor plástico e demonstrativo. Logo de início, por meio dos seus gestos impulsivos, contorções ou espasmos corporais, bem como das mais primitivas expressões emocionais, como o choro ou o sorriso, o bebê humano mobiliza as pessoas do seu entorno numa espécie de contágio afetivo (GALVÃO, 1995 apud ARANTES, 2003, p52).

Para Refletir
"Os domínios funcionais entre os quais vai se distribuir o estudo das etapas que a criança percorre serão, portanto, os da afetividade, do ato motor, do conhecimento e da pessoa" (WALLON, 2007, p. 117).

Todo este processo tem início na interação mãe- bebê

desde a gestação, como já vimos na aula anterior.

A mãe vivência esta relação com intensas emoções e sentimentos como: agitação, angústias e ansiedade, o que seria o período chamado por Brazelton (1988) "preparação da energia emocional" para o desenvolvimento do apego. Desta forma, o nascimento do bebê é carregado de um realismo, pois, agora, não existe mais o filho idealizado, mas sim o bebê real.

Figura 13: futura mãe. Fonte: <http://bebe.abril.com.br/canais/mamae-e-bebe/imagem/conecte- se-com-a-sua-barriga.jpg>. Acesso em jun.2013.

E como será lidar com esta realidade?

Winnicott (1993) nos mostra que as mães possuem, sim, a capacidade em dedicar a seus filhos, nos momentos de precisão do bebê, momento saciedade da alimentação, atenção, higiene, acalanto, criando condições importantes para que o sentimento de todo se estabeleça entre duas pessoas. Para tanto, é necessária a reciprocidade da interação mãe-bebê, o que possibilitará a ambos a qualidade do processo. Por exemplo: uma mãe deprimida ou com sintomas de estresse, ou ainda que não tenha um referencial de modelo de apego seguro advindo de seus pais poderá não responder de forma adequada às necessidades de seu filho.

Figura 14: Exteriorizações das Emoções
Fonte: <http://3.bp.blogspot.com>. Acesso em jun. 2013.

As emoções são a exteriorização da afetividade (...). Nelas que se assentam os exercícios gregários, que são uma forma primitiva de comunhão e de comunidade. As relações que elas tornam possíveis afinam os seus meios de expressão, e fazem deles instrumentos de sociabilidade cada vez mais especializados (WALLON, 1975, p.143).

É importante salientar que tanto os pais quanto o contexto familiar são peças fundamentais de todas as teorias vistas até o momento, uma vez que consideram ambos modeladores do desenvolvimento da personalidade infantil:

> A forma como os pais manejam a satisfação ou a restrição dos desejos de seus filhos (Freud), a forma como respondem a suas condutas exploratórias e as suas iniciativas (Erickson), a forma como agem diante de sua teimosia ou suas graças (Wallon), a forma como moldam com reforços diferenciais as condutas sociais de seus filhos (aprendizagem social) são consideradas essenciais no desenvolvimento de um caráter mais acanhado ou mais onipotente, mais seguro de si mesmo ou mais cauteloso, com mais confiança ou mais inseguro (HIDALGO E PALÁCIOS, 2004, p.184).

Deste modo, as crianças se relacionam a partir do segundo ano de vida. Com o sucesso e ou fracasso na perspectiva afetiva, iniciam a transferência afetiva para as demais pessoas. Começam a construir um intercâmbio social, e já se diferenciam em relação aos objetos. Desta forma, já discriminam cognitivamente o que gostam ou não (PIAGET, 1997).

Podemos classificar os afetos, segundo Vygotsky (2003), como positivos e negativos. Sendo que os positivos estão carregados de alta energia, já os negativos estão relacionados às emoções como ansiedade, culpa, tristeza, raiva vistas como negativas. O autor faz uma crítica à psicologia tradicional que tenta separar cognição e afetividade, contudo para ele os sentimentos e emoções estão associados diretamente ao processo de ensino e aprendizado e podendo favorecer ou não o desenvolvimento cognitivo.

> Quem separa o pensamento do afeto nega de antemão a possibilidade de estudar a influência inversa do pensamento no plano afetivo. [...] A vida emocional está conectada a outros processos psicológicos e ao desenvolvimento da consciência de um modo geral. (VYGOTSKY apud ARAN-TES, 2003, p. 18-19).A forma de pensar, que junto com o sistema de conceito nos foi imposta pelo meio que nos rodeia, inclui também nossos sentimentos. Não sentimos simplesmente: o sentimento é percebido por nos sob a forma de ciúme, cólera, ultraje, ofensa. Se dizemos que desprezamos alguém, o fato de nomear os sentimentos faz com que estes variem, já que mantém uma certa relação com nossos pensamentos (VYGOTSKI, 1996, p. 36).

Podemos concluir que o processo de desenvolvimento afetivo está associado a outros fatores. Como vimos anteriormente, está ligado a qualidade dos estímulos do ambiente, pra que haja a satisfação das necessidades básicas de segurança, afeto, apego, desapego, disciplina e comunicação, tendo em vista que são nestes momentos que as crianças criam seus vínculos com as demais pessoas. Lembrando, ainda a importância da relação mãe-bebê, pois é nesta relação que é criada a base emocional da criança.

2 - Afetividade no contexto educacional

Figura 15: bebês brincando
Fonte: <http://brinquedosinfantis.comunidades.net/index.php?pagina=1293877528.jpg>. Acesso em jun. 2013.

> Somos pessoas completas, com afeto, cognição e movimento. Relacionamo-nos com um aluno que também é uma pessoa completa, integral, com afeto, cognição e movimento. Somos componentes privilegiados do meio de nosso aluno, onde o desenvolvimento não é linear e contínuo, e sim o desenvolvimento é dialético. (WALLON, 1975, p. 147).

Já sabemos que a afetividade influencia o desenvolvimento integral da criança, assim como o cognitivo. Mas como podemos entender melhor a influência da afetividade no contexto educacional? Vamos iniciar verificando alguns conceitos.

Curiosidade

Aprendizagem – Aquisição de novos comportamentos ou conhecimentos, resultante da necessidade psicológica ou fisiológica de adaptação ao meio. Dependendo do contexto, o termo pode designar o processo ou o seu resultado. (DUARTE, 2013, p 1).

O estudo da aprendizagem teve o seu início com Pavlov, que descobriu o reflexo condicionado e, quase simultaneamente, com Thorndike, que descobriu outra forma de condicionamento, o instrumental. - Watson ao estudar o comportamento do rato nos labirintos e, posteriormente, o comportamento das crianças, interessou-se pelas modalidades da aprendizagem e fatores que a condicionam, iniciando, assim, o --> behaviorismo. Os behavioristas concentraram os seus esforços em tentar compreender a aprendizagem nas situações simples e em animais como ratos, pombos e cães. Estudaram o processo de aprendizagem exaustivamente de modo a que as respectivas leis elementares pudessem revelar-se. Tolman reconheceu a importância das características do organismo e dos constrangimentos que elas introduzem nos mecanismos da aprendizagem, daí construir uma teoria precursora do cognitivismo que irá posteriormente oferecer-se como alternativa ao behaviorismo. A teoria cognitivista ganhou terreno sobretudo a partir das interpretações efetuadas por Chomsky relativamente ao caso da linguagem, demonstrando que esta característica específica do homem não pode efetuar-se por condicionamento.

O estudo da aprendizagem no homem é muito complexo, em resultado da função simbólica e das relações sociais, já presentes no comportamento animal, embora sob formas rudimentares. Esta complexidade compromete as generalizações que partem do estudo do comportamento animal para o comportamento humano, preconizadas pelos behavioristas (MESQUITA; DUARTE, 2013).

Figura 16: cerebro
*Fonte: <http://s.glbimg.com/po/tt/f/
original/2012/10/04/0-cerebro.jpg>.*

Entrando no campo de conhecimento das neurociências, ao mencionarmos educação e aprendizado, logo pensamos em conexões e redes neurais ou neuronais que realizam as sinapses. E como podemos entender este processo de aprendizagem?

Aprendizagem nada mais é do que esse maravilhoso e complexo processo pelo qual o cérebro reage aos estímulos do ambiente, e ativa suas sinapses (ligações entre os neurônios por onde passam os estímulos), tornando-as mais "intensas" e velozes. A cada estímulo, cada repetição eficaz de comportamento, torna-se consolidado, pelas memórias de curto e longo prazo, as informações, que guardadas em regiões apropriadas, serão resgatadas para novos aprendizados(...) O cérebro, esse órgão fantástico e misterioso, é matricial nesse processo. Suas regiões, lobos, sulcos, reentrâncias tem cada um sua função e importância no trabalho conjunto, onde cada área necessita e interage com o desempenho do hipocampo na consolidação de nossas memórias, com o fluxo do sistema límbico (responsável por nossas emoções) possibilitando desvendar os mistérios que envolvem a região pré-frontal, sede da cognição, linguagem e escrita (BIANCHI; MIETTO, 2012).

Desta forma, a neurociência tem o intuito de investigar e desvendar os saberes sobre o cérebro, para elucidar a relação entre suas funções e o aprender. Acrescendo-se a neurociências temos todas as outras teorias até o momento apresentadas, que nos mostram uma gama de fatores influenciando o processo de aprendizagem, pois já sabemos que:

O ser humano aprende por meio do legado de sua cultura e da interação com os outros humanos, a agir, a pensar, a falar e também a sentir (não somente como humano, mas, por exemplo, como ocidental, como um homem moderno, que vive numa sociedade industrializada, tecnológica e escolarizada, como um latino, como um brasileiro, como um paulista, como um aluno). Nesse sentido o longo aprendizado sobre emoções e afetos se inicia nas primeiras horas de vida de uma criança e se prolonga por toda sua existência (OLIVEIRA, 1997).

Tendo em vista, tudo o que já foi falado até aqui, podemos refletir sobre as palavras de Almeida e Mahoney (2007, p 17):

a investigação de concepções de afetividade,

emoções e sentimentos, pode indicar possíveis direções para um ensino aprendizado mais produtivo e mais satisfatório, atendendo as necessidades, tanto do professor como do aluno, uma vez que esse processo só é compreensível quando concebido como uma unidade.

Antes mesmo de aplicarmos o conhecimento adquirido na Seção 1, sobre a afetividade, faremos um paralelo, resgatando alguns princípios das teorias da psicologia da aprendizagem. Desta forma, veremos a seguir um breve resumo das 2 principais correntes que determinaram os caminhos seguidos pela educação. Precisamos lembrar que tais teorias dependem da visão de mundo existente em uma determinada situação histórica. Estudaremos as concepções Interacionistas da psicologia de acordo com a descrição de Mizukami (1986).

Figura 17: Menina no jardim
*FONTE: <http://thumbs.
dreamstime.com/
thumblarge_276/
1212668401I4K0Y0.jpg>.
Acesso em jul. 2013.*

A concepção interacionista parte do princípio de que os indivíduos (crianças) procuram de forma ativa, compreender aquilo que vivenciam e explicar aquilo que lhes é estranho, construindo hipóteses que lhes pareçam razoáveis. Isso se dá através da construção do conhecimento, que parte da interação com o meio; onde fatores internos e externos se inter-relacionam.

Desta maneira, organismo e o meio exercem ação recíproca, influenciando- se e acarretando mudanças sobre o indivíduo. E é nessa interação com o mundo físico e social que as características e peculiaridades desse mundo vão sendo conhecidas. Nesse processo, experiências anteriores servem de base para novas construções. É através da interação com outras pessoas, adultos e crianças, que se constrói o modo de agir, de pensar, de sentir e sua visão de mundo.

Você sabia?
Jean Piaget investigou como se forma o conhecimento, a maneira pela qual as crianças constroem as noções fundamentais de conhecimento lógico, e considerou as respostas infantis como uma lógica pronta. Nesse sentido o indivíduo procura manter um estado de equilíbrio ou de adaptação com o seu meio, de forma a superar perturbações nessa relação. O autor desenvolveu conceitos que veremos a seguir.

A concepção interacionista se divide em duas vertentes a interacionista cognitivista (Jean Piaget) e a interacionista sócio histórica (Vygotski). Analisaremos os conceitos expostos à luz da autora Clara Regina Raappaport, em Psicologia do desenvolvimento (1981).

Conceito
Interacionista cognitivista
· Equilibração Majorante: processo dinâmico e constante do organismo em busca de um novo e superior estado de equilíbrio; O

desenvolvimento cognitivo se dá através de constantes desequilíbrios e equilibrações. Qualquer aparecimento de uma nova possibilidade orgânica no indivíduo ou mudança de alguma característica do meio ambiente provoca a ruptura do estado de **repouso**: harmonia entre organismo e meio = causa desequilíbrio;

• Dois mecanismos estão associados para o alcance de um novo estado de equilíbrio; **Assimilação**: ações destinadas a atribuir significações, a partir da sua experiência anterior. **Acomodação**: restabelecer um equilíbrio superior com o meio. Existe uma transformação para se ajustar às demandas impostas pelo ambiente.

• Outro conceito é a **Imitação**: copiar as ações de um modelo, ajustando seus esquemas, conjunto de ações, aos da pessoa imitada.

A seguir veremos as etapas do desenvolvimento cognitivo descritas por Piaget.

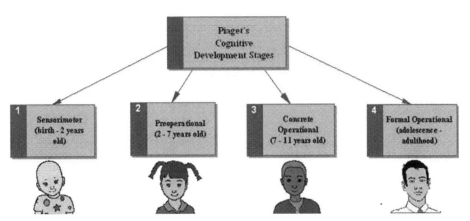

Figura 18: fases do desenvolvimento cognitivo. Fonte: <http://projects. coe.uga.edu/epltt/images/b/b8/Piaget_1.jpg>. Acesso em jun.2013.

Quadro 4: etapas do desenvolvimento de Piaget

Sensório motor	Pré-operatória
Até 2 anos de idade, ocorrem as percepções sensoriais; esquemas motores; esquemas práticos. A criança já possui uma conduta inteligente, mas ainda não possui pensamento, pois não dispõe da capacidade de representar eventos, evocar o passado ou referir-se ao futuro, está no aqui e agora, conhece de forma pré-lógica. Os esquemas iniciais dão origem a esquemas conceituais, modos internalizados de agir para conhecer, que pressupõem pensamento. A partir da construção de esquemas, vai construindo e organizando noções de afetividade, inteligência e de socialização, ocorrendo a construção da noção do eu ou autoconhecimento. Diferencia objetos, a realidade já se caracteriza como estável, e ocorre a permanência dos objetos. A concepção de espaço, tempo, causalidade começa a ser construída, caracterizando o aparecimento da função simbólica que é a capacidade de representar eventos futuros, libertando-se do aqui e agora.	Aproximadamente até os 7 anos. Aparecimento da linguagem oral e dos esquemas representativos ou simbólicos, já considera a ideia preexistente de algo, toma um objeto ou situação por outra, como se fosse (...) Substituem objetos, ações, situações e pessoas por símbolos, pensamento sustentado por conceitos. O pensamento é rígido e está centrado em si mesmo, denominado como egocentrismo. A criança tem ainda comportamentos no sentido de dar vida às coisas. Pratica a Transdedução: do particular para o particular, apresenta dificuldade para elaborar leis, princípios e normas gerais, pois ela dependente da percepção imediata, não apresenta noção de conservação, de reversibilidade, não é capaz de perceber que é possível retornar, mentalmente, ao ponto de partida.
Operatório	Operatório formal
a partir dos 7 anos, que se caracteriza por um pensamento lógico e objetivo, as ações internalizadas se tornam reversíveis, o pensamento passa a ser menos egocêntrico. Assim, o mundo real e o fantástico não mais se misturam em sua percepção; portanto a criança passa a ter noção de conservação, mais raciocínio e menos percepção, sem tanta abstração, pode agora ordenar, seriar e classificar.	é a fase que envolve a pré-adolescência. A partir dos 13 anos, o pensamento está livre das limitações da realidade concreta, o indivíduo aqui pode trabalhar com a realidade possível, utilizar hipóteses, possibilidades, pois passa a ter o raciocínio hipotético dedutivo.

A maturação biológica é um princípio em sua teoria, pois, atribui-se a ela o fato de crianças apresentarem sempre determinadas características psicológicas em uma mesma faixa de idade. Sendo assim, um modelo universal, ou seja, todas as crianças apresentam nestas idades, as mesmas fases, qualquer que seja o lugar que nasceram ou foram criadas. Essa abordagem observa que o contexto que coloca desafios às crianças é potencialmente mais estimulante para o desenvolvimento cognitivo.

Saber mais
É fundamental o entendimento, tanto do conceito de Desenvolvimento cognitivo: processo espontâneo que se apoia predominantemente no biológico; quanto o de Aprendizagem: processo mais restrito, causado por situações específicas e subordinação, tanto a equilibração quanto a maturação. Pois ambos servem como base para o esclarecimento da teoria, uma vez que para o autor o desenvolvimento antecede a aprendizagem.

Conceito
Interacionista sócio-histórica
Nessa corrente, os organismos são considerados ativos, o pensamento é construído paulatinamente num ambiente que é histórico e, em essência social. Esse processo dá continuidade na interação entre as mutáveis condições sociais e a base biológica do comportamento humano, partindo de estruturas orgânicas elementares (maturação) e formando-se novas e mais complexas funções mentais, a depender da natureza das experiências sociais.

Figura 19: Socialização. Fonte: <http://1.bp.blogspot.com/_-Ys82wV9EEA/ StPmfqiVFnI/AAAAAAAAANw/Tx3TiwFkpI0/s400/Crianca_1>. Acesso em jul.2013.

Nesse sentido, a construção do real, a apropriação da experiência social, parte do social, da interação com os outros. O pensamento e a linguagem estão interligados nesse processo. O pensamento verbal se dá através de estruturas de linguagem dominadas pelas crianças, que passam a contribuir para as estruturas básicas de sua forma de pensar.

O autor considera que os fatores biológicos preponderam sobre os sociais apenas no início da vida. A formação do pensamento é acentuada pela vida social e pela constante comunicação que se estabelece entre crianças e adultos, a qual permite a assimilação da experiência de muitas gerações. Essa característica propicia um ambiente de trocas contínuas, o que é refletido em sala de aula, na qual se destacam elementos e negligenciam-se outros, os alunos podem então reestruturar sua percepção.

Curiosidade
Nessa abordagem a aprendizagem e o desenvolvimento são entendidos como fenômenos distintos e interdependentes, e a inteligência como habilidade para aprender.

Conceito
Vygotsky desenvolveu alguns conceitos. Analisaremos- os de acordo com Palangana (2003).
Zona de desenvolvimento proximal - trata-se da distância entre **nível de desenvolvimento atual**, que é a capacidade de solução de problemas, sem ajuda, e o **nível de desenvolvimento potencial** que é a solução de problemas sob a orientação ou em colaboração com as crianças mais experientes.

Saber mais
Essa abordagem mostra que a aprendizagem precede o desenvolvimento intelectual, pois através do conceito de zona de desenvolvimento potencial ou proximal é possível que a criança possa compreender funções de desenvolvimento que estão a caminho de se completar.

O processo de desenvolvimento nada mais é do que a apropriação ativa do conhecimento disponível no mundo, através da sociedade em que a criança nasceu. Diante disso, fica mais claro entender como se dá o processo de conhecimento dos indivíduos. No âmbito da educação, a abordagem considerada mais relevante é a interacionista, com os autores Piaget e Vygotski.

*Figura 20: crianças explorando o conhecimento
FONTE: <http-//mdemulher.abril.com.br/imagem/familia/galeria/ criancas-brincando-com-mapa-mundi-39256>. Acesso em jul.2013.*

Educar é evoluir com a cultura, costumes e crenças de cada pessoa, é aprender com os mais velhos ou mais experientes, ou seja, a educação perpassa pelas relações do cotidiano, no contato com outras pessoas e a natureza, tornando a observação e a repetição de comportamentos e ensinamentos observáveis parte do aprender. Nesse sentido, o surgimento dos processos pedagógicos trata-se da divisão e legitimação das partes do conhecimento comunitário. É quando a educação deixa de ser livre e comunitária e passa ser escolar, com leis de ensino e sistemas pedagógicos. Junto a esse processo, vemos todo o interesse político e econômico que se projetam sobre a educação (BRANDÃO, 1985).

Para se desenvolver, a criança necessita incorporar e integrar as ferramentas de relação com os outros. A criança não aprende por si própria nem é a arquiteta exclusiva da sua evolução, ela aprende essencialmente dos outros, através da sua relação com eles (FONSECA, 1995, p. 96).

Dessa forma, o processo de aprendizagem da criança é visto como pluricausal, a brangente, que compreende várias partes estruturais: afetivos, cognitivos, motores, sociais, econômicos, políticos etc. O importante, no entanto, é perceber o aluno em todas as suas particularidades e singularidades, lembrando que esse processo não é linear e contínuo, pois não tem uma única direção, mas sim como já foi dito, é multifacetado, apresentando paradas, saltos e transformações bruscas. (BARBOSA,1997)

Com o objetivo de contextualizar a escolarização nessa fase da visa é importante saber que, não há uma obrigatoriedade de matrícula de crianças de 0 a 3 anos de idade. A obrigatoriedade foi estabelecida pela LDB (2013) e se dá aos 4 e 5 anos em instituições de Educação Infantil.

Nesse sentido, a entrada na creche ou na pré-escola significa, na maioria das vezes, é a primeira separação das crianças dos seus vínculos afetivos familiares para se incorporarem a uma situação de socialização estruturada. (BNCC, 2018, p34.)

Porém, fica opcional as famílias de crianças de 0 a 3 anos essa opção, apesar de ser uma idade importante para a estimulação e aquisição de funções cognitivas importantes, além é claro da afetividade e criação de vínculos que irão determinar futuras relações até mesmo com o processo de aprendizagem.

A escolarização na Educação Infantil têm o objetivo de ampliar o universo de experiências, conhecimentos e habilidades dessas crianças, diversificando e consolidando novas aprendizagens, atuando de maneira complementar à educação familiar – especialmente quando se trata da educação dos bebês e das crianças bem pequenas, que envolve aprendizagens muito próximas aos dois contextos (familiar e escolar), como a socialização, a autonomia e a comunicação. (BNCC, 2018 p 34).

Notem que a família é protagonista nesse processo inicial de escolarização, pois os bebês e crianças muito pequenas dependem dos seus olhares de aprovação e incentivo afetivo para que a socialização e processo de autonomia se desenvolva plenamente. A escola nesse momento tem um papel muito delicado e importante na conquista desse espaço de confiança que se dá principalmente por meio do educador a frente dessa etapa.

Agora, com uma base mais sólida diante das teorias de aprendizagem aprofundaremos na relação da afetividade e aprendizagem.

Vocês já conseguem fazer alguma relação entre a afetividade e aprendizagem?

São precisamente as reações emocionais que devem constituir a base do processo educativo. Antes de comunicar esse ou aquele sentido, o mestre deve suscitar a respectiva emoção do aluno e preocupar- se com que essa emoção esteja ligada ao novo conhecimento. [...] Os gregos diziam que a filosofia nasce da surpresa. Em termos psicológicos isso é verdadeiro se aplicado a qualquer conhecimento no sentido de que todo conhecimento deve ser antecedido de uma sensação de sede. O momento da emoção e do interesse deve necessariamente servir de ponto de partida a qualquer trabalho educativo (VYGOTSKY, 1996, p.145).

Durante toda a escolarização da criança pressupõe-se que haverá várias interações, nas quais a afetividade está presente, e é isso que será focado como aspecto facilitador para o aprendizado neste estudo. Além dos clássicos acima mencionados, outros teóricos, como Fernández (1991, p.47), dizem que toda a aprendizagem é repleta de afetividade, já que ocorre a partir de interações sociais (BRUST, 2009).

Figura 21: relação de afetividade e aprendizado. Fonte: http://educarparacrescer. abril.com.br/imagens/comportamento/mae-filha-lendo.jpg. Acesso em jun. 2013.

O cérebro na idade infantil é úmido, tenro, pronto para receber todas as imagens que lhe chegam, apreendendo rapidamente o que lhes é ensinado. No cérebro do homem, é sólido e duradouro apenas o que foi absorvido na primeira idade. Comenius (2002, p.85).

A afetividade é importante porque contribui para o processo de ensino e aprendizagem, na criação de um clima de compreensão, confiança, respeito mútuo e motivação. Sendo que:

> Os resultados positivos de uma relação educativa movida pela afetividade opõem– se àqueles apresentados em situações em que existe carência desse componente. Assim, num ambiente afetivo, seguro, os alunos mostram-se calmos e tranquilos, constroem uma auto–imagem positiva, participam efetivamente das atividades propostas e contribuem para o atendimento dos objetivos educativos. No caso contrário, o aluno rejeita o professor e a disciplina por ele ministrada, perde o interesse em frequentar a escola, contribuindo para seu fracasso escolar. O professor que possui a competência afetiva é humano, percebe seu aluno em suas múltiplas dimensões, complexidade e totalidade (RIBEIRO e JUTRAS, 2006).

Para refletir

Muitos dos estudos feitos sobre aprendizagem ignoraram as questões afetivas nos processos cognitivos do indivíduo ou trataram a afetividade como fazendo parte da socialização deste (SISTO E MARTINELLI, 2006). Piaget em 1954 afirma que a afetividade não modifica a estrutura no funcionamento da inteligência, porém é a energia que impulsiona a ação de aprender. "A ação, seja ela qual for, necessita de instrumentos fornecidos pela inteligência para alcançar um objetivo, uma meta, mas é necessário o desejo, ou seja, algo que mobiliza o sujeito em direção a este objetivo e isso corresponde à afetividade" (DELL'AGLI E BRENELLI, 2006, p.32).

Na atualidade, existe um interesse legítimo em estudar a afetividade e sua influência no processo de aprendizagem, uma vez que é certo de que é ela que motiva, elicia o movimento em direção a aprendizagem, podendo ainda acelerar ou não o funcionamento de estruturação ligadas a inteligência, conforme o autor esclarece acima.

> Nos estudos de Erickson são atribuídos a essa primeira fase do processo de escolarização os conflitos básicos de esforço versus inferioridade, tornando-se a escola e os amigos, nesse momento, o centro das relações mais importantes da vida da criança. Tais interações podem resultar para a criança sentimentos como de competência ou de frustração, inferioridade, fracasso e incompetência. Nas relações sociais que se estabelecem na escola, cabe ao professor um papel de destaque (MARTINELLI, 2006),

Curiosidade

Estudos (Badami & Badami, 1975; Coben & Zigmond, 1986; Chen, Li & Li, 1994) afirmavam que as crianças que tem dificuldades de aprendizagem são menos populares que seus pares sem dificuldades.

É visto que, na fase de escolarização, principalmente na educação infantil, é onde se estabelece as relações de aceitação social, e é por meio desta aceitação ou não que a criança começa a fortalecer-se enquanto parte do processo educacional. Estudos têm mostrado que pessoas com dificuldades emocionais emitem determinados comportamentos ou expressões, o que é de suma importância ter em vista.

> Estas pessoas podem apresentar, por exemplo, olhos semicerrados, isto é, para evitar olhar nos olhos dos interlocutores quando se sente ameaçada e outras mensagens como lábios muito contraídos, tronco curvo, diminuição da qualidade do gesto, movimentos inseguros, grande tensão muscular que se verifica no pescoço, nas mãos e nas posturas rígidas (OLIVEIRA, 2006, p. 78).

São comportamentos típicos de uma personalidade introvertida ou ainda com traços de inibição e timidez. Diante destes achados, fica evidente que existem muitos bloqueios e barreiras emocionais que impedem a manifestação criativa da criança.

> Entre as barreiras estão medo do fracasso, do desconhecido e da frustração, imaginação empobrecida, necessidade de equilíbrio, medo de exercer influência, medo de perder o controle. Esses bloqueios vão sendo enraizados ao longo das experiências de sucesso e fracasso vivenciadas na vida (WECHSLER, 1993, p.101).

Figura 22: Menino triste. Fonte: <http://blog.voluntariosonline.org.br/wp-content/uploads/2012/03/criança-triste-300x225.jpg>. Acesso em jul.2013.

Muitos destes medos podem estar relacionados às vivencias relacionadas à aprendizagem, uma vez que estas crianças enfrentam o medo de serem ridicularizadas, de fracassarem, de que alguém perceba seus conflitos. A falta de confiança em si mesmo pode estabelecer o medo e a insegurança, num simples comportamento em responder questionamentos de professores optando pela fuga destas situações.

> Autoestima baixa, o autoconceito e a autoestima referem-se à representação da avaliação afetiva que a pessoa tem de suas características em um determinado momento (MIRAS, 2004, p. 211).

Um aspecto importante está na forma como os pais reagem a este estes comportamentos, pois se os pais estão emitindo constantes críticas aos filhos. Estes podem sim, perder esta relação de confiança. Na mesma medida, se não houver nenhum tipo de disciplina ou crítica, ela futuramente necessitará de controle, pois sabemos que a disciplina tem sua parcela de amor e segurança. Trata-se de um referencial de controle.

Em pesquisa realizada por Wens-Gross e Siperstein (1997), os resultados evidenciam que crianças com dificuldades de aprendizagem procuram menos suas famílias e pares como apoio e para uma possível ajuda em resoluções de problemas.

Desta forma, a criança traz para o ambiente escolar todo o referencial afetivo que obteve a partir das relações familiares, e será neste meio, com suas relações que surgirão possíveis problemas emocionais e caberá ao professor e profissionais envolvidos no processo de ensino e aprendizado oferecer o acolhimento necessário, para compreensão dos fatos e para que a criança possa desenvolver suas potencialidades de amadurecimento.

Tendo em vista o que já foi colocado até o momento, é importante ressaltar que:

Figura 23: relação familiar. Fonte: <http://1.bp.blogspot.com/_AVUOnHiBQ5k/ TUKbBghaPSI/AAAAAAAAACQ/15B0Co5Oxmw/s400/ParentChildReading.jpg>. Acesso em jun. 2013.

A afetividade no processo educativo é importante para que a criança manipule a realidade e estimule a função simbólica. Afetividade está ligada à autoestima às formas de relacionamento entre aluno e aluno e professor-aluno. Um professor que não seja afetivo com seus alunos fabrica uma distância perigosa, criará bloqueios com os alunos e deixará de estar criando um ambiente rico em afetividade (COSTA; SOUZA, 2006, p. 12).

Segundo Santos e Rubio (2012), as contribuições dos principais autores citados até o momento, Wallon, Piaget e Vygotsky estão sendo revisitados por educadores para tentar estabelecer como pais e educadores percebem as experiências e contatos afetivos e as suas influências no processo de ensino e aprendizado. Na a abordagem construtivista, é visto que o foco está nos métodos e nas formas de ensinar, tendo em vista que estas são tão importantes quanto o conteúdo apresentado. Nesta perspectiva, as relações, os aspectos afetivos e emocionais, assim como as formas de comunicação, se tornam bases fundamentais para a aquisição e construção do conhecimento. Ter a percepção de um sujeito integral (intelectual e afetivo) apropriados de atos comunicativos, comportamentos, intenções, crenças, valores, sentimentos e desejos, que pensa e sente simultaneamente, e reconhecer a afetividade como parte integrante do processo de construção do conhecimento, resulta em acreditar num processo de ensino e aprendizado que vai muito além da dimensão pedagógica. Isso requer um novo olhar sobre a prática pedagógica.

Quem separa desde o começo o pensamento do afeto fecha para sempre a possibilidade de explicar as causas do pensamento, porque uma análise determinista pressupõe descobrir seus motivos, as necessidades e interesses, os impulsos e tendências que regem o movimento do pensamento em um outro sentido. De igual modo, quem separa o pensamento do afeto, nega de antemão a possibilidade de estudar a influência inversa do pensamento no plano afetivo, volitivo da vida psíquica, porque uma análise determinista desta última inclui tanto atribuir ao pensamento um poder mágico capaz de fazer depender o comportamento humano única e exclusivamente de um sistema interno do indivíduo, como transformar o pensamento em um apêndice inútil do comportamento, em uma sombra desnecessária e impotente. (VYGOTSKY, 1993, p.25)

Vale ressaltar aqui e reconhecer a íntima relação entre o pensamento e a dimensão afetiva, tendo em vista que, para Vygotsky, à medida que os processos cognitivos, assim como o conhecimento da criança se desenvolvem, a qualidade das emoções passam por mudanças significativas (OLIVEIRA, 1992).

Diante de todo este conhecimento, o educador deve ser capaz de entender e sentir o que ocorre quando o aluno está cansado ou desmotivado. Assim, será capaz de utilizar desse saber a favor do processo de conhecimento, tendo controle da situação.

Figura 24: professor e o aluno. Fonte: <http://comps.canstockphoto. com/can-stock-photo_csp4922000.jpg>. Acesso em jun.2013.

Finalizaremos esta aula com a reflexão acerca do texto de Marcio Ferrari, extraído do site Escola Nova. O texto traz a expressão do pensamento de Pestalozzi, o teórico que incorporou o afeto à sala de aula. O educador suíço acreditava "que os sentimentos tinham o poder de despertar o processo de aprendizagem e autônoma na criança".

Para a mentalidade contemporânea, amor talvez não seja a primeira palavra que venha à cabeça quando se fala em ciência, método ou teoria. Mas o afeto teve papel central na obra de pensadores que lançaram os fundamentos da pedagogia moderna. Nenhum deles deu mais importância ao amor, em particular ao amor materno, do que o suíço Johann Heinrich Pestalozzi (1746-1827)."Segundo ele, o amor deflagra o processo de autoeducação", diz a escritora Dora Incontri, uma das poucas estudiosas de Pestalozzi no Brasil. A escola idealizada por Pestalozzi deveria ser não só uma extensão do lar como inspirar-se no ambiente familiar, para oferecer uma atmosfera de segurança e afeto. Ao contrário de muitos de seus contemporâneos, o pensador suíço não concordava totalmente com o elogio da razão humana. Para ele, só o amor tinha força salvadora, capaz de levar o homem à plena realização moral - isto é, encontrar conscientemente, dentro de si, a essência divina que lhe dá liberdade. "Pestalozzi chega ao ponto de afirmar que a religiosidade humana nasce da relação afetiva da criança com a mãe, por meio da sensação de providência" (FERRARI, 2013, p. 2).

Retomando a aula

Chegamos, assim, ao final da segunda aula. É importante que o conceito de afetividade esteja bem entendido por vocês. Não há dúvida da contribuição dos teóricos apresentados para o processo de entendimento do processo de ensino e aprendizado, assim como a influênciada da afetividade, entendendo o indivíduo como um ser integral. Lembrando que a apredizagem passa pelos âmbitos da curiosidade, vontade e motivação.

1 - Afetividade

É sabido que muitos foram os estudiosos que deram

importância à afetividade como parte do processo evolutivo, dois deles muito conhecidos na área da educação foram: Jean Piaget (1896-1980) e Lev Vygotsky (1896-1934). Mas quem, de fato, se aprofundou nesta perspectiva, de que a emoção faz parte das dimensões do desenvolvimento infantil juntamente com os aspectos motores e cognitivos, atuando e se interligando a todo o momento, foi o estudioso Henri Wallon (1879-1962).

2 - Afetividade no contexto educacional

Segundo Santos e Rubio (2012), as contribuições dos principais autores citados até o momento, Wallon, Piaget e Vygotsky estão sendo revisitados por educadores para tentar estabelecer como pais e educadores percebem as experiências e contatos afetivos e as suas influências no processo de ensino e aprendizado. Para a abordagem construtivista, é visto que o foco está nos métodos e nas formas de ensinar, tendo em vista que estas são tão importantes quanto o conteúdo apresentado. Nesta perspectiva, as relações, os aspectos afetivos e emocionais, assim como as formas de comunicação, se tornam bases fundamentais para a aquisição e construção do conhecimento. Ter a percepção de um sujeito integral (intelectual e afetivo) apropriados de atos comunicativos, comportamentos, intenções, crenças, valores, sentimentos e desejos, que pensa e sente simultaneamente, e reconhecer a afetividade como parte integrante do processo de construção do conhecimento, resulta em acreditar num processo de ensino e aprendizado que vai muito além da dimensão pedagógica. Isso requer um novo olhar sobre a prática pedagógica.

As atividades referentes a esta aula estão disponíveis na ferramenta "Sala Virtual – Atividades". Após responder, envie por meio do Portfólio – ferramenta do ambiente de aprendizagem UNIGRAN Virtual.

Vale a pena

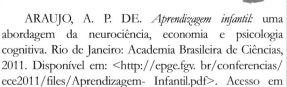

Vale a pena ler

ARAUJO, A. P. DE. *Aprendizagem infantil*: uma abordagem da neurociência, economia e psicologia cognitiva. Rio de Janeiro: Academia Brasileira de Ciências, 2011. Disponível em: <http://epge.fgv. br/conferencias/ece2011/files/Aprendizagem- Infantil.pdf>. Acesso em jul.2013.

FREITAS, N. K. (2006). *Desenvolvimento humano, organização funcional do cérebro e aprendizagem no pensamento de Luria e de Vygotsky*. Ciências & Cognição; Ano 03, Vol 09. Disponível em www. cienciasecognicao.org ou: <http://estacio.webaula. co m.b r /C ur so s/p s0454/p df/C ien cia s.p df> . Acesso em jul.2013.

CIRQUEIRA, A. G. *A importância da afetividade para o aprendizado da Criança*: <http://www. ucpparana.edu.br/cadernopos/edicoes/n1v3/02. pdf>. Acesso em jul.2013.

Vale a pena **acessar**

<http://neurodesenvolvimento.blogspot.com.br/2011_06_01_archive.html>.
<http://www2.uol.com.br/vyaestelar/cerebro_aprende_pela_emocao.htm>.
<http://revistaescola.abril.com.br/>.

Minhas anotações

Aula 3º

Estimulação precoce

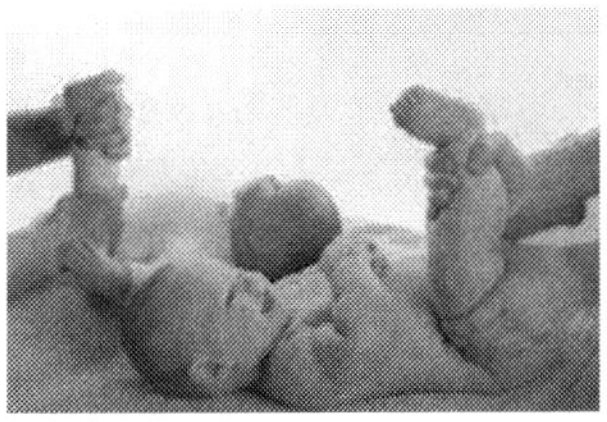

Os bebês precisam de experiências táteis para o cérebro se desenvolver, e também para desenvolver a conexão entre o cérebro e o resto do corpo, essas experiências são tão vitais quanto os nutrientes e vitaminas (SILBERG, 2011).

Figura 25: Estimulando o bebê. Fonte: <http://yourcorebalance.com/massage-your-way-to-good-health/infant-baby-massages/>. Acesso em jun.2013.

Na aula passada, vimos toda a evolução do conceito de afetividade e sua relação com a aprendizagem e como o afeto influencia no processo de ensino e aprendizado atingindo assim o desenvolvimento da criança.

Neste momento, abordaremos sobre a estimulação precoce e a evolução dos conceitos relacionados a ela.

⟶ Bons estudos!

Objetivos de aprendizagem

Ao término desta aula, vocês serão capazes de:

- definir, cientificamente, estimulação;
- compreender a importância da estimulação no desenvolvimento de habilidades motora, cognitiva, afetiva e social;
- discutir, criteriosamente, sobre estimulação precoce;
- identificar os construtos teóricos da estimulação enquanto recurso pedagógico.

24

1 - Estimulação precoce
2 - Estimulação e os benefícios para o desenvolvimento

1 - Estimulação precoce

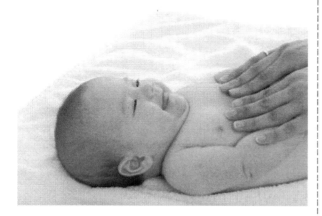

Figura 26: Estimulação. Fonte: <http://arquidiocesedecampogrande. org.br/arq/formacao-familia/pais/2793-como-multiplicar-a-inteligencia- do-bebe.html?start=2>. Acesso em jun.2013.

O exercício ajuda o cérebro a refinar os circuitos para o desenvolvimento da coordenação motora.

A estimulação precoce é uma ciência baseada principalmente nas neurociências, na pedagogia e nas psicologias cognitivas e evolutiva; é implementada através de programas construídos com a finalidade de favorecer o desenvolvimento integral da criança. (LEGARDA; MIKETTA, 2008).

Vamos definir, antes de tudo, a palavra estimular de acordo com (AURÉLIO, 1995):

"1. excitar, incitar, instigar; picar, espicaçar, ativar.
2. Encorajar, animar".

Quando pensamos em estimular, pensamos em algo que irá alavancar, melhorar, excitar o desenvolvimento de algo. Neste caso, falaremos sobre a estimulação em bebês.
Faremos um panorama pelos conceitos e autores que discutem este tema. Avançaremos no assunto e investigaremos o sentido do termo estimulação precoce. Veremos então o que dizem os teóricos:

Conceito
O termo estimulação precoce é derivado da tradução dos termos em espanhol - *estimulacion precoz e estimulacion temprana* e do inglês, *erly stimulation ou early intervention*.
O que pode ser ainda intervenção precoce e educação precoce.

A palavra estimulação vem do latim *stimulatione*, e significa ato de aguilhoar, ação de aguçar, coisa que estimula. Já a palavra precoce originária do latim *praecox*, significa prematuro, temporão, antecipado (BRASIL, 1995).

Figura 27: bebê brincando. Fonte: <http-//1. bp.blogspot.com/_zogJRc5g_Q0/TCvVJ4U0gkI/ AAAAAAAAAig/UBznuPdPeMg/s400/mamae- brincando-bebe-grande.jpg>. Acesso em jun. 2013.

Para Houaiss, et al (2001) a definição de estimulação seria o ato ou efeito de estimular, que significa incitar, promover, empenhar-se para algo seja intensificado ou realizado.
Pode-se, ainda, encontrar na literatura o termo estimulação essencial, advindo de uma crítica de alguns profissionais que acreditam que o emprego da palavra precoce não seria adequado, devido a sua relação com o entendimento de que nada poderia realizar-se antecipadamente no que se refere ao desenvolvimento e à educação (CABRAL, 1989). Contudo, para Pérez- Ramos (1996), o sentido da palavra estimulação, está ligada a sua natureza preventiva.
Neste momento, é relevante explicar que a ação preventiva ocorre em três níveis: primário, secundário e terciário, o Ministério da Saúde (BRASIL, 1994) define que:

a prevenção primaria caracteriza-se pela promoção da saúde por meio de saneamento básico, condições de higiene pessoal e ambiental, fortalecimento de vínculos familiares, renda adequada as necessidades básicas, nutrição balanceada e suficiente, etc. Vacinação, pelos cuidados de puericultura, pelo controle de gestação de alto risco, pela atenção à desnutrição da gestante e da criança. Já a secundaria está relacionada a detecção precoce, a avaliação clinica global da mulher e do bebe, a exames para identificação de erros inatos do metabolismo, a prevenção de incapacidades, à intervenção precoce, a procedimentos imediatos e adequados para evitar e ou minimizar sequelas, à intervenção precoce, a procedimentos imediatos e adequados para evitar e ou minimizar sequelas, à intervenção em berçários destinados a bebes de alto risco e ao acompanhamento do crescimento e do desenvolvimento de crianças ate 3 anos de idade. Enquanto que a prevenção terciária, trata-se da reabilitação.

Fiquem atentos! A quem se destina todo este conjunto de técnicas de estimulação?

A estimulação precoce se destina às crianças de 0 a 3 anos de idade e, como medida de prevenção. Ou seja, desde o nascimento ou mesmo antes, já que os três primeiros anos de vida são os mais relevantes para o desenvolvimento do bebê. Pois é até esta idade que o cérebro se forma em 60%.

Desta forma, fica evidente que a estimulação da criança, desde a mais tenra idade, é fundamental para que ela desenvolva a capacidade. É a fase na qual a criança poderá adquirir qualquer habilidade com muito mais facilidade, ocorrendo a maior maturação do sistema nervoso central. Tendo em vista, que a estimulação precoce pode, ainda, reduzir consideravelmente o índice de pessoas com deficiência em um pais ou atenuar seus efeitos (SAFAR, 2011).

É importante considerar que é nessa fase que se dá as mudanças de crescimento mais incríveis e que o ser humano é inteiramente sensível aos efeitos do meio que vive, durante o período da primeira infância. (FONSECA,1995 apud SAFAR, 2011. p. 12).

De acordo com as Diretrizes Educacionais sobre a Estimulação Precoce (BRASIL, 1995, p. 11):

> Estimulação precoce é o conjunto dinâmico de atividades e de recursos humanos e ambientais incentivadores que são destinados a proporcionar à criança, nos seus primeiros anos de vida, experiências significativas para alcançar pleno desenvolvimento no seu processo evolutivo.

Tendo em vista que o termo, "pleno desenvolvimento", significa: desenvolvimento integral das potencialidades da criança, com suas diferenças em relação aos padrões regularmente previstos.

Figura 29: Criança com tinta. Fonte: <http-//revistacrescer.globo. com/Revista/Crescer/0,,EMI17793-10510,00.html>. Acesso em jun. 2013.

E quais seriam, então, os objetivos da estimulação precoce?

O objetivo principal da estimulação precoce seria propiciar o desenvolvimento de habilidades básicas da criança com atraso no desenvolvimento em seus primeiros anos de vida ou ainda bebês de alto risco, com o intuito de prevenir ou minimizar déficit futuros. Os autores acreditam

que as intervenções realizadas durante a etapa sensório-motora (do nascimento até 2 anos) são determinantes para o desenvolvimento posterior e que capacitam a criança à aprendizagem futura (PÉREZ-RAMOS, 1996).

Segundo Herren e Herren (1989), com a finalidade de garantir à criança uma melhor interação com o meio em que criança vive, a estimulação precoce lança mão de uma seria de processos preventivos e ou terapêuticos.

> A estimulação tenta através de técnicas, anular as reações patológicas, direcionando a criança para aquisições das etapas do desenvolvimento motor e fundamentos do desenvolvimento, e preparando-a para uma atividade motora posterior mais complexa. Quando falamos em estimulação precoce, não falamos apenas na área motora, mas sim em um desenvolvimento geral da criança. É uma área abrangente que incluem noções de saúde, higiene, sociabilidade, a utilização da musica, de atividades que englobem passeios, diversão, jogos, recreação, trabalhos com lápis, giz de cera, pintura, recortes etc... E também a implantação de atividades básicas de vida diária (AVD e prática AVP). Hoje sabemos que o portador de deficiência tem apenas um ritmo de aprendizagem mais lento, embora as etapas ultrapassadas sejam as mesmas. O objetivo da estimulação é justamente acelerar esse processo, que foi retardado pela síndrome (TISI, 2010, p. 19).

A estimulação precoce utiliza de experiências significativas, nas quais participam os sentidos, a percepção e o prazer da exploração, o autocontrole, o descobrimento, a expressão artística e o jogo. É importante o reconhecimento dos vínculos afetivos sólidos e uma personalidade segura, já que seu o objetivo principal é desenvolver a inteligência (LEGARDA; MIKETTA, 2008).

Figura 30: bebê com jogo de montar. Fonte: <http://arquidiocesede campogrande.org.br/arq/formacao-familia/pais/2793-como-multiplicar-a-inteligencia-do-bebe.html?start=3>. Acesso em jun.2013.

Quanto mais cedo e mais intensamente a criança usufruir a mediação intencional dos seus processos de aprendizagem, tanto mais tranquilamente se dará o seu desenvolvimento cognitivo (FEUERTEIN apud SAFAR 2011, p. 4). Para o bebê, tudo é estimulo: sons, odores, cores, luminosidade, entre outros. Por outro lado, bebês que sofrem carência de estímulos corporais e ambientais adequados podem apresentar dificuldades no decorrer de outros estágios do desenvolvimento (SAFAR, 2011, p. 12).

Neste sentido, a detecção precoce de retardo no desenvolvimento ou situação de risco, torna-se tão importante quanto o atendimento propriamente dito em estimulação, já que quando mais cedo, melhores serão os resultados (PÉREZ-RAMOS, 1996).

No século XIX deu-se início aos trabalhos de educação compensatória com Pestalozzi, Frobel, Montessori e McMillan. Neste momento, a intenção era compensar as deficiências culturais e do próprio desenvolvimento de crianças de classe baixa. Acredita-se que a partir daí surgiram os programas de estimulação precoce (PÉREZ-RAMOS, 1996).

Curiosidade

Segundo a Organização Mundial de Saúde, o termo Deficiência trata-se da ausência ou a disfunção de uma estrutura psíquica, fisiológica ou anatômica, inserida na biologia da pessoa. Dessa forma, o termo pessoa com deficiência refere-se a qualquer pessoa que possua uma deficiência. É preciso observar, pois, em contextos legais, o termo pessoas com deficiências é utilizado de forma mais restrita, estando estas sob o amparo da lei.

Faremos agora, um paralelo ao conteúdo de estimulação e realizaremos um breve retrocesso na história para entendermos a conotação do termo deficiência e a evolução da ciência para os dias atuais, nos quais falamos em estimulação precoce.

Entre as décadas de 60 e 80, muitas terminologias foram aplicadas a fim de tentar esclarecer a diversidade, vejamos algumas delas: **indivíduos "defeituosos", "deficientes" ou "excepcionais"**. Nesse período, a sociedade não se direcionou para a ausência de qualquer capacidade mental ou física das pessoas. Passando para os anos 90, o termo que mais se utilizou foi **"pessoa portadora de deficiência"**, passando a atribuir a deficiência como um valor agregado à pessoa. Dessa forma, substituiu-se o termo deficiência por "necessidade", contudo, esse também foi eliminado. E, na atualidade, o termo aplicado é **"pessoas com deficiência"**, dando lhes o aumento da autonomia na tomada de decisões e aumento das responsabilidades no sentido de favorecer a inclusão (ZAVAREZSI, 2009).

Um significativo avanço na história é que podemos contar, hoje, com as Diretrizes Educacionais sobre a estimulação precoce, como um marco para o desenvolvimento e estimulação de crianças em situação de risco e deficientes. Elaborada em 1995 pela secretaria de educação especial,

tem como objetivo, uniformizar os princípios e definir a abrangência de programas de estimulação precoce, assim como promover serviços, diretrizes, normas e procedimentos que norteiam suas atividades conforme progressos científicos e tecnológicos relativos à estimulação precoce e fundamentar a implantação e a atualização adequada dos programas destinados às crianças com necessidades especiais em seus primeiros anos de vida (BRASIL, 1995).

Curiosidade

Entende-se por crianças portadoras de necessidades especiais com distúrbios no desenvolvimento originados por acidentes ocorridos durante a gestação, nascimento ou primeiros anos de vida: deficiência sensorial (auditiva e visual); deficiência física; deficiência mental; deficiência múltipla e condutas típicas (síndrome do autismo e outras psicoses) (BRASIL, 1994).

De acordo com as Diretrizes Educacionais sobre a Estimulação Precoce:

> Toda criança tem condições e assimilar, de alguma forma, os benefícios da estimulação que lhe for proporcionada em função de suas características individuais, seja qual for o tipo e a intensidade de sua deficiência;
> Os benéficos da estimulação precoce serão mais efetivos quando o processo for organizado e aplicado de maneira gradual, variada e motivadora, seguindo o desenrolar do progresso que a criança for alcançando em seu desenvolvimento;
> Toda família que possui criança portadora de necessidades especiais tem direito a receber apoio e orientação específicos, face à problemática que decorre de tal condição, além de ter o dever de participar do processo de estimulação, assumindo o papel que lhe cabe.

Figura 31: Criança com deficiência e sua família. Fonte: <http://www.movimentodown.org.br/wp-content/uploads/2012/10/movimento_down_header_sindrome.jpg>. Acesso em jun. 2013.

Bolsanello (1998 apud SAFAR, 2011, p14) esclarece que uma das funções da estimulação precoce é oferecer suporte e apoio à mãe com o intuito de facilitar a interação mãe-bebê e para que ela perceba o que seu filho é capaz de realizar. As mães devem perceber que, embora seus filhos apresentem deficiências, também possuem potencialidades que poderão ser desenvolvidas.

Desta forma, é importante que os pais conheçam os estímulos e as atividades que serão desenvolvidas num programa de estimulação, as quais irão favorecer o desenvolvimento de seus filhos, visto que a eficácia dos programas estaria justamente na disponibilidade afetiva da família (SHONKOFF E HAUSER-CRAM, 1987 apud SAFAR 2011).

2 - Estimulação e os benefícios para o desenvolvimento

Figura 32: bebê e jogo de xadrez. Fonte: <http://www.ciamaterna.com.br/wp-content/uploads/2013/06/baby-genius.jpg>. Acesso em jul. 2013.

Jogos e brinquedos ajudam a manter tônus muscular e o controle da postura. As brincadeiras são importantes nos primeiros anos de vida da criança, pois permitem a repetição de diversos movimentos fundamentais para o desenvolvimento saudável do bebê.

Tendo em vista, os conceitos de estimulação descritos acima, estudaremos agora os benefícios da mesma para o desenvolvimento saudável da criança.

Veremos a seguir o que Perin (2010) descreve sobre o desenvolvimento nos primeiros anos de vida. E porque a estimulação seria tão importante nesta fase. O autor coloca que se trata de:

> um período no qual ocorrem diversas modificações importantes e se apresentam características de desenvolvimento de habilidades cognitivas e motoras. É nesta etapa de maturação que o organismo torna-se apto ao aparecimento dos marcos do desenvolvimento que possibilitam as crianças o processo linear de seu crescimento global. A carência da estimulação nos primeiros anos de vida de uma criança diminui o ritmo do processo evolutivo e aumenta as chances de transtornos psicomotores, sócio-afetivos, cognitivos e da linguagem.

O autor apresenta, ainda, os principais fatores que interferem no desenvolvimento infantil, na área médica:

Nos fatores Pré-natais observa-se:

- Alteração de genes ou cromossomos (Down);
- Fatores ambientais ligados a saúde da gestante;
- Erros inatos do metabolismo (fenilcetonúria, hipotiroidismo congênito);
- Microcefalia, hidrocefalia;
- Infecções na gravidez (rubéola, toxoplasmose, sífilis, AIDS);
- Desnutrição, alcoolismo, fumo, uso de remédios, exposição à radiação.

Fatores Perinatais (durante o nascimento):
- Prematuridade;
- Baixo peso ao nascer;
- Problemas de parto (partos demorados, circular de cordão, parto pélvico);
- Icterícias graves por incompatibilidade sanguínea;
- Infecções;
- Hemorragia cerebral;
- Uso de fórceps;
- Anóxia (falta de oxigênio).

Fatores Pós-natais:
- Prematuridade;
- Deficiência alimentar (desnutrição);
- Infecções agudas;
- Parasitoses intestinais;
- Doenças metabólicas;
- Problemas emocionais (privação de afeto e de estímulos);
- Violência, traumas.

O trabalho de estimulação precoce apresenta como objetivo central o acompanhamento clínico e terapêutico de bebês em risco e com patologias orgânicas, uma vez que intervém junto aos familiares, com o intuito de gerar benefícios no desenvolvimento podendo propiciar:

> (...) que os fatores estruturais (maturação, estruturação psíquica e cognitiva) e instrumentais (linguagem e comunicação, brincar, aprendizagem, psicomotricidade, início da autonomia e socialização), possam se articular de forma que a criança consiga o melhor desenvolvimento possível. O ponto central de referência é a estruturação ou reestruturação da função materna, abrindo espaço para a constituição da criança como sujeito psíquico capaz de autosignificar-se (BRANDÃO; JERUSALINSKY, 1990, p. 55).

A fase estipulada como mais propensa e de maiores resultados para a estimulação se deu, também, pela descoberta da "migração neuronal". Evidenciou-se que até os dezoito primeiros meses, criam-se novas conexões neuronais, que podem vir a substituírem os neurônios prejudicados ou lesados. Sendo assim, a "migração neuronal" possibilita o surgimento de novas conexões, e o que tudo indica são eliciadas por influência do meio externo (ALVES, 2007).

Outro fenômeno importante para o entendimento da aquisição de conhecimento é a mielinização, que segundo Tisi (2010, p. 39) consiste:

> no aparecimento de uma substância, a mielina, ao redor de cada neurônio, permitindo que essas células nervosas se comuniquem entre si. A mielina funciona como um condutor elétrico da informação e só se forma a partir da soma de dois fatores internos e externos: O interno depende de uma constituição orgânica saudável e eficiente. O externo, de estímulos percebidos através dos cinco sentidos e das experiências motoras, por exemplo. São os fatores ambientais, e neles incluímos uma alimentação correta, estímulos táteis e visuais variados, afetos etc... assim a criança que nasce com deficiência tem uma estrutura interna deficitária, a estimulação adquire importância maior ainda.

Desta forma, fica evidente que a interação da criança com o meio gera a estrutura de funcionamento de seu sistema nervoso central, uma vez que todo este mecanismo cerebral se desenvolve em maior velocidade nos primeiros dois anos de vida.

> Do ponto de vista clínico, qualquer evento ambiental nocivo, que ocorra na vida fetal (infecções congênitas, fumo drogas, etc.), durante o parto (anóxia, hemorragias maternas, etc.) e nos primeiros anos de vida (infecções, desnutrição, etc.), pode lesar o sistema nervoso central. Esse é um período de grande plasticidade cerebral, sendo o cérebro capaz de realizar novas funções, transformando de maneira duradoura, com auxílio do meio ambiente, seja os elementos que o compõem, seja a rede de conexões que os une. Quanto mais jovem o indivíduo, mais plástico é o seu cérebro, apesar de que essa plasticidade também ocorre na idade adulta, porém é menos do que na infância (NIELSEN- OJD, 2013, p. 3).

O desenvolvimento integral do indivíduo, por meio da plasticidade que o cérebro apresenta, se torna fundamental para a prática de atividades de estimulação tendo em vista que:

Figura 33: Vida uterina. Fonte: http://3. bp.blogspot.com/-fBAvQkbmip8/ TV5B366rTsI/ AAAAAAAAJY/ EO5mtjb3WTY/ s320/feto-it1.jpg. Acesso em jul.2013.

> (...) o comando genético do processo de maturação precisa de alimento funcional dos estímulos adequados. Também sabemos da plasticidade funcional e da capacidade compensatória deste sistema nervoso central. A maioria das células do sistema nervoso central é adquirida até os seis meses de vida extrauterina.
> Como consequência, o sistema nervoso central é muito vulnerável

durante a gestação, o parto, o período pré natal e os primeiros anos de vida (BRASIL, 2002b).

Com todo o avanço das pesquisas em neurociências e suas descobertas sobre a plasticidade cerebral e o desenvolvimento de novas conexões neuronais, não se pode perder de vista a importância da relação mãe-bebê neste processo. Vejamos como é importante e adicional!

> Nas observações em lactentes normais, vemos que as crianças estimuladas têm, dentro de certos limites, um processo de maturação mais acelerado do que os não estimulados. Estes limites estão definidos por um automatismo genético, que provê a base material para a habilidade respectiva, mas que requer ser suscitado pela atividade materna, desde o exterior. Em caso contrário, a maturação sofre alterações, como é demonstrado pelo atraso que registram crianças com graves problemas emocionais e sem afecções neurológicas demonstráveis (FOSTER E JERUSALINSKY, 1989, p. 171).

É importante que o processo de estimulação seja acompanhado e realizado pela mãe, uma vez que o vínculo da relação mãe bebê sustentado numa relação de segurança facilita o processo. Pois, neste momento, está se estabelecendo uma gama de oportunidades e experiências, nas quais o bebê poderá adquirir destreza e habilidades, explorar e entender o que está acontecendo ao seu redor da forma mais natural e confortável.

> A estimulação precoce o que faz é unir esta adaptabilidade do cérebro à capacidade de aprendizagem, e fazer com que os bebês saudáveis amadureçam e sejam capazes de adaptar-se muito melhor ao seu ambiente e às diferentes situações. Não se trata de uma terapia nem de um método de ensino formal. É apenas uma forma de orientação do potencial e das capacidades dos mais pequenos. Quando se estimula um bebê, está-se abrindo um leque de oportunidades e de experiências que o fará explorar, adquirir destreza e habilidades de uma forma mais natural, e entender o que ocorre ao seu redor (NIELSEN, 2013, p. 2).

Para refletir

O planejamento de atividades e de rotina de trabalhos seja no âmbito familiar ou escolar cria ambientes acolhedores e agradáveis, facilitando à criança uma aprendizagem pela convivência e experiências com o outro e também com afeição, amor e paciência.

Após terem realizado uma boa leitura dos assuntos abordados em nossa aula, na Sala Virtual estão disponíveis os arquivos com as atividades (exercícios) que deverão ser respondidas e enviadas.

Retomando a aula

Chegamos, assim, ao final da terceira aula. Espera-se que agora tenha ficado mais claro o entendimento de vocês sobre a estimulação precoce. Vamos então recordar: "A estimulação precoce utiliza de experiências significativas nas quais participam os sentidos, a percepção e o prazer da exploração, o autocontrole, o descobrimento, a expressão artiistica e o jogo. É importante o reconhecimento dos vínculos afeitvos sólidos e uma personalidade segura, já que seu o objetivo principal é desenvolver a inteligência (LEGARDA; MIKETTA, S/D)." Desta forma, será necessário o conhecimento adquirido nesta aula para seguirmos adiante e aprofundarmos nos programas de estimulação precoce.

1 - Estimulação precoce

A estimulação precoce se destina às crianças de 0 a 3 anos de idade e, como medida de prevenção. Ou seja, desde o nascimento ou mesmo antes, já que os três primeiros anos de vida são os mais relevantes para o desenvolvimento do bebê. Pois é até esta idade que o cérebro se forma em 60%. Desta forma, fica evidente que a estimulação da criança, desde a mais tenra idade, é fundamental para que ela desenvolva a capacidade. É a fase na qual a criança poderá adquirir qualquer habilidade com muito mais facilidade, ocorrendo a maior maturação do sistema nervoso central. Tendo em vista, que a estimulação precoce pode, ainda, reduzir consideravelmente o índice de pessoas com deficiência em um país ou atenuar seus efeitos (SAFAR, 2011).

2 - Estimulação e os benefícios para o desenvolvimento

Jogos e brinquedos ajudam a manter tônus muscular e o controle da postura. As brincadeiras são importantes nos primeiros anos de vida da criança, pois permitem a repetição de diversos movimentos fundamentais para o desenvolvimento saudável do bebê.

Vale a pena

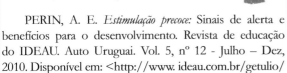

Vale a pena **ler**

PERIN, A. E. *Estimulação precoce:* Sinais de alerta e benefícios para o desenvolvimento. Revista de educação do IDEAU. Auto Uruguai. Vol. 5, n° 12 - Julho – Dez, 2010. Disponível em: <http://www. ideau.com.br/getulio/upload/artigos/art_116.pdf>. Acesso em jul.2013.

ALMEIDA, I. C. *Intervenção precoce:* Focada na criança ou centrada na família e na comunidade? Análise Psicológica, 1 (XXII): 65-72, 2004. Disponível em: <http://www.scielo.oces.mctes. pt/pdf/aps/v22n1/v22n1a07.pdf>. Acesso em jul.2013.

BRASIL. *Diretrizes Educacionais sobre estimulação precoce: o portador de necessidades educativas especiais.* Brasília: Ministério da Educação e do Desporto, Secretaria de Educação Especial, 1995. <http://www.portalinclusivo.ce.gov.br/phocadownload/cartilhasdeficiente/diretrizeseducacionaissobreestimulacaoprecoce. pdf>. Acesso em jul.2013.

PINHEIRO, M. *Fundamentos de neuropsicologia:* o desenvolvimento cerebral da criança. Disponível em: <http://www.fug.edu.br/revista/artigos/ Organizados/desenvolvimentosn.pdf>. Acesso em jul.2013.

Vale a pena **acessar**

< h t t p : / / c r i a n c a e m f o c o . c o m . b r / i n d e x . p h p ? o p t i o n = c o m _ content&view=article&id=126&Itemid=117>.

Minhas anotações

Minhas anotações

Aula 4º

Estimulando bebês

O toque estimula o cérebro a liberar hormônios importantes que permitem que a criança cresça.

O amor é a chave de ligação, e afeta a forma como o cérebro estabelece conexões (SILBERG, 2011, p. 17).

Nesta aula, estudaremos a importância das fases do bebê, suas habilidades e destrezas para o desenvolvimento de um programa de estimulação, assim como os enfoques estabelecidos para tal.

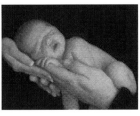

Figura 34: bebê sobre as mãos.
Fonte: http://www.imotion.com.br/imagens/details.php?image_id=16784. Acesso em jun.2013.

Bons estudos!

Objetivos de aprendizagem

Ao término desta aula, vocês serão capazes de:

- compreender os aspectos que interferem no desenvolvimento global do bebê;
- identificar as habilidades e destrezas do bebê de 0 a 2 anos;
- entender os enfoques da estimulação de bebês;
- ententer sobre os campos de experiências e objetivos de aprendizagem descritos pela BNCC.

Seções de estudo

1 - Habilidades e destrezas do bebê de 0 a 2 anos
2 - Campos de experiências e enfoques de estimulação de crianças bem pequenas

1 - Habilidades e destrezas do bebê de 0 a 2 anos

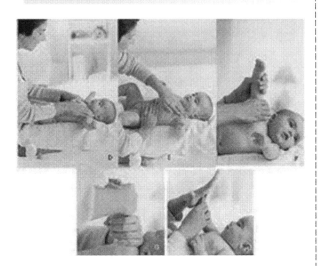

Fonte: http://3.bp.blogspot.com/-NLBEcKvfIUY/TihKqXdQp3I/AAAAA
AAAAJA/8o_HyVSqAJ0/s400/shantala_bb6.jpg. Acesso em jul. 2013.

Observe que o desenvolvimento da criança obedece à mesma sequência da formação do embrião: cabeça, tronco, e membros (TISI, 2010).

Não se pode falar em estimulação sem antes falar sobre o desenvolvimento infantil. E considerando que vocês já tiveram um conhecimento prévio de psicologia do desenvolvimento e, também, por já termos revisados alguns conceitos, vou, agora, apenas trazer alguns aspectos das habilidades das crianças de 0 a 2 anos.

Na estimulação precoce, é importante respeitarmos as etapas da evolução motora. Assim, é importante conhecer alguns princípios básicos:

Quadro 5: Evolução motora

Direção céfalo/caudal	O desenvolvimento se processa no sentido da cabeça para os pés (olhos, mãos, braços, pernas e pés). Partindo do geral para o específico, ou seja, dos grandes para os pequenos músculos.	O bebê vê um objeto antes de poder alcançá-lo com as mãos; controla a cabeça antes de controlar o tronco; aprende a fazer muitas coisas com as mãos, bem antes de andar.
Direção próximo/distal	O desenvolvimento se dá, da área central do corpo para as periféricas, ou seja, a maturação processa-se da região escapular para as mãos, isto é, a abertura da coluna vertebral para as mãos, e da região pelviana para os pés. Primeiramente, há o controle dos grandes músculos fundamentais e, posteriormente, dos pequenos músculos, que se prestam aos movimentos finos. Ou seja, prossegue do simples para o complexo.	O bebê, primeiro, tem a capacidade para usar o braço e a coxa, depois, mãos e pés, e por fim, seus dedos.

Fonte: (TISI, 2010, p. 43)

A estimulação favorecerá o desenvolvimento global do bebê, visando o ritmo de seu desenvolvimento individual, pois nenhuma criança é igual a outra. "Começa então, um período cheio de emoções e descoberta, tudo é novo, motivo pelo qual os bebês serão encorajados a confiarem em si mesmos" (PULKKINEN, 2006, p. 5).

No quadro a seguir, é possível observar o desenvolvimento do bebê em suas várias posições: posição da barriga, sentar, posição de cabeça, o ficar em pé e o relacionamento social de

0 a 12 meses.

Quadro 6: Destrezas e habilidade do bebê até 1 ano

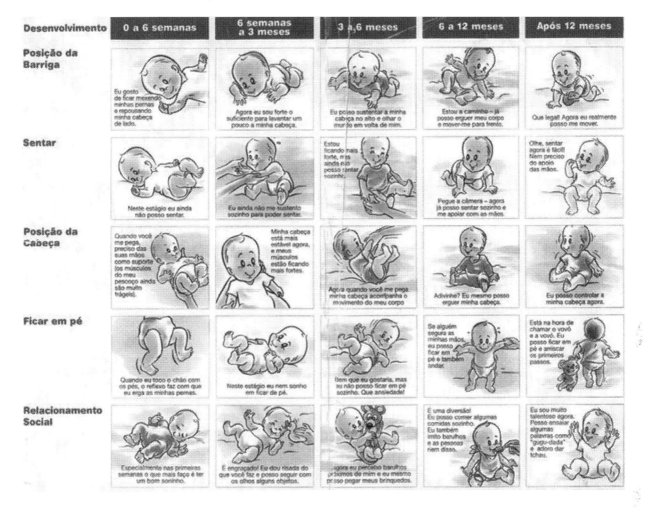

Segundo Tisi (2010, p. 44), alguns aspectos podem ser observados nesta fase: Nos primeiros 3 meses, a criança adquire o controle sobre os 12 pequenos músculos que regem o movimento dos olhos. Dos três aos seis meses, adquire domínio sobre músculos que sustentam a cabeça e que dão movimentos aos braços, e estende a mão em busca de objetos. Dos seis aos 9 meses, adquire o controle sobre as mãos e tronco, é capaz de sentar-se, pega e passa objetos de uma para outra. Aos dois anos, caminha e corre, articula palavras, tem pouco controle sobre esfíncteres, anal e urinário, adquire um sentido rudimentar de identidade e posições pessoais.

Segundo Piaget, do útero até 1 ano, os movimentos do bebê são reflexos, e este estágio é chamado de codificação da informação. Nesta etapa o bebê também pode apresentar movimentos rudimentares, só que neste momento o estágio passa a ser chamado de inibição dos reflexos. O bebê se arrasta, engatinha até se colocar em pé e dar os primeiros passos, conseguindo ao final do primeiro ano, andar. Mas nem todos os bebês já estarão andando e isso não é preocupante, pois cada bebê terá seu tempo. Nesta idade, o bebê terá certa autonomia com os movimentos das mãos (TISI, 2010).

Figura 36: bebês caminhando. Fonte: http://www.paisefilhos.pt/images/stories/ MANCHETE2/ desenvolvimento%20media.jpg. Acesso em jul. 2013.

Quando a criança atinge 2 anos, os movimentos continuam rudimentares, mas, agora, o estágio avança para o estágio de pré-controle e já começa a pular no mesmo lugar, com os pés juntos. Consegue correr com segurança, mas não controla ainda a velocidade, não conseguindo parar bruscamente (TISI, 2010).

Figura 37: bebê de ponta cabeça. Fonte: http://www.blogdavita.com.br/wp-content/uploads/2013/02/Fotolia_40613763_XS.jpg. Acesso em jul. 2013.

De 2 a 3 anos, começam a atingir os movimentos fundamentais, trata-se do estágio inicial, com as primeiras tentativas da criança em executar uma habilidade proposta. Já demonstra um avanço na percepção do espaço e na localização do seu corpo, desta forma, consegue caminhar para trás, sem ajuda, e já conquistou uma autoconfiança e autossuficiência (TISI, 2010).

Figura 38: criança autônoma. Fonte: http://mdemulher.abril.com.br/ imagem/familia/galeria/menina-brincando-15957.jpg. Acesso em jul. 2013.

Recordaremos as etapas de desenvolvimento de Piaget até 3 anos.

Quadro 7: Escala de desenvolvimento

Período	Características	Principal mudança
Do útero até 4 meses.	Atividades reflexas; Coordenação mão/ boca; diferenciação do reflexo de sucção.	
Sensório-motor (0 à 2 anos).	Coordenação de mão/olhos; repete acontecimentos pouco comuns. Coordenação de dois esquemas; atinge a permanência dos objetos. Apresenta novos meios de experimentação; segue deslocamentos sequencias. Representação interna; novos meios através de combinações mentais.	O desenvolvimento ocorre a partir da atividade reflexa e evolui para a representação e soluções sensório- motoras dos problemas.
Pré-operatório (2 à 7 anos).	Desenvolvimento da linguagem. Tanto pensamentos e linguagem são ainda egocêntricos,	O desenvolvimento ocorre a partir da representação sensório-motora para as soluções de problemas e para o pensamento pré logico.

Fonte: (Tisi, 2010, p. 43)

No desenvolvimento da linguagem, o bebê primeiro se comunica através do choro, depois pelo balbucio, depois palavras e finalmente através de frases. Veja no quadro abaixo essa evolução.

Quadro 8: Desenvolvimento da linguagem

Tabela de desenvolvimento da linguagem		
Receptivo	**Idade**	**Expressivo**
Assusta-se. Aquieta-se ao som da voz.	0 - 6 semanas	Choros diferenciados e sons primitivos. Aparecem os sons vogais (V).
Vira-se para a fonte de voz. Observa com atenção objetos e fatos do ambiente.	3 meses	Primeiras consoantes (C) ouvidas são p/b e k/g. Inicia balbucio.
Responde com tons emotivos à voz materna.	6 meses	Balbucio (sequências de CVCV sem mudar a consoante). Ex.: "Dudadá".
Entende pedidos simples com dicas através de gestos. Entende "não" e "tchau".	9 meses	Imita sons. Jargão. Balbucio não-reduplicativo (sequência CVC ou VCV).
Entende muitas palavras familiares e ordem simples associados a gestos. Ex.: "Vem com o papai".	12 meses	Começa a dizer as primeira palavras como "mamá", "papá" ou "dadá".
Conhece algumas partes do corpo. Acha objetos a pedido. Brincadeira simbólica com miniaturas.	18 meses	Poderá ter de 30 a 40 palavras ("mamá", "bebê", "miau", "pé", "ão-ão", "upa"). Começa a combinar duas palavras ("dá papá").
Segue instruções envolvendo dois conceitos verbais (os quais são substantivos). Ex.: "Coloque o copo na caixa".	24 meses	Tem um vocabulário de cerca de 150 palavras. Usa combinação de duas ou três.
Entende primeiros verbos. Entende instruções envolvendo até três conceitos. Ex.: "Coloque a boneca grande na cadeira".	30 meses	Usa habitualmente linguagem telegráfica ("bebê", "papá pão", "mamá vai papá").
Conhece diversas cores. Reconhece plurais, pronomes que diferenciam os sexos, adjetivos.	36 meses	Inicia o uso de artigos, plurais, preposições e verbos auxiliares.
Começa a aprender conceitos abstratos (duro, mole, liso). Linguagem usada para raciocínio. Entende "se", "por que", "quanto". Compreende 1.500 a 2.000 palavras.	48 meses	Formula frases corretas, faz perguntas, usa a negação, fala de acontecimentos no passado ou antecipa outros no futuro.

Fonte: http://2.bp.blogspot.com/-VK2rD36J6ew/T0bJ4NdJPRI/AAAAAAAACDo/49yXq1SYhY4/s1600/desenvolvimento_da_linguagem.jpg. Acesso em jul.2013.

A fala desempenha um papel importante na formação e organização do pensamento complexo e abstrato individual. Ex.: a mãe diz que brincar na rua é perigoso. Isso resulta na percepção e no conhecimento da criança. Existe, ainda, o processo de internalização. Processo ativo, a criança apropria- se do social de uma forma particular/crítico e transformador, através da sua interiorização. Ao internalizar instruções, as crianças modificam suas funções psicológicas: percepção, atenção, memória e resolução de problemas, assim como as formas historicamente determinadas e socialmente organizadas de operar com informação. Influenciam o conhecimento individual, a consciência de si e do mundo. Dessa maneira, a palavra dá forma ao pensamento, criando novas modalidades de atenção, memória e imaginação, e a linguagem sistematiza a experiência direta da criança e serve para orientar seu comportamento.

Outro papel importante no aparecimento da fala é sua influência no desenvolvimento do autoconceito da criança, segundo L'Ecuyer (1985), a partir do enfoque ontogênico ou evolutivo:

> O eu começa a desenvolver desde o nascimento, porém a criança inicialmente não tem consciência de uma existência separada e diferenciada de sua mãe. Por meio do processo de diferenciação entre aquilo que é "si mesmo" e o que é "o outro" emerge o autoconceito. Por meio das sensações corporais que experimenta e os contatos com a mãe a criança aprende a distinguir seu corpo daquilo que não é seu corpo. Nesta etapa, são importantes no surgimento do autoconceito, as relações sociais e afetivas que se estabelecem com as pessoas do ambiente, como as trocas vocais e as mímicas que ocorrem entre adultos e a criança.

Podemos refletir que todos os conceitos até aqui estudados se inter-relacionam com o desenvolvimento infantil. O vínculo afetivo, a afetividade, a forma como se dá a maturação biológica e cerebral, o desenvolvimento motor, todos estão diretamente relacionados ao processo de aprendizagem e vice versa. Desta forma, é importante frisar que a qualidade do desenvolvimento de todos estes aspectos irão influenciar na formação da identidade da criança, por isso, a importância da estimulação precoce.

Notem o quão importante é para profissionais que atuam na educação infantil saberem desses conceitos uma vez que estão lidando com o que é de mais precioso no desenvolvimento infantil. Verifiquem no trecho abaixo extraído do documento "Avanços do Marco legal da Primeira Infância" o que diz a filosofia de Emmi Pikler pediatra húngara formada em Viena, responsável por um abrigo para crianças órfãs e abandonadas, após a Segunda Guerra Mundial, criou uma forma de ensinar e cuidar das crianças pequenas em sistemas coletivos.

Filosofia Emmi Pikler

A pediatra acreditava na necessidade de buscar soluções originais, levando em conta os mínimos detalhes da vida cotidiana como uma fórmula de vida em longo prazo. Eram necessárias soluções que permitissem que a personalidade da criança pudesse se construir com riqueza de relações de profundo interesse do adulto, para que ela pudesse ter um desenvolvimento afetivo e mental sadio, para que fosse capaz de estabelecer vínculos profundos, duradouros e significativos, e que mais tarde fosse capaz trabalhar e levar uma vida em família. A filosofia da Emmi Pikler é baseada em um ambiente previsível por meio dos cuidados básicos no momento da troca, do banho e da alimentação. O profundo respeito pela criança no seu ritmo e interagindo com o adulto em todos os momentos do cotidiano, através do olhar atento, do toque cuidadoso no manuseio do corpo do bebê e prestando atenção na interação, tanto do cuidador, como do bebê. Este processo de cooperação mútua permite ao bebê conhecer o educador, e vice-versa, possibilita o desenvolvimento da capacidade de se comunicar e aumentar a confiança com o adulto. Por parte do cuidador, é preciso prestar atenção no próprio corpo, uma vez que este é o instrumento de trabalho principal na relação com o bebê. Por exemplo, cuidar da temperatura das mãos, cuidar com acessórios como pulseiras, anéis e demais adornos, unhas longas, movimentos rápidos e invasivos sem serem nomeados, ou seja, sem colocar em palavras gestos do cotidiano. Pois é disso que se trata, um corpo de linguagem. É toda uma formação detalhada dos cuidados de como olhar, como tocar e como falar com o bebê, baseada na observação. (Brasil, 2016, p. 119)

A seguir, irei apresentar um exemplo de atividade prática para crianças bem pequenas, seguindo as orientações da BNCC (2018) alinhada com a filosofia que acabamos de estudar.

DESCONTRAÇÃO GLOBAL

Posição Inicial: aproveitar o momento de troca do bebê deixe o em decúbito dorsal.

Descrição do exercício: estimule com batidinhas leves e regulares no tronco e nos membros, tente fazer o relaxamento dos braços, pernas, nuca e costas.
Objetivo: Criar conexão com o bebê permitindo que ele se acostume e adquira segurança no momento das atividades.
OAD (Objetivos de Aprendizagem e Desenvolvimento - BNCC): Bebês: EI01EF06 – EI01CG02

Veja mais conteúdos nos materiais anexados na plataforma da disciplina.

As especificidades da ação pedagógica com bebês de Maria Carmem Barbora.

Nesse material você irá encontrar caminhos para conhecer mais profundamente as crianças muito pequenas, como criar um ambiente que seja interessante e adequado, respeitando o contexto. A importância e dicas para a elaboração de um currículo específico para essa idade, contribuindo para um percurso educativo e possibilitanto uma pedagogia de encontros e relações.

Outro material de importante leitura e também está disponível na plataforma é: *As contribuições da experiência de Lóczy para a formação de professores na educação infantil.* De Freitas e Pelizon.

O texto traz reflexões sobre a educação de crianças bem pequenas a partir da experiência do trabalho realizado no Intituto Emmi Pikler, em Budapeste na Hungria. Instituto criado para promover suporte para a observação e o reconhecimento das competências e das necessidades básicas das crianças bem pequenas no sentido de garantir-lhes as melhores condições de bem estar físico e psíquico.

2- Campos de experiências e enfoques de estimulação de crianças bem pequena

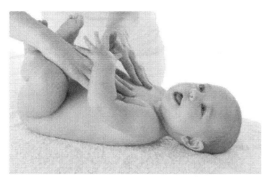

Figura 39: massageando o bebê. Fonte: http://www.bebedobras.com.br/blog/shantala-massagem-nos-bebes/.jpg. Acesso em jul. 2013.

Já estudamos que ser estimulada precocemente é fundamental para o desenvolvimento futuro da criança, tenha ela ou não deficiência. Vimos, ainda, que a migração neuronal é de suma importância para o processo de estimulação.

Uma vez que de acordo com Silberg, 2011 essas experiências sensoriais e a relação social com os adultos afetuosos e receptivos desenvolvem a habilidade mental.

Tendo em vista todo o conhecimento adquirido até o momento, de como se dá o estabelecimento dos comportamentos de apego, da influência da afetividade na aprendizagem e até mesmo como se dá a aprendizagem e todo o processo de ensino e aprendizado em crianças, será mais fácil a aplicação destas bases para o entendimento e formulação de programas de estimulação.

De acordo com a BNCC (2018), é possível conhecermos os objetivos de aprendizagens das crianças muito pequenas e a partir desse conhecimento desenvolver atividades e empregar os conhecimentos vistos até em práticas mais afinadas para a estimulção de crianças na faixa etária de 0 a 3 anos.

CRECHE		PRÉ-ESCOLA
BEBÊS De 4 meses até 1 ano e 11 meses	CRIANÇAS De 2 até 3 anos e 11 meses	CRIANÇAS De 4 até 5 anos e 11 meses
GRUPO 0 4 meses até 1 ano GRUPO1 1 ano até 1 ano e 11 meses	GRUPO 2 2 anos até 2 anos e 11 meses GRUPO 3 3 anos até 3 anos e 11 meses	GRUPO 4 4 anos até 4 anos e 11 meses GRUPO 5 5 anos até 5 anos e 11 meses
Campo de Experiência Bem-estar, Autonomia, Identidade e Interações	Campos de Experiência Bem-estar, Autonomia, Identidade e Interações, Linguagens integradas, Natureza e Culturas - Corpo, Movimento e Brincadeiras - Linguagem Oral e Imaginação - Linguagens, Natureza e Culturas; Linguagens Artísticas - Visual, Musical, Escrita e Matemática.	Campos de Experiência Bem-estar, Autonomia, Identidade e Interações Brincadeiras e imaginação Relação com Natureza, Sociedade e Culturas Linguagens Integradas - Linguagem Corporal - Linguagem Verbal - Linguagem Matemática - Linguagens Artísticas: Linguagem visual Linguagem Musical

Fonte: http://basenacionalcomum.mec.gov.br/images/implementacao/2.BNCC_EI_Forma%C3%A7%C3%A3o_1PDF.pdf p28. Acesso em : 20 agost. 2022.

É importante notar que a BNCC coloca como necessária a presença dos campos de experiência nos planos de aula para que haja uma completa formação do aluno. Tais campos envolvem conhecimentos fundamentais e saberes a serem experenciados pelas crianças.

Os conhecimentos estão diretamente associados às experiências de cada aluno. Os objetivos de aprendizagens descritos na BNCC são divididos por meio dos campos de experiências das crianças e são:

1. CORPO, GESTOS E MOVIMENTOS;
2. TRAÇOS, SONS, CORES E FORMAS;
3. ESCUTA, FALA, PENSAMENTO E IMAGINAÇÃO;
4. ESPAÇOS, TEMPOS, QUANTIDADES, RELAÇÕES E TRANSFORMAÇÕES;
5. O EU, O OUTRO E O NÓS.

Para cada campo de experiência, existem objetivos específicos que podemos orientar a prática de estimulação e aprendizagem.

Crianças bem pequenas Creche: de 1 ano e sete meses a 3 anos e 11 meses
1 CAMPO DE EXPERIÊNCIAS "CORPO, GESTOS E MOVIMENTOS"

(EI02CG01) Apropriar-se de **gestos e movimentos** de sua cultura no cuidado de si e nos **jogos e brincadeiras**.

(EI02CG02) Deslocar seu corpo no **espaço**, orientando-se por noções como **em frente, atrás, no alto, embaixo, dentro, fora** etc., ao se envolver em brincadeiras e atividades de diferentes naturezas.

(EI02CG03) Explorar formas de deslocamento no espaço (**pular, saltar, dançar**), combinando movimentos e seguindo **orientações**.

(EI02CG04) Demonstrar progressiva **independência no cuidado do seu corpo.**

(EI02CG05) Desenvolver progressivamente as **habilidades manuais**, adquirindo **controle para desenhar, pintar, rasgar, folhear**, entre outros.

2 CAMPO DE EXPERIÊNCIAS "TRAÇOS, SONS, CORES E FORMAS"

(EI02TS01) criar sons com materiais, objetos e instrumentos musicais, para acompanhar diversos ritmos de música.

(EI02TS02) utilizar materiais variados com possibilidades de manipulação (argila, massa de modelar), explorando cores, texturas, superfícies, planos, formas e volumes ao criar objetos tridimensionais

(EI02TS03) utilizar diferentes fontes sonoras disponíveis no ambiente em brincadeiras cantadas, canções, músicas e melodias.

3 ESCUTA, FALA, PENSAMENTO E IMAGINAÇÃO"

(EI02EF01) **Dialogar** com crianças e adultos, **expressando** seus **desejos, necessidades, sentimentos e opiniões.**

(EI02EF02) **Identificar** e criar diferentes **sons e reconhecer rimas e aliterações** em cantigas de roda e textos poéticos.

(EI02EF03) Demonstrar interesse e atenção ao **ouvir a leitura** de histórias e outros textos, **diferenciando escrita de ilustrações,** e **acompanhando**, com orientação do adulto-leitor, a **direção da leitura (de cima para baixo, da esquerda para a direita).**

(EI02EF04) Formular e responder **perguntas** sobre fatos da história narrada, identificando **cenários, personagens** e principais **acontecimentos.**

(EI02EF05) **Relatar experiências** e fatos acontecidos, **histórias** ouvidas, **filmes** ou **peças teatrais** assistidos etc.

(EI02EF06) **Criar e contar histórias** oralmente, com base em **imagens ou temas** sugeridos.

(EI02EF07) **Manusear diferentes portadores textuais,** demonstrando reconhecer seus usos sociais.

(EI02EF08) **Manipular textos** e participar de situações de **escuta** para ampliar seu contato com diferentes gêneros textuais (**parlendas, histórias de aventura, tirinhas, cartazes de sala, cardápios, notícias** etc.).

fo(EI02EF09) Manusear diferentes instrumentos e suportes de escrita para **desenhar, traçar letras** e outros **sinais** gráficos.

4 ESPAÇOS, TEMPOS, QUANTIDADES, RELAÇÕES E TRANSFORMAÇÕES

(EI02ET04) **Identificar relações espaciais (dentro e fora, em cima, embaixo, acima, abaixo, entre e do lado) e temporais (antes, durante e depois).**

(EI02ET05) **Classificar objetos, considerando determinado atributo (tamanho, peso, cor, forma etc.).**

(EI02ET06) **Utilizar conceitos básicos de tempo (agora, antes, durante, depois, ontem, hoje, amanhã, lento, rápido, depressa, devagar).**

(EI02ET07) **Contar oralmente objetos, pessoas, livros etc., em contextos .divers**

(EI02ET08) **Registrar com números a quantidade de crianças (meninas e meninos, presentes e ausentes) e a quantidade de objetos da mesma natureza (bonecas, bolas, livros etc.).**

5 O EU, O OUTRO E O NÓS

(EI02EO01) Demonstrar atitudes de **cuidado e solidariedade** na interação com crianças e adultos.

(EI02EO02) Demonstrar **imagem positiva de si e confiança** em sua capacidade para enfrentar dificuldades e desafios.

(EI02EO03) **Compartilhar os objetos e os espaços** com crianças da mesma faixa etária e adultos.

(EI02EO04) **Comunicar-se** com os colegas e os adultos, buscando compreendê-los e fazendo-se **compreender.**

(EI02EO05) Perceber que as pessoas têm características físicas diferentes, **respeitando essas diferenças.**

(EI02EO06) Respeitar **regras** básicas de **convívio** social nas interações e brincadeiras.

(EI02EO07) Resolver **conflitos** nas interações e brincadeiras, com a orientação de um **adulto.**

Fonte: BRASIL. Ministério da Educação. Base Nacional Comum Curricular. Brasília, 2018.

Tendo em vista as informações do quadro acima, será possível criar e adaptar atividades de estimulação para cada objetivo de acordo com cada experiência descrita.

Essas informações possibilitam uma rota na qual os educadores podem direcionar suas ações e práticas.

Para saber mais, acesse o material de aula MAZZEO. Atividades de estimulação para Bebês e Crianças Bem pequenas 0 a 3 anos. Disponível em: https://bebeativo.com.br/AtividadesEstimulacao0a3anoseBook.pdf. Acesso em: 20 agost. 2022.

Você irá utilizá-lo para as atividades propostas da disciplina.

Figura 40: Estimulação precoce. Fonte: http://www.maededeus.edu.br/images/ed_infantil.jpg. Acesso em jul.2013.

Agora munidos das informações até aqui apresentadas e das leituras sugeridas realizadas, vamos tentar entender como seria a elaboração de programas de estimulação.

É importante saber que um programa de estimulação precoce deve ter objetivos claros e bem traçados para que possa cumprir com sua função. Veremos a seguir o que diz Regen (1984, p.66) e relação a estes objetivos. Quais são eles?

Maximizar o potencial de cada criança inserida no programa através de estudo da criança em seu ambiente natural, estabelecendo um perfil de reações e designando especificamente o passo e a velocidade dos estímulos de acordo com cada criança.

Maximizar o potencial de cada pai ou responsável, de modo que eles interajam com a criança de forma a estabelecer mutualidade precoce na comunicação e afeto e prevenir o advento de patologias. Prover uma base para um conjunto de serviços, baseados na comunidade, na prevenção da deficiência mental e na detecção precoce dos casos.

Promover uma base para treinamento de profissionais e para profissionais no campo da estimulação precoce em todo pais. Prover uma base de pesquisa na área do crescimento e desenvolvimento infantil como, por exemplo, sobre os efeitos da privação ambiental e sensorial no desenvolvimento da área cognitiva.

Prover informações a pais e outros quanto a recursos na comunidade, disponíveis desde o período pré-natal até a idade pré-escolar. Disseminar informações (filmes, slides, material audiovisual, folhetos) auxiliando na criação de novos programas de estimulação precoce.

Prover um modelo de atuação cruzada e multidisciplinar de trabalho com crianças e suas famílias ou responsáveis.

De qualquer maneira, os enfoques de um programa de estimulação precoce podem apresentar diferenças. Isso não impede que você utilize mais de um enfoque para elaborar um programa.

Vamos estudar algumas perspectivas que darão sustentação a um programa de estimulação, descritas por Legarda; Miketta (2008, p. 8).

Estimulação centrada em atividades e ou experiências.

Figura 41: brincando na areia. Fonte: http://www.horadopas seio.com.br/media/1c8c0e232d 5f417cb928c 7c169123e82/0F/crianca-brincan do-com-a-reia-no-parquinho-da-praca-000000000000000F.jpg. Acesso em jul. 2013.

Esta perspectiva apresenta rotinas por áreas de desenvolvimento e objetivos, de acordo com a idade da criança. Desta forma, é necessário estabelecer algumas regras a serem seguidas:

Definir a experiência de aprendizagem, se será a visita a um parque, por exemplo. Criar um ambiente que tenha estímulos variados e que considere os diferentes campos do conhecimento e áreas do desenvolvimento, sempre considerando o interesse e idade da criança.

Potencializar a interação social, a linguagem verbal e corporal, assim como o contato das crianças com o meio apresentado. Permitir que as crianças disponham do tempo necessário para familiarizar-se com o ambiente e poder explora-lo.

Permitir que elas iniciem suas próprias atividades ou jogos, dando-as autonomia.

É importante, neste momento que a criança experencie e vivencie suas emoções, podendo senti- las, percebendo-as e interiorizando-as.

Estimulação centrada em experiências pontuais e ou projetos

Figura 42: Circo. Fonte: http://4.bp.blogspot.com/_kTO3OQUbn04/TKm-ipNQ9qI/AAAAAAAABRo/6O_D6XEki9E/s1600/Z.jpg. Acesso em jun. 2013.

Esta abordagem permite que as experiências pontuais sejam vivenciadas de forma momentânea, por exemplo, em um espetáculo de teatro.

Já a centrada em projetos, implica em objetivos mais elaborados, e coloca a criança na participação e elaboração dos mesmos. Esta abordagem exige um tema concreto que será trabalhado de forma exaustiva, considerando a maior quantidade de perspectivas. Este se presta para que a criança amplie sua vivência em relação ao tema determinado.

Estimulação unissensorial e ou multissensorial.

Figura 43: bebê na cozinha. Fonte: http://alimentese.net/wp-content/uploads/crianca-na-cozinha-300x261.jpg. Acesso em jun.2013.

Unissensorial foca a vivência em um dos sentidos por vez. Já o enfoque multissensorial, pretende trabalhar os vários sentidos de uma só vez, estimulando, paladar, olfato, tato, visão, audição, todos juntos!

Por exemplo: possibilitar uma experiência com música, mas que também trabalhe com a visão e ou tato, como a caixinha de música. Ou ainda uma oficina de culinária, na qual a criança pode experimentar sabores, sentir os mais diversos aromas, colocando literalmente a mão na massa!

Estimulação puramente intelectual ou orientada para aspectos variados do desenvolvimento.

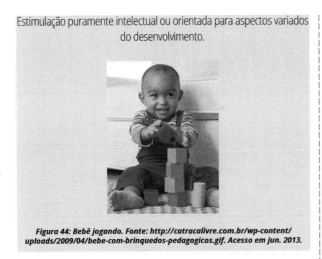

Figura 44: Bebê jogando. Fonte: http://catracalivre.com.br/wp-content/uploads/2009/04/bebe-com-brinquedos-pedagogicos.gif. Acesso em jun. 2013.

Nesse aspecto, é importante considerar, sempre, a inter-relação do desenvolvimento sensorial, motor, da linguagem e ou da personalidade, pois todos dependem um do outro para a sua maturação.

Existem programas de estimulação focados somente nas inteligências múltiplas, orientados para o cognoscitivo, mas isso não destaca os aspectos da personalidade envolvida no processo.

E s t i m u l a ç ã o centrada em áreas de desenvolvimento e ou em espaços ou campos de aprendizagem.

Figura 45: criança e a matemática. Fonte: http://www.clinicasercrianca.com.br/como-as-criancas-comecam-a-desenvolver-o-raciocinio-matematico/. Acesso em jun. 2013.

Entre as áreas de desenvolvimento estão: a sensação e a percepção, a coordenação motora, a inteligência, a linguagem e a área sócio emocional. Todas elas ligadas ao crescimento e maturidade da criança.

Desta forma, a estimulação centrada no desenvolvimento será mais específica, focando uma determinada área, por exemplo, na área motora.

Já a abordagem centrada nos campos de aprendizagem irá trabalhar diferentes áreas do conhecimento da criança, podendo a criança decidir por quais áreas irá explorar. Podendo ser ciências naturais, matemática, música, mecânica, linguagem entre outras.

Estimulação baseada no construtivismo ou em uma transmissão - aquisição de conhecimento.

Figura 46: menina e a ovelha. Fonte: http://viajandocompimpolhos.files.wordpress.com/2010/11/fazendinha16.jpg. Acesso em jul.2013.

Na abordagem construtivista, pretende-se que a criança modifique sua estrutura mental, ou seja, ela terá a possibilidade de construir e viver suas próprias experiências de aprendizagem, por si e com o tempo ela saberá a diferença entre uma galinha e um peru, através da sua própria experiência.

Já a abordagem inatista investe em uma maior quantidade de estímulos, pois acredita que é possível que a criança incorpore de uma só vez vários conhecimentos, assim, a criança será exposta à maior quantidade de informações possíveis: músicas, desenhos, cores, animais etc.

Então, pessoal! Acima, foram expostos os tipos de estimulações, ou melhor, os diferentes enfoques que poderão ser dados num programa de estimulação precoce. A seguir, listarei os fundamentos para um programa ser bem sucedido.

- orientação para o desenvolvimento integral;
- criação de um clima de afeto;
- ênfase no descobrimento e exploração do jogo e na arte;
- utilização de experiências significativas;
- trabalho nas áreas de desenvolvimento e campos de aprendizagem;
- utilização de ambientes variados.

Nas práticas pedagógicas da educação infantil, principalmente na educação inclusiva, é possível e necessário que se trabalhe e aplique os princípios de uma estimulação precoce, contudo:

> Nem todas as crianças com deficiência terão, na realidade necessidades educacionais especiais. Os professores devem adotar ações específicas para tornar possível a participação efetiva de alunos portadores de necessidades educacionais especiais por meio de: - planejamento de tempo suficiente para permitir a conclusão satisfatória de tarefas; - planejamento de oportunidades que sejam necessárias ao desenvolvimento de habilidades em aspectos práticos do currículo; - identificação dos aspectos do programa de estudo e de metas de aquisição escolar que possam apresentar dificuldades específicas para os indivíduos (MITTLER, 2003, p.147).

Fica evidente que os benefícios destes programas de estimulação atendem não somente crianças com deficiências, para quais é de suma importância sua aplicação, porém, contempla a população infantil, vulneráveis, de alguma forma, às deficiências.

Participar e colocar em prática uma estimulação precoce é uma decisão íntima dos pais e, se optarem por este caminho de estímulos, isso deve ser feito o mais rápido possível, pois, como já explicitado anteriormente, especialistas afirmam que a flexibilidade do cérebro vai diminuindo com a idade, atingindo seu nível máximo até 3 anos e, a partir daí, começa a decrescer até ao seis anos de idade, quando já estão formados as interconexões neuronais, fazendo que os mecanismos de aprendizagem sejam parecidos ao de uma pessoa adulta.

Hoje, é indiscutível o benefício que traz, para qualquer criança, independentemente de sua condição física, intelectual ou emocional, um bom programa de educação infantil do nascimento até os seis anos de idade. Efetivamente, esses programas têm por objetivos o cuidar, o desenvolvimento das possibilidades humanas, de habilidades, da promoção da aprendizagem, da autonomia moral, intelectual e, principalmente, valorizar as diferentes formas de comunicação e de expressão artística. O mesmo Referencial Curricular Nacional para educação infantil (BRASIL, 1998) recomendado para outras crianças é essencial para estas com alterações significativas no processo de desenvolvimento e aprendizagem, pois, valoriza: o brincar como forma particular de expressão, pensamento, interação e comunicação infantil, e a socialização das crianças por meio de sua participação e inserção nas mais diversificadas práticas sociais, sem discriminação de espécie alguma (BRASIL, 2003, p. 9).

Para a aplicação de um programa de estimulação, é necessário planejamento prévio das atividades, que responda aos conceitos claros e a objetivos definidos, levando-se em conta a etapa do desenvolvimento em que a criança se encontra, a idade, habilidades e destrezas. A metodologia deve permitir à criança participar ativamente na criação de experiências significativas, lúdicas e prazerosas, pedagogicamente construídas, adequadas para o desenvolvimento evolutivo e apropriadas para a maturidade do cérebro e do sistema nervoso. A partir da metodologia e estratégias pedagogicamente construídas, devem-se criar espaços afetivos e condições necessárias para que as crianças cresçam ágeis e seguras de si mesmas, demonstrando suas potencialidades. Essas estratégias devem aproveitar o ápice das conexões sinápticas que ocorrem nos primeiros anos de vida da criança, desta forma, quanto mais precoce introduzir o programa de estimulação (sensorial, motora, afetiva e cognitiva), ou detectado qualquer déficit, maior o impacto positivo no desenvolvimento global da criança (PULKKINEN, 2006).

Sendo assim, os programas de estimulação salvaguardam a integridade do potencial de aprendizagem e a não intervenção em períodos sensíveis pode acumular efeitos mais tarde irrecuperáveis. Formular e promover estratégias que vise favorecer o desenvolvimento cognitivo, levando em consideração todos os outros aspectos que interferem no desenvolvimento global da criança é papel do pedagogo, eles usam como estímulo uma série de exercícios para desenvolver as capacidades da criança, respeitando a fase de desenvolvimento que ela se encontra, enfatizando a área cognitiva e sócio perceptiva (FONSECA, 1995 apud PERIN, 2010, p.8).

Após terem realizado uma boa leitura dos assuntos abordados em nossa aula, na Sala Virtual estão disponíveis os arquivos com as atividades (exercícios) que deverão ser respondidas e enviadas.

Retomando a aula

Terminando nossa aula, é possível visualizar todos os conceitos aqui trabalhados e aplicá-los em sua prática pedagógica, de forma que os programas de estimulação precoce passem a ser mais divulgados e trabalhados no dia a dia das escolas, creches e centros especializados. É importante que vocês, futuros pedagogos, tenham em mente a importância da aplicabilidade destes conceitos para o desenvolvimento e crescimento saudável de nossas crianças. É importante ter em vista as destrezas da criança, sua etapa no desenvolvimento, assim como os objetivos bem definidos, para que o programa de estimulação seja bem sucedido.

1 - Habilidades e Destrezas do Bebê de 0 a 2 Anos

A estimulação favorecerá o desenvolvimento global do bebê, visando o ritmo de seu desenvolvimento individual, pois nenhuma criança é igual à outra. "Começa então, um período cheio de emoções e descoberta, tudo é novo, motivo pelo qual os bebês serão encorajados a confiarem em si mesmos" (PULKKIEN, 2006, p. 5).

2 - Campos de experiências e enfoques de estimulação de crianças bem pequenas

Foi possível conhecermos os objetivos de aprendizagens das crianças muito pequenas com o referencial da BNCC (2018), sendo possível desenvolver atividades e empregar os conhecimentos em práticas para a estimulção de crianças na faixa etária de 0 a 3 anos.

Os enfoques de um programa de estimulação precoce podem apresentar diferenças. Isso não impede que você utilize mais de um enfoque para elaborar um programa. Foram apresentadas algumas perspectivas que darão sustentação a um programa de estimulação, descritas por Legarda; Miketta (2008, p. 8).

Vale a pena

Vale a pena ler

MARSON, N.L.; PEREIRA, A. M. S. *Revisão da literatura sobre a utilização do lúdico na estimulação precoce em crianças de 0 a 5 anos.* In: Cadernos da FUCAMP, v.10, n.13, p.81-90, 2011. Disponível em: http:// fucamp.edu.br/editora/index.php/cader nos/ article/view/129/183. Acesso em jul.2013.

KAMILA A. P. F.; MACIEL R. A.; MELLO L. DE A. ; SOUZA R. A. A.. A. *Estimulação Psicomotora na Aprendizagem Infantil.* In: Revista Científica da Faculdade de Educação e

Meio Ambiente 1(1):30-40, mai-out, 2010. http://www. faema.edu.br/revistas/index.php/Revista-FAEMA/article/ view/9/5. Acesso em jul.2013.

A ESTIMULAÇÃO PSICOMOTORA NA APRENDIZAGEM INFANTIL. http:// www.faema. edu.br/revistas/index.php/Revista-FAEMA/article/ view/9. Acesso em jul.2013.

SILVA, Bartira; LUZ, Thamires; MOUSINHO, Renata. *A eficácia das oficinas de estimulação em um modelo de resposta à intervenção*. Rev. psicopedag. São Paulo, v. 29, n. 88, 2012 . Disponível em: http://pepsic. bvsalud.org/scielo.php?script=sci_arttext&pid=S0103-84862012000100004&lng=pt&nrm=iso. Acesso em jul. 2013.

OLIVEIRA, T. R. DE. *A intervenção precoce no autismo e trissomia 21:* orientações para boas práticas de intervenção. 2010. Disponível em: https://estudogeral.sib.uc.pt/ jspui/bitstream/10316/14233/1/A%20intervenção%20 precoce%20no%20Autismo%20e%20Trissomia%2021. pdf. Acesso em jul.2013.

MARSON, N.L.; PEREIRA, A.M.S. *Revisão da Literatura Sobre d Utilização do Lúdico na Estimulação Precoce em Crianças De 0 A 5 Anos*. Disponível em: http://www. fucamp.edu.br/editora/index.php/cadernos/article/ view/129. Acesso em jul.2013.

SANTOS, A. P. A. dos. *Análise qualitativa de propostas de programas de estimulação precoce*. Monografia apresentada ao Curso de Especialização em Psicologia do Desenvolvimento Humano: Prevenção, Intervenção e Processo de Ensino – Aprendizagem. Faculdade de Ciências. UNESP. Disponível em: http://br.monografias.com/trabalhos3/ analise-propostas-programas-estimulacao-precoce/ analise-propostas-programas-estimulacao-precoce.shtml. Acesso em jul.2013.

Vale a pena **assistir**

Dra. R. Glashan - *Brincadeiras e estimulação de bebês -* primeira parte 1, 2 e 3 (TV GAZETA) http:// www.youtube. com/watch?v=I916uoA3M3w. Acesso em: jul.2013.

PEKIP. http://www.youtube.com/ watch?v=QpcQhWUF-Vg. Acesso em jul.2013.

Exercícios de estimulação precoce em bebês. Disponível em: http://intervencaoprecocenainfancia.blogspot.com. br/2011/12/exercicios-de-estimulacao-precoce-em.html. Acesso em jul.2013.

Amy – uma vida pelas crianças. Conta a história de uma mulher que deixa tudo para se tornar professora em escola para crianças deficientes. Ela entra para um mundo sem som e se dedica a ensinar crianças a falar. Elas por sua vez, a ensinam a amar. Disponível em: http://filmessurdez. blogspot.com.br/2009/06/amy-uma-vida-pelas-criancas. html Acesso em jul.2013.

Vale a pena **acessar**

Desenvolvimento e Estimulação Precoce. Disponível em: http://www.asin.org.br/sindrome-de-down/14-desenvolvimento-e-estimulacao-precoce. Acesso em: jul. 2013.

Estimulação precoce. Disponível em: http:// paulinhaeducacaoinfantil.blogspot.com.br/2008/08/ estimulao-precoce.html. Acesso em: jul. 2013.

Estimulação precoce: guia de atividades para crianças até 2 anos. Disponível em: http://br.innatia.com/ c-como-educar-filhos/a-estimulacao-precoce-guia- de-atividades-para-criancas-ate-2-anos-4930.html. Acesso em: jul. 2013.

Referências

A ESTIMULAÇÃO PSICOMOTORA NA APRENDIZAGEM INFANTIL. http:// www.faema.edu. br/revistas/index.php/Revista-FAEMA/article/view/9. Acesso em jul. 2013.

ALMEIDA, I. C. *Intervenção precoce:* Focada na criança ou centrada na família e na comunidade? Análise Psicológica, 1 (XXII): 65-72, 2004. Disponível em: http://www.scielo.oces. mctes. pt/pdf/aps/v22n1/v22n1a07.pdf. Acesso em jul. 2013.

Apego, afeto e desenvolvimento cerebral direito. Tradução livre de trechos do artigo: Attachment, Affect Regulation, and the Developing Right Brain: Linking Developmental Neuroscience to Pediatrics- Pediatrics in Review-Vol.26 No. 6. Disponível em: http://neurodesenvolvimento.blogspot. com. br/2011/06/apeg o-afeto-e-desenvolvimento- cerebral. html. Acesso em jul. 2013.

ARAUJO, A. P. DE. *Aprendizagem infantil:* uma abordagem da neurociência, economia e psicologia cognitiva. Rio de Janeiro: Academia Brasileira de Ciências, 2011. Disponível em: http://epge.fgv.br/conferencias/ece2011/ files/Aprendizagem- Infantil.pdf. Acesso em jul. 2013.

BRASIL. *Diretrizes Educacionais sobre estimulação precoce:* o portador de necessidades educativas especiais. Brasília: Ministério da Educação e do Desporto, Secretaria de Educação Especial, 1995. http://www.portalinclusivo. ce.gov.br/phocadownload/cartilhasdeficiente/ diretrizeseducacionaissobreestimulacaoprecoce. pdf. Acesso em jul. 2013.

BRASIL. *Frente Parlamentar Mista da primeira Infância AVANÇOS DO MARCO LEGAL DA PRIMEIRA INFÂNCIA*. Caderno de Trabalhos e Debates, 2016.

BRASIL. Ministério da Educação. Secretaria da Educação Básica. *Base nacional comum curricular.* Brasília, DF, 2016. Disponível em: http://basenacionalcomum.mec.gov.br/#/site/inicio. Acesso em: dez. 2016.

CIRQUEIRA, A. G. *A importância da afetividade para o aprendizado da Criança:* http://www. ucpparana.edu.br/cadernopos/edicoes/n1v3/02. pdf. Acesso em jul. 2013.

FREITAS, N. K. (2006). *Desenvolvimento humano, organização funcional do cérebro e aprendizagem no pensamento de Luria e de Vygotsky.* Ciências & Cognição; Ano 03, Vol 09. Disponível em www.cienciasecognicao.org ou: http://estacio.webaula.com.br/Cursos/ps0454/pdf/Cie nc ias.pdf . Acesso em jul. 2013.

GANDRA, M. I. de S. - *A Importância do Apego no Processo de Desenvolvimento.* Disponível em: http://www.criancaemfoco.com.br/index.php?option=com_content&view=article&id=95:a-importancia-do-apego-no-processo-de-desenvolvimento&catid=24:artigos&Itemid=90. Acesso em jul. 2013.

KAMILA A. P. F.; MACIEL R. A.; MELLO L. DE A. ; SOUZA R. A. A.. A. *Estimulação Psicomotora na Aprendizagem Infantil.* In: Revista Científica da Faculdade de Educação e Meio Ambiente 1(1):30-40, mai-out, 2010. http://www.faema.edu.br/revistas/index.php/Revista-FAEMA/ar ticle/view/9/5. Acesso em jul. 2013.

MARSON, N.L.; PEREIRA, A. M. S. *Revisão da literatura sobre a utilização do lúdico na estimulação precoce em crianças de 0 a 5 anos.* In: Cadernos da FUCAMP, v.10, n.13, p.81-90, 2011. Disponível em: http://fucamp.edu.br/editora/index.php/cadernos/article/view/129/183. Acesso em jul.2013.

MARSON, N.L.;PEREIRA, A.M.S. *Revisão da Literatura Sobre d Utilização do Lúdico na Estimulação Precoce em Crianças de 0 A 5 Anos.* Disponível em: http://www.fucamp.edu.br/editora/index.php/cadernos/article/view/129. Acesso em jul.2013.

OLIVEIRA, T. R. DE. *A intervenção precoce no autismo e trissomia 21:* orientações para boas práticas de intervenção. 2010. Disponível em: https://estudogeral.sib.uc.pt/jspui/bitstream/10316/14233/1/A%20intervenção%20precoce%20no%20Autismo%20e%20Trissomia%2021.pdf. Acesso em jul. 2013.

PERIN, A. E. *Estimulação precoce:* Sinais de alerta e benefícios para o desenvolvimento. Revista de educação do IDEAU. Auto Uruguai. Vol. 5, nº 12 - Julho – Dez, 2010. Disponível em: http://www.ideau.com.br/getulio/upload/artigos/art_116. pdf. Acesso em jul.2013.

PINHEIRO, M. *Fundamentos de neuropsicologia:* o desenvolvimento cerebral da criança. Disponível em: http://www.fug.edu.br/revista/artigos/Organizados/desenvolvimentosn.pdf. Acesso em jul.2013.

SANTOS, A. P. A. dos. *Análise qualitativa de propostas de programas de estimulação precoce.* Monografia apresentada ao Curso de Especialização em Psicologia do Desenvolvimento Humano: Prevenção, Intervenção e Processo de Ensino – Aprendizagem. Faculdade de Ciências. UNESP. Disponível em: http://br.monografias.com/trabalhos3/analise-propostas-programas-estimulacao-precoce/analise-propostas-programas-estimulacao-precoce.shtml. Acesso em jul.2013.

SILVA, Bartira; LUZ, Thamires; MOUSINHO, Renata. *A eficácia das oficinas de estimulação em um modelo de resposta à intervenção.* Rev. psicopedag. São Paulo, v. 29, n. 88, 2012 . Disponível em: http://pepsic.bvsalud.org/scielo.php?script=sci_arttext&pid=S0103-84862012000100004&lng=pt&nrm=iso. Acesso em jul. 2013.

Minhas anotações

Graduação a Distância

4º SEMESTRE

Pedagogia

PSICOLOGIA DA
APRENDIZAGEM

UNIGRAN - *Centro Universitário da Grande Dourados*

Rua Balbina de Matos, 2121 - CEP 79.824 - 9000
Jardim Universitário
Dourados - MS
Fone: (67) 3411-4141 / Fax: (67) 3411-4167

CEAD
Coordenadoria de Educação a Distância

LINO, Adriana Rita Sordi. Psicologia da Aprendizagem. Adriana Rita Sordi Lino. Dourados: UNIGRAN, 202• •

80 p.: 23 cm.

1. Pedagogia. 2. Psicologia. 3. Aprendizagem.

Apresentação da Docente

Bem-vindo!

Adriana R. Sordi Lino é psicóloga formada pela UNIGRAN, pós-graduada em Psicopedagogia, também pela UNIGRAN, e Mestre em Psicologia Social pela UCDB. Atua como professora dos cursos de Psicologia, Administração de Agronegócios e Ciências Contábeis, e na Pós-Graduação no curso de Psicopedagogia, com a disciplina de "Diagnóstico Psicopedagógico" e "Estágio Supervisionado em Psicopedagogia Clínica". Trabalha no Núcleo de Psicologia da UNIGRAN, coordenando três projetos: "Grupoterapia com crianças com problemas de comportamento", "Atendimento grupal a criança com problemas de aprendizagem" e "Plantão psicológico". Atende também na clínica particular como psicóloga e psicopedagoga.

Sumário

Conversa Inicial

Caros(as) alunos(as),

A Disciplina de "Psicologia da Aprendizagem" possui uma carga horária de 80 h/a, que será ministrada na modalidade a distância, estando dividida em 08 aulas. Nosso objetivo é propiciar a você, aluno, o conhecimento e a reflexão acerca da aprendizagem humana, tendo em vista a influência da Psicologia Educacional e da Psicologia do Desenvolvimento.

Dentre as oito unidades teóricas, nosso intuito é demonstrar como a Psicologia atua na educação, como está inserida no desenvolvimento humano e, consequentemente, na aprendizagem apresentando, discutindo as principais teorias da aprendizagem e sua relação com a Pedagogia.

Assim, o aluno terá a oportunidade de estudar:

1. a psicologia na educação;
2. a aprendizagem humana;
3. a não aprendizagem;
4. as concepções e abordagens:
5. a perspectiva Comportamental;
6. a perspectiva Cognitivista;
7. a perspectiva Sociointeracionista;
8. a perspectiva Humanista.

A Disciplina de Psicologia da Aprendizagem tem por pretensão desenvolver no aluno as seguintes habilidades e competências:

a) Uma visão crítica das perspectivas teóricas da Psicologia do desenvolvimento e aprendizagem, que fundamentam a formação profissional do acadêmico acerca do conhecimento sobre a aprendizagem e o desenvolvimento humano.

b) Capacitar o aluno na reflexão e na articulação das teorias e práticas pedagógicas.

c) Propiciar ao aluno a aplicação da Psicologia e das teorias da aprendizagem no processo educacional.

A avaliação será feita de forma sistemática e contínua, considerando a participação e o interesse nas atividades realizadas.

Haverá também outra avaliação ao final do módulo. A média final resultará da somatória das atividades mais a nota da avaliação, dividida por dois.

Nesse contexto, boa aula!!!!

Profª Adriana R. Sordi

Minhas anotações

Aula 1º

A psicologia na educação

Figura 1.1 - A psicologia na educação

Fonte: http://librasealinguagemmatematica.blogspot.com.
Acessado em 12 de março de 2012, às 18 horas

Olá pessoal! Nesta primeira aula estudaremos a Psicologia na Educação, ou seja, as contribuições da ciência psicológica nesta área tão peculiar que é a educação.

Vamos estudar, especificamente, a Psicologia na aprendizagem, iniciando com os aspectos históricos e, posteriormente, as especificidades da Psicologia do Desenvolvimento e as especificidades da Aprendizagem. Afinal, desde os primórdios, os grandes filósofos já tentavam compreender a aprendizagem humana através de métodos, deduções e pesquisas para chegar a uma aprendizagem mais efetiva e eficiente.

Sendo assim, bom estudo!

Se ao final desta aula surgirem dúvidas, vocês poderão saná-las através das ferramentas "FÓRUM" ou "QUADRO DE AVISOS" e/ou através do "CHAT".

Vamos começar, então, analisando os objetivos da nossa aula?!

Bons estudos!

Objetivos de aprendizagem

Ao término desta unidade, vocês serão capazes de:

• verificar as contribuições da Psicologia na área da Educação;
• refletir sobre as contribuições da Psicologia na área da Educação, especificamente na aprendizagem humana;
• analisar as diferenças entre a Psicologia do Desenvolvimento para a Psicologia da Aprendizagem;
• refletir sobre o processo histórico da Psicologia na Educação.

Seções de estudo

1 - Um Pouco de História
2 - A Psicologia do Desenvolvimento
3 - A Psicologia da Aprendizagem

1 - Um pouco de História

Vamos ver, segundo Campos (1991), que desde os primórdios, filósofos e pensadores preocupavam-se em entender os mecanismos da aprendizagem. Porém, existia uma grande confusão entre aprender e conhecer ou memorizar.

Você sabe o que é método intuitivo?! Se não, veja que este método é um processo mental por intermédio do qual, partindo de dados particulares, suficientemente constatados, infere-se uma verdade geral ou universal, não contida nas partes examinadas. Portanto, o objetivo dos argumentos é levar a conclusões cujo conteúdo é muito mais amplo do que o das premissas nas quais se basearam. Quer saber mais, acesse http://professorwellington.adm.br/dedutivo.htm

Entre estas concepções da Antiguidade, temos o pensamento de Sócrates, para quem o conhecimento já existiria no espírito do homem e a aprendizagem seria o despertar deste conhecimento. Já para Platão, o corpo (ou coisas) estaria separado da alma (onde ficariam as ideias). Defendeu, também, a mesma ideia de seu mestre Sócrates, o qual dizia que o conhecimento era proveniente da alma e também de encarnações anteriores, que pela percepção voltavam à consciência.

Aristóteles, apresentou um ponto de vista mais científico, destacando que todo conhecimento começa pelos sentidos, e defendeu o entendimento de que o conhecimento estaria no espírito, utilizando o método intuitivo. Já Santo Agostinho utilizou o método indutivo, registrando as suas próprias experiências mentais para entender os mecanismos da aprendizagem.

Santo Tómas de Aquino distinguiu as verdades científicas das religiosas, que, para ele, o principal agente de aprendizagem é a atividade de quem aprende. Considerando a aprendizagem um processo inteligente e dinâmico. Porém, na Idade Média, pessoas que pensavam como Santo Tómas de Aquino eram exceção, pois o que predominava era a ênfase na educação teológica e teórica.

Ainda, segundo Campos (1991), em seguida, outros pesquisadores buscaram através do método indutivo, assim como Aristóteles, comprovações científicas através de experimentos para justificar a aprendizagem e o desenvolvimento do homem.

Entre estes teóricos, destacam-se Bacon, Descartes e Locke. Este último retoma a concepção aristotélica que nada está na inteligência que não tenha estado primeiro nos sentidos. Defende a concepção do espírito como uma tábula rasa, sendo que suas ideias tiveram grande influência na Inglaterra, na Alemanha e nos Estados Unidos.

Campos (1991) afirma que "em certo sentido, Locke fez um trabalho precursor para Comenius, Fröbel e Pestalozzi"[...]. "E a sistematização de muitas de suas idéias veio ser feita por Herbart" (p.18-19).

De acordo com Campos (1991), Herbart (1776-1841) estabeleceu a doutrina da sistematização do ensino, sua influencia foi muito grande neste sentido. E LLoyd Morgan (1852-1936) formulou a teoria de "ensaio e erro" que influenciou as teorias modernas, pois não acreditava apenas na percepção como responsável pela aprendizagem, mas, na ação, ou seja, no comportamento.

Assim, é no final do século XIX, que as experiências com a aprendizagem começam a ser desenvolvidas. É evidenciado o nome de Hermann Ebbinglaus (data?), primeiro pesquisador dessa área que buscou planejar métodos para medir produtos da memória.

No Brasil Campos (1991) cita como destaque Rui Barbosa que traduziu um livro "Lições de Coisas" de Calkins, com ideias sobre ensino e apresentou à Câmara dos Deputados em 1882.

Posteriormente, houve inúmeras contribuições da chamada Psicologia Pedagógica, representada por Herbart, Binet, Thorndike, Claparéde, Piaget, Pavlov e Bechterev, Watson, Koffka, Kohler e Wertheimer.

Nesse período, é preciso destacarmos Thorndike (1874-1949), pois ele foi um dos primeiros pesquisadores a empregar animais em pesquisa, buscando entender os mecanismos da aprendizagem. A partir desses marcos, surgiram outras experiências que foram enriquecendo o conhecimento a respeito da aprendizagem humana.

Figura 1.2 - E. L. Thorndike

Fonte: http://www.images.google.br

Segundo Schultz (2005), E. L. Thorndike nasceu em 1874 e foi um dos primeiros psicólogos americanos a receber toda a educação nos Estados Unidos. Também estudou em Harvard, onde iniciou suas pesquisas sobre aprendizagem.

Thorndike, que nunca conseguiu aprender a dirigir, é um dos mais importantes pesquisadores no desenvolvimento da psicologia animal. Desenvolveu uma teoria da aprendizagem que se concentra no comportamento. Ele interpretou a aprendizagem não em termos subjetivos, mas em termos de conexões entre estímulos e respostas.

Você sabia?
Thorndike planejava fazer suas pesquisas tendo como sujeitos crianças, mas foi proibido pela administração da universidade. Assim, como sujeitos das suas pesquisas, acabou escolhendo galinhas. Thorndike treinou suas galinhas para percorrer labirintos improvisados com livros.

Não conseguindo terminar seus estudos em Harvard, seguiu para Nova York com suas duas galinhas mais treinadas, prosseguindo suas pesquisas em Colúmbia, onde trabalhou também com cães e gatos em caixas-problema que ele mesmo projetava.

Em 1898, recebeu o título de doutorado. Sua dissertação, "Inteligência animal: um estado experimental dos processos associativos em animais", versou sobre a aprendizagem associativa em galinhas, peixes e macacos.

Thorndike tornou-se instrutor de psicologia no Teachers College da Universidade Colúmbia em 1899. Ali pesquisou sujeitos humanos, aplicando suas técnicas de pesquisa com animais em crianças.

O final de sua longa carreira foi dedicado, principalmente, aos estudos nas áreas da aprendizagem humana, da psicologia educacional e dos testes. Em 1912 foi eleito presidente da Associação Psicológica Americana.

Curiosidade
A bibliografia de Thorndike exibe 507 itens, entre os quais livros e monografias. Faleceu em 1949, dez anos após sua aposentadoria.

No dizer de Shultz (2005):

> As investigações feitas por Thorndike sobre a aprendizagem humana e animal estão entre as mais importantes da história da psicologia. Suas teorias tiveram amplo uso na educação, aumentando o envolvimento da psicologia nessa especialidade. Além disso, sua obra anunciou a ascensão da teoria da aprendizagem à proeminência que ela alcançaria na psicologia americana. Embora teorias e modelos de aprendizagem cada vez mais novos tenham surgido desde a época de Thorndike, o significado de suas contribuições permanece inalterado (SHULTZ, 2005, p. 222).

E mais atuais ainda, encontraremos os nomes de K.Lewin, Freud, Adler, Jung, Fromm, Husserl, Scheler, Jaspers e Sartre, que embora não tenham desenvolvido uma teoria da aprendizagem especificamente, contribuíram, de forma direta ou indireta, para a sua compreensão e o seu entendimento.

Destacamos, ainda, B.F. Skinner, autor de uma das teorias modernas de psicologia e, igualmente, o nome de J.S. Bruner.

Assim, veremos que para entender a criança, a Psicologia da Educação se subdivide em algumas áreas, dentre elas destaca-se a Psicologia do Desenvolvimento, fundamental no processo de aprendizagem, pois busca compreender o nível de desenvolvimento em relação à aprendizagem. Para tal, iremos distinguir, então, a Psicologia do Desenvolvimento da Psicologia da Aprendizagem.

Portanto, na próxima seção, adentraremos aos estudos da Psicologia do Desenvolvimento.

2 - A Psicologia do Desenvolvimento

Conceito
A Psicologia do Desenvolvimento é um aspecto da ciência que pretende explicar os eventos ocorridos durante a infância, adolescência e idade adulta.

Pretende-se explicar como é que, a partir de um equipamento inicial (inato), a criança vai sofrendo uma série de transformações decorrentes de sua maturação (fisiológica, neurológica e psicológica) que em contato as exigências e respostas do meio físico (físico e social), levam à emergência desses comportamentos.

Figura 1.3 - Psicologia do desenvolvimento

Fonte: Arquivo Clip Art Windows

Em suma, pretende-se descrever e explicar o processo de desenvolvimento da personalidade em termos de como e por que aparecem certos comportamentos.

Conforme Bock (1998),

> Estudar o desenvolvimento humano significa conhecer as características comuns de uma faixa etária, permitindo-nos reconhecer as individualidades, o que nos torna mais aptos para a observação e interpretação dos comportamentos (BOCK , 1998, p.81).

Fazendo referência à história, podemos perceber que, há bem pouco tempo, próximo ao século, as crianças eram tratadas como pequenos adultos: participavam das mesmas atividades dos adultos, inclusive orgias, enforcamentos públicos, trabalhavam nos campos e vendiam seus produtos nos mercados.

Já no século XIX e início do século XX, há uma preocupação maior com o estudo da criança e com a necessidade da educação formal. Apesar disso, a disciplina era exercida de uma forma violenta e agressiva, com severos castigos, como por exemplo: a palmatória, ajoelhar-se no milho, espancamentos violentos e quartos escuros. Essas práticas foram abolidas das escolas, embora algumas continuem sendo utilizadas em nosso meio.

Mas, essas atitudes começaram a se modificar a partir do estudo da criança.

No início do século XX, Freud chocava o mundo com suas descobertas a respeito do desenvolvimento da personalidade da criança, com a constatação de que certos acontecimentos vivenciados na infância eram os determinantes principais de distúrbios de personalidade na idade adulta.

Com os estudos de alguns teóricos sobre a criança e seu desenvolvimento, ela foi sendo vista e

tratada de outra maneira. Houve, com toda a certeza, um salto científico qualitativo em relação a esta fase da vida.

 No estudo do desenvolvimento, há duas direções diferentes: o da influência do adulto sobre a criança; e o da influência da criança sobre o adulto.

Nesse contexto, a primeira destas linhas de estudo preocupou-se com as práticas de criação infantil e os traços de personalidade dos pais associados com o desenvolvimento da personalidade da criança. Esses trabalhos se valeram de métodos de investigação usados em estudos clínicos e em explorações da personalidade humana, entre os quais se destacam as entrevistas e os questionários.

A partir de 1945, além dos métodos correlacionais, um número crescente de pesquisadores preferiu observar diretamente a criança, usando, para isso, basicamente dois métodos: a observação naturalista sem manipulação experimental; ou o método situacional, que consiste no estudo de laboratório com manipulação e controle das variáveis.

Dessa forma, a Psicologia do Desenvolvimento estuda os detalhes do progresso da criança em direção à maturidade. Para que, quando adulto, ele tenha capacidade de amar outra pessoa e derivar prazer pessoal profundo dos relacionamentos interpessoais. A pessoa madura deve ser capaz de deduzir conclusões e pensar logicamente a respeito de ideias abstratas.

Segundo Bock (1998), são 4 **aspectos básicos** do desenvolvimento humano:

1 aspecto físico;

2 aspecto intelectual;

3 aspecto afetivo-emocional;

4 aspecto social.

Sendo 4 os fatores que **influenciam** o desenvolvimento:

1 a hereditariedade;

2 o crescimento orgânico;

3 a maturação neurofisiológica;

4 o meio.

Alguns teóricos contemporâneos veem o desenvolvimento da criança como passivo e receptivo, respondendo às pressões ambientais na forma de recompensa e punições. Para outros, a criança se desenvolve através de um engajamento proposital e ativo no meio ambiente, organizando e interpretando suas experiências e tentando solucionar problemas.

RESUMINDO...

Durante a primeira metade deste século, os pesquisadores interessavam-se pela tendência de cada idade, no desenvolvimento das habilidades psicomotoras e da inteligência. Embora até hoje muitos investigadores ainda estejam interessados nas tendências de cada idade, especialmente em áreas como pensamento e solução de problemas, criatividade, julgamento, juízo moral e comportamento (consciência), atitudes e opiniões, a maior parte das pesquisas relacionadas ao desenvolvimento infantil está concentrada no por que e como se dão as mudanças, e como se dá o aprendizado.

É o que veremos a partir da nossa próxima seção de estudo.

2 - A Psicologia da Aprendizagem

Vamos iniciar nosso estudo sobre a Psicologia da Aprendizagem conhecendo o caso de Rey Ramos, conforme segue abaixo:

Rey Ramos, contrariando todas as expectativas, graduou-se pela Universidade de Harvard com o título Magna Cum Laude e foi aceito na Harvard Medical School. Ele cresceu no South Bronx, um gueto em que é mais provável os jovens irem para a prisão do que terminar o ensino médio e no qual a morte violenta e precoce não é incomum. Tudo o que se pedia a Rey era que ficasse longe dos problemas e permanecesse vivo. Na infância, ele foi considerado uma criança problemática e descontrolada. Quando estava na oitava série, o diretor informou à sua mãe que ele seria expulso e enviado para um programa para alunos com problemas de aprendizagem. Rey: "minha mãe começou a chorar na frente dele, e eu vi tudo. Senti vergonha de mim mesmo".

Rey passou para a série seguinte determinado a mudar de vida. O professor de matemática percebeu sua mudança de atitude e também sua habilidade com os números.

Professor de matemática: "Quando ele chegou aqui, eu sabia que não estava mais brincando. Ele sabia que esse era o caminho. Era aqui que ele começaria do zero. Recomeçaria sua vida".

Rey: "comecei a me sentir bem com esse professor que dizia coisas boas a meu respeito e fazia com que me sentisse bem". Rey também sobressaiu em ciências. Mas, a escola que ele freqüentava, considerada uma das piores da cidade de Nova York e que agora está fechada, não oferecia muitas condições. Rey matriculou-se em um programa especial de ciências em uma faculdade local e formou-se em primeiro lugar. Sua professora de biologia foi a primeira pessoa que sugeriu para Rey que ele poderia entrar em uma universidade.

Professora de biologia: "eu estava tentando com que ele acreditasse nele mesmo e fizesse alguma coisa, pois sentia que ele era incrível".

Rey aceitou o desafio. Em seu pedido para ingressar em Harvard ele escreveu: "Os quatro anos que vou investir em Harvard, serão, provavelmente, os mais importantes de minha vida. Não vou perder tempo enquanto estiver estudando na Universidade de Harvard". Fiel à sua palavra, Rey manteve média de pontos altos, alistou-se no centro de preparação de oficiais da reserva (equivalente ao CPOR brasileiro), associou-se a uma fraternidade latina e arrumou um trabalho de meio período. Após formar-se, fez uma avaliação.

Rey: "Meu pai sempre dizia que você não pode mudar nada: seu destino já está escrito e eu disse a ele que não. Fui contra aquilo e disse a ele que eu mesmo faria o meu destino; desde então ele nunca mais me disse aquelas palavras".

Rey planejou várias coisas: casar-se naquele verão com Maiwsha, sua namorada de infância, entrar na Harvard Medical Shchool no outono e realizar seu antigo sonho e retornar ao South Bronx como médico.

A história de Rey Ramos é o sonho americano, de fato, ele foi escolhido para representar o "espírito americano" no programa NBC nightly news de 13 de junho de 1997. Como Rey Ramos passou das ruas perigosas para uma faculdade de renome concretizando seu futuro como médico? O que a psicologia pode nos dizer sobre a sua história de sucesso? O que ela diz sobre motivação e inteligência em geral e sobre os muitos fatores que moldam quem nos tornamos?

Fonte: MORIS, C. G. Introdução a Psicologia, 2004, p.02.

O caso citado acima, retirado do livro Introdução à Psicologia (MORIS, 2004), nos chama a atenção pelas especificidades da vida do personagem e a forma como este contrariando as previsões, toma outro rumo, e se desenvolve enquanto pessoa e profissionalmente. Assim, em nossas aulas de Psicologia da Aprendizagem, vamos estudar alguns dos aspectos citados, principalmente os fatores implicados na aprendizagem. Iniciando com o que é a aprendizagem e como ela ocorre.

Afinal,

Andar de bicicleta, pegar uma bola ou passar em um teste de álgebra. Sentir-se mal só de pensar em comer pizza de anchovas ou vestir luvas de cozinha antes de pegar uma caçarola quente. Ensinar um esquilo a praticar esqui aquático ou um cachorro a dar a pata. (MORIS, 2004, p.157).

O que há de comum entre todos esses comportamentos? "A APRENDIZAGEM"

Segundo Lomônaco (1984), à primeira vista, o termo aprendizagem não parece difícil de ser definido. De uma maneira geral as pessoas empregam corretamente, porém, como visto na primeira seção, sempre existiu uma dificuldade na definição de aprendizagem.

Assim, faça você mesmo uma definição de aprendizagem!

Bom, o que acontece é que algumas pessoas utilizam os termos aprendizagem e conhecimento como sinônimos, e não são! O termo conhecimento seria o processo, enquanto aprendizagem o resultado. "Ou seja, é através do processo de aprendizagem que adquirimos conhecimento, mas conhecimento resultante do processo não se confunde com a aprendizagem". (LOMÔNACO, 1984, p.01).

Segundo o autor citado acima, algumas pessoas, ainda, apenas atribuem o termo aprendizado a conceitos morais e comportamentos aprendidos. E cita que tanto os bons hábitos quanto os maus são aprendidos.

Outros autores ainda destacam apenas que os aspectos cognitivos da aprendizagem, ou seja, os conteúdos curriculares, propostos pelas escolas, é que definiria, de fato, o que é aprendizagem. Porém não atribuem o termo aprendizagem a conceitos morais, ou mesmo comportamento aprendidos de gostar ou não de algo ou alguém.

Outro ponto que Lomônaco nos chama a atenção, e que é muito questionado, diz respeito à definição de aprendizagem, afinal é definida como "mudança de comportamento resultante de prática ou experiência anterior" (LOMÔNACO, 1984, p.03).

Assim,

consideremos a situação de uma pessoa que inicia o aprendizado da natação. De início, quando colocada na água,

apresenta uma série de comportamentos característicos. Por exemplo, não consegue flutuar, e seus movimentos de mãos e pés são descoordenados. Tem dificuldade de inspirar o ar nos momentos adequados, enfim, emite uma série de movimentos desnecessários e irrelevantes. Todavia, após algumas semanas de prática ou treinamento, esse quadro se modifica completamente. O aprendiz já consegue flutuar na água, seus movimentos de pés e mãos se apresentam bem coordenados, respira corretamente e eliminou os movimentos irrelevantes. Ou seja, a comparação entre as situações inicial e final mostra claramente uma notável mudança de comportamento, ocorrida no decorrer do tempo, resultante da prática ou experiência anterior. Podemos dizer, então, que o indivíduo realmente aprendeu a nadar.
Fonte: exemplo retirado do livro psicologia da aprendizagem, WITTER & LOMÔNACO. 1984, P.03

Porém, quando, por exemplo, falamos da aprendizagem cognitiva de uma criança, antes da alfabetização e após a alfabetização, podemos supor que as mudanças ocorridas internamente nesta criança são enormes em relação ao comportamento emitido, assim, temos o processo interno de aprendizagem e, como resultado, o comportamento. Além disso, pode ocorrer a aprendizagem sem que necessariamente ocorra a mudança de comportamento.

Pensando dessa maneira, a definição da aprendizagem enquanto mudança de comportamento estaria errada, e neste sentido, Lomônaco (1984) define aprendizagem como "uma mudança relativamente estável num estado interno do organismo, resultante da prática ou experiência anterior, que constitui condição necessária, mas não suficiente, para que o desempenho ocorra" (p.06).

Desse modo, aprender não significa apenas falar de um processo que ocorre dentro do âmbito escolar, mas também em todos os contextos em que o ser humano esta inserido, afinal de contas, todas as nossas ações desde o nascimento até a morte estão pautadas para a aprendizagem.

Seguindo o raciocínio de Campos (1991), várias são as maneiras de entender esse processo, dentre eles:

• pode ser um processo entre um estímulo e uma resposta; o ajustamento ou adaptação do indivíduo ao ambiente;

• um processo de reforço do comportamento;

• um condicionamento de reações; um processo perceptivo que se dá a mudança na estrutura cognitiva.

É importante entender que para cada tipo de aprendizagem que o autor coloca, acima, existe um autor ou uma corrente teórica que defende a sua ideia, ou seja, para muitas a aprendizagem acontece a partir de um comportamento aprendido, para outros a aprendizagem ocorre a partir de um *insight*, para outros a partir da consciência ou do inconsciente.

Assim, "a aprendizagem é um processo pessoal, individual, ou melhor, tem fundo genético e depende de vários fatores, entre eles: da Saúde física e mental, da Motivação, do Prévio Domínio, da Maturação, da Inteligência, da Concentração ou atenção, da Memória" (DROUET, 1997, p.17).

Desse modo, existem várias teorias da aprendizagem, cada qual concebe a aprendizagem de uma maneira. Todas essas teorias serão estudadas detalhadamente no decorrer de nossas aulas. Para alguns teóricos existe a relação entre aprendizagem e desenvolvimento, para outras não! O fato é que desde o nascimento a aprendizagem se faz presente, prosseguindo até a morte. Sendo um processo fundamental da vida humana.

Segundo Campos (1991), por ser tão fundamental a vida humana, é que foram organizados meios educacionais e locais para se efetuar esses meios: as escolas.

Nesse sentido, pela importância para a vida humana é essencial compreender esse processo, sendo assim, a psicologia da aprendizagem tem por objetivo:

Explicar o mecanismo da aprendizagem e esclarecer a maneira pela qual o ser humano se desenvolve, toma conhecimento do mundo que vive, organiza a sua conduta e se ajusta ao meio físico e social (CAMPOS, 1991, p. 16).

Nesse contexto, a aprendizagem é um processo obtido através da experiência construída por fatores emocionais, neurológicos, relacionais e ambientais. Aprender é o resultado da interação entre estruturas mentais e o meio ambiente. Num enfoque bem atual sobre a aprendizagem ela e um conhecimento construído e reconstruído continuamente. Para isso alguns mecanismos são utilizados como percepção, memória, motivação etc. Nos quais estudaremos detalhadamente na próxima aula.

Retomando a aula

Parece que estamos indo bem. Então, para encerrar esse tópico, vamos recordar:

1 - Um pouco de História

Segundo Campos (1991), desde os primórdios, filósofos e pensadores preocupavam-se em entender os mecanismos da aprendizagem. Porém, existia uma grande confusão entre aprender e conhecer ou memorizar.

Entre estas concepções da antiguidade, temos Sócrates, Platão, Aristóteles, Santo Agostinho e Santo Tómas de Aquino.

Na idade média temos Bacon, Descartes e Locke, este último, retoma a concepção aristotélica que "Nada está na inteligência que não tenha estado primeiro nos sentidos". Defende a ideia do espírito como uma tábula rasa.

Segundo Campos (1991), "Em certo sentido, Locke fez trabalho precursos para Comenius, Fröbel e Pestalozzi".[...]. "E a sistematização de muitas de suas idéias veio ser feita por Herbart"(CAMPOS, 1991, p.18/19).

Depois temos inúmeras contribuições da chamada psicologia pedagógica, como Herbart, Binet, Thorndike, Clararéde, Piaget, Pavlov e Bechterev, Watson, Koffka, Kohler e Wertheimer.

E mais atuais ainda, temos nomes de K.Lewin, Freud, Adler, Jung, Fromm, Husserl, Scheler, Jaspers e Sartre, apesar destes não desenvolverem uma teoria da aprendizagem contribuíram de forma direta ou indireta para a sua compreensão e entendimento. E ainda nomes como de B.F. Skinner, autor de uma das teorias modernas de psicologia e mesmo o nome de J.S. Bruner e D. Ausubel.

2 - Psicologia do Desenvolvimento

Psicologia do desenvolvimento é um aspecto da ciência, que pretende explicar os eventos ocorridos durante a infância, adolescência e idade adulta. Pretende-se explicar como é que, a partir de um equipamento inicial (inato), a criança vai sofrendo uma série de transformações decorrentes de sua maturação (fisiológica, neurológica e psicológica) que em contato as exigências e respostas do meio físico (físico e social), levam à emergência desses comportamentos.

3 - Psicologia da Aprendizagem

Aprender não significa apenas falar de um processo que ocorre dentro do âmbito escolar, mas também em todos os contextos em que o ser humano está inserido, afinal de contas, todas as nossas ações desde o nascimento até a morte estão pautadas para a aprendizagem.

Assim, a aprendizagem diz respeito "a uma mudança relativamente estável num estado interno do organismo, resultante da prática ou experiência anterior, que constitui condição necessária, mas não suficiente, para que o desempenho ocorra". (LOMÔNACO, 1984, p.06).

Sendo assim, é um processo pessoal, individual, que tem fundo genético e depende de vários fatores.

Vale a pena

Vale a pena **ler**

CAMPOS, Dinah M. de S. *Psicologia da Aprendizagem*. 20ª ed. Rio de Janeiro: Vozes, 1991.

MORIS, C. G. *Introdução à Psicologia*. Tradução Ludmila Lima e Marina Sobreira D. Baptista. São Paulo: Prentice Hall, 2004.

Vale a pena **acessar**

• <http://www.pedagogia.com.br/historiadaeducação>.

Vale a pena **assistir**

• *Meu filho meu mundo.*

Aula 2º

A aprendizagem humana

Olá, nesta aula iremos tratar das questões da aprendizagem. Vamos iniciar mostrando quais os fatores fundamentais em uma criança para que ela se efetive, quais os fatores prejudiciais, quais são os mecanismos da memória e o que pode causar o esquecimento. Além disso, iremos apresentar os tipos possíveis de aprendizagens.

Sendo assim, bom estudo!

Se ao final desta aula, surgirem dúvidas, vocês poderão saná-las através das ferramentas "FÓRUM" ou "QUADRO DE AVISOS" e através do "CHAT".

Comecemos, então, analisando os objetivos da nossa aula.

Boa aula!

15

Objetivos de aprendizagem

Ao término desta unidade, vocês serão capazes de:

• refletir, analiticamente, sobre a aprendizagem humana e seus processos de construção, obtenção e assimilação de conhecimentos;
• analisar as condições necessárias para que a aprendizagem ocorra e os tipos de aprendizagens;
• analisar os mecanismos de memória e do esquecimento implicados na aprendizagem.

Seções de estudo

1 - Como ocorre a aprendizagem
2 - Os mecanismo da memória e como ocorre o esquecimento
3 - Tipos de Aprendizagem

1 - Como ocorre a aprendizagem

Para Drouet (1997), a criança deverá estar suficientemente amadurecida em três aspectos fundamentais para que a aprendizagem se efetive:
1 - intelectual;
2 - afetivo-social;
3 - sensório-psiconeurológico.

O aspecto intelectual diz respeito à idade mental da criança e da importância de estar amadurecida para receber as informações. Sendo essencial não levar em consideração apenas a idade cronológica ao iniciar a alfabetização.

Já o aspecto Afetivo-Social aborda as diferenças individuais, em que os indivíduos são todos diferentes e únicos. A diferença se dá pelas influências genéticas que recebem de seus pais, pelas influências bioquímicas de seu organismo, por estímulos do meio e todas experiências sociais desde o nascimento. É através dessas experiências que a personalidade é formada.

E o aspecto sensório-psiconeurológico é o processo de uma criança para a aprendizagem em geral e depende de uma complexa integração das funções neurológicas, que precisam ser exercitadas para que amadureça, daí, a importância da estimulação.

Dizemos que a criança está pronta para aprender quando ela apresenta um conjunto de condições, capacidades, habilidades e aptidões consideradas como pré-requisitos para o início de qualquer aprendizagem.

Ainda, Drouet (1997, p. 45) nos apresenta quatro elementos imprescindíveis para que a educação ocorra:

1 Comunicador: É representado pelo professor ou responsável pelo conhecimento, este tem uma participação ativa no processo de educação, devendo estar motivado e ter pleno conhecimento da mensagem que irá transmitir.
2 Mensagem: É o conteúdo educativo, que deve ser adequado à idade mental do educando, deve ser clara e precisa para ser bem entendida.
3 Receptor: É o aluno, o qual deve ser um recebedor crítico do conhecimento.
4 Meio ambiente: É o meio escolar, familiar e social, onde se efetiva o processo de ensino – aprendizagem. Este deve ser estimulador da aprendizagem e propício ao bom desenvolvimento do aluno.

Se um desses quatro elementos falhar, haverá um obstáculo que poderá causar problemas de aprendizagem, pois se trata de um processo contínuo e gradual, ou seja, vamos aprendendo pouco a pouco durante toda a vida, além do que cada indivíduo tem seu ritmo próprio de aprender.

Para a autora, a aprendizagem é um processo pessoal, individual, ou melhor, tem fundo genético e depende de vários fatores, entre eles:

1. dos esquemas de ação inatos do indivíduo;
2. do estágio de maturação de seu sistema nervoso;
3. de seu tipo psicológico constitucional (introvertido ou extrovertido);
4. de seu grau de envolvimento, seu esforço e interesse;
5. para satisfazer à sua necessidade biológica de exercício físico;
6. ao ser estimulado pelos órgãos dos sentidos;
7. ao sentir-se estimulada para a atividade mental, quando consegue resolver um problema;
8. para evitar a punição dos pais, caso não apresente boas notas;
9. por sentir necessidade de conquistar status social através de boas notas, pela admiração da família, dos colegas etc. (DROUET, 1997, p. 47).

Ela descreve ainda sete fatores fundamentais para que a aprendizagem se efetive:

• **Saúde física e mental:** para que a criança seja capaz de aprender, ela deve apresentar um bom estado físico e boa saúde. As perturbações tanto da área física como da área sensorial ou nervosa podem se constituir em problemas de aprendizagem.

• **Motivação** é o interesse, o fato de querer aprender é a mola propulsora para que a aprendizagem ocorra, assim os motivos que a criança tem para aprender situam-se em vários níveis de desenvolvimento. E a criança pode querer aprender por vários motivos:

• **Prévio Domínio:** domínio de certos conhecimentos, habilidades e experiências anteriores que a criança já traz de casa, de suas experiências no lar.

• **Maturação:** chama-se maturação, as etapas que se precedem sempre em uma mesma sequência, embora em tempos diferentes para cada indivíduo. A maturação e a aprendizagem são processos diferentes, porém intimamente ligados, pois é a maturação que cria condições para que a aprendizagem ocorra.

• **Inteligência:** a criança deve ter capacidade de assimilação e compreensão das informações que recebe, de estabelecer relações entre várias dessas informações, de criar e inventar coisas novas, com base nas que já conhece; de raciocinar com lógica na resolução de problemas.

• **Concentração ou atenção:** capacidade de fixar-se em um assunto. Da facilidade de concentrar-se no objeto do conhecimento, dependerá sua maior ou menor facilidade de aprender.

• **Memória:** tudo o que é aprendido e transmitido a um outro centro nervoso, o da memória onde será armazenado, até que a criança tenha necessidade de utilizá-lo. A memória é um fator importante no processo de ensino-aprendizagem (DROUET, 1997, p. 47).

Outro fator imprescindível para que a aprendizagem ocorra diz respeito à linguagem. Cordié (1996) nos lembra de que esse mesmo trabalho de estabelecer laços, que a criança faz ao nascer, posteriormente ela faz com palavras, em que uma palavra chama a outra, com todos os seus significantes e significados.

E é Mussen (1995, p. 89) que designa as quatro funções da linguagem. Embora a principal seja comunicar ideias, a linguagem tem quatro funções adicionais:

• Comunicação: a criança utiliza para comunicar necessidades, estados internos e atitudes.

• Compreendendo a sociedade e a cultura: ajuda a criança a compreender a sociedade em que vive. O conhecimento do mundo, regras morais e normas.

• Relações sociais: ajuda a criança a estabelecer e manter as relações sociais.

• Categorias Simbólicas: a linguagem permite formas mais simbólicas e abstratas de representar o mundo. O que compreende a essência do raciocínio humano.

Desse modo, sendo a linguagem fundamental para o processo de aprendizagem, vamos entender como ocorre o esquecimento na próxima seção:

2 - Os mecanismo da memória e como ocorre o esquecimento

Vygotski (2004), em seu livro Psicologia Pedagógica, nos traz uma importante contribuição no entendimento dos mecanismos de memória e aprendizado.

Assim, para este autor, toda a matéria possui a propriedade de modificar-se, de mudar a sua constituição, de mudar a disposição das células e conservar alguns vestígios das mudanças. A ciência denominou esta característica de plasticidade. Assim, a plasticidade significa três propriedades fundamentais da matéria:

1 - a capacidade de mudar a disposição das partículas;
2 - a conservação das marcas destas mudanças;
3 - a predisposição para repetir as mudanças (VYGOTSKI, 2004, p.67).

Para entender melhor a plasticidade cerebral, pode-se tomar o exemplo de Vygostski, o da dobradura de papel. Desse modo, vamos pensar nas marcas feitas na dobradura de um papel, que ao jogá-lo ao vento tenderá a dobrar-se aonde já existiam marcas, assim, é nossa matéria nervosa em relação à memória. Não há nada mais plástico de tudo o que conhecemos na natureza que a nossa matéria nervosa. Logo, entendemos a capacidade da memória, no sentido de acumulação e predisposição dos vestígios de mudança.

O nosso sistema nervoso desenvolve dois tipos de memória, a memória mecânica e a memória lógica ou associativa. Por memória mecânica entendemos a capacidade do organismo para conservar o vestígio de reações repetitivas, produzir as respectivas mudanças nas vias nervosas. Entendemos assim, as habilidades individuais, hábitos, movimentos e reações de que dispomos.

Outra forma de memória e a chamada memória associativa, que diz respeito, as associações ou qualquer ligação ou combinação de reações. Por associação, entendemos vínculos de reações no qual o surgimento de uma delas acarreta necessariamente o surgimento da outra. E desse modo, existem três modalidades de associação: por semelhança, por contiguidade e por contraste.

Cabe ressaltar, então, que todas as riquezas do comportamento surgem da experiência, sendo que uma experiência sempre nos reporta a outra, fazendo ligações do que já foi decorado e do que ainda cabe decorar ou aprender.

Vygotski (2004, p. 87) cita que a velha psicologia divide o processo da memória, em quatro momentos. Vamos verificar um a um:

> O 1º momento, diz respeito ao próprio reforço da reação, a existência de um vestígio nervoso deixado por um estimulo;
> O 2º momento do processo de memória, diz respeito ao que já foi experimentado, assim, já é conhecido;
> O 3º momento, diz respeito ao chamado o momento de identificação, o qual consiste em que tomamos consciência da reação, esta reprodução entende-se como uma reação já acontecida.
> E o 4º momento, diz respeito à reação inteiramente nova, isto é, o momento de localização do lugar e do tempo, assim como do vinculo das circunstâncias nas quais se manifestou determinada reação.

Cabe lembrar que cada um desses momentos pode existir separado dos demais.

Além disso, os psicólogos passaram a distinguir alguns tipos de memória, entre estas a memória visual, auditiva, motora, bem como as memórias mistas como as audiovisuais, ou viso-motora.

> Conclusões pedagógicas tiradas da teoria dos tipos de memória consistem na regra que permite ao pedagogo usar na memorização diferentes vias. Quanto mais diversas são as vias pela qual a reação penetra no sistema nervoso, tanto mais solidamente ela permanece nele. É mais aceitável aplicar alternadamente todos os meios de memorização. (VYGOTSKI, 2004, p.189).

Ainda, segundo Vygotski (2004), a memória das crianças não se desenvolve de imediato, pois, na primeira fase da vida a criança é um ser do presente. Um pouco mais tarde a memória começa a desenvolver-se nas crianças, mas ainda assim, a memória imediata é mais presente. Dessa forma, podemos entender que a memória cresce e se desenvolve na idade infantil e, segundo Meuman (Ano), chega ao ponto máximo por volta dos 25 anos, começando a partir daí, seu declínio.

Na mesma linha, segundo Vygotski (2004), é possível melhorar a natureza e a força da memória humana através da "ação educativa", que corresponde ao exercício e à educação, pois uma vez que a memória tem por base certa plasticidade da nossa matéria nervosa, é lógico que as potencialidades naturais da memória não podem ser aumentadas ou reduzidas por quaisquer outros meios senão aqueles que conduzem imediatamente ao relaxamento e a restauração do sistema nervoso.

Porém, cabe lembrar que para esse autor a memória pode ser sempre melhorada e reforçada, embora isso não signifique elevação da capacidade natural da memória. Lembramos que em termos psicológicos, memória significa uma relação estabelecida entre uma reação e outra. O que significa dizer que "quanto maior for o número de associações que dispomos, tanto mais fácil se estabelece uma nova associação e, consequentemente eleva-se a qualidade de nossa memória" (VYGOTSKI, 2004, p.189).

Além disso, os estudos da memória mostraram que ela funciona de modo mais intenso e melhor naqueles casos em que são envolvidos certos interesses.

> Entendemos o interesse como um envolvimento interior que orienta todas as nossas forças no sentido do estudo de um objeto". Sendo assim, o texto nos chama a atenção ao fato que a velha escola era anti-psicológica, pois não proporcionava interesse nenhum as crianças. E assim, "a experiência comprova que os resultados da memorização dependem, em enormes proporções da instrução dada no início da experiência (VYGOTSKI, 2004, p.193).

Assim, o último elemento a orientar a memória é o que o autor chama de "colorido emocional", sendo explicada como a maior facilidade na memorização aos aspectos que envolvem os fatores emocionais. Ou seja, algumas vivências emocionais são decoradas bem mais facilmente do que aquelas que não envolvem fatores emocionais. Assim, entende-se como a própria manifestação biológica do organismo de reter e reproduzir vivências relacionadas ao prazer.

Figura 2.1 - Manifestação biológica

Fonte: arquivo Clip Arte Windows

Nesse sentido, a regra pedagógica básica é a existência de certa "emocionalidade" para por em prática o material pedagógico, ou seja, quando queremos enraizar os ensinamentos nos alunos devemos atingir os seus sentimentos. Dessa maneira, o professor causará a motivação na criança.

Nesse pensamento, o esquecimento é o desaparecimento de vínculos que se estabelecem como provisórios, é um fator biológico e psicologicamente útil em alto grau. Ou seja, a habilidade para esquecer o desnecessário, para descartar o excedente, estabelecer vínculos depois que esses elementos já fizeram o seu trabalho é tão necessário quanto o estabelecimento de novos vínculos.

A escolha das associações deve ser feita sobre controle pedagógico. Pode se dizer sem exagero que onde os conhecimentos da escola não são orientados para a vida, sempre surgem falsos e equivocados e o conhecimento, ainda que seja adquirido, continua sem ser utilizado no processo de ação (VYGOTSKI, 2004, p.196).

Cabe à memória, enquanto função psicológica a retenção de informações que serão posteriormente utilizadas, pois a existência em si de memória, não significa riqueza intelectual, tanto que crianças com retardo mental, muitas vezes, apresentam uma ótima memória. Assim, a memória, significa o emprego e participação da experiência anterior no comportamento presente; no momento, no reforço e na reprodução da reação a memória é atividade.

Assim, o papel decisivo na aprendizagem de memória é desempenhado pelo ritmo que consiste na unificação das partes do material, na atribuição de coerência seqüencial a essas partes e, por ultimo, na organização dos elementos em um todo único. Se lembrarmos que todo o papel da memória consiste em atividade associativa, fica fácil compreender quais são as vantagens que estão com o ritmo, o qual dá antecipadamente as formas dessa associação (VYGOTSKI, 2004, p.200).

Podemos dizer que a memória cria dois tipos de reprodução, sendo uma chamada de imaginação reprodutiva, que diz respeito às reações que reproduzem o que ocorre com o organismo e o outro é a imaginação construtiva, porque reproduz certa forma de experiência vivenciada em realidade. Porém o autor pontua que ambas as concepções estão erradas, pois não existe nenhuma forma de memória que reproduza exatamente o que de fato ocorreu na realidade.

Figura 2.2 - Experiência vivenciada

Fonte: arquivo Clip Arte Windows

E, assim, o autor prossegue fazendo uma reflexão do que vem a ser a fantasia, tão comum nas crianças, como também em muitos adultos. Sendo que "a fantasia é o sistema de nossas vivências interiores, principalmente das emoções e inclinações cujo fluxo determina a própria combinação dos elementos reais em grupos fantásticos" (VYGOTSKI, 2004, p. 202).

A função básica da imaginação é organizar formas de comportamento jamais encontradas nas experiências do homem, enquanto a função da memória consiste em organizar a experiência para formas que mais ou menos repetem o que já houveram antes (VYGOTSKI, 2004, p.203).

19

Figura 2.3 - Formas de comportamento

Fonte: arquivo Clip Arte Windows

A Primeira função do comportamento imaginativo apresenta maior importância para o pedagogo, pois é através da imaginação que a criança pode adquirir vários conhecimentos abstratos, basta que o pedagogo apresente o material pedagógico de história, geografia etc., com certa atratividade à criança e conheça a experiência anterior do seu aluno, sendo, esta, condição indispensável para que o trabalho pedagógico dê resultados. Assim, conduzir o conhecimento da realidade, partindo sempre do familiar e conhecido para o estranho e desconhecido.

Figura 2.4 - Função do comportamento imaginativo

Fonte: arquivo Clip Arte Windows

A segunda lei do comportamento imaginativo, exige que o pedagogo se preocupe não apenas com o material a ser apresentado à criança, mas com a sua correta combinação com a emoção. Por isso é preciso suscitar no aluno a emoção correspondente a um material apresentado, ou seja, a aprendizagem precisa ter um "colorido emocional" para que se efetive.

Figura 2.5 - Colorido emocional da aprendizagem

Fonte: arquivo Clip Arte Windows

E, nesse caso, a fantasia é o dispositivo que realiza imediatamente o trabalho das nossas emoções, afinal, nossos desejos e vontades nem sempre podem ser atendidos, assim, seu destino é a fantasia.

A fantasia é apenas uma brincadeira inibida e não descoberta e, desse modo, é brincando ou fantasiando que a criança explora o mundo e adquire experiência, servindo, desse modo, a educação.

Costuma-se achar que a fantasia na criança teria um aspecto mais rico do que no adulto, mas essa concepção é equivocada, pois a fonte da imaginação é a experiência real, e a criança esta adquirindo tais experiências. Desse modo, o adulto fantasia mais e a criança brinca.

Entende-se, então, que o comportamento imaginativo como a memória precisa desenvolver-se na criança, ambas surgem da reprodução das reações e dos momentos que condicionam a sua fusão.

Para Drouet (1997, p. 45), quem aprendeu pode esquecer por vários fatores, entre eles:

> 1 Pela fragilidade ou deficiência na aprendizagem.
> 2 Pela tentativa de evocação do fato memorizado, através de um critério diferente do utilizado, isso quer dizer que o professor deve apresentar a informação ao aluno de diferentes maneiras, para que ele armazene de maneira diferente.
> 3 Pelo desuso da informação.
> 4 Por um componente emocional que também pode prejudicar a memorização concentração. Ex.: Indivíduos muito ansiosos que não conseguem fixar sua atenção.

Agora que vimos como ocorre à aprendizagem, a memória e o esquecimento, iremos estudar alguns tipos de aprendizagem. Veremos que ela pode ser tanto decorrente da imitação de um comportamento, quanto em decorrência da compreensão de uma situação.

3 - Tipos de Aprendizagem

Segundo Campos (1991), são vários os tipos de aprendizagem e, dentre estes, existe a aprendizagem por imitação de um comportamento; a aprendizagem em decorrência de um reforço; a aprendizagem em decorrência de um raciocínio ou que leva a um insight; ou mesmo a aprendizagem que ocorre por tentativas e erros.

Abaixo estão especificados os tipos de aprendizagens detalhadamente.

▶ **Aprendizagem por condicionamento:** consiste na aquisição de uma reação por estímulos. Nesse tipo de aprendizagem, não é necessário a compreensão do aluno, ou da criança, sendo uma forma irracional de aprendizagem.

▶ **Aprendizagem por imitação:** esse tipo de aprendizagem ocorre quando a criança reproduz, ou tenta reproduzir, o comportamento ou as ações de alguém.

▶ **Aprendizagem por ensaio e erro:** é uma aprendizagem de comprovação de hipóteses na tentativa de solucionar o problema. Caracteriza-se pela percepção incompleta entre meios e fins. A aprendizagem por ensaio e erro resulta no *insight*. Isso significa que, quando o problema é demasiadamente de difícil solução para aquela pessoa, ela tentará resolvê-lo por esse meio.

▶ **Aprendizagem por** insight: significa uma aprendizagem mediante a compreensão da situação, o que depende da percepção que a pessoa tem, pois somente quando o indivíduo consegue perceber todas as relações e as possibilidades de uma situação, ele compreende a situação, tendo uma compreensão imediata. A aprendizagem por insigth configura-se uma aprendizagem dinâmica, interpretativa e, com isso, inteligente.

▶ **Aprendizagem por raciocínio:** consiste na aprendizagem por encadeamento mental de conhecimentos, indo dos mais simples aos mais complexos (CAMPOS, 1991, p. 78).

Em detrimento da sucinta amostra da concepção de vários autores sobre a aprendizagem, denota-se a importância de todos esses fatores para que a aprendizagem se efetive. Além disso, é evidente que o ser humano, ao contrário dos demais animais, tem a necessidade do grupo social para sobreviver. O bebê, assim que nasce, se for abandonado como acontecem com filhotes de algumas espécies animais, não sobreviverá, pois, na demanda de saciar suas necessidades fisiológicas, o recém-nascido depende de cuidados e, mais do que cuidados, ele cria laços afetivos, vai aprendendo a reconhecer sons, imagens, ruídos etc.

Aos poucos irá aprender a linguagem humana e a decifrar os significantes desta. Como também irá aprender a se locomover, a protestar, a questionar. Tudo isso, numa escala progressiva de estágios do desenvolvimento que aos poucos vão constituindo um ser humano. Às vezes por algum motivo, há uma parada neste desenvolvimento intelectual. Mas, o que

ocorre quando a criança não aprende? O que seria a Dificuldade de Aprendizagem? Este é o assunto da nossa próxima aula.

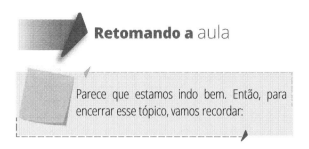

Retomando a aula

Parece que estamos indo bem. Então, para encerrar esse tópico, vamos recordar:

1 - Como ocorre a aprendizagem

Para Drouet (1997), a criança deverá estar suficientemente amadurecida em três aspectos fundamentais para que a aprendizagem se efetive: Intelectual; Afetivo-social; Sensório-psiconeurológico.

Ainda Drouet (1997) apresenta-nos quatro elementos imprescindíveis para que a educação ocorra: Comunicador; Mensagem; Receptor; Meio ambiente. Se um elemento desses quatro falhar, haverá um obstáculo que poderá causar problemas de aprendizagem, pois se trata de um processo contínuo e gradual, ou seja, vamos aprendendo pouco a pouco durante toda a vida, além do que cada indivíduo tem seu ritmo próprio de aprender.

Para a autora, a aprendizagem é um processo pessoal, individual, ou melhor, tem fundo genético e depende de vários fatores, entre eles: dos esquemas de ação inatos do indivíduo; do estágio de maturação de seu sistema nervoso; de seu tipo psicológico constitucional (introvertido ou extrovertido); de seu grau de envolvimento, seu esforço e interesse; para satisfazer à sua necessidade biológica de exercício físico; ao ser estimulado pelos órgãos dos sentidos; ao sentir-se estimulada para a atividade mental, quando consegue resolver um problema; para evitar a punição dos pais, caso não apresente boas notas; por sentir necessidade de conquistar status social através de boas notas, pela admiração da família, dos colegas etc.

Ela descreve ainda sete fatores fundamentais para que a aprendizagem se efetive: saúde física e mental; motivação; prévio domínio; maturação; inteligência; concentração ou atenção; memória.

Outro fator imprescindível para que a aprendizagem ocorra diz respeito à linguagem. Cordié (1996) lembra-nos que esse mesmo trabalho de estabelecer laços, que a criança faz ao nascer, posteriormente ela faz com palavras, onde uma palavra chama a outra, com todos os seus significantes e significados.

E é Mussen (1995) que designa as quatro funções da linguagem. Embora a principal seja comunicar ideias, a linguagem tem quatro funções adicionais: comunicação; compreendendo a sociedade e a cultura; relações sociais; categorias simbólicas.

2 - Os mecanismos da memória e como ocorre o esquecimento

Segundo Vygotski (1991), a memória das crianças não se desenvolve de imediato, pois, na primeira fase da vida, a criança é um ser do presente. Um pouco mais tarde a memória começa a se desenvolver nas crianças, mas, ainda assim, a memória imediata é mais presente. Dessa forma, podemos entender que a memória cresce e se desenvolve na idade infantil e, segundo Meuman (ano) , chega ao ponto máximo por volta dos 25 anos, começando a partir daí, seu declínio.

Ainda, segundo o autor acima citado, é possível melhorar a natureza e a força da memória humana através da "ação educativa", que corresponde ao exercício e a educação, pois uma vez que a memória tem por base certa plasticidade da nossa matéria nervosa, é lógico que as potencialidades naturais da memória não podem ser aumentadas ou reduzidas por quaisquer outros meios senão aqueles que conduzem imediatamente ao relaxamento e a restauração do sistema nervoso.

Além disso, os estudos da memória mostraram que ela funciona de modo mais intenso e melhor naqueles casos em que são envolvidos certos interesses. Assim, o último elemento a orientar a memória, é o que o autor chama de "colorido emocional", sendo explicada como a maior facilidade na memorização aos aspectos que envolvem os fatores emocionais. Ou seja, algumas vivências emocionais são decoradas bem mais facilmente do que aquelas que não envolvem fatores emocionais. Assim, entende-se como a própria manifestação biológica do organismo de reter e reproduzir vivências relacionadas ao prazer.

Já para Drouet (1997, p 45), quem aprendeu pode esquecer por vários fatores, entre eles:

- Pela fragilidade ou deficiência na aprendizagem.
- Pela tentativa de evocação do fato memorizado, através de um critério diferente do utilizado, isso quer dizer que o professor deve apresentar a informação ao aluno de diferentes maneiras, para que ele armazene de maneira diferente.
- Pelo desuso da informação.

Por um componente emocional, que também pode prejudicar a memorização concentração.

Ex.: Indivíduos muito ansiosos que não conseguem fixar sua atenção

3 - Tipos de Aprendizagem
Vimos que os tipos de aprendizagem são:
- aprendizagem por condicionamento;
- aprendizagem por imitação;
- aprendizagem por ensaio e erro;
- aprendizagem por *insight*;
- aprendizagem por raciocínio.

Vale a pena

Vale a pena **ler**

CORDIÉ, Anny. *Os atrasados não existem:* psicanálise de crianças com fracasso escolar. Porto Alegre: Artes Médicas, 1996.
VYGOTSKY, L. *Psicologia Pedagógica.* 1 ed. São Paulo: Martins Fontes, 2004.

Vale a pena **acessar**

- http://www.psicopedagogia.com.br

Vale a pena **assistir**

- *Céu de Outubro.*

Aula 3º

A não aprendizagem

Nesta aula trataremos das questões referentes a não aprendizagem, levando em consideração os principais fatores necessários para que esta ocorra e, consequentemente, os fatores que impedem que ela aconteça. Além disso, serão expostas as diferenças individuais na educação e os problemas de comportamento no ambiente escolar, e o quanto estes podem estar ligados a problemas de aprendizagem.

Sendo assim, bom estudo!

Se ao final desta aula surgirem dúvidas, vocês poderão saná-las através das ferramentas "FÓRUM" ou "QUADRO DE AVISOS" e através do "CHAT".

Comecemos, então, analisando os objetivos da nossa aula.

⟶ Boa aula!

Objetivos de aprendizagem

Ao término desta unidade, você será capaz de:

* refletir analiticamente, sobre a não aprendizagem humana;
* analisar a questão das diferenças em sala de aula;
* analisar a implicância do comportamento do aluno para a aprendizagem escolar.

Seções de estudo

1 - As dificuldades de aprendizagem
2 - As diferenças individuais e a educação especial
3 - A queixa atual: uma questão de indisciplina

1 - As dificuldades de aprendizagem

Ao iniciar o estudo sobre dificuldade de aprendizagem, faz-se necessário expor alguns fatores que as causam e que as inibem. Como ocorre a dificuldade de aprendizagem e o que é ser inteligente?!

• Como ocorre a Dificuldade de Aprendizagem (D.A.)?

Sabemos que no Brasil existem cerca de 60 milhões de analfabetos funcionais, sendo a maior dificuldade na leitura e interpretação e, ainda, 4% da população com déficit de atenção, bem como 10 a 16% da população apresentando distúrbios de aprendizagem. Assim, comprovando-se que as dificuldades de aprendizagem de origem cognitiva atingem cerca de 70% das crianças normais (CAMPOS, 2002, p. 20).

• Iniciaremos com a pergunta: O que é ser inteligente?

Para Mussen (1995), inteligência é a capacidade de aprender e de usar as habilidades que são necessárias para a adaptação bem sucedida às demandas de uma cultura e ambiente. Alguns autores definem a inteligência como competência geral. Contudo, para Mussen, em diferentes culturas podem-se desenvolver habilidades diferentes. Essa visão foi desafiada por aqueles que defendem que diferentes habilidades intelectuais não ocorrem necessariamente juntas, sendo que algumas crianças têm facilidades para desenvolver habilidades verbais, visuais, e assim por diante. Desse modo, a inteligência seria o desenvolvimento de habilidades.

• Mas, então, o que vem a ser esse entrave do desenvolvimento de tantas crianças chamado de "Dificuldades na Aprendizagem"?

Cordié (1996) traz o conceito de debilidade que se origina da psiquiatria do século XIX. Foi Esquirol que começou uma classificação dos retardados mentais, os quais ele designa de idiotia e distingue três níveis de gravidade (entre eles os imbecis). Nessa classificação, ele chega aos fracos de espírito, que é a forma mais branda de debilidade. Para fixar essas categorias, ele utiliza critérios múltiplos, dentre os quais o primeiro é a dismorfia, ou seja, os resultados são reconhecidos pelos traços de seu rosto. A insuficiência intelectual também era medida no estágio da linguagem, o que resultou numa certa vagueza na classificação, mas, ao mesmo tempo, permitiu obter uma noção de deficiência.

Nessa concepção psiquiátrica, as causas da debilidade foram procuradas no âmbito de um dano lesional do Sistema Nervoso, que, por sua vez, eram causas sempre orgânicas divididas em: causas lesionais endógenas e causas lesionais exógenas.

Porém, segundo a mesma autora, não é isso que demonstra a maioria das crianças com queixas de dificuldades na aprendizagem que ocupam uma grande parte dos bancos escolares, tanto de escolas públicas como de escolas privadas. Para ela, essas crianças demonstram muito mais uma doença da "alma" do que uma doença mental.

Ainda, segundo Cordié (1996), essa forma de classificação da debilidade modificou-se com o surgimento dos testes. É Binet, em 1904, que irá criticar a vagueza da classificação da deficiência intelectual. A deficiência já adquire um caráter pejorativo.

Desse modo, é criado o teste de Q.I. Esse instrumento avalia apenas o domínio de operações essencialmente escolares como escrita, leitura, cálculo e compreensão da linguagem, não levando em consideração as diferenças culturais, o que pode ocasionar confusão em seu resultado.

Além disso, a constância do Q.I. é uma falsa ideia ainda hoje, porque não permanece estável e sim variável no tempo. Seus resultados tendem a melhorar quando a criança faz uma psicoterapia, ou quando encontra melhores condições de se desenvolver. Uma consequência lamentável dessa crença na constância do Q.I. é que ela mantém a ideia de que a debilidade é constitucional, e estaria ligada ao genótipo.

Dessa forma, não há causa lesional, ou exógena, nem genética nessas debilidades. Aliás, é pouco provável que um dia se encontre o gene da inteligência isolado. Atualmente, o teste de Q.I. está em desuso, pois se acredita nas inteligências múltiplas, como visto no início desse assunto.

Para a autora, a debilidade leve é gerada pelo ambiente escolar. Em seus estudos, ela cita que nunca há uma causa única para o fracasso escolar; há sempre a conjunção de várias causas que, agindo umas sobre as outras, interferem na aprendizagem, sendo que uma dessas interferências é o meio sócio-cultural desfavorecido, onde existe pouco ou nenhum espaço para o investimento cultural, além de certo desinteresse pelas atividades escolares das crianças.

A criança terá que contar apenas com a escola para se familiarizar com os ensinamentos; como muitas vezes não consegue, sente-se fracassada e inicia um processo de exclusão, de rejeição e de vergonha; essa criança, entre sentir-se diferente dos outros, pobre, feio etc., prefere ser malvado. Isso ocasiona a revolta e os problemas comportamentais na escola.

Existem também crianças que desencadeiam um medo pela professora, ou ainda, acontecem estados regressivos, devido ao nascimento de um irmãozinho, divórcio dos pais, hospitalização, morte de parentes etc.

Cordié (1996, p. 68) ainda nos apresenta três hipóteses de saída encontrada pela criança nesses casos. Vejamos:

• A primeira hipótese: a criança não fica passiva, ela reage em consequência da exclusão que sofre, ocorrendo os distúrbios de comportamentos. Assim, procura compensar seu fracasso de outra forma como, por exemplo, sendo o "palhaço" da sala. A condenação que recairá sobre ela a levará ao sentimento de injustiça, que reforçará mais o sentimento de revolta, o que poderá agravar mais ainda a situação. Isso poderá estender-se até uma atitude de rejeição social e marginalização, tornando-se um ciclo vicioso.

• A segunda hipótese: a criança aceita seu fracasso, conformando-se com seu sofrimento e se identificando em ser o mau aluno, numa posição masoquista. Será rotulada como débil e, o que era apenas uma deficiência, será agora parte de suas características.

• A terceira hipótese: tudo se acomoda, pois o sistema escolar está mais flexível. Algumas escolas estão mais abertas para que cada um tenha seu ritmo e seu tempo necessário, dando mais liberdade à aprendizagem, favorecendo a integração entre a criança e o sistema.

Além dessas três hipóteses, existe a reação dos pais ao fracasso escolar, que é apenas a tradução da problemática inconsciente da relação desses para com a criança. Entre essas reações existem:

• A desaprovação: a decepção dos pais pode significar para a criança uma retirada do amor deles em relação a ela. Instala-se, então, um estado depressivo, cujas manifestações normalmente são somáticas.

• A indiferença: a criança pode sentir o desinteresse por parte dos pais como, por exemplo, a falta de amor, o que a leva a desinteressar-se cada vez mais.

• A crença: de que a debilidade existe, pois esbarramos nela a todo instante, abordando também o fracasso escolar relacionado apenas a causas desconhecidas, sem citar o fracasso escolar com suas origens orgânicas.

Você sabia?
Existe uma diferença terminológica nas dificuldades de aprendizagem entre vários autores; para uns, as dificuldades de aprendizagem correspondem a toda e qualquer dificuldade da criança aprender; para outros, as dificuldades de aprendizagem correspondem apenas a fatores de causa ignorada ou a causas emocionais.

Em síntese ...

Já para Drouet (1995), todos os distúrbios orais, auditivos, emocionais e comportamentais têm sua origem em causas diversas, mas todos se constituem em obstáculos à aprendizagem. Como vimos, é difícil fazer uma classificação dos distúrbios que prejudicam a aprendizagem; contudo, a autora, buscando uma classificação dos distúrbios de aprendizagem, nos cita suas principais causas:

• Causas físicas: são representadas pelas perturbações do estado físico da criança permanentes ou provisórias;
• Causas sensoriais: são todos os distúrbios que atingem os órgãos dos sentidos, responsáveis pela percepção que o indivíduo tem do meio exterior.
• Causas neurológicas: perturbações do sistema nervoso, tanto do cérebro, como do

cerebelo, da medula e dos nervos.

• Causas emocionais: distúrbios psicológicos ligados às emoções, aos sentimentos e a personalidade.

• Causas intelectuais e cognitivas: corresponde à inteligência do indivíduo, e à sua capacidade de conhecer, de compreender o mundo e de raciocinar.

• Causas educacionais: corresponde à educação recebida na infância, e que irá condicionar distúrbios de origem educacional por toda a vida.

• Causas sócio-econômicas: o meio sócio-econômico é um problema e será favorável, ou desfavorável, à sua subsistência e à sua aprendizagem (DROUET, 1995, p. 45).

Assim, todas essas causas irão constituir os diferentes problemas de aprendizagem. Encontramos nos escritos de Pain (1985, p. 89) a definição de dificuldades de aprendizagem como todos os distúrbios psicopedagógicos que interferem diretamente na aprendizagem, e para isso, leva-se em conta a análise de vários fatores, entre eles:

• fatores orgânicos e constitucionais da criança;
• fatores específicos, localizados principalmente na área perceptivo-motora (visão, audição e coordenação motora);
• fatores psicógenos, que compreendem os fatores emocionais e intelectuais;
• fatores ambientais, representados pelo lar, pela escola e pela comunidade como um todo.

Os autores acima citados fazem suas contribuições ao conhecimento sobre as dificuldades de aprendizagem, sendo que uns acreditam que essas são todas as dificuldades que impedem o desenvolvimento escolar da criança, ou seja, fatores neurológicos, emocionais, intelectuais, sensoriais, ambientais etc. Para outros, teriam causas emocionais ou ignoradas, mas não descartam os problemas ambientais, genéticos ou orgânicos. Mas, é somente através do conhecimento da criança, que se pode chegar à verdadeira causa do que está acontecendo com ela.

Atualmente, vemos várias denominações para as dificuldades de aprendizagens, dentre estas a dislexia, discalculia, dislalia, disgrafia, disortografia e TDAH, verifique através do site, http://www.brasilescola.com/educacao/dificuldades-aprendizagem.htm.

Agora que já estudamos como a aprendizagem ocorre e quais os fatores responsáveis quando ela não se efetua, vamos estudar a questão das diferenças individuais em sala de aula e com isso a Educação especial.

2 - As diferenças individuais e educação especial

Algum dos aspectos que estuda a Psicologia educacional diz respeito às diferenças individuais. Cada ser humano é único, tendo em vista uma série de fatores: hereditários, sociais, culturais, históricos, etc. Mesmo em se tratando de pessoas da mesma família, como os irmãos gêmeos, sempre se identificam suas diferenças de personalidade.

Entre essas diferenças estão às aptidões mentais, as reações emotivas, o esforço para as tarefas, a preferência a certas atividades e não a outras. Sendo que as diferenças podem ficar mais acentuadas em relação aos outros, o que muito acontece em sala de aula.

Sendo várias as pesquisas e os teóricos que se interessaram pelo assunto, entre eles Platão, Wundt e Alfred Binet, esse último desenvolvendo testes para medir a inteligência e organizar classes para crianças excepcionais. Stein, que propôs a fórmula para medir o que é inteligência, segue uma escala de tantos outros pesquisadores interessados em medir as diferenças individuais.

Nosso objetivo, aqui, é chamar sua atenção para o fato que todos nós somos diferentes, o importante é ter claro que: diferentes sim, porém nem superiores, nem inferiores. Todas as pessoas, em maior ou menor grau, possuem capacidade de memória, de raciocínio, de atenção, de motivação, de força de vontade, e de equilíbrio emocional.

Assim, as aquisições e as realizações da vida escolar de uma criança irão depender da técnica de ensino, mas também de seus fatores internos. Portanto, o que se observa atualmente nas escolas é uma massificação do aluno, tendo todos como iguais. Dessa forma, se um desses alunos for diferente desse "esperado", será taxado e rotulado como incapaz.

Cabe ressaltar que você pode fazer a diferença, pois, estando preparado para lidar com as diversidades individuais, poderá contribuir para o desenvolvimento de seus alunos.

Um tipo de metodologia de trabalho que foi muito utilizada com os alunos portadores de necessidades especiais foi a segregação desses alunos em salas de aula especiais. Esses alunos, portadores de alguma necessidade especial, eram separados dos demais alunos da turma. Porém, quando essa criança era retirada da presença das demais crianças, não havia trocas, nem socialização, nem aprendizagem com suas diversidades, tão característico da sala de aula regular. Nesse sentido, os educadores, buscando outros caminhos, pensaram na inclusão desses alunos na sala de aula regular. Este assunto abordaremos no próximo tópico.

A INCLUSÃO ESCOLAR

Como citado anteriormente, a inclusão escolar vem da busca do desenvolvimento do ser humano, entendendo que a criança, dentro do ambiente escolar, precisa desenvolver não apenas a aprendizagem do conteúdo curricular, mas também aprender a se socializar, a trocar, a dividir e a interagir com o outro.

Segundo o artigo "Por que Inclusão?", de Heloiza Barbosa, julgamentos de "deficiência", "retardamento", "privação cultural" e "desajustamento social ou familiar" são todas construções culturais elaboradas por uma sociedade de educadores que privilegia uma só fôrma para todos os tipos de bolos. Assim, aqueles alunos vistos como "diferentes", ou seja, que não cabiam na forma de bolo específica, eram retirados do convívio dos demais e exilados numa sala de aula dita especial, sendo taxados, classificados, rotulados como fracassados.

A inclusão veio permitir que esse aluno participasse da sala de aula regular, com todos os outros alunos e suas demais diversidades. Nesse exercício, tanto professores, quanto alunos aprendem a aceitar e a valorizar as diversidades individuais, estimulando a socialização e a aprendizagem.

Em se tratando de diversidades, um dos aspectos que muito tem chamado à atenção a todos os que trabalham com a educação diz respeito à indisciplina escolar. Sendo o nosso próximo assunto a ser abordado.

3 - A queixa atual: uma questão de indisciplina

Figura 3.1 - A indisciplina

Fonte: www.educa.aragob.es.

Os temas que mais mobilizam o cotidiano escolar na atualidade dizem respeito à dificuldade de Aprendizagem e os Problemas de Comportamento de nossas crianças. Sendo os problemas de comportamento, um dos assuntos de grande repercussão na comunidade escolar como professores, técnicos e pais, de diversas localidades brasileiras. Tendo em vista que a questão da dificuldade de aprendizagem já foi discutida anteriormente, nossa aula atual refere-se aos problemas comportamentais dessas crianças.

Assim, vamos buscar entender o porquê atualmente esse é o assunto de grande aflição e angustia e o quanto você, futuro professor, poderá contribuir nesse contexto.

A Indisciplina

Apesar de existir uma tendência no campo da educação que recrimina a disciplina na escola, esta também associa a uma prática autoritária e tirana, colocando em risco a espontaneidade e criatividade das crianças e jovens. Existe uma verdadeira busca para que esse quadro escolar de "indisciplina" seja revertido pela tranquilidade, silêncio, docilidade e passividade das crianças. O que acontece é que ninguém sabe ao certo como conseguir reverter essa situação caótica a que chegou nossas escolas.

Segundo Rego (1996, p. 84), muitos são os fatores alegados aos problemas comportamentais nas escolas de nossa sociedade, dentre estes:

- **1ª hipótese:** os que acreditam ser a indisciplina um reflexo da pobreza e violência presente na sociedade moderna e nos meios de comunicação;

- **2ª hipótese:** os que acreditam que a responsabilidade é da educação recebida na família sendo decorrente da dissolução do modelo de família nuclear além de ser um reflexo da desvalorização da escola pelos pais.
- **3ª hipótese:** os que acreditam que problemas comportamentais estariam vinculados apenas a traços de personalidade da criança.
- **4ª hipótese:** aqueles que sustentam que a única responsabilidade em relação ao comportamento da criança seria do professor.

Assim, nesta aula buscamos fazer um apanhado geral do que estaria ocorrendo na atualidade. E iniciaremos com os descritos de Rego, "a vida em sociedade pressupõe a criação e o cumprimento de regras e preceitos capazes de nortear as relações, possibilitando o diálogo e a troca entre os membros do grupo social" (1996, p. 86).

Desse modo, a família é entendida como o primeiro grupo social no qual a criança está inserida e com certeza o maior deles, além de exercer incontestável influência sobre a criança e o adolescente. É esse grupo social que dá à criança o primeiro aprendizado em relação a regras e normas de convivência em grupo. A atitude dos pais e suas práticas de criação e educação são aspectos que interferem no desenvolvimento individual e, consequentemente, grupal da criança e, dessa maneira, pode influenciar no comportamento da criança na escola.

> As características de cada indivíduo vão sendo formadas a partir de inúmeros e constantes interações do indivíduo com o meio, compreendido como contexto social, que inclui as dimensões interpessoal e cultural. É neste processo dinâmico, ativo e singular, o indivíduo estabelece desde o nascimento e durante toda sua vida, trocas recíprocas com o meio (REGO, 1996, p.92).

A mãe inicia seu papel de educadora nos primeiros meses de vida de seu bebê. Todas as reações de uma mãe, positiva ou negativa serão percebidas e influenciadas no comportamento do bebê, e o que torna imprescindível o contato físico, que se dá através da amamentação ao seio, em que além de se satisfazer fisiologicamente o bebê terá um contato com o corpo materno e estabelecerá uma segurança para o recém-nascido perante este "mundo" tão desconhecido para ele.

Logo, ambos criarão um vínculo afetivo, onde a mãe passará a conhecê-lo melhor a cada dia, assim o bebê, além de confortável, se sentirá seguro e possivelmente amado. Esse vínculo será fundamental para o desenvolvimento da criança e todos os procedimentos influenciarão na vida futura, o caráter tornar-se-á um exemplo clássico desse proceder. Portanto, a relação mãe-bebê tem amplas funções, pois além da estimulação orgânica, existe a comunicação afetiva que se bem sucedido é condição imprescindível para o estabelecimento da segurança, confiança, proteção, reconhecimento da existência, e, sobretudo o desenvolvimento da personalidade do bebê.

Segundo Winnicott,

> nos primeiros tempos do seu desenvolvimento emocional; um tipo em que o instinto é despertado, e outro em que a mãe constitui o meio circundante é a provedora das comuns necessidades físicas de segurança, calor e umidade ao imprevisível [...]. Se a mãe tiver duplamente êxito em suas relações com o bebê, estabelecendo uma satisfatória amamentação, o desenvolvimento emocional da criança constituirá a base saudável para uma existência independente num mundo de seres humanos (1982, p.57).

Dessa forma, o vínculo estabelecido entre mãe e filho ajudará a lançar alicerces da personalidade e caráter da criança, pois quando privada deste contato afetivo pode acarretar perturbações no seu desenvolvimento psicológico. Portanto, se bem sucedida a relação entre mãe e bebê é o princípio de uma vida tranquila.

Ainda, segundo Winnicott,

> dizemos que o apoio do ego materno facilita a organização do ego do bebê. Com o tempo o bebê torna-se capaz de afirmar sua própria individualidade, e até mesmo de experimentar um sentimento de identidade pessoal. E a base de tudo isso, encontra-se nos primórdios do relacionamento, quando a mãe e o bebê estão em harmonia [...]. Do ponto de vista do bebê, nada existe além dele próprio, e, portanto, a mãe é inicialmente, a parte dele (1996, p.09).

A plenitude da relação mãe e bebê é dada pelo ato de oferecer amor, amparar, apoiar o crescimento e a individualidade do outro ser, ajudar o desenvolvimento com o máximo de prazer para ambos.

Para Papalia,

> a mãe ou a pessoa que cuida do bebê, dá o mundo social a ele. O ambiente se expressa do seio da mãe, o amor e o prazer da dependência, lhe são transmitidos pelo abraço da mãe, pelo seu calor confortante, por seu sorriso e pela maneira a qual lhe fala. A confiança permite ao bebê ficar com a mãe fora da visão, porque ela se tornou uma certeza íntima, assim também uma previsibilidade externa (1981, p.179).

Mas não apenas a mãe é a única responsável pelo desenvolvimento saudável da criança, o pai tem papel fundamental, pois é este que, muitas vezes, mostra o que é certo ou errado e impõe regras e normas de convivência dentro do grupo familiar.

Para Vigotsky (1987), a educação concebida na família cumpre um papel primordial na constituição dos sujeitos, pois, concebe a cultura, a sociedade e o indivíduo como sistemas complexos e dinâmicos, sendo assim, considera fundamental analisar o desenvolvimento humano em seu contexto cultural. Ou seja, para se entender melhor uma criança é necessário entender sua origem, seu meio cultural e social.

Sabe-se que a escola é também o segundo grupo social em que a criança está inserida, sendo o primeiro a família. E é nesse contexto que a criança demonstra como aprendeu em casa as regras de convivência social, as quais passam a ser imprescindíveis ao convívio social.

O que se percebe atualmente é que os pais estão confusos em relação à criação de seus filhos, entre um modelo repressor usado na educação de crianças na década de 60/70, foi-se a outro extremo na década de 80/90, uma completa liberdade na educação de crianças. Chegando aos dias atuais, pais que não sabem mais se repreendem ou liberam, punem ou fingem não ver, castigam ou conversam. Pais que em busca do sustento da família, não têm mais tempo para conversar, para educar, para pensar em suas próprias atitudes.

Assim, sabe-se que a família é de fundamental importância no desenvolvimento de uma criança, mas, longe de apontar um culpado, e diante de todo o contexto social explanado, faz-se necessário também compreender que enquanto professor você tem muito a contribuir com uma criança, pois como estudado por Freud, o papel do professor pode ser fundamental no desenvolvimento emocional da criança, muitas vezes um professor pode ocupar o "papel" dos pais, dando à criança amparo, carinho, normas e regras, incentivo, motivação, entre tantas outras coisas.

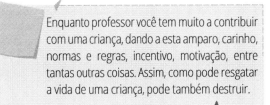

Enquanto professor você tem muito a contribuir com uma criança, dando a esta amparo, carinho, normas e regras, incentivo, motivação, entre tantas outras coisas. Assim, como pode resgatar a vida de uma criança, pode também destruir.

Sabe-se também que o resgate e a preservação da autoestima é fundamental para o aprendizado, na estimulação a regras de convivência social, no desenvolvimento de habilidades emocionais e de convivência, na motivação, na parceria, no respeito ao próximo, e muito mais, e é nesse sentido, que o seu papel enquanto professor passa a ser FUNDAMENTAL para o desenvolvimento e na aprendizagem de muitas crianças.

Assim, cabe a você futuro professor "aproveitar" cada abordagem teórica estudada nesta disciplina como melhor lhe convier, fazendo com que o processo ensino/aprendizagem ocorra eficazmente. Levando sempre em consideração o seu papel imprescindível na contribuição para o desenvolvimento de indivíduos saudáveis e felizes.

VOCÊ PODE FAZER A DIFERENÇA

Qual a professora ou professor que nunca recebeu um presente, já utilizado, de aluno? Ou ainda, não se deparou com um aluno rebelde? A história abaixo além de emocionante nos ensina e desperta para uma realidade comum a todos nós. Por trás desse aluno rebelde, do presente mal embrulhado, ou do perfume pela metade pode estar uma criança capaz de amar, prosperar e fazer a diferença.

A Sra. Thompson, no seu primeiro dia de aula, parou em frente aos seus alunos da 5ª série e, como todos os demais professores, disse que gostava de todos, por igual.
No entanto, ela sabia que isso era quase impossível, já que na primeira fila estava sentado um pequeno garoto: Teddy.
A professora havia observado que ele não se dava bem com os colegas de classe e muitas vezes suas roupas estavam sujas e cheiravam mal.

Ao iniciar o ano letivo, era solicitado a cada professor que lesse com atenção a ficha escolar dos alunos, para tomar conhecimento das anotações feitas em cada ano.

A Sra. Thompson deixou a ficha de Teddy por último. Mas quando a leu, foi grande a sua surpresa. A professora do primeiro ano escolar de Teddy havia anotado o seguinte: "Teddy é um menino brilhante e simpático. Seus trabalhos sempre estão em ordem e muito nítidos. Tens bons modos e é muito agradável estar perto dele".

A professora do seguinte ano escreveu:

" Teddy é um aluno excelente e muito querido por seus colegas, mas tem estado preocupado com sua mãe, que está com uma doença grave, e desenganada pelos médicos. A vida em seu lar deve estar sendo muito difícil".

Da professora do terceiro ano, constava a anotação seguinte: " A morte de sua mãe foi um golpe muito duro para Teddy. Ele procura fazer o melhor, mas seu pai não tem nenhum interesse e, logo, sua vida será prejudicada se ninguém tomar providências para ajudá-lo". A professora do quarto ano escreveu: "Teddy anda muito distraído e não mostra interesse algum pelos estudos. Tem poucos amigos e, muitas vezes, dorme na sala de aula".

A Sra. Thompson se deu conta do problema e ficou terrivelmente envergonhada. Sentiu-se ainda pior quando lembrou dos presentes de natal que os alunos lhe havia dado, envoltos em papéis coloridos, exceto o de Teddy, que estava enrolado num papel marrom, de supermercado.

Lembrou-se de que abriu o pacote com tristeza, enquanto os outros garotos riam ao ver uma pulseira faltando algumas pedras e um vidro de perfume pela metade.

Apesar das piadas, ela disse que o presente era precioso e pôs a pulseira no braço e um pouco de perfume sobre a mão. Naquela ocasião, Teddy ficou um pouco mais de tempo na escola do que o de costume. Lembrou-se ainda, que Teddy lhe disse que ela estava cheirosa como sua mãe. Naquele dia, depois que todos se foram, a professora Thompson chorou por longo tempo. Em seguida, decidiu-se a mudar sua maneira de ensinar e passou a dar mais atenção ao seus alunos, especialmente a Teddy.

Com o passar do tempo, ela notou que o garoto só melhorava. E quanto mais ela lhe dava carinho e atenção, mais ele se animava.

Ao finalizar o ano letivo, Teddy saiu como o melhor aluno da classe. Um ano mais tarde, a Sra. Thompson recebeu uma notícia em que Teddy lhe dizia que ela era a melhor professora que teve na vida.

Seis anos depois, recebeu outra carta de Teddy, contando que havia concluído o segundo grau e que ela continuava sendo a melhor professora que tivera. As notícias se repetiam até que um dia ela recebeu uma carta assinada pelo Dr. Theodore Stoddard, seu antigo aluno, mais conhecido como "Teddy";

Mas, a história não terminou aqui. A Sra. Thompson recebeu outra carta, em que Teddy convidava para seu casamento e noticiava a morte de seu pai.

Ela aceitou o convite e no dia do seu casamento estava usando a pulseira que ganhou de Teddy anos antes, e também o perfume.

Quando os dois se encontraram, abraçaram-se por longo tempo e Teddy lhe disse ao ouvido: "Obrigado por acreditar em mim e me fazer sentir importante, demonstrando-me que posso fazer a diferença".

Mas ela, com os olhos banhados em lágrimas, sussurrou baixinho. "Você está enganado! Foi você que me ensinou que eu podia fazer a diferença. Afinal, eu não sabia ensinar até que o conheci.

Mais do que ensinar a ler e escrever, explicar matemática e outras matérias, é preciso ouvir apelos silenciosos que ecoam na alma do educando. Mais do que avaliar provas e dar notas, é importante ensinar com amor, mostrando que sempre é possível fazer a diferença.

Autor desconhecido

Autor desconhecido. Revista Planeta Azul - MOA: São Paulo, Rio Janeiro, 2000.p.04

Retomando a aula

Parece que estamos indo bem. Então, para encerrar esse tópico, vamos recordar:

1 - As dificuldades de Aprendizagem

Existe uma diferença terminológica nas dificuldades de aprendizagem entre vários autores; para uns, as dificuldades de aprendizagem correspondem a toda e qualquer dificuldade da criança aprender; para outros, as dificuldades de aprendizagem correspondem apenas a fatores de causa ignorada ou a causas emocionais.

Suas principais causas: Causas físicas; causas sensoriais; causas neurológicas; causas emocionais; causas intelectuais e cognitivas; causas educacionais; causas socioeconômicas.

2 - As diferenças Individuais e a Educação especial

Algum dos aspectos que estuda a Psicologia educacional diz respeito às diferenças individuais. Cada ser humano é único, tendo em vista uma série de fatores: hereditários, sociais, culturais, históricos etc. O que inclui o estudo e entendimento da Inclusão escolar.

3 - A Queixa atual: Uma questão de indisciplina

Apesar de existir uma tendência no campo da educação que recrimina a disciplina na escola, pois associa a esta uma prática autoritária e tirana, colocando em risco a espontaneidade e criatividade das crianças e jovens. Existe uma verdadeira busca para que esse quadro escolar de "indisciplina" seja revertido pela tranquilidade, silêncio, docilidade e passividade das crianças. O que acontece é que ninguém sabe ao certo como conseguir reverter essa situação caótica que chegou nossas escolas.

Muitos são os fatores alegados aos problemas comportamentais nas escolas de nossa sociedade, dentre estes:

- **1ª hipótese:** os que acreditam ser a indisciplina um reflexo da pobreza e violência presente na sociedade moderna e nos meios de comunicação;

- **2ª hipótese:** os que acreditam que a responsabilidade é da educação recebida na família sendo decorrente da dissolução do modelo de família nuclear além de ser um reflexo da desvalorização da escola pelos pais.

- **3ª hipótese:** os que acreditam que problemas comportamentais estariam vinculados apenas a traços de personalidade da criança.

- **4ª hipótese:** aqueles que sustentam que a única responsabilidade em relação ao comportamento da criança seria do professor.

Vale a pena

Vale a pena **ler**

DROUET, Ruth Caribé da Rocha. *Distúrbios da aprendizagem*. São Paulo: Ática, 1995.

FERNÁNDEZ, A. *A inteligência aprisionada*: abordagem psicopedagógica, clínica da criança e sua família. Porto Alegre: Artes Médicas, 1990.

FONSECA, V. *Introdução às Dificuldades de Aprendizagem*. 2 ed. Porto Alegre: Artes Médicas, 1995.

PAÍN, Sara. *Diagnóstico e tratamento dos problemas de aprendizagem*. Porto Alegre: Artes Médicas, 1985.

Vale a pena **acessar**

• http://www.psicopedagogia.com.br
• http://www.brasilescola.com/educacao/dificuldades-aprendizagem.htm.

Vale a pena **assistir**

• *Vermelho como o céu.*

Minhas anotações

Aula 4º

As concepções e abordagens

Olá, nesta aula iremos estudar as concepções e as abordagens teóricas em psicologia da aprendizagem. São três concepções teóricas que buscam explicar a forma como o homem "aprende" a realidade que o cerca. Dentre elas temos a concepção Inatista, a concepção Ambientalista e a concepção Interacionista.

Já as abordagens teóricas são cinco, que pautam a prática docente e o processo educativo, a abordagem tradicional, a abordagem humanista, abordagem comportamental, abordagem sociocultural, abordagem cognitivista.

E como último tópico de estudos desta aula, vamos verificar como é a atuação profissional do professor em cada uma das abordagens citadas.

Sendo assim, bom estudo!

Se ao final desta aula surgirem dúvidas, vocês poderão saná-las através das ferramentas "FÓRUM" ou "QUADRO DE AVISOS" e através do "CHAT".

Comecemos, então, analisando os objetivos da nossa aula.

Boa aula!

Objetivos de aprendizagem

Ao término desta unidade, você será capaz de:

• refletir analiticamente, sobre as concepções que pautam o processo educativo;
• analisar as abordagens teóricas em relação ao processo educativo;
• analisar as abordagens teóricas em relação a ação docente.

Seções de estudo

1 - As concepções teóricas
2 - As abordagens teóricas
3 - A atuação profissional do professor nas várias abordagens de ensino

1 - As concepções teóricas

A concepção Inatista vê o homem como pronto e acabado, pois entende que posterior ao nascimento pouco ou nada se tem à construção da educação. A concepção ambientalista, como o nome já diz, o papel do ambiente é fundamental para o desenvolvimento do homem, pois este se constitui de acordo com o meio em que se encontra. E a concepção Interacionista, meio e homem exercem influência recíproca um ao outro. Nesta concepção, a criança se desenvolve de acordo com as interações sociais com as outras pessoas.

Essas concepções, de maneira implícita, não pautam a prática docente. A partir destas, surgem outras abordagens teóricas que defendem cada qual sua maneira de trabalho. A partir de agora, iremos estudar cada uma dessas concepções em separado e em seguida as abordagens teóricas da aprendizagem.

Vamos estudar uma a uma em separado!

• Concepção Inatista

Segundo Davis (1994), a concepção inatista parte do pressuposto de que os eventos que ocorrem após o nascimento não são essenciais ou importantes para o desenvolvimento. Assim, os hábitos, valores, personalidade, conduta social, são basicamente prontas no nascimento e o ambiente pouco influenciaria neste processo.

As origens da posição inatista podem ser encontradas, de um lado, na Teologia: Deus, de um só ato, criou cada homem em sua forma definitiva. Após o nascimento, nada mais haveria a fazer, pois o bebê já teria em si os genes do homem que viria a ser. O destino individual de cada criança já estaria determinado pela "graça divina" (DAVIS, 1994, P.27).

Assim, para essa abordagem teórica a criança já nasce pronta e acabada, os pais, o meio em geral não teriam nada a acrescentar à sua formação. As origens dessa concepção estaria na teologia, entendendo que "Deus, de um só ato, criou cada homem e o fez em sua forma definitiva" (DAVIS, 1994, p.27). Também há as contribuições de Darwin, referentes à embriologia e à Genética. Sendo essas teorias, segundo os Inatistas, foram erroneamente interpretadas, pois as transformações do homem decorrem de variações hereditárias e o ambiente serve para a sobrevivência dependendo da adaptação da espécie. O que aplicada à teoria de Darwin, sabe-se que o ambiente tem impacto decisivo. Também em relação à embriologia, pois o ambiente interno tem papel fundamental para o embrião, porém após o nascimento, o que é fundamental para o seu desenvolvimento e o ambiente externo.

Nesta concepção Inatista não há nada que se possa fazer para mudar o homem, apenas algumas ações podem aprimorar aquilo que já é ou virá a ser. O que se choca com a psicologia que acredita que o homem pode ser mudado desde que ele queira.

• Concepção Ambientalista

Como o próprio nome diz, ambientalista vem de ambiente. Para essa concepção, o ambiente tem um imenso poder no desenvolvimento humano. Essa concepção deriva da corrente filosófica do empirismo.

Segundo Davis (1994), o grande defensor da concepção ambientalista é B.F. Skinner, cuja teoria proposta por ele será melhor estudada na aula sobre comportamentalismo.

Essa concepção preocupa-se em explicar os comportamentos observáveis do sujeito, não levando em considerações outros aspectos da personalidade, como: sentimentos ou mesmo seu raciocínio.

Para essa abordagem, a aprendizagem é entendida como um processo pelo qual o comportamento é modificado, como resultado da experiência e a partir de estímulos do meio. Sendo o papel do ambiente mais importante que a maturação biológica.

Para que a aprendizagem ocorra é preciso reforçar através de estímulos a resposta do aluno. Nessa concepção, a ênfase está em propiciar novas aprendizagens, por meio da estimulação do aluno, o que só será possível mediante o conhecimento desse aluno, identificando os estímulos que provocam o comportamento e consequentemente os que os mantêm. Esse método levou o nome de Análise funcional do comportamento.

A Análise funcional do comportamento, chamou a atenção para o planejamento no ensino, a organização das condições para que a aprendizagem ocorra, valorizando o papel do professor.

A crítica a essa concepção é ver o homem apenas de maneira passiva, sendo então facilmente manipulado e controlado.

• Concepção Interacionista

Segundo Davis (1994), para essa teoria, a aprendizagem acontece na interação entre organismo e o meio, sendo a aquisição do conhecimento um processo construído pelo individuo durante toda a sua vida.

Assim, a importância atribuída aos fatores humanos está na interação e nas experiências que servem de base para novos conhecimentos e significa a interação da criança com as pessoas que a cercam. Nessa interação, fatores internos e externos se interrelacionam. Dessa forma, os interacionistas discordam das teorias inatistas, por desprezarem o papel do ambiente, e das concepções ambientalistas porque ignoram fatores maturacionais.

Os dois teóricos principais dessa teoria são: Piaget e Vygotski, cujas teorias serão estudadas nas próximas aulas.

Vejamos agora as abordagens teóricas que pautam a prática docente.

2 - Abordagens Teóricas

Além das concepções teóricas do desenvolvimento humano, temos algumas abordagens teóricas da educação, que fundamentam a ação docente e todo o processo educativo são elas: abordagem Tradicional, a abordagem Comportamental, a abordagem Humanista, a abordagem Cognitivista e a abordagem sócio-cultural. Sendo assim, vamos estudar uma a uma, verificando como que cada uma entende o homem, a educação, a escola e o conhecimento.

Figura 4.1 - Abordagem Tradicional

Fonte: arquivo Clip Art Windows

• Abordagem Tradicional

Segundo Mizukami (1986), trata-se de uma prática educacional que persistiu com o tempo em diferentes formas fornecendo referências para as demais abordagens.

Nesta abordagem o homem é visto como "tábula rasa", ele é inserido num mundo que irá conhecer, sendo passivo nesse processo de conhecimento. Assim, o ensino nesta abordagem é centrado no professor, sendo este o detentor do saber [grifo da autora]. "Esse tipo de ensino volta-se para o que é externo ao aluno: o programa, as disciplinas, o professor. O aluno apenas executa prescrições que lhe são fixadas por autoridades exteriores" (MIZUKAMI, 1986, p.08).

O mundo é externo ao indivíduo e o conhecimento é feito através do armazenamento das informações desse mundo externo ao sujeito, essas informações devem ir das mais simples as mais complexas.

O conhecimento é visto com um caráter cumulativo, adquirido por meio de transmissão de conhecimentos. Sendo a educação então, entendida como instrução transmitida pela escola.

> A abordagem tradicional é caracterizada pela concepção de educação como um produto, já que os modelos a serem alcançados estão pré-estabelecidos, daí a ausência de ênfase no processo. Trata-se, pois, da transmissão de idéias selecionadas e organizadas logicamente (MIZUKAMI, 1986, p.11).

A escola, nesta abordagem, é o lugar onde se realiza a educação, que se restringe ao processo de transmissão de informações. O relacionamento entre professor/aluno e consequentemente o ensino, se dá de forma vertical.

Segundo Émile Chartier (1978) apud Mizukami (1986, p.12), "a escola é o lugar por excelência onde se raciocina. Defende um ambiente físico austero para que o aluno não se distraia".

Figura 4.2 - Abordagem Comportamentalista

Fonte: arquivo Clip Art Windows

Segundo Moreira (1993), até há pouco tempo as teorias da aprendizagem eram resumidas quase que exclusivamente à teoria Comportamental. Outras teorias como as que estamos estudando, como a cognitivista, humanista e socioconstrutivista só foram aceitas neste século.

Segundo Milhollan e Forisha (1978) apud Moreira (1993), a teoria comportamental considera o homem um organismo passivo, seu comportamento é direcionado por estímulos externos.

> Para os positivistas lógicos, enquadrados nesse tipo de abordagem, o conhecimento consiste na forma de se ordenar as experiências e os eventos do universo, colocando-os em códigos simbólicos. Para os comportamentalistas, a ciência consiste numa tentativa de descobrir a ordem na natureza e nos eventos pretendem demonstrar que certos acontecimentos se relacionam sucessivamente uns com os outros (MIZUKAMI, 1986, p.19).

Para a referida teoria, o comportamento humano é modelado e reforçado, o que implica recompensa e controle, consequentemente o planejamento da aprendizagem é feito de forma rigorosa e sistemática, tendo o objetivo do controle do comportamento. A base do conhecimento é a experiência. Um grande teórico dessa abordagem é Skinner.

O homem nessa abordagem é visto como uma consequência das influências ambientais, ou seja, ele é o produto do meio.

Mizukami (1986) coloca que o conteúdo transmitido visa objetivos e habilidades que levam à competência. E a educação decorrente disso, preocupa-se com aspectos mensuráveis e observáveis.

O ensino é feito através da análise experimental do comportamento, onde se deve considerar tanto os elementos do ensino como as respostas do aluno. Sendo o homem a consequência das influências do meio. "O mundo já é construído, e o homem é produto do meio" (MIZUKAMI,1986, p.22).

Assim, a educação é transmissão cultural de informações e comportamentos, tanto no que se refere à aquisição como a modificação de comportamentos existentes.

A escola é considerada e aceita como uma agência educacional, cabendo a ela, manter, conservar ou modificar os padrões de comportamento que deseja.

O ensino – aprendizagem é visto como um arranjo de planejamento de acordo com o que se deseja do aluno, que são instalados e mantidos por condicionamentos e reforçadores.

Figura 4.3 - Abordagem Humanista

Fonte: arquivo Clip Art Windows

Segundo Milhollan e Forisha (1978) apud Moreira et all (1993), a teoria humanista considera o homem fonte de todos os atos. Ou seja, o homem é livre para fazer suas escolhas.

O enfoque predominante da teoria humanista é C. Rogers, cuja abordagem da ênfase as relações interpessoais e ao crescimento que delas resulta, centrado na personalidade do indivíduo, capaz de desenvolver-se como pessoa integrada. Dá-se ênfase à vida do indivíduo, no sentido psicológica e emocional, a fim de que a pessoa possa desenvolver-se e aceitar-se como se é, e não como se gostaria de ser.

Para essa abordagem, segundo Mizukami (1986), o ensino está centrado no aluno. O que dá ênfase total as relações interpessoais e ao crescimento pessoal tanto de construção, quanto de organização da realidade.

A educação consiste em deixar a responsabilidade da educação para o aluno, tendo condições que facilitem a aprendizagem, podendo tornar-se tanto emocional, como cognitiva.

Alguns criticam essa teoria, pois trata-se na verdade de uma abordagem clínica, o que justifica a falta e a necessidade de diretrizes educacionais. O que de certo modo, falha a essa abordagem, tornando assim necessárias mais experiências a respeito, mas sem deixar de revelar suas vantagens, pois vê o homem como o centro da aprendizagem num "vir-a-ser" contínuo.

A escola nesta teoria deve dar ao aluno a possibilidade de aprender, em todos os aspectos que isso implica com seus erros e tentativas, sem perder a motivação para isso. Possibilitando assim o desenvolvimento total do ser humano.

Figura 4.4 - Abordagem Cognitiva

Fonte: arquivo Clip Art Windows

A abordagem cognitivista diz respeito ao estudo dos processos de organização, conhecimento, processamento e estilos de pensamento, ou seja, ver a aprendizagem mais do que fatores externos ao aluno e ao ambiente, mas enquanto fatores internos ao indivíduo. Tudo isso em relação a como e de que forma o aluno processa as informações sem descartar as influências do meio, por isso, é uma abordagem também interacionista, ou seja, o conhecimento é produto da interação entre sujeito e objeto. Seus representantes principais são Jean Piaget e Jerome Bruner.

"O indivíduo é considerado como um sistema aberto, em reestruturação sucessivas, em busca de um estágio final nunca alcançado por completo". (MIZUKAMI, 1986, p.60).

O conhecimento progride conforme a assimilação de estruturas já existentes, o que provoca uma reestruturação, buscando o Máximo do desenvolvimento. A inteligência é considerada uma construção histórica, onde se desenvolve também a afetividade.

O conhecimento é uma construção contínua. Mizukami (1986) cita que Piaget admite, pelo menos, duas fases: a fase exógena, da constatação e da cópia, e a fase endógena, das relações e combinações.

Considerando que o sujeito pode parar na primeira etapa do conhecimento, mas o verdadeiro conhecimento implica a fase endógena.

A educação para Piaget é um todo, ele considera tanto os elementos morais, como os intelectuais.

Figura 4.5 - Abordagem Sócio-Cultural

Fonte: arquivo clip Art Windows

Figura 4.6 - Paulo Freire

FONTE: http://www.images.google.com.br

Um dos maiores representantes brasileiros dessa abordagem é Paulo Freire e sua teoria é a concepção Interacionista, ou seja, o homem e o meio interagem.

Segundo Mizukami (1986),

> O homem é o sujeito da educação e, apesar de uma grande ênfase no sujeito, evidencia-se uma tendência interacionista, já que a interação homem-mundo, sujeito-objeto é imprescindível para que o ser humano se desenvolva e se torne sujeito de sua práxis (MIZUKAMI,1986, p.86).

Essa abordagem tem como meta desenvolver sujeitos críticos, sujeitos de sua própria educação, interagindo com o meio e intervindo na realidade.

"A participação do homem como sujeito na sociedade, na cultura, na história, se faz na medida de sua conscientização, a qual implica a desmistificação" (MIZUKAMI,1986, p.88).

Nessa abordagem, segundo a autora acima citada, o conhecimento se constrói na interação homem/meio. Através da relação crítica, em que o conhecimento não é apenas em relação ao conteúdo formal, mas também em todas as situações e desafios podem se encontrar as respostas ou mais de uma resposta ao mesmo desafio. Essa resposta não apenas modifica o meio, mas modifica a si próprio. Desse modo, ao contrário da abordagem tradicional a relação ensino-aprendizagem, se dá de forma horizontal, jamais ela é imposta.

Apesar dessa abordagem não descartar o preparo das aulas, como o planejamento, porém, o conteúdo programático é feito a partir da consciência que se tem da realidade.

Pois,

> A verdadeira educação, para Freire, consiste na educação problematizadora, que ajudará a superação da relação opressor-oprimido. A educação problematizadora ou conscientizadora, ao contrário da educação bancária, objetiva o desenvolvimento da consciência crítica e a liberdade como meios de superar as contradições da educação bancária, e responde a essência de ser da consciência, que é a sua intencionalidade. A dialogicidade é a essência desta educação. Educador e educando são, portanto, sujeitos de um processo em que crescem juntos, porque "...ninguém educa ninguém se educa; os homens se educam entre si, mediatizados pelo mundo (MIZUKAMI, 1986, p.97).

E a escola para esta teoria é uma instituição que existe num contexto de uma determinada sociedade e que propicia o desenvolvimento e crescimento tanto dos alunos quanto dos professores. Assim, a educação assume um caráter amplo, não se restringindo à escola apenas.

3 - A atuação do professor nas várias abordagens de ensino

Na abordagem Tradicional, segundo Mizukami (1986), a relação professor/aluno é vertical. O professor detém o poder em relação a tudo, ou seja, metodologia de aula, conteúdo apresentado, avaliação etc.

"Ao professor compete informar e conduzir seus alunos em direção a objetivos que lhes são externos, por serem escolhidos pela escola e/ou pela sociedade em que vive e não pelos sujeitos do processo" (MIZUKAMI, 1986, p. 14).

Assim, o papel do professor está ligado à transmissão de conteúdo, e ao aluno cabe a repetição dos dados que o professor forneceu, sendo, muitas vezes, dependente emocional e intelectualmente deste.

A classe é tomada como se fosse um auditório e as aulas são quase sempre expositivas. O conteúdo já está pronto pelo professor e o aluno se limita a escutá-lo. Após a exposição do professor, são passados exercícios de repetição e recapitulação. O conteúdo é considerado pronto quando o aluno é capaz de reproduzi-lo.

A avaliação é realizada visando à reprodução do conteúdo aprendido, ou seja, provas exames, chamadas orais etc.

Na abordagem Comportamental, Segundo Mizukami (1986), a relação professor aluno, cabe ao professor a responsabilidade de planejar e desenvolver o sistema de ensino, ou seja, todo o controle da educação através das contingências de reforço, de modo a aumentar a probabilidade de respostas dos alunos.

> Os passos de ensino, assim como os objetivos intermediários e finais, serão decididos com base em critérios que fixam os comportamentos de entrada e aqueles os quais o aluno deverá exibir ao longo do processo de ensino. O professor, neste processo, é considerado como um planejador e um analista de contingências ou mesmo, como se denomina mais recentemente, um engenheiro comportamental (MIZUKAMI, 1986, p. 32).

A metodologia de ensino utilizada deve ter como estratégia as especificações dos objetivos, o envolvimento do aluno, o controle de contingências, o *feedback* aos alunos, sendo que a apresentação do conteúdo deve ser em pequenos passos. Além de uma instrução individualizada que visa ao desempenho e desenvolvimento de cada um, e que possibilita que um maior número de alunos atinja os objetivos esperados.

> Basicamente, o instrutor dispõe de três formas para arranjar ou combinar reforços e contingências: encadeamento, modelagem, fading ou enfraquecimento do estimulo ou ainda mudança graduada do estimulo. Dessa forma será possível gerar um alto nível de aprendizagem por parte do aluno sem se recorrer a contingências aversivas no processo de instrução (MIZUKAMI, 1986, p. 34).

Assim, segundo Mager (1971) *apud* Mizukami (1986, p. 78), existem três elementos básicos quanto à implantação dos objetivos:

> 1ª O que se quer ensinar;
> 2ª Em que nível quer que o aluno aprenda;
> 3ª Em quais condições o aluno deve responder.

Em relação à avaliação do aluno, esta progride em seu ritmo e consiste em entender se o aluno aprendeu ou não.

Na abordagem Humanista, segundo Mizukami (1986), cabe ao professor desenvolver suas próprias estratégias de ensino, de forma única. Afinal, é um ser único, assim, como seus alunos são.

Assim, o relacionamento professor/aluno é pessoal e único.

> O professor, nessa abordagem, assume a função de facilitador da aprendizagem, e nesse clima facilitador, o estudante entrará em contato com problemas vitais que tenham repercussão na sua existência. Daí o professor ser compreendido como um facilitador da aprendizagem, devendo, para isso, ser autêntico (aberto as suas experiências) e congruente, ou seja, integrado (MIZUKAMI, 1986, 52).

Igualmente, o professor deve aceitar o aluno como ele é, compreender seus sentimentos, se colocar em seu lugar. O aluno por sua vez deve entender o significado do que aprendeu e responsabilizar-se pela própria aprendizagem.

Nessa proposta de ensino não se enfatiza a técnica, entretanto Rogers (1972) *apud* Mizukami (1986, p. 89), coloca que ao aluno deve ser proporcionado:

> • o estímulo e a curiosidade; deve ser encorajado a escolher seus próprios interesses;
> • deve lhe ser provido todos os tipos de recursos; permitir ao aluno fazer as próprias escolhas, certas e erradas;
> • dê ao aluno o papel na construção do seu programa de ensino;
> • capacite o aluno a desenvolver-se de forma inteligente, flexível e criativa.

Na **abordagem Cognitivista**, segundo Mizukami (1986), a relação professor/aluno é muito próxima, cabe ao professor evitar rotinas, fixação de respostas e hábitos. Deve propor problemas sem, no entanto dar a resposta, sendo a sua função provocar desequilíbrios.

Cabe ao professor ser um investigador das potencialidades do aluno, orientador do seu trabalho, a ponto de que seus objetivos sejam alcançados, além de observador do comportamento dos alunos.

Cabe ao aluno um papel ativo na aprendizagem, além de observar, comparar, levantar hipóteses, analisar, etc. em relação a sua aprendizagem.

Em relação à metodologia de ensino, não existe um modelo, uma técnica definida, o que existe é uma teoria de conhecimento e de desenvolvimento humano, que traz implicações para o ensino.

As avaliações tradicionais como provas, testes, exames e notas são pouco aprovadas por esta abordagem.

Na abordagem Sociocultural, segundo Mizukami (1986), a relação professor/aluno é horizontal e o ensino não é imposto. "Para que o processo educacional seja real é necessário que o educador se torne educando e o educando, por sua vez, educador" (MIZUKAMI, 1986, p.99).

Mizukami (1986) coloca que quando isso não ocorre, não há aprendizado, pois para que a aprendizado ocorra é necessário que o aluno esteja conscientizado do processo.

> Um professor que esteja engajado numa prática transformadora procurará desmistificar e questionar, com o aluno, a cultura dominante, valorizando a linguagem e cultura deste, criando condições para que cada um deles analise seu contexto e produza cultura (MIZUKAMI, 1986, p.99).

Assim, cabe ao professor desenvolver o senso crítico em seu aluno, fazendo com que ele reflita nos fatos e que consiga expressar o seu ponto de vista. Tendo sempre a preocupação com cada aluno em particular e não apenas com os produtos da aprendizagem. Nesse método a avaliação é sempre em forma de autoavaliação.

Nesse sentido, chegamos ao término de nossa aula sobre as concepções teóricas e sobre as abordagens do processo de ensino, assim, cabe a você, futuro professor, analisar e refletir sobre a abordagem que mais lhe convier enquanto prática profissional. Assim, em nossas próximas aulas, vamos continuar estudando, detalhadamente, alguns teóricos e suas abordagens.

 Retomando a aula

 Parece que estamos indo bem. Então, para encerrar esse tópico, vamos recordar:

1 - As Concepções teóricas

A concepção Inatista vê o homem como pronto e acabado, posterior ao nascimento pouco ou nada se tem a fazer para sua educação. A concepção Ambientalista, como o nome já diz, o papel do ambiente é fundamental para o desenvolvimento do homem, pois este se constitui de acordo com o meio em que se encontra. E a concepção Interacionista, meio e homem exercem influência recíproca um ao outro. Nessa concepção a criança se desenvolve de acordo com as interações sociais com outras pessoas.

2 - As abordagens teóricas

As abordagens teóricas da educação fundamentam a ação docente e todo o processo educativo. São elas: Abordagem Tradicional, a abordagem Comportamental, a abordagem Humanista, a abordagem Cognitivista e a abordagem sociocultural. Cada uma das abordagens citadas entende o homem, a educação, a escola e o conhecimento de uma maneira diferenciada. Cabe a nós conhecermos uma a uma e extrair todo o conhecimento necessário para a atuação profissional.

3 - A atuação do professor nas várias abordagens de ensino

Cada abordagem de ensino traz a técnica profissional do professor, deste a relação professor/aluno, como na abordagem tradicional onde a relação professor/aluno é de maneira vertical, até a abordagem socioconstrutivista e sua relação professor/aluno

horizontal. Bem como a metodologia empregada em sala de aula e concluindo com suas técnicas de avaliação do conteúdo apresentado.

 **Vale a** pena

Vale a pena **ler**

MIZUKAMI, M. G. N. *Ensino*: as abordagens do processo. São Paulo: EPU, 1986.

Vale a pena **acessar**

• http://homes.dcc.ufba.br/~frieda/mat061/as.htm

Vale a pena **assistir**

• *Sociedade dos poetas mortos*

Aula 5º

A perspectiva comportamental

Olá, nesta aula estudaremos a perspectiva Comportamental ou behaviorista, por ser uma das primeiras perspectivas teóricas em relação à educação. Assim, vamos abordar o pensamento de Watson, Ivan Pavlov e Skinner.

Sendo assim, bom estudo!

Se ao final desta aula, surgirem dúvidas, vocês poderão saná-las através das ferramentas "FÓRUM" ou "QUADRO DE AVISOS" e através do "CHAT".

Comecemos, então, analisando os objetivos da nossa aula.

Boa aula!

Objetivos de aprendizagem

Ao término desta unidade, você será capaz de:

• refletir sobre aprendizagem na concepção comportamental;
• analisar quais as técnicas e métodos dessa teoria que podem contribuir com a atuação profissional do pedagogo.

Seções de estudo

1 - O Comportamentalismo de J. B. Watson, I. Pavlov, B. F. Skinner
2 - A teoria Comportamental
3 - O Comportamentalismo e a atuação do professor

1 - O comportamentalismo de J.B.Watson, I. Pavlov, B. F. Skinner

Figura 5.1 - Teóricos comportamentalistas

I. Pavlov   B. F. Skinner   J. B. Watson

FONTE: http://www.images.google.com.br. Acessado em 14 de maio de 2012, às 18 horas.

O termo behavior vem do Inglês e significa comportamento. Assim, behaviorismo significa estudo do comportamento. Sua origem se deu por volta de 1913 pelo americano John B. Watson. Foi através do estudo do comportamento que a psicologia ganhou o *status* de ciência deixando de ser um estudo da filosofia, pois passou a ser um objeto observável e mensurável. O comportamentalismo tem uma ampla relação com a educação. A qual, iremos estudar detalhadamente.

Os teóricos behavioristas buscam a relação entre comportamento e meio. Chegando a conceitos como de Estimulo e Resposta (Teoria S-R). É B. F. Skinner (1904-1990) que irá estudar esse processo, que teve como base o condicionamento operante.

Pavlov em 1927, em seu laboratório de fisiologia, observou que se um animal estiver privado de alimento por horas, irá salivar no momento que lhe é apresentado o alimento. E que nas mesmas condições poderá emitir o comportamento da salivação sem a presença do alimento, mas apenas por ver a pessoa que sempre o alimenta. Fez dessa forma, diversas experiências, como por exemplo, emitindo o som de uma campainha no momento da apresentação do alimento ao animal, percebeu que após alguns dias, mesmo sem a presença do alimento, apenas emitindo o som da campainha o animal salivava. O som neste caso seria um estímulo. Chamou de condicionamento.

> O que Pavlov quis mostrar é que tudo o que aprendemos deve ser explicado pelo modo como os estímulos ambientais e internos – do sistema nervoso, mesmo – são dispostos para produzir respostas. Esse modelo de aprendizagem chama-se Condicionamento e pode ser observado com facilidade em nosso dia-a-dia (CUNHA, 2000, p.49).

Seu experimento demonstrou que algumas funções autônomas como a salivação poderiam ser previstas e condicionadas, ou seja, que estes comportamentos poderiam ser provocados.

> Havia a possibilidade de se controlar com eficácia diferenças individuais e de se descobrir leis de comportamento validas para qualquer membro de uma espécie. A alegação de Skinner era de que, desta forma, a pesquisa psicológica poderia eventualmente elevar-se de ciência probabilística para ciência exata (FADIMAN, 2002, P. 192).

Antes de Skinner, J. B. Watson é o primeiro psicólogo behaviorista reconhecido, sendo que sua teoria versa sobre o fato de a consciência não existir, contudo dizia que toda a aprendizagem dependia do meio externo, ou seja, era condicionada.

Abaixo segue um dos seus escritos extremados sobre a educação. "Nunca as abrace ou beije (as crianças), nunca as deixe sentar-se em seu colo. Se preciso, beije-as uma vez na testa quando dizem boa noite. Dê-lhes um aperto de mão" (WATSON, 1928 apud FADIMAN, 2002, 191).

Assim, a proposta da teoria de Watson foi considerada extremista, podemos perceber pela citação acima, porém, sua ênfase no comportamento que possa realizar para obter os resultados e os méritos.

Moreira et al. (1993, p. 34) ainda cita a **fase da Modelagem**, onde o aluno não pode exercer o efeito máximo dessa fase sem que esteja livre da ansiedade, "a modelagem afeta a maneira de como o aluno atua, sendo uma técnica fundamental na educação, pois corresponde a todos os comportamentos do aluno e consequentemente a seus bons ou maus rendimentos".

Depois Moreira et al. (1993, p. 34) ainda cita a **fase da Manutenção**, por colocar que é um "processo de intensificação do comportamento aprendido, sendo seu efeito na educação se observa na retenção, aplicação e transferência da aprendizagem".

Algumas condições são sugeridas pelo autor na retenção de conhecimentos:

- apresentar material em múltiplos contextos;
- abundar-se de exemplos e ilustrações sobre conceitos importantes;
- atribuir tarefas que requeiram o uso do novo material;
- proporcionar reforços só depois da conclusão das tarefas;
- incrementar gradual complexidade nas tarefas ou problemas;
- aplicar práticas dos conhecimentos demonstrados;
- destinar aos estudantes a tarefas de apresentar demonstrações apropriadas;
- destinar grupos de estudantes em um trabalho determinado; consistente em descobrir, enumerar e descrever aplicações não tratadas na classe nem no texto;
- realizar sessões de valorização crítica da estrutura, funções e significados do conteúdo;
- apresentar projetos individuais e grupais.
FONTE: Moreira et al. (1993, P. 35)

Carpenter e Haddan *apud* Moreira et all (1987) citam um modelo para facilitar a aprendizagem do aluno ao qual segue no quadro abaixo:

1 - Os objetivos para cada tema são apresentados em forma clara.
2 - O conteúdo é apresentado em unidades relativamente pequenas de trabalho de informação. Isto dá ao aluno a sensação de chegar a alguma parte. Por outro lado, o mantém ativo.
3 - As unidades de trabalho de informação são dispostas em uma seqüência que mantenha o aluno em elevada continuidade.

4 - Cada unidade contém suficientes sinais para facilitar o êxito na consecução da tarefa apresentada.
5 - Depois de haver completado cada trabalho, se põe à disposição do aluno uma resposta-modelo.
6 - O aluno estabelece seu próprio ritmo de trabalho.
7 - A situação de aprendizagem é preparada e dirigida com o fim de assegurar ao educando um mínimo de distrações.
8 - Se apresenta uma prova de revisão que esclarece ao aluno os comportamentos específicos necessários para satisfazer os objetivos estabelecidos no começo do tema.

FONTE: CARPENTER E HADDAN apud MOREIRA et al. (1993, P. 36).

Assim, podemos perceber que a teoria comportamental traz o enfoque de um ensino programado, que se inicia em programas simples, e depois em programas mais complexos. Sempre são dados aos alunos o feedback de sua atuação, tanto em relação aos acertos, bem como dos erros, no caso dos erros terão a oportunidade de tentar novamente em outra oportunidade.

Desse modo, ocorre a aprendizagem na teoria comportamental.

Retomando a aula

Parece que estamos indo bem. Então, para encerrar esse tópico, vamos recordar:

1 - O Comportamentalismo de J. B. Watson, I. Pavlov, B. F. Skinner

O termo behavior vem do Inglês e significa comportamento. Assim, behaviorismo significa estudo do comportamento. Ou seja, é uma teoria comportamental. Sua origem se deu por volta de 1913, pelo americano John B. Watson. Foi através do estudo do comportamento que a psicologia ganhou o status de ciência deixando de ser um estudo da filosofia, pois passou a ser um objeto observável e mensurável.

Pavlov em 1927, em seu laboratório de fisiologia, observou que se um animal estiver privado de alimento por horas, irá salivar no momento que lhe é apresentado o alimento. E que nas mesmas condições poderá emitir o comportamento da salivação sem a presença do alimento, mas apenas por ver a pessoa que sempre o alimenta. Fez, dessa forma, diversas experiências, como por exemplo, atraiu o interesse de Skinner, que passou a pesquisar o comportamento e construiu sua teoria.

Skinner *apud* Fadiman (2002), nasceu em 1904 na Pensilvânia, seu pai era advogado. Após terminar seus estudos voltou para casa e tentou tornar-se escritor. Sua experiência como escritor foi desastrosa e dessa forma, foi para Nova Iorque, por seis meses, depois foi para a Europa, e na volta entrou para a Faculdade de Psicologia em Harvard.

Skinner em Harvard se submeteu a um cronograma rígido de estudos, que iniciava as seis da manhã indo ate às 9 horas da noite, sendo que raramente saia. Recebeu seu Ph.D. e trabalhou durante cinco anos na faculdade de medicina de Harvard, fazendo pesquisas no sistema nervoso de animais, em seguida tornou-se professor em Minesota.

Em 1938, publicou *O comportamento de Organismos*. Após nove anos em Minesota, assumiu o departamento de Psicologia da Universidade de Indiana. E três anos depois voltou para Havard.

Em 1948 escreveu *Walden Two*, sendo esta sua obra mais vendida. Em seguida escreveu *Ciência e comportamento Humano* em 1953, *Cumulative Record* em 1959, *The Technology of Teaching* em 1968, *O mito da Liberdade* em 1971 e *About Behaviorism* em 1974.

2 - A teoria comportamental

De acordo com Bock et al. (1998), "existe um número bastante grande de teorias da aprendizagem. Essas teorias poderiam ser genericamente reunidas em duas categorias: as teorias do condicionamento e as teorias cognitivistas".

Vamos nos ater, nesta aula, na teoria do condicionamento, pois estas teorias definem a aprendizagem pelas suas consequências comportamentais e enfatizam as condições ambientais como forças propulsoras da aprendizagem, sendo que para está à aprendizagem é uma conexão entre o estímulo e a resposta.

Cunha (2000) traz a relação entre a Psicanálise e o comportamentalismo, pois, para a primeira, o inconsciente e a vida emocional são seus conceitos fundamentais, para a segunda teoria a importância é dada apenas a estímulos do meio externo e as respostas do ser humano, não levando em consideração outros aspectos.

Skinner admitiu o estudo de pensamentos e sentimentos, desde que estes sejam abordados a partir de suas manifestações comportamentais. Ou seja, não admitindo as questões subjetivas do comportamento humano. Neste sentido, é uma teoria que se limita apenas ao observável, mensurável, quantificável, sendo, por isso, a grande responsável pela ciência psicológica. Porém, tendo suas restrições. Agora, veremos por que essa teoria é tão utilizada pela educação.

Já que o comportamentalismo é a relação entre estímulos e respostas, significa que se soubermos utilizar os estímulos corretos teremos as respostas que desejarmos. Assim, "o comportamentalismo fornece uma perspectiva de entendimento do ser humano que viabiliza modificar o comportamento numa direção previsível, viabilizando o controle das ações da pessoa e a obtenção segura de resultados" (CUNHA, 2000, p.47).

O que na escola, significa que a partir do planejamento adequado e práticas pedagógicas direcionadas a aprendizagem será mais eficiente.

Os experimentos de Skinner, que dão um sentido para a aprendizagem. Skinner formalizou alguns conceitos, utilizando experimentos com ratos de laboratório em uma gaiola, que ficou conhecida como a "Caixa de Skinner".

Figura 5.2 - Caixa de Skinner

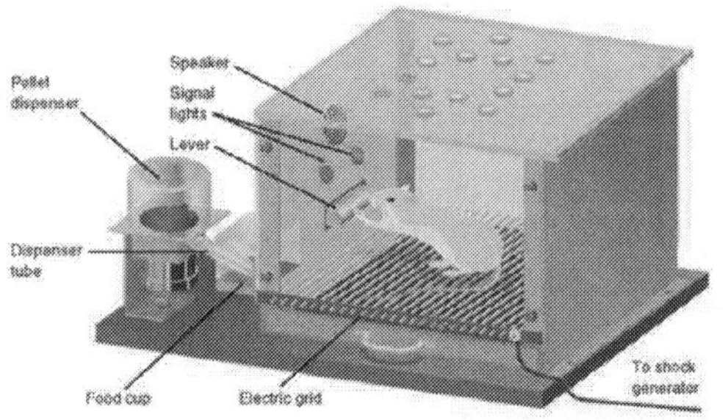

FONTE: http://www.images.google.com.br. Acessado em 12 de março de 2012, às 20 horas.

A caixa de Skinner é um compartimento no qual há uma alavanca junto ao bebedouro, colocado em seu interior o rato, que movimenta-se tocando a alavanca e, sendo estimulado através da liberação da água, ele emitirá a resposta de novamente tocar a alavanca. Dando a conotação do animal ter aprendido como obter a água (CUNHA, 2000, p. 50).

Assim, dois conceitos fundamentais de Skinner são:
• Condicionamento e reforçamento, assim, Condicionamento Respondente, seria o comportamento reflexo em que o organismo responde automaticamente a um estímulo. No caso

a descoberta de Pavlov sobre a salivação do cachorro na presença do alimento.

• O condicionamento Operante, sendo este o maior interesse de Skinner, diz respeito ao controle do comportamento após a realização do comportamento, ou seja, o processo de modelar e manter o comportamento.

Exemplo:

Estou tentando ensinar minha filha a nadar. Ela gosta de água, mas não tem vontade ou tem medo de molhar a cabeça ou o rosto, ou de soltar bolhas embaixo da água. Isto tem retardado consideravelmente o processo. Concordei em lhe dar uma bala se ela molhar o rosto. Quando ela o fizer livremente, eu lhe darei uma bala somente se mergulhar toda a cabeça. Depois que ela for capaz de fazer isto, ganhará uma bala apenas se soltar bolhas embaixo da água. Atualmente, ainda estamos nas fases iniciais deste acordo. Às vezes ela deseja ganhar uma bala e coloca seu rosto na água. Outras vezes ela não quer a bala e se recusa a executar o comportamento de molhar o rosto.
EXEMPLO RETIRADO DO LIVRO TEORIAS DA PERSONALIDADE DE FADIMAN, 2002, p. 194.

Já o reforçamento é qualquer estímulo que aumenta a probabilidade da resposta. Skinner dá o nome de reforçador ao estímulo que produziu a resposta desejada, no caso do rato seria a água. Chamando a esse procedimento Condicionamento Operante, pois o resultado obtido depende de uma atuação do organismo que altera o ambiente físico. Dessa forma, para os behavioristas a ênfase é em controlar o comportamento.

Por esse motivo fala-se sobre a relação do comportamentalismo no processo ensino – aprendizagem, pois no momento que o professor quer um determinado comportamento do aluno, como por exemplo, que traga suas tarefas, este pode ser estimulado com a nota, ou com as "estrelinhas" no caderno, ou também pode ser punido.

Outro exemplo é o aprendizado de uma mãe em relação ao filho, quando a mãe só libera a sobremesa após a criança comer a refeição principal, sendo a sobremesa o estímulo para o comportamento de comer a refeição.

Segundo a concepção skinneriana, nosso repertório de comportamentos é estabelecido com base naquilo que o ambiente fornece e, também, dadas às disposições ambientais, esse mesmo repertório é por nós modificado tendo em vista os reforçadores que almejamos. Uma criança aprende a fazer birra [...] quando a mãe, cansada de repreendê-la, cede a seus apelos e lhe dá a bala que ela insistentemente pede. No futuro, em condições semelhantes, é provável que a criança repita o mesmo comportamento (CUNHA, 2000, p. 51).

Segundo o autor citado acima, é isso que irá fazer com que o comportamento se instale. Um exemplo para isso pode ser a criança que ao fazer birra à mãe atende seu pedido, o comportamento dessa criança será condicionado a toda vez que quiser alguma coisa, fará birra para conseguir. Se caso a mãe deseja que esse comportamento não mais se manifeste, pode tentar fazer a extinção do comportamento através da punição por exemplo.

Alguns comportamentos depois de instalados serão mantidos ao longo do tempo sem o estímulo reforçador.

Mais alguns conceitos:

Condicionamento - Uma espécie de aprendizagem na qual um estímulo originalmente ineficaz vem eliciar (condicionamento clássico) ou estabelecer uma situação para (condicionamento operante) uma resposta particular.
Condicionamento Clássico - Aprendizagem associativa na qual o reforço é dado contíguo com a resposta, mas independentemente de sua ocorrência.
Condicionamento Respondente - É o comportamento reflexo ou não voluntário e inclui respostas que são eliciadas (produzidas) por modificações especiais de estímulos do ambiente. Ex.: a contração das pupilas quando uma luz forte incide sobre os olhos.
Condicionamento Operante - comportamento voluntário e abrange uma quantidade muito maior de atividade humana. Ex.: A birra na criança.

Retirado do livro Psicologias de Bock et al, 1998, p. 41.

Outros termos:
Modelagem - Um procedimento operante experimental no qual reforço seletivo é usado para treinar o sujeito, através de aproximação sucessivas em algum novo comportamento.
Reforçador - É a recompensa prometida pelo reforço.

134

3 - Comportamentalismo e a atuação do professor

O comportamentalismo é muito utilizado na escola, pois o professor pode usar vários desses recursos, tanto para instalar como para extinguir um comportamento.

Segundo Cunha (1992), como nessa abordagem os experimentos foram realizados com animais, fez com que isso reduzisse a uma teoria com exemplificações simples, abordando situações pouco complexas.

Porém, é através do comportamentalismo que se pode entender melhor o comportamento humano, sem a necessidade de submeter pessoas a experiências laboratoriais.

A crítica é que o comportamentalismo iguala animais e homens e que estes teriam uma atividade mental bem mais complexa, pois a teoria desconsidera algumas peculiaridades humanas como as, psicológicas, históricas e culturais. Ou seja, se para um aluno um determinado reforço é estimulante, para o outro às vezes não serve, cabendo ao professor descobrir quais estímulos reforçam o comportamento de seus alunos.

Outra grande contribuição do comportamentalismo, diz respeito ao tecnicismo, pois inspirou atitudes e procedimentos pedagógicos, como: ações, métodos, técnicas e instrumentos.

Nesse sentido, o comportamentalismo leva a crítica de como desenvolver pessoas críticas e construtivas, se a teoria vê a todos como iguais.

Os educadores de hoje certamente almejam outras metas para a escola e a coletividade brasileiras. E o comportamentalismo não poderia contribuir para a efetivação dessas metas? Ao tentar transportar esse paradigma para o campo pedagógico, os professores deverão julgar até que ponto e em que sentido ele pode ser útil, sem perder de vista o papel da educação escolar na manutenção e a transformação da ordem social (CUNHA, 2000, p. 67).

Mas, deixando de lado todas as críticas, é notório que a teoria comportamental, em todas as obras de aprendizagem, tem grande influência, afinal apresenta uma aplicação de ideias voltadas, especificamente, para a Educação, trazendo benefícios, formulando ideias, diagnosticando situações, criando regras funcionais.

Assim, Carpenter e Haddan *apud* Moreira el al. (1993), propõem um modelo funcional de ensino – aprendizagem a partir da teoria de Skinner.

Assim, o **reforço** serve para manter os resultados ou alterá-los. Assim, cita que devemos ensinar em pequenas doses, de forma que os alunos possam adaptar-se aos conteúdos e assim progressivamente.

O **Condicionamento Operante**, em sala de aula, significa que o aluno realize algum comportamento, ou de alguma resposta esperada ou próxima do esperado, pois se for emitido um reforço, aumenta-se as chances de em situações semelhantes o aluno emitir respostas semelhantes ao esperado, " o reforço de uma resposta operante aumenta a probabilidade de que se repitam outras das mesma classe" (MOREIRA et all, 1993, p.31).

Outro critério muito interessante utilizado na Educação é o que o autor chama de **Reforço diferencial**, ou seja, o mesmo reforço não pode ser utilizado para todos os tipos de alunos, dois alunos podem ser considerados brilhantes, porém cada um apresenta um grau de comportamento e de aprendizagem diferente do outro.

Moreira et al. (1993, p. 33) ainda nos mostra algumas fases em relação ao comportamento da educação, entre estes temos:

A fase de adaptação é uma fase onde o aluno responde de maneira emocional a uma situação nova, e deste modo apresenta ansiedade, assim, o professor deve esclarecer aos alunos o objetivo do conteúdo e dos seus métodos, descrever claramente cada etapa da aprendizagem, descrever a importância de cada tema, proporcionar ao aluno uma visão panorâmica dos trabalhos emitindo o som de uma campainha no momento da apresentação do alimento ao animal, percebeu que após alguns dias, mesmo sem a presença do alimento, apenas emitindo o som da campainha o animal salivava. O som neste caso seria um estímulo. Chamou de condicionamento.

Seu experimento demonstrou que algumas funções autônomas como a salivação poderiam ser previstas e condicionadas ou seja, que estes comportamentos poderiam ser provocados.

Antes de Skinner é J. B. Watson, o primeiro psicólogo behaviorista reconhecido, mas é Skinner que se aprofunda e desenvolve a teoria behaviorista ou comportamental.

2 - A Teoria Comportamental

O comportamentalismo é a relação entre estímulos e respostas, significa que se soubermos utilizar os estímulos corretos teremos as respostas que desejarmos. Assim, "o comportamentalismo fornece uma perspectiva de entendimento do ser humano que viabiliza modificar o comportamento numa direção previsível, viabilizando o controle das ações da pessoa e a obtenção segura de resultados" (CUNHA, 2000, p.47).

O que na escola, significa que a partir do planejamento adequado e práticas pedagógicas direcionadas a aprendizagem será mais eficiente.

Dois conceitos fundamentais de Skinner são: Condicionamento e reforçamento, assim, Condicionamento Respondente, seria o comportamento reflexo, onde o organismo responde automaticamente a um estimulo. No caso a descoberta de Pavlov sobre a salivação do cachorro na presença do alimento.

O condicionamento Operante, sendo este o maior interesse de Skinner, diz respeito ao controle do comportamento após a realização do comportamento, ou seja, o processo de modelar e manter o comportamento.

Por isso, a relação do comportamentalismo no processo ensino – aprendizagem, pois no momento que o professor quer um determinado comportamento do aluno, como por exemplo, que traga suas tarefas, este pode ser estimulado com a nota, ou com as "estrelinhas" no caderno, ou também pode ser punido. Outro exemplo é o aprendizado de uma mãe em relação ao filho, quando a mãe só libera a sobremesa após a criança comer a refeição principal, sendo a sobremesa o estímulo para o comportamento de comer a refeição.

3 - Comportamentalismo e a atuação do professor

Assim, Carpenter e Haddan *apud* Moreira el al. (1993), propõem um modelo funcional de ensino – aprendizagem a partir da teoria de Skinner.

Assim, o reforço serve para manter os resultados ou alterá-los. Assim, cita que devemos ensinar em pequenas doses, de forma que os alunos possam adaptar-se aos conteúdos e assim progressivamente.

O Condicionamento Operante, em sala de aula significa que o aluno realize algum comportamento, ou de alguma resposta esperada ou próxima do esperado, pois se for emitido um reforço, aumenta-se as chances de em situações semelhantes o aluno emitir respostas semelhantes ao esperado, " o reforço de uma resposta operante aumenta a probabilidade de que se repitam outras da mesma classe" (MOREIRA et al. 1993, p.31).

Outro critério muito interessante utilizado na Educação é o que o autor chama de Reforço diferencial, ou seja, o mesmo reforço não pode ser utilizado para todos os tipos de alunos, dois alunos podem ser considerados brilhantes, porém cada um apresenta um grau de comportamento e de aprendizagem diferente do outro.

Moreira et al. (1993) ainda nos mostra algumas fases em relação ao comportamento da educação, entre estes temos:

A fase de adaptação é uma fase onde o aluno responde de maneira emocional a uma situação nova, e deste modo apresenta ansiedade, assim, o professor deve esclarecer aos alunos o objetivo do conteúdo e dos seus métodos, descrever claramente cada etapa da aprendizagem, descrever a importância de cada tema, proporcionar ao aluno uma visão panorâmica dos trabalhos que possa realizar para obter os resultados e os méritos.

Moreira et al. (1993) ainda cita a fase da Modelagem, onde o aluno não pode exercer o efeito máximo desta fase sem que esteja livre da ansiedade, a modelagem afeta a maneira de como o aluno atua, sendo uma técnica fundamental na educação, pois corresponde a todos os comportamentos do aluno e consequentemente a seus bons ou maus rendimentos.

Moreira et al. (1993) ainda cita a fase da Manutenção, por colocar que é um processo de intensificação do comportamento aprendido, sendo seu efeito na educação se observa na retenção, aplicação e transferência da aprendizagem.

Vale a pena

Vale a pena **ler**

PSICOLOGIAS: Uma Introdução ao Estudo da Psicologia. Ana Maria Bock, Odair Furtado e Maria de Lourdes T. Teixeira. Editora Saraiva, 1998. Capítulo 3 – O Behaviorismo.

Vale a pena **acessar**

• http://www.brasilescola.com/educacao/dificuldades-aprendizagem.htm. acessado em 12/07/2010, às 20 horas.

Vale a pena **assistir**

• *Escritores da Liberdade*

Aula 6º

A perspectiva cognitivista

Olá, nesta aula estudaremos a perspectiva Cognitivista de Piaget, Bruner e Ausubel; vida e obra de cada um. Bem como as contribuições para o estudo da Aprendizagem.

Sendo assim, bom estudo!

Se ao final desta aula, surgirem dúvidas, vocês poderão saná-las através das ferramentas "FÓRUM" ou "QUADRO DE AVISOS" e através do "CHAT".

Comecemos, então, analisando os objetivos da nossa aula.

Boa aula!

Objetivos de aprendizagem

Ao término desta unidade, você será capaz de:

• compreender sobre aprendizagem na concepção de Jean Piaget;
• analisar sobre aprendizagem na concepção de J. Bruner;
• entender a aprendizagem na concepção de Ausubel.

Seções de estudo

1 - O Cognitivismo de Jean Piaget
2 - O Cognitivismo de Jerome Bruner
3 - O Cognitivismo de David Ausubel

1 - O cognitivismo de Jean Piaget

Figura 6.1 - Jean Piaget (1896-1980)

FONTE: http://www.images.google.com.br. Acessado em 23 de maio de 2012. Ás 19 horas.

Sua Vida:

Segundo o site sicopedagogiabrasil, Jean Piaget, nasceu na Suíça em 1896. Desde criança interessou-se em fósseis e zoologia. Formou-se em Biologia e desde jovem interessou-se por Filosofia, principalmente Epistemologia.

Licenciou-se em 1915, dedicando-se a literatura de Kant, Herbert Spencer, Auguste Comte, entre outros. Em 1918 recebeu o título de Doutor em Ciências, seguindo depois para Zurique onde estudou no laboratório de Psicologia.

Em 1921 assumiu a direção do Instituto Jean Jacque Rousseau, de Genebra, passando a estudar sistematicamente a inteligência. Lecionando em várias universidades.

Piaget morreu em Genebra em 17 de setembro de 1980, deixando uma valiosa contribuição no campo da Psicologia contemporânea.

É um ramo da filosofia que trata dos problemas filosóficos relacionados à crença e ao conhecimento (SITE: http://pt.wikipedia.org/wiki/Epistemologia).

Sua Teoria:

Segundo Cunha (1992), Piaget preocupou-se com vários aspectos do conhecimento dando ênfase ao estudo do desenvolvimento. Sendo sua maior preocupação o "sujeito epistêmico", isto é, o estudo dos processos de pensamento presentes desde a infância até a idade adulta. Interessou pela visão interacionista do homem, (muitos chamam a sua teoria de interacionista ou construtivista), pois para Piaget os processos mentais não dependem unicamente dos processos emocionais e irracionais, como na psicanálise, nem somente através dos processos de aprendizagem, que podem ser controlados como na teoria comportamental.

Ele procurou entender a criança e o homem num processo ativo de interação, buscando compreender quais os mecanismos mentais, que o sujeito usa nas diferentes etapas da vida para poder entender o mundo. Pois para Piaget a adaptação à realidade externa depende basicamente do conhecimento.

Estudou a constituição do conhecimento, ou seja, quais os processos mentais envolvidos numa dada situação de resolução de problemas que possibilitam na criança aquela atuação. Pois, a criança constrói estruturas mentais e adquire modos de funcionamento dessas estruturas em função de suas tentativas incessantes de entender o mundo ao seu redor, ela compreende seus eventos e sistematiza suas ideias num todo coerente.

Piaget observou o desenvolvimento de seus próprios filhos, passando a observar suas reações desde os primeiros dias de vida. Assim, se interessou em saber como o conhecimento acontece, ou seja, como uma pessoa passa de um estado de não saber ao estado de saber. "O problema epistemológico que despertou a atenção de Piaget diz respeito a como se passa de um tipo de conhecimento a outro [...]" (CUNHA, 1992, p. 71).

O Método de Piaget, não consiste em medir a inteligência com testes e provas, mas entender como o indivíduo compreende o mundo que o cerca, como formula suas hipóteses e resolve problemas.

Assim, o método piagetiano, é uma abordagem de pesquisa e não uma estratégia de trabalho pedagógico. O que faz com que esse método verifique as singularidades de cada sujeito, sendo que cada aluno deve ser tratado de acordo com suas particularidades e não de uma forma massificada, em que todos devem seguir o mesmo ritmo.

Essa teoria também defende a ideia que, o conhecimento só é possível, quando sujeito (aluno) age sobre o objeto (conhecimento). "O aluno deve ser despertado para a relevância daquilo que vai ser ensinado. [...] Não havendo motivação, o aluno não se posiciona de modo ativo diante da matéria"(CUNHA, 1992, p.74-75).

O livro Psicopedagogia Clínica, de Maria Lucia Weiss (2001), traz um exemplo nítido do que Piaget nos fala, o exemplo é de uma criança que não tinha interesse pelo conteúdo estudado nas aulas de ciências, ao se deparar com a matéria dada em sala de aula, a autora coloca que o desinteresse da criança foi justificado, pois o conteúdo da disciplina dizia respeito ao "tubo digestivo da minhoca", sendo assim, qual poderia ser o interesse de uma criança em estudar tal assunto.

> A concepção epistemológica adotada por Piaget aproxima suas ideias de todas as correntes pedagógicas que enfatizam a atividade do educando e a estruturação de um ambiente escolar que corresponda às características pessoais do aluno – seus interesses, sua personalidade, seu conhecimento cotidiano (CUNHA, 1992, p.75).

Os conceitos mais importantes na Teoria de Jean Piaget são: **Construção** e **Invenção**, este conceito diz que a criança está empenhada em entender e compreender sua experiência dentro de um todo coerente, **aquisição de operações**, sendo a aquisição das operações o centro do crescimento intelectual, **assimilação**, que é a incorporação de um novo objeto ou ideia a uma ideia ou esquema já possuído pela criança, **acomodação** e **equilíbrio**, é a tendência de se ajustar a um novo objeto, a fim de se adequar a tal objeto.

Segundo Piaget, existe quatro estágios principais de desenvolvimento intelectual: sensório-motor (de 0 a 18 meses), pré-operacional (dos 18 meses aos 7 anos), operatório-concreto(dos 7 aos 12 anos) e lógico formal (dos 12 anos em diante). Todos esses conceitos serão vistos detalhadamente a seguir.

• **Conceitos Fundamentais:**

Figura 6.2 - Processo ativo: criança e homem

Segundo Rappaport (1981), Piaget mostrou a criança e o homem num processo ativo de contínua interação, procurando entender quais os mecanismos mentais que o sujeito usa nas diferentes etapas da vida para poder entender o mundo. Ele acreditava que embora os seres humanos sejam capazes de aprender certas coisas em determinado período de sua vida, parecem ser incapazes de aprender as mesmas coisas em outros momentos.

Dessa forma, sua preocupação central foi a elaboração de uma teoria do conhecimento que pudesse explicar como o organismo conhece o mundo, pois para ele só o conhecimento possibilita um estado de equilíbrio interno, que o capacita a adaptar-se ao meio ambiente. Desse modo, ele coloca o sujeito como elemento central da aprendizagem e do desenvolvimento. Assim, a aprendizagem, segundo esse autor, ocorre conforme estágios do desenvolvimento que ele dividiu em quatro: período sensório-motor, período pré-operacional, período das operações concretas, período das operações formais. Mas a aprendizagem só será possível a partir de quatro determinantes básicos dessa teoria, são eles:

> 1. **Hereditariedade**: o indivíduo herda uma série de estruturas biológicas (sensoriais e biológicas) que predispõem ao surgimento de certas estruturas mentais. Esse organismo vai amadurecer em contato com o meio, e dessa interação resultarão determinadas estruturas

cognitivas que vão funcionar durante toda a vida do sujeito.

2. **Adaptação**: Piaget valoriza a curiosidade intelectual e a criatividade, sugerindo que o ato de conhecer é prazeroso e gratificante tanto para a criança como para o adulto e se constitui uma força motivadora para o seu próprio desenvolvimento. Assim, o conhecimento possibilita novas formas de interação com o ambiente, proporcionando uma adaptação cada vez mais completa e eficiente. As novas questões movimentam o organismo para ação que vão se utilizar das estruturas mentais já existentes ou então, quando essas estruturas mostram-se ineficientes, elas são modificadas para lidar com a nova situação. Assim entrariam em ação dois processos complementares: a assimilação e a acomodação. O processo de assimilação se refere à tentativa, feita pelo sujeito, de solucionar uma determinada situação, utilizando uma estrutura mental já formada. Quando essas estruturas antigas não conseguem solucionar os problemas, elas irão servir para tentar solucionar, mas elas serão mudadas com vistas a solução do problema, a isso Piaget denomina acomodação.

3. **Esquema**: a partir de um equipamento biológico hereditário, a criança irá formar estruturas mentais com a finalidade de organizar este caos de sensações e estados internos desconhecidos no aspecto mental, poderíamos dizer que a nossa estrutura unitária básica é o esquema, que pode ser simples, ou complexo.

4. **Equilíbrio**: é o processo de organização das estruturas cognitivas num sistema coerente, interdependente, que possibilita ao indivíduo um tipo ou outro de adaptação à realidade (PIAGET, 1980, p. 78).

Sendo os quatro períodos do desenvolvimento:

1. **Sensório-motor**: ocorre no período do nascimento até dois anos de idade, onde são realizados reflexos básicos, modificados juntamente com a maturação do sistema nervoso e interação criança-meio.

2. **Pré-operatório**: compreende a fase de dois a sete anos; período em que se desenvolve a capacidade simbólica na linguagem, jogo simbólico e imitação. Neste, já existem esquemas interiores organizados. São características as ações egocêntricas e autocentradas, em que a criança vê o mundo somente por sua perspectiva.

3. **Operações concretas**: ocorre no período de sete a doze anos em que a criança está presa à realidade concreta e desenvolve a capacidade de pensamento lógico e argumentação; por meio destes, a criança tenta convencer as pessoas de seu pensamento.

4. **Operatório formal**: de doze anos em diante, há o desenvolvimento da linguagem na elaboração de hipóteses. Distingue-se o real e o fantasioso e é possível pensar em termos abstratos. A partir deste momento, o adolescente pode desenvolver-se a partir do que lhe é permitido pelo meio (PIAGET, 1980, p. 78).

Conforme Palangana (2001), cada um desses estágios representa um momento do desenvolvimento, em que são construídas estruturas cognitivas. Desta forma, a cada nível dispõem-se novos esquemas com propriedades diferentes das anteriores. A sequência desses níveis é invariável, diferencia-se o ritmo adquirido por cada um e a idade em que se alcança um novo estágio.

Para Piaget, o desenvolvimento desses estágios é acompanhado pelo desenvolvimento do indivíduo, mostrando que esses dois aspectos constituem um mesmo processo, cujo ápice é a adaptação ativa do indivíduo ao mundo. E essa interação sujeito/objeto e outros sujeitos é a única fonte de conhecimento e o pleno desenvolvimento.

Para essa abordagem o sujeito é ativo em seu processo de desenvolvimento. A escola então, deve valorizar e incentivar a autonomia e a liberdade, pois, é a partir do próprio interesse do aluno que este irá se desenvolver.

Cunha (1992) cita que, no entanto nesta abordagem há duas vertentes de pensamento, as quais originam diversas práticas pedagógicas. Uma dessas vertentes denominada de "construtivismo radical" considera que a escola não deve planejar o aprendizado. Assim, não deve haver currículo, pois todo conhecimento deve vir do interesse do aluno, que conduz esse processo cabendo ao professor, apenas organizar ações para que a aprendizagem aconteça. Essa vertente é criticada, pois, coloca em plano secundário todo o saber desenvolvido pela humanidade e por acreditar que a criança sozinha pode elaborar o conhecimento e incluindo conceitos e juízos de moral.

A segunda vertente, também construtivista, diferencia-se da anterior por organizar o aprendizado escolar em tópicos, o que também é criticado, pois, o planejamento escolar nessa vertente é rigorosamente planejado, para que o aluno passe de estágios mais simples aos mais elaborados, mas a critica é que o aluno ficaria preso a isso. Não dando a liberdade ao desenvolvimento como a teoria piagetiana acredita. "Planejar o tipo de indivíduo em que a educação almeja obter" (CUNHA, 1992, p.101).

Jean Piaget foi um dos maiores responsáveis no campo da psicologia contemporânea da aprendizagem. A teoria piagetiana, traz uma grande contribuição na prática docente, apesar de não sistematizar essa prática ao professor, mas, proporciona um entendimento sobre o desenvolvimento da criança e consequentemente a compreensão de como ocorre a aprendizagem.

Passaremos a estudar a partir de agora outro teórico de grande contribuição para o cognitivismo, Jerome Brumer e sua teoria sobre a aprendizagem.

2 - O cognitivismo de Jerome Bruner

Figura 6.3 - Jerome Bruner (1915)

FONTE: http://www.images.google.com.br. Acessado em 27 de janeiro de 2012, às 20 horas.

Sua Vida:

Segundo o site Wikipedia.org, Brumer, nasceu em 1915 na cidade de Nova Iorque.

Se graduou na Universidade de Duke em 1937, seguindo para a Universidade de Harvard, onde em 1941 conseguiu o título de doutor em Psicologia.

Em 1960 fundou o Centro de Estudo Cognitivos em Harvard. Durante sua carreira teve uma impressionante produção de livros e artigos científicos

Sua Obra:

Segundo Moreira (1983), Jerome S. Bruner, desde seu doutorado em Harvard, tem se caracterizado como um dos mais produtivos estudiosos do desenvolvimento do pensamento, percepção, representações e habilidades da criança e relações entre cultura e desenvolvimento cognitivo.

Ainda segundo Moreira (1983), para Bruner, é notoria a inadequadção da escola para acompanhar o avanço técnico-científico atual. Apesar de ter escrito sobre esses aspectos em sua obra de 1970, já tinha essa visão futurista sobre a falta de interesse das crianças pela escola tradicional, acarretada pela dinamicidade da tecnologia atual.

Moreira (1983) cita ainda:

> Examinando os dados do problema, surge clara a necessidade de redefinição da natureza, direção e objetivos da educação, em função justamente das constantes modificações de circunstâncias e conhecimentos que são característicos do mundo de hoje. Sem tal redefinição, a distância entre o que a escola oferece e o que se exige aumentará cada vez mais (MOREIRA, 1983, p. 79).

Bruner define a aprendizagem como um processo de relação do sujeito com o mundo externo, o que resulta a organização interna do conhecimento.

> À medida que o ser se situa no mundo, estabelece relações de significação, isto é, atribui significados à realidade em que se encontra. Esses significados não são entidades estáticas, mas pontos de partida para a atribuição de outros significados (BOCK et al, 1998, p.102).

Essa teoria está preocupada com o "processo" de compreensão, transformação, armazenamento e utilização das informações. Assim, para Bruner *apud* Bock (1998), o ensino envolve a organização da matéria de maneira eficiente e significativa para o aprendiz.

O autor coloca ainda, que no ato de ensinar devemos partir de conceitos gerais para ideias mais específicas e particulares da matéria, aumentando a dificuldade dos conteúdos.

Segundo Bruner *apud* Bock (1998), o método da descoberta e o método básico de trabalho educacional. Para ele o aprendiz deve ter o interesse em aprender (fazendo perguntas, experimentos, investigação). E também, o método da compreensão, onde o aprendiz deve compreender o problema a ser solucionado, pois assim, o professor terá condições de mesmo no erro, descobrir seu raciocínio, fazendo com que o aluno compreenda o problema. Por isso, esse autor concebe a aprendizagem como "solução de problemas", pois é a partir de problemas do cotidiano que os indivíduos se ajustam ao meio.

Segundo Piletti (1991), para essa teoria a aprendizagem deve ser estimuladora para o aluno, no sentido de fazê-lo raciocinar, pois só assim, o aluno tendo suas próprias decisões será treinado ou ensinado para a ação.

> A matéria de ensino deve, pois, se constituir em um conjunto desafiador de problemas a serem examinados e resolvidos pelo aluno, conjunto este apresentado num crescendo de complexidade operacional, em função dos diferentes estágios do desenvolvimento mental, dos interesses das necessidades futuras do indivíduo (MOREIRA, 1983, p. 85).

Ainda, segundo o autor acima, a tarefa da educação para Bruner é dar meios que leve o aluno a aprender a pensar, a compreender e saber utilizar seu proprio estilo de pensamento em seu benefício.

Na obra de Bruner, verificamos além da ênfase ao ensino, voltado ao desenvolvimento intelectual, o cultivo à excelência. Bruner ainda coloca a importância do papel da estrutura da materia de ensino na aprendizagem; das condições internas do aprendiz e a forma de ensinar-lhe; da importância do pensamento intuitivo no processo de aprender e de pensar produtivamente.

Para Bruner *apud* Moreira diz que "a atividade intelectual é a mesma, quer a do cientista que a de um aluno de 3ª série da escola primária quando empenhado em compreender algo" (1983, p. 102).

Bruner colocar também que a diferença é de grau e não de estrutura. Para isso é necessário dar condições a criança para que se desenvolva. E nesse sentido Bruner esclarece de que modo ensinar uma criança.

Assim, dá importância a "transferência" de conhecimento de situações passadas para resolver problemas atuais. Ou seja, o material aprendido deve ser empregado em diferentes situações.

Assim, como coloca que o conteúdo deve ser programado, então a criança deve ser levada a descoberta. "a oportunidade de explorar situações" (MOREIRA, 1983, p. 103).

O ensino seria chamado assim, de exploratório e descreve seis partes de fatores deste ensino.

> 1ª Atitude da criança: o professor deve conduzir a criança a usar sua mente para resolver um problema. Pode ser fortalecida pelo professor à medida que este estimule a criança que ela pode resolver o problema, que pode pensar sobre. Moreira (1983), cita que as crianças devem ser alentadas a dizer coisas como: "Espere que eu pense a respeito"..."deixe-me usar a cabeça". Ou seja, convencer a criança que ele pode e tem condições de resolver o problema.
> 2ª Compatibilidade do grau de desenvolvimento da criança a tudo aquilo que lhe for apresentado.
> 3ª Ativação da criança, onde ela experimenta sua própria capacidade de resolver problemas e de ter resultados satisfatórios. Assim, se sinta recompensada e motivada para outros desafios. Bruner acredita que essa recompensa não é externa, como na teoria comportamental, mas, uma recompensa interna, que desenvolva a motivação.
> 4ª Aplique suas aptidões – A criança precisa aplicar suas aptidões na solução de problemas.
> - Aptidão para insistir em uma ideia.
> - Aptidão para formular uma hipótese.
> 5ª Auto-regulação – necessidade de refletir sobre suas próprias condutas e reflexões, chegando a observação do seu proprio desempenho.
> 6ª Capacidade de Manipular facilmente a informação, de maneira que o professor possa empregá-las na solução de problemas (MOREIRA, 1983, p. 103).

Além disso, na teoria de Jerome Bruner a aprendizagem só ocorre mediante a motivação, que pode estar ligada tanto a fatores internos quanto a externos. Pois, sendo a motivação o conjunto de fatores que mobilizam ou conduzem a ação de um indivíduo, pode-se entender também, como o desejo, termo usado na teoria psicanalítica. Nesse sentido, só haverá aprendizagem se houver motivação.

É o processo que mobiliza o organismo para a ação (BOCK et al, 1998, p.106).

Figura 6.4 - Motivação

FONTE: www.dailygalaxy.com/.../10/birth-of-an-ice.html. Acessado em 23 de maio de 2012, às 20 horas.

Quando nos referimos à motivação, devemos pensar que esta funciona como um "iceberg". Veja a imagem acima, a maior parte do gelo está submersa, o que aparece é só uma pequena ponta do iceberg, assim é a motivação, a maior parte desta está submersa no mundo subjetivo de cada um, o que aparece é a menor parte, e, muitas vezes, nem essa. É necessário descobrir o que pode despertar essa motivação interna de cada um, e cabe a você futuro professor, despertar a motivação de seus alunos, ou de seus atletas, seja qual for o contexto que estiver inserido.

Vemos que nas duas teorias apresentadas os fatores internos inerentes ao sujeito, quanto os fatores externos em relação ao meio são fundamentais para que a aprendizagem ocorra.

3 - O cognitivismo de David Ausubel

Moreira (1983) cita que a teoria de Ausubel é uma teoria cognitiva e assim, se preocupa com o processo de compreensão, transformação, armazenamento e uso da informação envolvida na cognição.

Para Ausubel, novas ideias e conceitos são aprendidos, à medida que conceitos básicos já estejam claros e sirvam de base a novas informações.

A aprendizagem somente se torna significativa a partir do momento em que o indivíduo interage com esses conceitos e assimila-os. Sendo esse processo o mais importante na aprendizagem escolar.

A ideia central da teoria de Ausubel é a Aprendizagem Significativa, que, para ele, a aprendizagem significativa é um processo através do qual uma nova informação relaciona-se com um aspecto relevante da estrutura de conhecimento do indivíduo. Ele definiu como conceitos subsunçores, pois seriam informações já existentes na estrutura cognitiva do indivíduo. Ou seja, a nova informação "ancora-se" em conceitos relevantes preexistentes na estrutura cognitiva do aprendiz.

> Ausubel vê o armazenamento de informações no cérebro humano como sendo altamente organizado, formando uma hierarquia conceitual na qual elementos mais específicos de conhecimentos são ligados (e assimilados) a conceitos mais gerais, mais inclusivos. Estrutura Cognitiva significa, portanto, uma estrutura hierárquica de conceitos (MOREIRA, 1983, p.128).

A aprendizagem Mecânica, para Ausubel são as novas informações com pouca ou nenhuma relação com conceitos relevantes ou existentes. Desse modo, não há interação entre a nova informação e aquela já armazenada, como na aprendizagem significativa.

Segundo essa teoria, esse processo se dá de duas maneiras:

1. Aprendizagem Mecânica: Aprendizagem de novas informações com pouca ou nenhuma associação com conceitos já existentes na estrutura cognitiva.

2. Aprendizagem Significativa: Processo onde um novo conteúdo, relaciona-se com conceitos relevantes, claros e disponíveis na estrutura cognitiva, sendo assimilados por ela (BOCK et al, 1998, p. 102-103).

Vejamos o exemplo:

A partir do momento que a criança desenvolve os conceitos de cão, gato, leão, ela pode mais tarde aprender que todos esses são subordinados ao conceito de mamífero. E a partir do momento que outras aprendizagens ocorrem vinculadas e subordinadas ao conceito de mamíferos, temos o que Ausubel chamou de **aprendizagem superordenada**.

Ausubel, *apud* Moreira (1983), nos dá conceitos de **diferenciação progressiva** e **reconciliação integrativa**. Assim a **diferenciação progressiva**, é a constante elaboração e modificação, dos subsunçores quando estes adquirem novos significados. Já a **reconciliação integrativa**, é o fato que na aprendizagem supeordenada as ideias estabelecidas são associadas a novas informações e os elementos existentes na estrutura cognitiva podem se reorganizar e adquirir novos significados. Ou seja, há uma recombinação de elementos já existentes com novas informações, formando uma nova estrutura.

É importante destacar que a diferenciação progressiva, quanto à reconciliação integrativa são funções interligadas e dinâmicas, e apesar de existir uma crítica em relação à teoria de Ausubel por ser muito teórica e não servir à prática, não é desta maneira que Moreira (1983) nos coloca.

Pois do ponto de vista da teoria de Ausubel, o desenvolvimento de conceitos é facilitado quando os elementos mais gerais são introduzidos em primeiro lugar e, posteriormente, esse conceito vai sendo modificado. Assim, para o autor o princípio da diferenciação progressiva deve ser levado em conta no momento de se programar um conteúdo de ensino. Assim, como cita Moreira (1983, p.137),

> 1 - é mais fácil para seres humanos captar aspectos diferenciados de um todo mais inclusivo, previamente aprendido, do que chegar ao todo a partir de suas partes diferenciadas;
> 2 - a organização do conteúdo de uma certa disciplina na mente de um individuo é uma estrutura hierárquica na qual as idéias mais inclusivas estão no topo da estrutura e progressivamente incorporam proposições, conceitos e fatos menos inclusivos e mais diferenciados.

Assim, segundo Novak *apud* Moreira (1983, p.137-138),

> para atingir-se a reconciliação integrativa de forma mais eficaz deve-se organizar o ensino "descendo e subindo" nas estruturas conceituais hierárquicas 'à medida que a nova informação é apresentada. Isto é, começa-se com os conceitos mais gerais, mas é preciso ilustrar logo como os conceitos subordinados estão a eles relacionados e, então, voltar, através de exemplos, a novos significados para os conceitos de ordem mais alta na hierarquia.

Ainda em relação à organização do ensino, Ausubel nos coloca que é necessário uma organização sequencial do programa do conteúdo da matéria, de maneira tão coerente quanto possível, do mesmo modo quanto é importante a insistência no ensino para a consolidação do conteúdo aprendido.

Sendo assim, encerramos nossa aula sobre a perspectiva cognitivista. Espero que tenham se beneficiado do conteúdo aprendido e que este possa ser bem utilizado por vocês futuros professores em sala de aula.

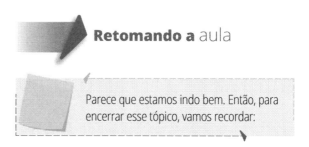

Retomando a aula

Parece que estamos indo bem. Então, para encerrar esse tópico, vamos recordar:

1 - O Cognitivismo de Jean Piaget

Segundo Cunha (1992), Piaget preocupou-se com vários aspectos do conhecimento dando ênfase ao estudo do desenvolvimento. Sendo sua maior preocupação o "sujeito epistêmico", isto é, o estudo dos processos de pensamento presentes desde a infância até a idade adulta. Interessou pela visão interacionista do homem, (muitos chamam a sua teoria de interacionista ou construtivista).

Ele procurou entender a criança e o homem num processo ativo de interação, buscando compreender quais os mecanismos mentais, que o sujeito usa nas diferentes etapas da vida para poder entender o mundo.

Assim, se interessou em saber como o conhecimento acontece, como uma pessoa passa de um estado de não saber ao estado de saber. "O problema epistemológico que despertou a atenção de Piaget diz respeito a como se passa de um tipo de conhecimento a outro [...]". (CUNHA, 1992, p. 71).

Assim, o método piagetiano é uma abordagem de pesquisa e não uma estratégia de trabalho pedagógico. O que faz com que esse método verifique as singularidades de cada sujeito, sendo que cada aluno deve ser tratado de acordo com suas particularidades e não de uma forma massificada onde todos devem seguir o mesmo ritmo.

Essa teoria também defende a ideia que, o conhecimento só é possível, quando sujeito (aluno) age sobre o objeto (conhecimento).

2 - O Cognitivismo de Jerome Bruner

Bruner define a aprendizagem como um processo de relação do sujeito com o mundo externo, o que resulta a organização interna do conhecimento.

Essa teoria está preocupada com o "processo" de compreensão, transformação, armazenamento e utilização das informações. Assim, para Bruner apud Bock (1998), o ensino envolve a organização da matéria de maneira eficiente e significativa para o aprendiz.

O autor coloca ainda, que no ato de ensinar devemos partir de conceitos gerais para ideias mais específicas e particulares da matéria, aumentando a dificuldade dos conteúdos.

Segundo Piletti (1991), para essa teoria a aprendizagem deve ser estimuladora para o aluno, no sentido de fazê-lo raciocinar, pois só assim, o aluno tendo suas próprias decisões será treinado ou ensinado para a ação.

Ainda segundo o autor acima, a tarefa da educação para Bruner é dar meios que leve o aluno a aprender a pensar, a compreender e saber utilizar seu proprio estilo de pensamento em seu beneficio.

Na obra de Bruner verificamos além da eÊnfase ao ensino voltado ao desenvolvimento intelectual e ao cultivo da excelência. Bruner ainda coloca a importância a:

1 – O papel da estrutura da materia de ensino na aprendizagem;

2 – As condições internas do aprendiz e a forma de ensinar-lhe;

3 – A importância do pensamento intuitivo no processo de aprender e de pensar produtivamente.

Assim, como coloca que o conteúdo deve ser programado, então a criança deve ser levada a descoberta. "a oportunidade de explorar situações" (MOREIRA, 1983, p. 103).

O ensino seria chamado assim, de exploratório e descreve seis partes de fatores desse ensino. 1ª A Atitude; 2ª Compatibilidade; 3ª Ativação; 4ª Aplique suas aptidões; 5ª Autorregulação; 6ª Capacidade de Manipular facilmente a informação.

Além disso, na teoria de Jerome Bruner a aprendizagem só ocorre mediante a motivação, que pode estar ligada tanto a fatores internos quanto a externos.

3 - O Cognitivismo de David Ausubel

Segundo Moreira (1983), a teoria de Ausubel é uma teoria cognitiva e, assim, se preocupa com o processo de compreensão, transformação, armazenamento e uso da informação envolvida na cognição.

A aprendizagem somente se torna significativa a partir do momento que o indivíduo interage com esses conceitos e assimila-os. Sendo este processo o mais importante na aprendizagem escolar.

A ideia central da teoria de Ausubel é a Aprendizagem Significativa, para ele a aprendizagem significativa é um processo através do qual uma nova informação relaciona-se com um aspecto relevante da estrutura de conhecimento do indivíduo. Ele definiu como **conceitos subsunçores**, pois seriam informações já existentes na estrutura cognitiva do indivíduo.

A aprendizagem Mecânica, para Ausubel são as novas informações com pouca ou nenhuma relação com conceitos relevantes ou existentes. Desse modo, não há interação entre a nova informação e aquela já armazenada, como na aprendizagem significativa.

Ausubel *apud* Moreira (1983), ainda nos dá conceitos de **diferenciação progressiva** e **reconciliação integrativa**. Na da teoria de Ausubel, o desenvolvimento de conceitos é facilitado quando os elementos mais gerais são introduzidos em primeiro lugar e posteriormente esse conceito vai sendo modificado. Ainda em relação a organização do ensino Ausubel, nos coloca que é necessário uma organização sequencial do programa do conteúdo da matéria, de maneira tão coerente quanto possível, do mesmo modo quanto é importante a insistência no ensino para a consolidação do conteúdo aprendido.

Vale a pena

Vale a pena **ler**

PSICOLOGIA NA EDUCAÇÃO. Cláudia Davis e Zilma de Oliveira. Cortez Edit. São Paulo, 1994. pág. 36-57.

Vale a pena **acessar**

• http://www.psicopedagogiabrasil.com.br

Vale a pena **assistir**

- *O homem sem face*

Aula 7º

A perspectiva socioconstrutivista

Olá, nesta aula estudaremos a perspectiva socioconstrutivista de Vygotski, sua vida e obra, o papel atribuído ao social no desenvolvimento do ser humano e, em especial, ao papel da linguagem na constituição do pensamento. Por último, estudaremos o papel atribuído ao professor nesta perspectiva.

Sendo assim, bom estudo!

Se ao final desta aula, surgirem dúvidas, vocês poderão saná-las através das ferramentas "FÓRUM" ou "QUADRO DE AVISOS" e através do "CHAT".

Comecemos, então, analisando os objetivos da nossa aula.

→ Boa aula!

Objetivos de aprendizagem

Ao término desta unidade, você será capaz de:

• refletir, sobre aprendizagem nesta concepção;
• analisar a importância da linguagem nesta perspectiva;
• compreender a implicância do papel do professor.

Seções de estudo

1 - O Socioconstrutivismo de Vygotski
2 - O Papel da Linguagem para Vygotski
3 - O Papel do Professor para Vygotski

1 - O Socioconstrutivismo de Vygotski

Figura 7.1 - Lev Seminovitch Vygotski (1896-1934)

FONTE: http://www.images.google.com.br.
Acessado em 23 de maio de 2012, ás 20 horas.

Vida e Obra:

Nascido na Rússia em 1896, Vygotski escreveu uma ampla obra sobre o desenvolvimento da criança apesar de sua vida curta, pois faleceu aos 37 anos de idade.

Segundo Davis (2000), para essa teoria o desenvolvimento infantil se dá numa interação ativa, que é histórico e social, ou seja, a construção do desenvolvimento é primordialmente social.

Para Vygotski é a partir da base biológica do comportamento humano em interação com o meio social que a criança irá partir de estruturas orgânicas elementares, formando novas e mais complexas funções mentais, que irão depender das experiências vividas pela criança.

Assim, o componente biológico no homem é responsável pelas reações inatas e o organismo não tem condições de fugir desses "limites biológicos", porém, esse sistema de reações inatas é determinado pela estrutura do meio onde se desenvolve o biológico.

Desse modo, como coloca Vygotski, "toda educação é de natureza social, queira ou não". Assim, a "experiência capaz de formar novas reações e novos aprendizados". Sendo assim, a experiência pessoal do educando é a base de todo o trabalho pedagógico.

Um dos aspectos mais significativos da obra do autor, e que reflete toda a sua ideia, diz respeito ao parágrafo citado abaixo:

> Não se pode educar o outro. É impossível exercer influência imediata e provocar mudanças no organismo alheio, é possível apenas a própria pessoas educar-se, ou seja, modificar as suas reações inatas, através da própria experiência. 'Os nossos movimentos são os nossos mestres'. No fim das contas, a própria criança se educa. [...] Nesse sentido, a educação em todos os países e em todas as épocas sempre foi social, por mais antissocial que tenha sido em sua ideologia (VYGOTSKI, 2004, p. 447).

Desse modo, ao citar que o próprio educando se educa o autor não desvaloriza o papel do professor, ao contrário, se refere ao professor como o responsável pela organização do ambiente de tal modo que, "no processo de educação o mestre deve ser os trilhos por onde se movimentam com liberdade e independência os vagões, que recebem dele apenas a orientação do próprio movimento" (VYGOTSKI, 2004, p.448).

Figura 7.2 - Ação pedagógica

Fonte: arquivo Clip Art Windows

O autor cita ainda que a velha pedagogia transformava o aluno em uma esponja, que apenas absorvia os conhecimentos alheios, e justifica que quando o conhecimento não passa pela experiência pessoal não deve ser visto como conhecimento. Assim, "A psicologia exige que os alunos aprendam não só a perceber, mas também a reagir. Educar significa, antes de mais nada, estabelecer novas reações, elaborar novas formas de comportamento" (VYGOTSKI, 2004, p.448).

Desse modo, o autor ainda faz referência ao papel do professor, como o papel do jardineiro, que, por mais difícil que seja manter o jardim bonito não desiste dos seus objetivos, assim, o professor deve cuidar do meio, pois ao mudar o meio, educa a criança. Afinal, "o meio social é a verdadeira alavanca do processo educacional, e todo o papel do mestre consiste em direcionar essa alavanca" (VYGOTSKI, 2004, p.448).

Chegando à fórmula do processo educacional, cita: "A educação se faz através da própria experiência do aluno, a qual é inteiramente determinada pelo meio, e nesse processo o papel do mestre consiste em organizar e regular o meio" (VYGOTSKI, 2004, p.448). Pois, o meio pode ser tanto benéfico quanto prejudicial e nocivo à criança. É necessário entender que esse meio precisa ser propício ao desenvolvimento da criança, e desse modo, o princípio espontâneo no processo educacional é completamente rejeitado por Vygotski.

O autor ainda cita que o papel ativo da educação e de tudo o que a circunda, bem como os seus personagens sociais, afinal, a educação é algo vivo, que inquieta, e o meio não é algo absoluto, nem estático, ambos mudam, meio e homem, num processo em dialética constante.

> É por isso que no processo de educação também cabe ao mestre um papel ativo: o de cortar, talhar e esculpir os elementos do meio combiná-los pelos mais variados modos para que eles realizem a tarefa de que ele, o mestre, necessita. Deste modo, o processo educativo já se torna trilateralmente ativo: é ativo o aluno, é ativo o mestre, é ativo o meio criando entre eles. Por isso, o menos possível é interpretar esse processo como placidamente pacífico e regular. Ao contrário, a sua natureza psicológica mostra que ele é uma luta sumamente complexa, na qual se lançaram inúmeras forças das mais complexas e diversas, que ele é um processo dinâmico, ativo e dialético, que não lembra um processo de crescimento lento e evolutivo, mas um processo movido saltos, revolucionário de embates contínuos entre o homem e o mundo (VYGOTSKI, 2004, 449).

É na inter-relação do homem com o mundo, que podemos pensar na questão subjetiva deste homem em contato com o meio, assim, a individualidade de cada ser humano é também parte desse processo e neste sentido a educação faz a seleção social, pois transforma o homem biológico em homem social.

O processo de formação de pensamento ocorre pela assimilação de experiências, que se dá através da comunicação. Ou seja, dá interação com os outros, dá maneira como os adultos nomeiam e atribuem valor ou não aos objetos.

Para essa teoria, o desenvolvimento não ocorre conforme estágios do desenvolvimento como afirma a teoria de Piaget. Sendo os fatores biológicos responsáveis pelo desenvolvimento apenas no início da vida, depois que prevalece o social, ou seja, são as relações humanas que afetam o pensamento e o raciocínio.

Davis (2000) diz que Vygotski considera três teorias principais entre desenvolvimento e aprendizagem. A primeira teoria desenvolvimento precede a aprendizagem, pois é necessário certo desenvolvimento maturacional para que a aprendizagem aconteça, ou seja, a teoria de Piaget. Na segunda teoria aprendizagem e desenvolvimento são acúmulos de respostas, pois ocorrem simultaneamente. E a terceira teoria aprendizagem e desenvolvimento são processos independentes que se interagem. Em que, ao mesmo tempo, que um processo é desenvolvimento o outro também.

Para Vygotski essa última teoria entre desenvolvimento e aprendizagem é a mais correta, porém que cada criança irá se desenvolver conforme as experiências que são fornecidas pela interação social através da linguagem. Nesta teoria entre o desenvolvimento atual e o que a criança tem capacidade de desenvolver cria o termo, "zona de desenvolvimento potencial". Esse conceito é fundamental para um ensino efetivo, pois o professor prepara a aula de acordo com o que a criança é capaz de realizar, ou seja, seu nível de desenvolvimento real, sempre com um grau a mais de desafio, que seria o nível de desenvolvimento potencial ou proximal, ou seja, aquilo que a criança tem capacidade de desenvolver.

Na próxima seção vamos estudar o papel da linguagem na constituição do pensamento.

2 - O papel da linguagem para Vygotski

Figura 7.3 - A linguagem

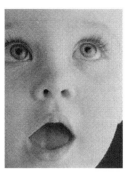

FONTE: http://www.images.google.com.br.
Acessado em 12 de março de 2012, às 20 horas.

No dicionário Aurélio de língua portuguesa, Ferreira (2001), o termo linguagem significa, 1. O uso da palavra articulada ou escrita como meio de expressão e de comunicação entre pessoas. O termo Linguagem na enciclopédia virtual Wikipédia, define linguagem como:

> qualquer sistema de signos que serve de meio de comunicação de ideias ou sentimentos através de signos convencionais, sonoros, gráficos, gestuais etc., podendo ser percebida pelos diversos órgãos dos sentidos, o que leva a distinguirem-se várias espécies de linguagem: visual, auditiva, tátil, etc., ou, ainda, outras mais complexas, constituídas, ao mesmo tempo, de elementos diversos. Os elementos constitutivos da linguagem são, pois, gestos, sinais, sons, símbolos ou palavras, usados para representar conceitos de comunicação, ideias, significados e pensamentos. Embora os animais também se comuniquem, a linguagem propriamente dita pertence apenas ao Homem (WIKIPÉDIA).

Dentre os vários conceitos e especificações de linguagem, encontra-se a linguagem falada, linguagem escrita, linguagem visual, linguagem corporal, linguagem de sinais, linguagem virtual, etc.

Também existem várias teorias que buscam pesquisar e estudar a Linguagem, dentre estas podemos destacar a Linguística, que é o estudo científico da linguagem verbal humana. A semiótica vem da raiz grega *semeion*, que quer dizer signo, portanto é a ciência da linguagem. A psicanálise, que estuda a linguagem do inconsciente. E tantas outras teorias que se dedicam a esse estudo, como a sociologia, a psicologia etc.

Desse modo, Vygotski iniciou o estudo da linguagem através de estudos das teorias de filogênese do desenvolvimento intelectual, dando atenção a obra de Koehler e Yerkes sobre os macacos antropoides (VYGOTSKI, 1996, p.IX). Após isso, ele pesquisou a fala nas crianças, que apresentam uma fase pré-linguística no que diz respeito ao uso do pensamento, e uma fase pré-intelectual quanto ao uso da fala. Em sua obra *Pensamento e Linguagem*, faz um estudo sobre o tema utilizando as pesquisas de três teóricos: Karl Buehler, Willian Stern, E Jean Piaget.

> *Filogênese* - evolução da espécie.

> *psicólogo e psiquiatra alemão*. Membro da escola de Würzburg, estudou os mecanismos do pensamento e da vontade e dedicou-se à psicologia da forma.

> *Sir Jean William Fritz Piaget*, foi um epistemólogo suíço, considerado o maior expoente do estudo do desenvolvimento cognitivo.Estudou inicialmente biologia, na Suíça, e posteriormente se dedicou à área de Psicologia, Epistemologia e Educação. Foi professor de psicologia na Universidade de Genebra de 1929 a 1954; tornando-se mundialmente reconhecido pela sua revolução epistemológica. Durante sua vida Piaget escreveu mais de cinquenta livros e diversas centenas de artigos.

> *Psicólogo alemão*, nascido em 1871 e falecido em 1938, fundador, com Binete Galton, da psicologia diferencial. Criou, na Universidade de Hamburgo, um laboratório de psicologia onde desenvolveu várias pesquisas, recorrendo ao método experimental. É Stern que cria o termo Quociente de Inteligência (Q.I.) para designar a razão entre a idade mental e a idade cronológica. Para além da psicologia diferencial desenvolveu estudos nas áreas da psicologia judiciária e genética.

Desse modo, se referindo à relação entre pensamento e linguagem, declara que:

> O fato mais importante revelado pelo estudo genético do pensamento e da fala é que a relação entre ambos passa por várias mudanças. O progresso da fala não é paralelo ao progresso do pensamento. As curvas de crescimento de ambos cruzam-se muitas vezes; podem atingir o mesmo ponto e correr lado a lado, e até

mesmo fundir-se por algum tempo, mas acabam se separando novamente. Isso se aplica tanto a filogenia como a ontogenia (VYGOTSKI, 1993, p.29).

Dessa forma, para entendermos com mais facilidade a teoria de Vigostsky, torna-se fundamental destacar as suas principais ideias que foram citadas por Harry (1995), a primeira ideia de Vygotsky refere-se à relação indivíduo/sociedade, ele dizia que as características humanas não estão presentes desde o nascimento, nem são resultados das pressões do meio externo, elas resultam da interação dialética do homem e seu meio sócio-cultural.

A segunda ideia refere-se à origem cultural das funções psíquicas. As funções psicológicas se originam nas relações indivíduo e seu contexto social e cultural.

A terceira tese refere-se à base biológica do funcionamento psicológico: o cérebro é visto como órgão principal da atividade da mente e produto de uma longa evolução e não significa um sistema imutável e fixo.

O quarto postulado refere-se aos instrumentos técnicos e os sistemas de signos, construídos historicamente que fazem mediação dos seres humanos entre si e deles com o mundo. A linguagem é um signo mediador, a relação do homem com o mundo não é uma relação direta, pois é mediada por meios que se constituem como ferramentas auxiliares.

A quinta tese postula que a análise psicológica deve ser capaz de conservar as características básicas dos processos psicológicos, exclusivamente humanos.

Para Oliveira (1998), Vygotski atribui à linguagem duas funções básicas, sendo a primeira o **Intercâmbio social**. Assim os primeiros sons emitidos pela criança, como o choro, o balbucio, o riso são formas de chamar a atenção, de alívio emocional, mas também de entrar em contato com o outro. E a segunda função da linguagem é o **pensamento generalizante**, pois é através da linguagem que um determinado objeto é agrupado com outros elementos da mesma categoria, como o é diferenciado.

Figura 7.4 - O pensamento generalizante

Fonte: arquivo Clip Art Windows

Assim Vigotsky (1993) enfatiza a relação dialética existente entre o indivíduo e o social, e a dependência dessa relação no que se refere à evolução da cultura e do desenvolvimento do indivíduo. É por essa mediação que a criança é capaz de aprender e desenvolver conceitos, por meio da internalização, passando do plano social para o plano individual, resultando na compreensão.

O surgimento da linguagem imprime três mudanças essenciais nos processos psíquicos do homem. A primeira, a linguagem permite lidar com os objetos do mundo exterior, mesmo quando eles estão ausentes. A segunda refere-se ao processo de abstração e generalização que a linguagem possibilita, ou seja, por meio da linguagem é possível abstrair e generalizar as características dos objetos, eventos, situações presentes na realidade. A terceira função da comunicação entre os homens que garante como consequência a preservação, transmissão e assimilação das informações e experiências formuladas pela humanidade ao longo da história.

Para Vygotsky, inicialmente a atividade psicológica é bastante elementar e determinada por sua herança biológica. Aos poucos as interações com seu grupo social e com os objetos de sua cultura passam a governar o comportamento e o desenvolvimento do seu pensamento. Assim, os processos de funcionamento mental do homem são fornecidos pela cultura, por meio da mediação simbólica, é então a partir de sua inserção num dado contexto cultural, de sua interação com membros do seu grupo e de sua participação em práticas sociais historicamente construídas, que a criança internaliza as formas de comportamento consolidadas na experiência humana.

A conquista da linguagem representa um momento especial no desenvolvimento do ser humano, essa capacitação habilita as crianças a buscarem recursos que auxiliem nas soluções dos problemas, na superação à ação impulsiva, no planejamento melhor de suas ações e ao controle do seu próprio comportamento. Mostra que a linguagem tanto expressa como organiza o pensamento da criança.

Nesse sentido, antes de aprender a falar, a criança já utiliza uma inteligência prática que consiste na sua capacidade de agir no ambiente e resolver problemas práticos com o auxílio dos instrumentos intermediários, sendo esse o **estágio pré-linguístico** do **desenvolvimento do pensamento**. Essa relação entre pensamento e linguagem é considerada um dos temas mais complexos da psicologia. Vigotstky dedicou-se a esse assunto durante muitos anos de sua vida.

Rego (1995) enfatiza que Vigotsky, através de seus experimentos, entendeu que o desenvolvimento da linguagem passa por estágios que obedecem a uma trajetória dinâmica: a fala evolui de uma fala exterior para uma fala egocêntrica e desta para uma fala interior, isto é, pensamento, ao contrário de Piaget que postula uma trajetória de dentro para fora. "O pensamento e Linguagem têm origens diferentes e desenvolvem-se segundo trajetórias diferentes e independentes, antes que ocorra a estreita ligação entre esses dois fenômenos" (OLIVEIRA, 1998, p.43).

Segundo Oliveira (1998), o **significado** é o componente essencial da palavra, sendo desse modo um pensamento, pois é no significado, que pensamento e fala se unem, sendo também aonde se encontram as duas funções básicas da linguagem: o intercâmbio social e o pensamento generalizante.

São os significados que causam a mediação simbólica entre indivíduo e mundo, pois são os significados que fornecem o entendimento do mundo a uma pessoa, ou seja, uma palavra sem significado é um som vazio. Sendo assim, os significados das palavras vão mudando ao longo da vida, principalmente no que diz respeito à criança.

Oliveira (1998) diz ainda que a transformação dos significados das palavras ainda está relacionada ao "sentido", entendo sentido como o significado da palavra para aquele determinado indivíduo, pois envolve o fator emocional.

Como foi possível verificar nas perspectivas esboçadas, o domínio da linguagem promove mudanças radicais na criança, nos modos de se relacionar com o seu meio, a linguagem possibilita novas formas de comunicação com os indivíduos e de organização do modo de agir e pensar.

E, assim, nas palavras do próprio Vygostki (1994, p.108), [...] "pensamento e palavra, não é uma coisa, mas um processo, um movimento contínuo de vaivém do pensamento para palavra e vice-versa". Pois,

> pensamento e Linguagem, que refletem a realidade de uma forma diferente daquela da percepção, são a chave para a compreensão da natureza da consciência humana. As palavras desempenham um papel central não só no desenvolvimento do pensamento, mas também na evolução histórica da consciência como um todo. Uma palavra é um microcosmo da consciência humana (VYGOTSKI, 1994, p.132).

A linguagem também tem papel importante para Vygotski, pois irá também contribuir para a formação e organização do pensamento. Com as experiências da fala e com as experiências sociais, a criança adquire conhecimento. Como exemplo a forma como a mãe age e fala a respeito de algo ou de algum objeto irá fazer com que a criança tenha uma percepção diferente sobre aquele objeto.

Dessa forma, a criança não de uma forma passiva, mais ativa vai interiorizando instruções e construindo conhecimentos. Ativa, pois cada ser é capaz de apropriar-se do conhecimento vindo do social de uma maneira particular, e à medida que a criança cresce vai internalizando a ajuda externa que com o tempo torna-se desnecessária.

> O processo de internalização é, ao contrário, um processo ativo, no qual a criança apropria-se do social de uma forma particular. Reside aí, na verdade, o papel estruturante do sujeito: interiorização e transformação interagem constantemente, de forma que o sujeito, ao mesmo tempo que se integra no social, é capaz de posicionar-se frente ao mesmo, ser seu crítico e seu agente transformador. Assim, à medida que as crianças crescem, elas vão internalizando a ajuda externa que se torna cada vez menos necessária: a criança mantém, agora, o controle sobre a própria conduta (DAVIS, 1994, p.50).

Para Vygotski, pensamento e linguagem estão interligados, pois a fala e que reorganiza os processos mentais. É através da fala que a criança irá entender o mundo que a cerca.

Para esse autor, não existem fases do desenvolvimento como propõe Piaget, e sim as interações sociais através da linguagem, que vão construindo e modificando as funções de percepção, atenção, capacidade de solucionar problemas. É a linguagem que organiza os processos mentais. Esse autor dá uma importância tão grande a essa questão que para ele linguagem e pensamento são "círculos interligados".

3 - O papel do professor para Vygotski

Vygotski nos traz uma importante reflexão sobre o trabalho docente e sobre as principais concepções teóricas que pautam este trabalho, chegando ao papel que, para Vygostiana, seria o verdadeiro sentido da docência.

Nesse sentido, cita alguns autores e suas considerações sobre o trabalho do mestre, entre eles:

> Para a pedagogia de Rousseau, o mestre é apenas o vigia e protetor da criança contra a perversão e as mas influências. Para Tolstói, o mestre deve ser forçosamente um homem virtuoso, capaz de contagiar a criança com sua experiência pessoal. Para a pedagogia ascética o educador é quem sabe por em prática os ensinamentos: "quebra a vontade da tua criança para que ela não se destrua". No Domostrói exigem-se mais uma vez novas qualidades do educador quando se prescreve: "Executa teu filho por causa da mocidade dele e terás paz na tua velhice, e terás beleza na tua alma. E não afrouxes, bate na criança: se a espancas com uma vara, ela não vai morrer, vai ficar ainda mais sadia, tu a espancas pelo corpo mas salvas a alma da morte". Para Hauy o mestre é um hipnotizador, a pessoa capaz de sugestionar e subordinar a vontade do outro. Para Pestalozzi e Froebel, o educador é um jardineiro infantil. [...] (VYGOTSKI, 2004, p.446).

Diante das concepções teóricas citadas pelo texto, nenhuma cumpre o papel que para Vygostki seria o verdadeiro papel do mestre. Assim, para este autor, numa nova pedagogia o professor deve atuar como uma fonte de consulta, assim, como um livro, ou um dicionário, apenas estimulando e instigando o aluno ao aprendizado. O aluno por sua vez, deve com toda a sua energia, procurar por conta própria obter conhecimento.

Figura 7.5 - O papel do professor

Fonte: arquivo Clip Art Windows

Nesse sentido, a teoria não reduz o papel do professor a nada, muito pelo contrário, mas coloca-o numa posição privilegiada, cabendo a ele tornar-se o organizador do meio, sendo este o único fator educativo de fato. Afinal, se o aprendizado se dá pela experiência, é através do meio que o aprendizado será facilitado.

> Para a educação atual não é tão importante ensinar certo volume de conhecimento quanto educar a habilidade para adquirir esses conhecimentos e utiliza-los. E isso se obtém apenas como tudo na vida no processo de trabalho. Sobre o professor recai um novo papel importante, cabe-lhe tornar-se o organizador no meio social, que é o único fator educativo (VYGOTSKI, 2004, p.448).

O texto faz uma crítica ao papel do professor enquanto detentor do saber quando este se situa neste papel como uma caricatura de um personagem, ou seja, entre a arrogância e a ignorância acredita ser este o seu papel, isto é, dá mais importância a um papel desempenhado, do que ao próprio conhecimento transmitido. E neste sentido, rememora ao papel docente quando daquele professor que ingressa na docência apenas enquanto último recurso de sobrevivência, inadaptado e pouco capacitado, citando que: "[...] o trabalho docente tornou-se espaço para onde se canaliza tudo o que há de inadaptado, mal sucedido e fracassado em todos os campos da vida" (VYGOTSKI, 2004, p.451).

E assim esse professor sem entusiasmo em sua profissão, inadaptado e pouco capacitado, não consegue transmitir interesse e motivação a seu aluno, não que tenha que exaltar um simples conhecimento, mas, que situe a esse conhecimento a devida importância. E dessa forma, o professor somente conseguirá desempenhar esse papel de forma capacitada e bem sucedida se tiver um conhecimento amplo e irrestrito do conhecimento.

> Até hoje o aluno tem permanecido nos ombros do professor. Tem visto tudo com os olhos dele e julgado tudo com a mente dele. Já é hora de colocar o aluno sobre as suas próprias pernas, de fazê-lo andar e cair, sofrer dor e contusões e escolher a direção. E o que é verdadeiro para a marcha que só se pode aprendê-la com as próprias pernas e com as próprias quedas. Se aplica igualmente a todos os aspectos da educação (VYGOTSKI, 2004, p.452).

O autor ainda critica a velha pedagogia que pensava erroneamente em atingir êxito na educação através do que chamou da "inspiração do mestre", dizendo que este também não é o caminho correto para a educação, pois mesmo quando o professor é "inspirado", o problema é este não atingir a inspiração do aluno, ou seja, apesar do mestre ter conhecimento e inspiração suficiente não consegue atingir o conhecimento necessário ao aluno.

Cita também em outros casos, como, por exemplo, quando o professor de tão "inspirado", como citado no senso comum o professor "estrela", torna-se "adorado" por seus alunos, assumindo como o autor nos coloca, formas profundamente antipedagógicas.

Nesse sentido, chama-nos a atenção ao que, para a psicanálise, é fundamental na aprendizagem, que é a transferência do aluno para o professor. Sendo a transferência, a atualização de vínculos afetivos que tem origem no passado da criança, principalmente em relação aos pais e que são atualizados no papel do professor. E, neste sentido, cita que é necessário fazer com que as crianças tenham suas próprias inspirações e não cair no engano de fazer os alunos se inspirarem por seus pais. "Já é hora de a pedagogia seguir esse caminho e escolher pessoas que conheçam com precisão as leis e a técnica dos caminhos pelos quais se cria na alma da criança o próprio entusiasmo". (VYGOTSKI, 2004, p. 454).

E nesse contexto que o autor nos dá a solução para a educação, dizendo que a ciência é o caminho mais seguro para a assimilação da vida. Sendo que a primeira exigência, para um professor do futuro,

é ser um professor até o fim e que seja outra coisa além de professor.

Assim, ele deve ser médico, enfermeiro, político etc. Pois, somente desse modo, terá o dinamismo, o entusiasmo a que o texto se refere. Dessa forma o trabalho educacional estará fundido ao trabalho social do cientista, ou do político, do artista etc.

Para isso a escola deve transcender aos murros e grades a que estão confinados. Conforme cita Munsterberg apud Vygotski (1910),

> é na escola do futuro essas janelas estarão abertas da forma mais escancarada, o professor não só irá olhar mas participara ativamente das "obrigações da vida". O que criava o bolor e a estagnação da nossa escola devia-se ao fato de que nelas as janelas para o vasto mundo estavam hermeticamente fechadas, e fechadas antes de tudo na alma do próprio professor (VYGOTSKI, 2004, p. 457).

O professor dotado deste saber poderá transformar a educação em uma criação da vida. Para essa refundição é preciso utilizar o material congênito do comportamento, pois o caráter criativo no processo pedagógico para a teoria de Vygotski é fundamental. Ou seja, é necessário que a criança busque, que descubra, que procure, e cabe assim, o papel do mestre como ponto decisivo. O que o autor chama de luta.

> Em face da estrutura caótica da sociedade capitalista, três quartos das modernas diretrizes sociais constituem um sistema de sociofobias, ou seja, de uma hábil abstração pelo organismo de ações sociais validas. Por isso educar no organismo uma sólida resultante social em sua maior parte é uma luta encarniçada ora latente, ora evidente entre o educador e o educando. Por isso, a sociologia (pedagogia, psicoterapia), não deve e nem pode ser apolítica. O verdadeiro sociólogo, ou seja, o educador e não o gramofone sempre é político. A educação dos reflexos sociais é a educação na linha social do organismo, ou seja, a educação não pode deixar de ser política. A pedagogia (sociologia) nunca foi apolítica, uma vez que, ao trabalhar com o psiquismo e os reflexos sociais sempre infundiu voluntária ou involuntariamente, essa ou aquela linha social, ou seja, política em correspondência com os interesses da classe social dominante que a orientavam (VYGOTSKI, 2004, p.458).

Nesse contexto, o autor coloca que toda a educação é social, pois toda a educação modifica o ser humano, transforma a humanidade, modifica paradigmas, ou seja, ensina determinadas maneiras e gestões sociais. Assim, toda "fundição do homem" nasce do incomodo, da inquietude, da insatisfação. Toda a experiência do "sentir e pensar" é usada para o trabalho pedagógico, ou seja, quanto mais incomodados estamos, mais servimos ao processo criativo, mais servimos à educação. Assim, Vygotski (2004) faz uma equiparação da inquietude da educação com o processo criativo, justificando que não devemos escamotear essa inquietude e sim fazer a criança "chocar-se"com esse desconforto e vencê-lo, assim como a sede e a fome para a sobrevivência.

> A vida se revela como um sistema de criação, de permanente tensão e superação, de constante criação e combinação de novas formas de comportamento. Assim, cada idéia, cada movimento e cada vivência são uma aspiração de criar uma nova realidade um ímpeto no sentido de alguma coisa nova (VYGOTSKI, 2004, p.462).

E conclui que os problemas da educação só serão resolvidos quando não servirem para alguns ideais sociais, que a mutilam e deformam.

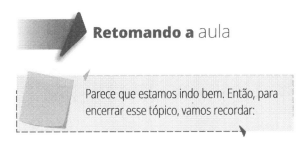

Retomando a aula

Parece que estamos indo bem. Então, para encerrar esse tópico, vamos recordar:

1 - O Socioconstrutivismo de Vygotski

Para Vygotski, é a partir da base biológica do comportamento humano em interação com o meio social, que a criança irá partir de estruturas orgânicas elementares, formando novas e mais complexas funções mentais, que irão depender das experiências vividas pela criança.

Assim, o componente biológico no homem é responsável pelas reações inatas e o organismo não tem condições de fugir desses "limites biológicos", porém, esse sistema de reações inatas é determinado pela estrutura do meio onde se desenvolve o biológico.

Desse modo, como coloca Vygotski, "toda educação é de natureza social, queira ou não". Assim, a "experiência capaz de formar novas reações e novos aprendizados". Sendo assim, a experiência pessoal do educando é a base de todo o trabalho pedagógico.

É na inter-relação do homem com o mundo, que podemos pensar na questão subjetiva deste homem em contato com o meio, assim, a individualidade de cada ser humano é também parte desse processo e neste sentido a educação faz a seleção social, pois transforma o homem biológico em homem social.

O processo de formação de pensamento ocorre pela assimilação de experiências, que se dá através da comunicação. Ou seja, dá interação com os outros, dá maneira como os adultos nomeiam e atribuem valor ou não aos objetos.

2 - O papel da Linguagem para Vygotski

Para Oliveira (1998), Vygotski atribui à linguagem duas funções básicas, sendo a primeira o Intercâmbio social. Assim os primeiros sons emitidos pela criança, como o choro, o balbucio, o riso são formas de chamar a atenção, de alívio emocional, mas também de entrar em contato com o outro. E a segunda função da linguagem é o pensamento generalizante, pois é através da linguagem que um determinado objeto é agrupado com outros elementos da mesma categoria, como o é diferenciado.

O surgimento da linguagem imprime três mudanças essenciais nos processos psíquicos do homem. A primeira, a linguagem permite lidar com os objetos do mundo exterior mesmo quando eles estão ausentes. A segunda refere-se ao processo de abstração e generalização que a linguagem possibilita, ou seja, por meio da linguagem é possível abstrair e generalizar as características dos objetos, eventos, situações presentes na realidade. A terceira função da comunicação entre os homens que garante como consequência a preservação, transmissão e assimilação das informações e experiências formuladas pela humanidade ao longo da história.

Para Vygotsky inicialmente a atividade psicológica é bastante elementar e determinada por sua herança biológica. Aos poucos as interações com seu grupo social e com os objetos de sua cultura passam a governar o comportamento e o desenvolvimento do seu pensamento. Assim, os processos de funcionamento mental do homem são fornecidos pela cultura, por meio da mediação simbólica, é então a partir de sua inserção num dado contexto cultural, de sua interação com membros do seu grupo e de sua participação em práticas sociais historicamente construídas, que a criança internaliza as formas de comportamento consolidadas na experiência humana.

A linguagem também tem papel importante para Vygotski, pois irá também contribuir para a formação e organização do pensamento. Com as experiências da fala e com as experiências sociais a criança adquire conhecimento

Para esse autor não existem fases do desenvolvimento como propõe Piaget, e sim as interações sociais através da linguagem, que vão construindo e modificando as funções de percepção, atenção, capacidade de solucionar problemas. É a linguagem que organiza os processos mentais. Esse autor dá uma importância tão grande a essa questão que para ele linguagem e pensamento são "círculos interligados".

3 - O Papel do Professor para Vygotski

O verdadeiro papel do mestre, para Vygotski, seria de atuar como uma fonte de consulta, assim, como um livro, ou um dicionário, apenas estimulando e instigando o aluno ao aprendizado. O aluno por sua vez, deve com toda a sua energia, procurar por conta própria obter conhecimento.

Nesse sentido, a teoria não reduz o papel do professor a nada, muito pelo contrário, mas, coloca o professor numa posição privilegiada, cabe a ele tornar-se o organizador do meio, sendo este o único fator educativo de fato. Afinal, se o aprendizado se dá pela experiência, é através do meio que o aprendizado será facilitado.

Sendo a primeira exigência para um professor do futuro é que seja professor até o fim e que seja outra coisa além de professor.

Assim, ele deve ser médico, enfermeiro, político etc. Pois, somente desse modo, terá o dinamismo, o entusiasmo a que o texto se refere. Pois dessa forma, o trabalho social estará fundido ao trabalho social do cientista, ou do político, do artista, etc.

Para isso a escola, deve irromper aos murros e grades a que estão confinados. E neste modo o autor coloca que toda a educação é social, pois toda a educação modifica o ser humano, transforma a humanidade, modifica paradigmas, ou seja, ensina determinadas maneiras e gestões sociais. E conclui que os problemas da educação só serão resolvidos quando não servirem para alguns ideais sociais, que a mutilam e deformam.

Vale a pena

Vale a pena ler

Vygotski: Aprendizagem e desenvolvimento: um processo sócio – histórico. OLIVEIRA, M. K. São Paulo: Sciopione, 1998.

Vale a pena acessar

• http://www.pgie.ufrgs.br/alunos_espie/espie/franco/public_html/textos/piavygo.htm

Vale a pena assistir

• *Uma Mente Brilhante*

Aula 8º

A perspectiva humanista

Olá, nesta aula, iremos estudar a perspectiva Humanista, entre os teóricos desta perspectiva temos S. Freud, C. Rogers. Algumas dessas teorias cabem muito mais à teoria do desenvolvimento ou à prática clínica, porém todas de alguma maneira contribuíram para o estudo da aprendizagem humana. Portanto, iniciaremos nosso estudo com a Psicanálise e sua contribuição para a aprendizagem.

Sendo assim, bom estudo!

Se ao final desta aula, surgirem dúvidas, vocês poderão saná-las através das ferramentas "FÓRUM" ou "QUADRO DE AVISOS" e através do "CHAT".

Comecemos, então, analisando os objetivos da nossa aula.

Boa aula!

Objetivos de aprendizagem

Ao término desta unidade, você será capaz de:

• refletir sobre a teoria psicanalítica e suas contribuições no entendimento da aprendizagem humana.;

• compreender sobre a teoria Humanista de Rogers e suas contribuições no entendimento da aprendizagem humana.

Seções de estudo

1 - A Teoria Psicanalítica de Freud
2 - A Teoria Humanista de C. Rogers

1 - A teoria psicanalítica de Freud

Figura 8.1 - Sigmund Freud

Fonte: http://www.images.google.com.br.
Acessado em 24 de março de 2012, às 20 horas.

Sua Vida:

Segundo Fadiman e Frager (2002), Sigmund Freud nasceu na cidade de Freiberg na Tchecoslováquia, no dia 6 de maio de 1856. Aos 4 anos foi morar em Viena residindo lá até 1938, indo após essa data morar na Inglaterra.

Sempre foi um excelente aluno, sendo o primeiro da sala. Por muito tempo, por ser judeu, todas as profissões, fora Medicina e Direito, eram-lhe vedadas. Escolheu então fazer medicina e depois psiquiatria. Na Universidade de Viena era tratado como inferior e estranho.

Estudou medicina durante oito anos e recebeu seu diploma aos 26 anos.

Após esse período recebeu uma bolsa de estudos e foi trabalhar com Charcot em Paris, lá percebeu que os pacientes histéricos poderiam ser tratados através da hipnose. Esses pacientes apresentavam distúrbios físicos, como paralisias e cegueiras, que nada tinham de orgânico, apenas eram sintomas emocionais. "Tornou-se claro para Freud que a histeria era uma doença psíquica cuja gênese requeria uma explicação psicológica". [...] "Os sintomas de pacientes histéricos baseiam-se em cenas do seu passado que lhes causam grande impressão, mas foram esquecidas (traumas); a terapêutica, nisto apoiada, consistia em fazê-los lembrar e reproduzir essas experiências num estado de hipnose" (FADIMAN e FRAGER, 2002, p. 04).

Mas Freud achou que a hipnose não era tão efetiva quanto se esperava, voltando a Viena continuou a estudar e atender casos de histeria, abandonando por completo a hipnose e deixando seus pacientes falarem livremente sobre aquilo que os incomodavam. Construindo uma rica teoria de personalidade e técnica analítica.

Em 1896, usou pela primeira vez o termo "psicanálise". Nos anos seguintes publicou várias obras como: A Interpretação dos Sonhos – 1900, Psicopatologia da Vida Cotidiana – 1901.

Após isso, vários teóricos importantes eram seus seguidores como: Alfred Adler, Carl Jung, Sandor Ferenczi, Otto Rank, etc. Fundaram juntos uma sociedade, que passou a se chamar, Sociedade de Psicanálise, esta fez várias publicações e estudos.

Em 1933, muitos dos seus escritos foram destruídos pelos nazistas e quando os alemães ocuparam a Áustria em 1938, permitiram que Freud fosse morar em Londres morrendo um ano depois em 1939.

Publicou uma obra completa contendo 24 volumes, considerada atualmente como um clássico da psicanálise. Sua trajetória apesar das muitas críticas recebidas foi um marco. Freud é considerado o pai da psicanálise e um grande teórico.

Sua Obra:

Para Freud, não há descontinuidade na vida mental. Nada é por acaso. Sempre há uma causa para cada pensamento, para cada memória revivida, sentimento ou ação. Cada evento mental é causado pela intenção consciente ou inconsciente e é determinado pelos fatos que o precederam.

Um exemplo disso é a escolha de um parceiro ou de uma profissão, pois, para a psicanálise nossas escolhas são sempre inconscientes, buscando atualizar nossos desejos emocionais.

Freud começou a procurar a descrever os elos ocultos que ligavam um evento consciente a outro e desenvolveu uma teoria sobre a estrutura de personalidade, sendo formada por três instâncias:

> Id - São impulsos inatos é chamado de "Princípio do Prazer". Podemos citar como exemplo o bebê que ao nascer seria apenas "Id", pois tudo que faz está na busca da obtenção de seu prazer, seja de saciar a fome, de obter cuidados. O bebê não quer saber se está na hora ou se a mãe pode ou não atendê-lo naquele momento, ele busca saciar seu prazer.
> Ego – É a energia voltada para a realidade, tenta executar ações equilibradas no convívio com os outros, também chamado de "Princípio da Realidade". Como no exemplo acima, a criança enquanto cresce vai aprendendo que em certas situações deverá esperar para ser atendida.
> Superego – É o depositário das normas e princípios morais apresentados pela família e internalizados pela pessoa, assim, por volta dos sete anos à criança já tem internalizado normas e regras sociais de convivência. Porém, apesar de nesta idade já ter adquirido o superego, ela é também id e ego, assim, como também o adulto, onde as três instâncias psíquicas estão em "funcionamento" (FREUD apud (CUNHA, 2000, p. 34).

Como exemplo podemos pensar em uma pessoa que vai até uma loja de departamentos e sabendo que não tem condições de pagar as compras, mesmo assim emite cheques sem fundo, pois o prazer de comprar naquele momento (Id) é maior que seu princípio de realidade (ego), ou mesmo das normas e regras (superego).

As instâncias psíquicas constituem pulsões reprimidas que não são conscientes para a pessoa. Essas pulsões são chamadas de inconsciente. Tudo aquilo que foi reprimido com base nas concepções morais, dando origem às neuroses.

Assim, o tratamento da neurose consiste no livre acesso das energias reprimidas na consciência. O que consiste que o paciente fale livremente, sendo que o terapeuta não faz juízo de valor, não censura, não faz parte de sua função apresentar soluções ou conselhos. O trabalho do terapeuta é interpretar o que significa estabelecer vínculos entre os conteúdos da fala e os conteúdos do inconsciente.

Por exemplo: uma mulher que conta ao terapeuta que se casou com um homem alcoólatra que a espanca toda a vez que chega em casa embriagado, (esta mulher não será censurada pelo terapeuta por não denunciá-lo, mas o terapeuta tentará entender o motivo que a faz permanecer calada e submissa a tal situação). No decorrer das sessões a mulher lembra que seu pai também bebia muito e que tinha muitas brigas com sua mãe. O terapeuta, então, entende que esta mulher de maneira inconsciente escolheu este parceiro por ter semelhanças com seu pai (modelo/ identificação enquanto homem), e neste sentido, vai fazendo a paciente entender a sua própria situação.

Na psicanálise fala-se de **Pulsões** e **Instintos**, forças propulsoras que incitam as pessoas à ação. Todo o instinto tem quatro componentes: uma fonte, uma finalidade, uma pressão e um objeto.

> *Podemos dizer que os Instintos são forças propulsoras dos animais que incitam a ação.*

> *Podemos dizer que as Pulsões são forças propulsoras dos humanos que incitam a ação.*

Freud descreveu dois instintos básicos, o sexual (gratificação) e a agressividade (destrutiva), chamou as esses instintos de Pulsão, Pulsão Sexual (Pulsão de vida) e Pulsão Agressiva (Pulsão de morte). São forças mantenedoras da vida ou incitadoras da morte.

Para a teoria psicanalítica, desde o nascimento até a morte temos estes dois instintos básicos. Peguemos, novamente, o exemplo do bebê que hora ama a sua mãe e quando esta demora tempo demais a lhe dar o alimento, ele a morde o seio.

Freud (1905), em sua obra apontou o processo de descoberta da sexualidade nos primeiros anos da infância, modificando o pensamento que havia até aquele momento sobre a criança passiva. Para Freud, a criança tem uma energia sexual desde que nasce, porém na criança essa sexualidade não é genital, como no adulto. Ele deu o nome de libido a essa energia.

> *A criança apresenta uma sexualidade, pois desde muito cedo se interessa pelas diferenças sexuais e quer saber de onde nascem os bebês.*

> *Libido é a energia sexual.*

A libido, portanto, é uma energia de natureza sexual, componente do id, presente no ser humano desde o nascimento, e é ela que impulsiona a pessoa em busca de satisfação. E o prazer, para Freud, é a motivação maior a todos nós, pois o que dita a vida humana é o "princípio do prazer (CUNHA, 2000, p.26).

Assim, a libido é uma energia sexual e localiza-se em uma região do corpo. É importante destacar que Freud não falou de sexo, mas, de sexualidade, ou seja, de uma sexualidade (libido) que existe desde bebê, mas que está presente no corpo todo, ou em regiões conforme especificamos abaixo.

Para Freud o desenvolvimento acontece conforme as fases sexuais abaixo:

- Fase Oral – Quando nascemos a região do corpo que se encontra com energia é a região da boca (lábios, língua). Assim, além de mamar a criança tem prazer sexual ao mamar. Notem que sexual e sexualidade são termos diferentes.
- Fase Anal – A segunda fase do desenvolvimento que assume relevância (por volta dos dois anos de vida ou antes), é a fase anal, onde a libido se desloca da boca para o anus, nas atividades excretórias da criança. Nesta fase do desenvolvimento a criança sente prazer em produzir as fazes e gosta de apresentar aos pais. O importante também é saber que mesmo que a libido se deslocou para outra parte do corpo, não impede que um pouco dessa energia ainda fique contida na fase anterior. Um exemplo claro disso é o fumante, que mesmo passando por todas as fases do desenvolvimento ele ainda "está fixado" na fase oral, pois o prazer nessa região é muito grande, como exemplo disso o vicio do cigarro.
- Fase Fálica – É a terceira fase de desenvolvimento é a "Atividade da zona genital". Possui esse nome por ser o período em que a criança conhece as genitálias masculina. Neste momento do desenvolvimento (por volta dos ¾ anos de idade) a criança percebe as diferenças sexuais. É caracterizada também, pelas sensações prazerosas nos órgãos genitais, iniciadas na micção. É nesta fase que a criança vivencia o Complexo de Édipo, fundamental na formação da personalidade do indivíduo, que será explicado detalhadamente a seguir.

No complexo de Édipo, o menino, por volta de 2 ou 3 anos, sente-se apaixonado pela mãe; quer tê-la para si, coloca-se como rival de seu pai, tendo assim sentimentos de ternura para com a mãe e hostilidade para com seu pai.

No menino, o Édipo desaparece, quando vê em seu pai a figura que o impossibilita de realizar seu desejo, abandonando o investimento à mãe e identificando-se à figura paterna (FREUD apud (CUNHA, 2000, p. 37).

Segundo Roudinesco (1998), quando há o declínio do complexo edípico, é marcada a entrada no período chamado latência. Para Fernández (1990), a latência se inicia aos cinco anos, permanecendo até os sete aproximadamente, momento em que a criança tem possibilidade de tratar a sexualidade de forma diferente das fases psicossexuais anteriores.

Período de Latência – Neste período a libido estaria "adormecida", ou seja, um período onde a sexualidade da criança fica latente, é o momento em que parte dessa energia esta voltada as atividades intelectuais (por volta dos 7 anos de idade).

A autora argumenta que o desejo e a aprendizagem implicam um processo em círculos. Isso ocorre quando com a satisfação e o prazer que há na busca de um objeto desejado, surge também o desprazer e a necessidade de buscar outro, dando continuidade a circulação do desejo. O mesmo ocorre na aprendizagem, pois, ao obter um conhecimento, aumenta-se o desconhecido e surgem novas dúvidas para que assim dê continuidade na busca de outros conhecimentos. Dessa forma, desejo e aprendizagem deparam-se com a falta para poder continuar.

O fenômeno da aprendizagem, portanto, segundo a Psicanálise, depende do modo como se dá o aproveitamento da libido. Essa proposição não diz respeito apenas à fase de latência, pois todos os envolvimentos do indivíduo com o conhecimento – interesse, desejo de saber, recusa em aprender, etc. São influenciados pelo inconsciente (CUNHA, 2000, p. 34).

Muitas crianças, por problemas emocionais, acabam gastando energia em outros assuntos que não a aprendizagem, quando o desenvolvimento esta "normal" a criança tem desejo em aprender e tudo transcorre normal.

Para ilustrar melhor, vamos citar o exemplo de uma criança que os pais estão brigando muito e pensam em separação, não poupando a criança das constantes discussões e brigas, esta, por sua vez, em vez de gastar a sua energia para a aprendizagem, vai gastar tentando achar a solução para que os pais fiquem juntos.

E por último temos a fase Genital, que é a última fase do desenvolvimento da libido, como o nome diz, a energia sexual esta nos órgãos genitais (adolescência até a fase adulta). Aqui estamos falando da energia voltada a sexualidade adulta e ao sexo.

Em "a investigação sexual das crianças", Freud (1969) discorre sobre o que causa a curiosidade nas crianças sobre a vida sexual, também o que faz com que estas inventem suas teorias e tentem comprová-las mediante seus questionamentos.

Segundo Faustino (2007), alguns autores escrevem sobre as descobertas sexuais iniciais das crianças. Férez (2000), por exemplo, discute que estas, mesmo com nuances, podem ser agrupadas em três temas:

> 1 De onde nascem os bebês.
> 2 A diferença dos sexos.
> 3 O perigo da castração (FÉREZ, 2000, p. 56).

Ao responder de onde surge a questão infantil sobre o sexual, observa-se que este está ligado a um conteúdo emocional; a exemplo disso pode-se tomar a chegada de um irmãozinho, que ocasiona, na criança, insegurança e medo de perder os cuidados e o amor dos pais. Férez (2000) explica que isso torna a criança pensativa e perspicaz. Outro tema investigado pelas crianças é sobre a diferença dos sexos.

Acredita-se que, inicialmente, as crianças pensam que todas, meninos e meninas, possuem um pênis; porém esta crença é desfeita quando observam as outras crianças. O menino, por notar que tem um pênis e a menina não o tem, acredita que ela o perdeu; inicia-se, assim, o complexo da castração, em que o menino teme perder também o seu falo. Na menina este momento é chamado de inveja do pênis, por notar que falta a ela algo que o outro possui. O menino tem algo que ela não o tem; nota, portanto, que tem uma falta e quer preenchê-la desejando ter também um órgão como o do menino.

Partindo dessas investigações, as crianças respondem suas curiosidades criando verdadeiras teorias sobre a sexualidade. Férez (2000) aponta que, possivelmente, essas curiosidades auxiliarão no desenvolvimento do interesse por conhecimentos culturais e científicos.

Assim Freud (1969), da certeza de que não deve ser negado às crianças o conhecimento sobre suas curiosidades infantis.

Além disto, Freud (1969) descreve que é juntamente com a primeira florescência da sexualidade na criança que surge também a pulsão de saber.

Reiterando a informação acima, Freud assevera que constatou pela psicanálise que, na criança, "a pulsão de saber é atraída, de maneira insuspeitadamente precoce e inesperadamente intensa, pelos problemas sexuais, e talvez seja até despertada por eles" (FREUD, 1969, p. 183).

Segundo Fernández (1990), para a psicanálise, não há como falar de inteligência excluindo o desejo, pois assim é possível conhecer a dinâmica que envolve o não aprender. Pois se não há desejo em aprender não há energia voltada para tal atividade.

Freud é considerado o grande estudioso do desejo, revolucionário, partindo do princípio de que há uma origem inconsciente para este, sendo sua origem da infância.

O fenômeno da aprendizagem, portanto, segundo a Psicanálise, depende do modo como se dá o aproveitamento da energia. Essa proposição não diz respeito apenas à fase de latência, pois todos os envolvimentos do indivíduo com o conhecimento – interesse, desejo de saber, recusa aprender etc. – são influenciados pelo inconsciente.

Um exemplo disso é a criança que se recusa a aprender por medo de crescer e perder a proteção dos pais, ou mesmo crianças que percebem que se crescerem o casamento dos pais poderá acabar, pois sendo ela o foco do problema do casal, todas as energias estarão voltadas a ela e não a dinâmica familiar conflituosa. E assim, permanecem sem aprender.

Conceito

Outro fenômeno estudado por Freud, que diz respeito ao sucesso no tratamento, é o que ele chamou de **transferência**, ou seja, é a relação entre o paciente e terapeuta com o estabelecimento de vínculos afetivos que tem origem no passado, especialmente na infância, no tratamento esses vínculos são apenas atualizados.

A transferência também ocorre em sala de aula, na relação do aluno com o professor. O que queremos nos referir aqui, é que a criança vê muitas vezes o professor carregado de afeto, que pode ser tanto positivo – sentimentos bons, quanto negativos – sentimentos ruins e que esses sentimentos e emoções expressos ao professor são, apenas, atualizações de sentimentos de seu passado em relação aos próprios pais, ou seja, a criança coloca o professor no lugar da mãe ou do pai.

Dessa forma, a psicanálise tende a mostrar que os fenômenos de sala de aula são muito mais humanos que técnicos, ou seja, menos ênfase no método e mais ênfase na preocupação com a pessoa.

Para refletir
Cabe ressaltar que não é a intenção que o professor torne-se psicoterapeuta dos alunos, mas que aceita a existência de fenômenos inconscientes e que entendam que os processos de ensino - aprendizagem não se resume a técnica e que a relação professor aluno, também é uma relação humana que ocorre a transferência.

Segundo Cunha (2000), para a Psicanálise, as questões objetivas como: método, planejamento, conteúdos das matérias, etc. São questões menos importantes no ato de educar, pois,

> Ao mostrar que os fenômenos da sala de aula são muito mais humanos do que técnicos, o paradigma psicanalítico abre um caminho diferente e frutífero para os professores, o caminho da vivência humanizadora, da compreensão do outro, da busca de boas relações do indivíduo consigo mesmo e com os que o cercam. Menos ênfase no método e mais preocupação com a pessoa (CUNHA, 2000, p. 17).

Ainda, segundo o autor acima, o professor deve observar a atitude do seu aluno, tentando desvendar seus desejos ocultos.

Para a Psicanálise a criança deve ter desejo em aprender, pois os componentes intelectuais possuem também carga emocional e isso tem haver tanto com o universo do professor quanto do aluno.

Desejo poderia ser também entendido enquanto motivação, o conceito de desejo vai além da

motivação, pois se entende por desejo uma força interna que impulsiona o indivíduo na obtenção de algo, enquanto a motivação pode ser entendida como uma força externa. Assim, o desejo é um conceito mais amplo, existe o desejo de casar, de ter um filho ou de ter uma profissão e mesmo de aprender.

Nesse sentido, fizemos um apanhado geral da teoria psicanalítica e sua abordagem humana para a educação e para a aprendizagem. Na próxima seção vamos estudar o humanismo de C. Rogers.

2 - A Teoria Humanista de C. Rogers

Figura 8.2 - Carl G. Rogers (1902-1987)

Fonte: http://www.images.google.com.br.
Acessado em 12 de março de 2012, às 20 horas.

Carl Rogers desenvolveu uma teoria do Ser Humano, chamada de teoria humanista, que entendia o ser humano como responsável pelo seu crescimento pessoal, capaz de se desenvolver e se aceitar, assim também entendia a aprendizagem, cada ser humano é capaz de aprender.

Em nossas aulas vamos estudar a sua teoria, iniciando pela sua vida e depois a sua obra, concluindo com suas ideias sobre a aprendizagem.

Sua Vida:
Segundo Fadiman e Frager (2002), Carl Rogers nasceu em 1902, em Oak Park, Illinois.

Pertenceu a uma família rigorosamente religiosa e que como Jung contribuiu profundamente em sua vida e obra.

Em sua biografia relata que passou os anos da sua infância e adolescência no isolamento. Era ótimo aluno, muito interessado no desempenho científico, porém, não se relacionava com ninguém. "Já conseguia perceber que era diferente, um solitário, sem um lugar ou possibilidade de encontrar um lugar no mundo das pessoas". [...] "era socialmente incompetente em qualquer tipo de contato que não fosse superficial" (FADIMAN e FRAGER, 2002).

Estudou na Universidade de Wisconsim e só nesse período conseguiu se relacionar com as pessoas, nessa época, longe de sua família.

No segundo ano de faculdade começou a estudar religião e mais tarde estudou em um seminário de teologia, terminando seu trabalho de graduação em Psicologia no *Teachers college na Columbia*, tendo com isso se afastado muito da maneira de pensar de sua família, e desenvolvendo sua própria filosofia de vida. "Mais tarde, num curso de Psicologia, ficou agradavelmente surpreso por descobrir que uma pessoa poderia ter mérito fora da igreja, trabalhando próximo a indivíduos que precisavam de ajuda" (FADIMAN e FRAGER, 2002).

Ainda segundo os autores acima, seu primeiro emprego foi num centro de orientação infantil, onde nos seus 12 anos de atendimento local, desenvolveu o que chamou de Terapia Centrada no Cliente. Também nessa atividade, Rogers escreveu *"The clinical treatment of the Problem child"* em 1939, o que proporcionou a ele também a carreira docente na Universidade de Ohio. Lá também escreveu *"Psicoterapia e consulta"* em 1942.

Em 1945, a Universidade de Chicago lhe ofereceu um cargo destinado a formar um centro de aconselhamento, de onde foi diretor deste até o ano de 1957. Em 1951, Rogers publicou *"Terapia Centrada no Cliente"*. O livro continha sua teoria sobre personalidade e sobre terapia. Em 1961, escreveu "Tornar-se Pessoa".

Fadiman e Frager (2002) relatam que houve um episódio na carreira promissora de Rogers, em Chicago, em que ele se envolveu com a patologia de uma cliente perturbada e ficou à beira de um esgotamento emocional. Tirou férias do trabalho por três meses e se submeteu à terapia com um colega, sendo que após a terapia tornou-se mais eficaz com seus clientes. Suas interações tornaram-se mais livres e espontâneas.

Em 1957, foi trabalhar na Universidade de Wisconsin em Madeson, sendo uma época muito difícil para Rogers, pois entrou em conflito com o departamento de psicologia. Sentia-se limitado na sua liberdade de ensinar.

Em 1963, Rogers abandonou a docência e foi para o Instituto da Ciência do Comportamento, na Califórnia, ajudando a estabelecer o Centro de Estudos da Pessoa.

Em 1970, publica *"Grupos de Encontro"*. E em 1972 *"Novas Formas de Amor"*, onde analisa os relacionamentos conjugais.

Rogers construiu uma teoria, publicou várias obras e se dedicou ao centro de Estudos da Pessoa, além de construir uma família com vários filhos e netos. Faleceu em 1987.

Sua Teoria:

Carl Rogers construiu sua própria teoria e nunca se identificou com nenhuma teoria específica.

A sua posição, como ele mesmo definiu, está no trecho abaixo de Lao-Tsé:

Se eu deixar de interferir nas pessoas, elas
se encarregarão de si mesmas,
Se eu deixar de comandar as pessoas, elas se
comportam por si mesmas.
Se eu deixar de pregar às pessoas, elas se
aperfeiçoam por si mesmas,
Se eu deixar de me impor às pessoas, elas se
tornam elas mesmas.

Para Rogers, há um campo de experiência específico e único para cada indivíduo. Esse campo inclui eventos, percepções, sensações e impactos que normalmente a pessoa não toma consciência, mas poderia tomar se prestasse atenção devida a esses estímulos.

De início a atenção é colocada naquilo que a pessoa experimenta, como é limitado por restrições psicológicas e limitações biológicas. Temos tendência a dirigir nossa atenção para perigos imediatos, assim como para experiências seguras ou agradáveis, ao invés de aceitar todos os estímulos que nos rodeiam. (FADIMAN e FRAGER, 2002, p. 226).

O self

Rogers define o *self* como o autoconceito que as pessoas têm de si mesmas, baseado em experiências passadas, estimulações presentes e expectativas futuras. Para alguns autores o *self* é visto como uma faceta da personalidade estável e imutável. Para Rogers, o *self* está num processo constante de mudança, assim como toda a estrutura de personalidade para Rogers.

Self Ideal

Rogers define o *self* como "o conjunto de características que o indivíduo mais gostaria de poder reclamar como descritivas de si mesmo".

(ROGERS *apud* FADIMAN, 2002). Também como o *self*, o *self* ideal é uma estrutura móvel e variável, mas a diferença entre "o que é" e o "que se quer ser", propicia desconforto e insatisfação. Para Rogers é nesse aspecto que surgem as dificuldades neuróticas, pois aceitar-se como se é na realidade e não como se quer ser é um sinal de Saúde Mental.

Congruência e Incongruência

A congruência é definida como o equilíbrio entre a experiência, a comunicação e a tomada de consciência. Sendo a incongruência o desequilíbrio entre a experiência, a tomada de consciência e a comunicação. Um exemplo nítido disso é a criança pequena que expressa sentimentos de forma autêntica e verdadeira, pois, se sente raiva, chora ou grita, se tem fome também, e se ama, beija, abraça e diz seu sentimento. Já um exemplo de incongruência é uma pessoa tomada de raiva, que diz estar tranquila, ou uma pessoa com semblante triste que diz estar feliz e contente. Estes são exemplos tanto de congruência quanto de incongruência. Porém, é necessário compreender que em termos de incongruência a pessoa não está mentindo, mas sim, tem dificuldade, ou melhor, uma incapacidade de se mostrar "ela mesma", de demonstrar seus sentimentos e de se revelar verdadeiramente.

A pessoa não é capaz de expressar suas emoções e percepções reais em virtude do medo e de velhos hábitos de encobrimento que são difíceis de superar. Por outro lado, é possível que a pessoa tenha dificuldade em compreender o que os outros esperam dela (FADIMAN e FRAGER, 2002).

Tendência à Auto-Atualização

Para Rogers, todas as coisas vivas participam de um processo de expandir-se, desenvolver-se, amadurecer. Essa é a noção de Rogers na Tendência à Auto-Atualização, pois em todos nós há uma tendência em buscar uma direção, uma maior congruência na vida.

É importante observar que esta tendência atualizante é o postulado fundamental de nossa teoria [...] A este respeito, lembremos a noção do eu (*self*). O eu (*self*) nada 'faz', representa simplesmente uma expressão da tendência geral do organismo para funcionar de maneira a se preservar e se valorizar (ROGERS *apud* FADIMAN, 2002).

Terapia Centrada no Cliente

Rogers sempre utilizou o termo cliente ao invés de paciente. Para ele, paciente é em geral uma pessoa que está doente e precisa ser ajudada. Já um cliente é alguém que precisa de um serviço que pensa que sozinho não poderá realizá-lo. O cliente é alguém capaz de entender sua situação e de ser ajudado.

Desse modo, nessa abordagem, o cliente tem a capacidade para sua recuperação e é através do terapeuta, do seu interesse pessoal e de algumas qualidades, que isso se conduzirá a contento. "Antes do terapeuta ser qualquer coisa para o cliente, ele deve ser autêntico, genuíno, e não estar desempenhando um papel – especialmente o de um terapeuta quando está com o cliente" (FADIMAN e FRAGER, 2002).

O que só será possível a partir do momento que o terapeuta também se conheça e se entenda, sendo fiel aos seus próprios sentimentos, desenvolvendo um serviço terapêutico incondicional e livre de juízos, sendo que uma das condições fundamentais para isso é manter sempre uma boa comunicação.

EXEMPLO:

O indivíduo vem buscar ajuda. A situação de ajuda está normalmente definida. O conselheiro estimula livre expressão dos sentimentos em relação ao problema.
O conselheiro aceita, reconhece e clarifica (os sentimentos negativos).
Expressão receosa e hesitante dos impulsos positivos (que promovem a maturidade).
(O conselheiro) aceita e reconhece os sentimentos positivos. Compreensão, apreensão e aceitação de si.
Esclarecimento de possíveis decisões, linhas de ação.
Ações positivas.
Aprofundamento da autocompreensão.
Confiança na ação autodirigida = maior independência.
Decrescente necessidade de ajuda."

EXEMPLO RETIRADO DO LIVRO TEORIAS DA PERSONALIDADE. FADIMAN e FRAGER, 2002, p. 240

Assim, é na terapia que as pessoas tornam-se conscientes de seus desajustes, sendo o crescimento uma capacidade nata de cada um. Dessa maneira, aceitar-se é condição fundamental, só assim, se poderá aceitar aos outros.

Rogers define que esse "não aceitar-se" vem das imposições familiares ainda enquanto crianças, pois desde pequenos, não somos aceitos de forma total e genuína. Sendo a criança, dependente do amor dos pais, busca "agradá-los" muitas vezes deixando de ser verdadeira com ela própria.

Cabe ressaltar aqui que o valor dos relacionamentos é interesse central na obra de Rogers, tanto que acredita que é na experiência com os outros que um indivíduo é capaz de se descobrir, de experienciar, de revelar seu próprio self. Rogers defende tanto o valor dos relacionamentos, que escreveu em sua obra sobre o casamento, definindo que:

Os melhores casamentos ocorrem com parceiros que são congruentes consigo mesmos, que têm poucas condições de valor como empecilho e que são capazes de genuína aceitação dos outros. Quando o casamento é usado para manter uma incongruência ou para reforçar tendências defensivas existentes, é menos satisfatório e é menos provável que se mantenha (FADIMAN e FRAGER, 2002).

Rogers define ainda quatro elementos imprescindíveis para que um relacionamento seja contínuo, benéfico e significativo. São eles:

- Dedicação e Compromisso;
- Comunicação – expressão de sentimentos;
- Não-aceitação de papéis;
- Tornar-se um self separado.

Pense então num relacionamento do tipo casamento ou namoro e os elementos citados acima. Afinal, dedicação e compromisso com o outro é fundamental, a expressão dos sentimentos é caracterizado através do diálogo, a não aceitação de papéis diz respeito a não aceitar os papéis impostos socialmente e nem os papéis impostos da(o) companheira(o), e por último tonar-se um self separado, diz respeito a ser você mesmo, único, e dessa forma o outro deve aceitar você como é, consequentemente você deve aceitá-lo também, devem ter seus próprios compromissos e afazeres, bem como vontades e interesses próprios.

Rogers e a Educação

Para Rogers, assim como sua terapia deve ser centrada no cliente, a aprendizagem deve ser centrada no aluno. Sendo o papel do professor apenas de facilitador.

Segundo Ferreira (2003), Rogers concebe o ser humano como fundamentalmente bom e capaz de se desenvolver, apenas precisa de ajuda para poder evoluir. Prioriza o indivíduo enquanto pessoa, valorizando a autorrealização e seu crescimento pessoal. Ou seja, valoriza o educando como um todo, considerando seus pensamentos e ações e não apenas seu intelecto.

Ainda, segundo a autora acima citada, nessa perspectiva, para Rogers a aprendizagem é um processo de aprimoramento do indivíduo e não apenas do conhecimento. Tem por objetivo desenvolver os pensamentos, os sentimentos, as ações de forma integrada, a fim, de que se possa fazer escolhas mais seguras. O que significa falar que não existe desenvolvimento cognitivo sem o desenvolvimento afetivo, assim, os sentimentos dos alunos devem ser levados em consideração.

Para essa teoria todos os indivíduos têm potencialidades para aprender, sendo apenas necessário um ambiente favorável. Tornado-se significativa a partir do momento que o aluno percebe a importância do conteúdo estudado.

Segundo Ferreira (2003, p.153), para Rogers existe algumas condições para que a aprendizagem se efetive:

1 - Confiança na capacidade dos outros de aprender por si mesmos - O professor precisa crer na sua própria capacidade, bem como na capacidade do seu aluno.

2 - O professor-facilitador partilha com os estudantes a responsabilidade pelo processo de aprendizagem - deve ser um facilitador, assim, é responsabilidade também do aluno por seu próprio desenvolvimento.

3 - O professor facilitador provê os recursos da aprendizagem - como facilitador não interfere na aprendizagem, mas, proporciona recursos, livros, apostila, etc. para que ela aconteça.

4 - O estudante escolhe o seu próprio programa de estudos – ele faz a opção da direção da sua aprendizagem e a segue de acordo com seu próprio tempo.

5 - É oferecido um clima facilitador - Ao estudante deve ser oferecido um clima acolhedor tanto como professor como com seus colegas, para que aprendizagem aconteça.

6 - O foco da aprendizagem não está no conteúdo, mas em oferecer um processo contínuo de aprendizagem.

7 - A disciplina é responsabilidade do aluno – Não é o professor que impõe a disciplina, mas o próprio aluno que se conscientiza da importância desta.

8 - A avaliação é feita pelo próprio aprendiz – É a autoavaliação, que no máximo pode ser auxiliada por membros do grupo ou facilitador.

Nesse sentido, a aprendizagem para a teoria humanista de Rogers, diz respeito à capacidade de cada aluno, porém capacidade facilitada pelo professor que proporciona condições adequadas para seu desenvolvimento.

Chegamos ao término da nossa aula e assim, cabe a você, futuro professor, tirar proveito dos ensinamentos de todas as teorias abordadas nesta disciplina, de forma que proporcione condições necessárias para que seu papel de educador seja exercido da melhor forma possível, a fim de que o processo ensino/aprendizagem de seu aluno seja possível.

Retomando a aula

Parece que estamos indo bem. Então, para encerrar esse tópico, vamos recordar:

1 - O Humanismo de Freud

Segundo Cunha (2000), para a Psicanálise, as questões objetivas como: método, planejamento, conteúdos das matérias, etc. são questões menos importantes no ato de educar, pois, os fenômenos de sala de aula, são considerados bem mais humanos do que técnicos. A ênfase é no ser humano, no processo de humanização na educação.

Ainda, segundo o autor acima, o professor deve observar a atitude do seu aluno, tentando desvendar seus desejos ocultos. Pois para a Psicanálise a criança deve ter desejo em aprender, pois os componentes intelectuais possuem também carga emocional e isso tem haver tanto com o universo do professor quanto do aluno.

Desejo poderia ser também entendido enquanto motivação, o conceito de desejo vai além da motivação, pois se entende por desejo uma força interna que impulsiona o indivíduo na obtenção de algo, enquanto a motivação pode ser entendida como uma força externa.

2 - O Humanismo de C. Rogers

Segundo Ferreira (2001), para Rogers todos os indivíduos têm potencialidade para aprender, sendo então significativa quando o aluno percebe a importância do conteúdo estudado. A aprendizagem diz respeito a uma mudança na percepção do sujeito. A maior parte da aprendizagem significativa é

adquirida na prática, quando o aluno participa do processo a aprendizagem. A avaliação não será feita pelo professor, mas em sistema de autoavaliação.

Vale a pena

Vale a pena ler

ROGERS, Carl. *Tornar-se pessoa.* São Paulo: Martins Fontes, 1997.

FADIMAN, J.; FRAGER, R. *Teorias da Personalidade.* 4ª ed. São Paulo; HARBRA, 2002. Cap. 1 e 8.

Vale a pena acessar

• http://www.cefetsp.br/edu/eso/filosofia/freudchaui.html

Vale a pena assistir

• *Com mérito*

Referências bibliográficas

Aula 1

BOCK, Ana M. Bahia. *Psicologias*: uma introdução ao estudo de psicologia. 11. ed. São Paulo: Saraiva, 1998.

CAMPOS, Dinah M. de S. *Psicologia da Aprendizagem*. 20ª ed. Rio de Janeiro, Vozes, 1991.

DROUET, Ruth Caribé da Rocha. *Distúrbios da aprendizagem*. São Paulo: Ática, 1995.

MORIS, C. G. *Introdução a Psicologia*. Tradução Ludmila Lima e Marina Sobreira D. Baptista. São Paulo: Prentice Hall, 2004.

SCHUTZ, D. P., SHULTZ, S. E. *História da Psicologia Moderna*. São Paulo: Cultrix, 1995.

WITTER, G. R. e LOMONACO, J. F. B. *Psicologia da Aprendizagem*. Coordenadora Clara Regina Rappaport. São Paulo: EPU, 1984. Coleção Temas Básicos de Psicologia. Vol.09.

• http://www.pedagogia.com.br/historiadaeducação. acessado em 12/04/2010.

• http://www.images.google.br. acessado em 16/08/2008.

Aula 2

CAMPOS, Dinah M. de S. *Psicologia da Aprendizagem*. 20ª ed. Rio de Janeiro, Vozes, 1991.

CORDIÉ, Anny. *Os atrasados não existem*: psicanálise de crianças com fracasso escolar. Porto Alegre: Artes Médicas, 1996.

DROUET, Ruth Caribé da Rocha. *Distúrbios da aprendizagem*. São Paulo: Ática, 1995.

MUSSEN, Paul H. *Desenvolvimento e personalidade da criança*. 3. ed. São Paulo: Harbra, 1995. p.33;323.

VYGOTSKY, L. *A Formação Social da Mente*: desenvolvimento dos processos psicológicos superiores. 6 ed. São Paulo: Martins Fontes, 1998.

VYGOTSKY, L. *Pensamento e Linguagem*. 3 ed. São Paulo: Martins Fontes, 2005

VYGOTSKY, L. *Psicologia Pedagógica*. 1 ed. São Paulo: Martins Fontes, 2004.

Aula 03

BARBOSA, Heloísa. *Por que Inclusão?*.1999. http://www.defnet.org.br/heloiza.htm. acessado em 13/06/2010.

CAMPOS, Dinah M. de S. *Psicologia da Aprendizagem*. 20ª ed. Rio de Janeiro, Vozes, 1991.

CORDIÉ, Anny. *Os atrasados não existem*: psicanálise de crianças com fracasso escolar. Porto Alegre: Artes Médicas, 1996.

DROUET, Ruth Caribé da Rocha. *Distúrbios da aprendizagem*. São Paulo: Ática, 1995.

MUSSEN, Paul H. *Desenvolvimento e personalidade da criança*. 3. ed. São Paulo: Harbra, 1995. p.33; 323.

PAÍN, Sara. *Diagnóstico e tratamento dos problemas de aprendizagem*. Porto Alegre: Artes Médicas, 1985.

PAPALIA, D. E. *O mundo da criança*. São Paulo: McGraw do Brasil, 1981.

REGO, T. C. R. *A indisciplina e o processo educativo*: uma análise na perspectiva vygotskiana. In: AQUINO, G. J. (Org.). Indisciplina na escola: alternativas teóricas e práticas. São Paulo: Summus Editorial, 1996. p. 83-101.

Revista Planeta Azul - MOA: São Paulo, Janeiro, 2000.p.04. Autor desconhecido.

VIGOTSKY, L. S. *A formação social da mente*: desenvolvimento dos processos psicológicos superiores. 6 ed. São Paulo: Martins Fontes, 1998.

WINNICOTT, D. W. *Os bebês e suas mães*. São Paulo: Martins Fontes, 1996.

• http://www.psicopedagogia.com.br acessado em 08/07/2009.

• http://www.brasilescola.com/educacao/dificuldades-aprendizagem.htm. acessado em 12/07/2010.

• http://www.educa.aragob.es. Acessado em 12/07/2010.

Aula 04

DAVIS, C. *Psicologia na Educação*. São Paulo: Cortez, 2000.

MIZUKAMI, M. G. N. *Ensino*: as abordagens do processo. São Paulo: EPU, 1986.

MOREIRA, M. A. *Ensino e aprendizagem*: enfoques teóricos. São Paulo: Edit. Moraes, 1983.

• http://www.images.google.com.br

Aula 05

BOCK, Ana M. Bahia. *Psicologias*: uma introdução ao estudo de psicologia. 11. ed. São Paulo: Saraiva, 1998.

CUNHA, M. V. *Psicologia da educação*. Rio de Janeiro, DP&A, 2000.

FADIMAN, J; FRAGER, R. *Teorias da Personalidade*. 4ª ed. São Paulo: HARBRA, 2002.

MOREIRA, M.A. *Ensino e aprendizagem*: enfoques teóricos. São Paulo: Edit. Moraes, 1983.

• http://www.images.google.com.br acesso em 07/07/2009.

Aula 06

BOCK, Ana M. Bahia. *Psicologias*: uma introdução ao estudo de psicologia. 11. ed. São Paulo: Saraiva, 1998.

CUNHA, M. V. *Psicologia da educação*. Rio de Janeiro, DP&A, 2000.

DAVIS, C. *Psicologia na Educação*. São Paulo: Cortez, 2000.

MOREIRA, M.A. *Ensino e aprendizagem*: enfoques teóricos. São Paulo: Edit. Moraes, 1983.

PALANGANA, I. C. *Desenvolvimento e aprendizagem em Piaget e Vygotsky*: a relevância do social. São Paulo: Summus, 2001.

PILETTI, C. *História da educação*. São Paulo: Ática, 1990.

RAPPAPORT, Clara Regina. *Psicologia do desenvolvimento*: teorias do desenvolvimento. São Paulo, EPU, 1981.

• http://www.images.google.com.br acesso em 20/08/2008

• http://www.dailygalaxy.com/.../10/birth-of-an-ice.html acesso em 20/08/2008.

• http://www.psicopedagogiabrasil.com.br/biografia_jean_piaget.htm acesso em 14/06/2009.

• http://pt.wikipedia.org/wiki/Jerome_Bruner acesso em 12/10/2009.

• http://pt.wikipedia.org/wiki/Epistemologia acesso em 14/06/2009.

Aula 07

DAVIS, C. *Psicologia na Educação*. São Paulo: Cortez, 2000.

FERREIRA, A.B.H. *Miniaurélio séc. XXI*: minidicionário da língua portuguesa. 4 ed. Ver. Ampliada. Rio de Janeiro: Nova Fronteira, 2000.

HARRY.D. *Vigotsky em foco*: Pressupostos e Desdobramentos. Campinas. SP: Papirus, 1995.

OLIVEIRA, Z. M.R (org.). *A criança e seu desenvolvimento*: Perspectivas para se discutir a educação infantil. 2.ed. São Paulo: Cortez, 1997.

OLIVEIRA, M. K. *Vygotski*: Aprendizagem e desenvolvimento: um processo sócio – histórico. São Paulo: Sciopione, 1998.

REGO, T.C. *Vigotsky*. Uma Perspectiva Histórica Cultural da Educação. Petrópolis. RJ. Vozes, 1995.

VIGOTSKI, L. S. *Pensamento e Linguagem*. São Paulo: Martins Fontes, 1993.

VIGOTSKI, L. S. *Formação Social da Mente*. São Paulo: Martins Fontes, 1998.

VIGOTSKI, L. S. *Psicologia pedagógica*. São Paulo: Martins Fontes, 2004.

• http://www.images.google.com.br acesso em 06/07/2010.

• http://pt.wikipedia.org/wiki/Linguagem acesso em 25/10/2009.

Aula 08

CUNHA, M. V. *Psicologia da educação*. Rio de Janeiro, DP&A, 2000.

FADIMAN, J; FRAGER, R. *Teorias da Personalidade*. 4ª ed. São Paulo: HARBRA, 2002.

FERNÁNDEZ, A. *A inteligência aprisionada*: abordagem psicopedagógica, clínica da criança e sua família. Porto Alegre: Artes Médicas, 1990.

FÉREZ, N. R. *O esclarecimento (sexual das crianças)*. In: NERY, Eliene.(Org.). Psicanálise, Educação, Sexualidade. Belo Horizonte: Mazza.2000. p.114-133.

FERREIRA, B. W. *A aprendizagem na perspectiva Humanista*. IN: LA ROSA, Jorge (org.) Psicologia e Educação: o significado do aprender. Porto Alegre: Edipucrs, 2003. p. 148-166.

FREUD, S. [1905] *Os Três Ensaios sobre a Teoria da Sexualidade. In:* _____. Obras Psicológicas Completas. Rio de Janeiro: Imago, 1969, p.169-195. (Edição Standard brasileira das obras psicológicas completas de Sigmund Freud, 7).

ROUDINESCO, E.; PLON, M. *In: Dicionário de Psicanálise*. Tradução de Vera Ribeiro e Lucy Magalhães. Rio de Janeiro: Jorge Zahar, 1998, 874p.

• http://www.images.google.com.br. acesso em 12/10/2009.

Graduação a Distância 4º SEMESTRE

Pedagogia

PRINCIPÍOS E MÉTODOS
DO CUIDAR E EDUCAR

UNIGRAN - *Centro Universitário da Grande Dourados*

Rua Balbina de Matos, 2121 - CEP 79.824 - 900
Jardim Universitário
Dourados - MS
Fone: (67) 3411-4141 / Fax: (67) 3411-4167

CEAD
Coordenadoria de Educação a Distância

Apresentação do Docente

Maria Dolores Bortolança – Especialista em Metodologia do Ensino Superior, Educação Infantil com ênfase em Educação Especial e Gestão pelo Centro Universitário da Grande Dourados - UNIGRAN.. Graduada em: Pedagogia, Serviço Social e Turismo pelo Centro Universitário da Grande Dourados - UNIGRAN. Atua na docência desde 2006. Ministra aulas no curso de Pedagogia, nas disciplinas de Tecnologias educacionais e EAD e em Princípios e métodos do cuidar e educar. É orientadora de Trabalho de conclusão de curso (TCC) na área de Pedagogia. E, professora no curso de Serviço Social.

BORTOLANÇA, Maria Dolores. Princípios e Métodos do Cuidar e Educar. Dourados: UNIGRAN, 2023.

40 p.: 23 cm.

1. Educação. 2. .Legislação. Literatura.

Sumário

Conversa Inicial

Prezados(as) estudantes!

Bem-vindos (as) à disciplina de Princípios e Métodos de Educar e Cuidar: Crianças de 0 a 3 anos, que vai tratar de alguns conceitos no ato de educar e cuidar de crianças pequenas. Para a maioria das pessoas crianças menores de três anos ainda não estão em idade escolar, mas vamos perceber ao longo das aulas que historicamente e em aspectos legais as crianças já são vistas como seres em desenvolvimento, bem como propensos ao processo de ensino e aprendizagem.

Para aprofundar seus conhecimentos sobre o desenvolvimento da criança no curso de Pedagogia na UNIGRAN NET e para que seu estudo se torne proveitoso e prazeroso, esta disciplina foi organizada em 4 aulas, com temas e sub-temas que, por sua vez, foram subdivididos em seções (tópicos), atendendo aos objetivos do processo de ensino-aprendizagem.

Na aula 1 trataremos de alguns conceitos de criança, do educar e cuidar sobre a criança para compreender melhor o desenvolvimento da criança. Na Aula 2, faremos uma retrospectiva histórica quando falamos da legislação que ampara a educação infantil no Brasil, sendo por meio da legislação o amparo legal da criança enquanto um ser de direitos e deveres.

Na Aula 3, teremos uma breve explanação sobre os principais documentos norteadores da Educação Infantil, detalhando as principais políticas públicas implementadas para a educação infantil.

Por último, na última Aula 4, refletiremos sobre as discussões feitas na literatura educacional acerca da qualidade da educação infantil e os princípios e métodos de educar e cuidar. Nesta aula faremos a ponte entre os documentos norteadores da Educação Infantil e o que os grandes autores da área estão discutindo e pensando sobre a primeira etapa da educação básica brasileira.

Esperamos que, até o final da disciplina vocês possam: Ampliar a compreensão sobre a criança e seu desenvolvimento; conhecer a legislação; identificar os aspectos positivos e negativos das políticas públicas educacionais e compreender a importância de se garantir a qualidade do ensino ofertado.

Para tanto, a metodologia das aulas se organizam em discussões e reflexões por meio das atividades a serem desenvolvidas, leituras sugeridas para enriquecer seu conhecimento, sites pertinentes a educação infantil e filmes esclarecedores sobre o mundo que permeia as crianças.

Porém, antes de iniciar a leitura, gostaríamos que vocês parassem um instante para refletir sobre algumas questões: As instituições de educação infantil atendem a todas as especificidades das crianças de zero a três anos de idade? As crianças têm todos os seus direitos legais assegurados na prática? Não se preocupe. Não queremos que vocês respondam de imediato, essas questões, mas esperamos que, até o final, tenham respostas para estes questionamentos.

Vamos, então, à leitura das aulas?

Boa leitura!

Aula 1º

Conceitos importantes quando se fala de educação infantil

Vamos recordar alguns conceitos sobre a criança em seus diversos aspectos para que a partir daí possamos compreender esse universo magnífico dos princípios e métodos de cuidar e educar crianças de zero a três anos na Educação Infantil.

Estudar sobre os princípios e métodos de educar e cuidar crianças de 0 a 3 anos é de suma importância, pois quando estiverem atuando como professores(as) de educação infantil terão a compreensão de como se organiza o processo de ensino e aprendizagem nesta primeira etapa da educação básica.

Para pessoas leigas aos assuntos educacionais, as crianças da faixa etária de zero a três anos ainda não estão propensas ao aprendizado. Mas essa afirmação não é verdadeira.

Estudos comprovam que quanto mais cedo a criança estiver inserida no ambiente escolar maiores são suas chances de apropriação do conhecimento.

Bons estudos!

Objetivos de aprendizagem

Ao término desta aula, vocês serão capazes de:

- conceituar criança em sua singularidade, respeitando a infância como uma etapa primordial da vida do ser humano e para o processo de ensino e aprendizagem;
- refletir o processo de cuidar na perspectiva da educação infantil;
- compreender o processo de ensino e aprendizagem instaurado no conceito de educar crianças de zero a três anos;
- analisar o contexto histórico em que está inserida a educação infantil para que possamos elucidar questões relevantes
- acerca a educação infantil dos dias atuais;
- perceber como a legislação ao longo da história da educação infantil brasileira influenciou o sistema educacional como um todo.

1 - A criança

Quando se fala em criança pode-se pensar em uma concepção já historicamente definida, mas que com o passar do tempo muitas mudanças vem surgindo considerando principalmente a sociedade e o período em que vivemos.

Fonte: http://ouniversodaeducacaoinfantil.blogspot.com/ 01/09/22 blog-post. html. Acesso em: 01 setembro 2022.

Os Referenciais Curriculares para a Educação Infantil (RCNEI) de 1998, em seu volume 1 afirma que:

A criança como todo ser humano, é um sujeito social e histórico e faz parte de uma organização familiar que está inserida em uma sociedade, com uma determinada cultura, em um determinado momento histórico. É profundamente marcada pelo meio social em que desenvolve, mas também o marca. A criança tem na família, biológica ou não, um ponto de referência fundamental, apesar da multiplicidade de interações sociais que estabelece com outras instituições sociais. (p. 21)

A criança nesse contexto apresentado pelo documento do Ministério da Educação (MEC) apresenta uma natureza singular e heterogênea, ou seja, cada criança pensa de um jeito, anda, fala, se expressa, enfim, cada uma possui características próprias. Assim como o convívio com outras pessoas se estabelece muito cedo e dessa forma começa a compreender o mundo que a cerca.

Fonte: http://catarinaprofessora.blogspot.com/2010/03/poemas-para-brincar-jose-paulo-paes.html. Acesso em: 01 setembro 2022.

Nesse contexto da concepção de criança torna-se difícil não vincular a figura criança ao processo em que esta contextualizada na educação infantil. O mesmo documento mencionado anteriormente ainda salienta a respeito dessa etapa da educação básica:

Compreender, conhecer e reconhecer o jeito particular das crianças serem e estarem o mundo é o grande desafio da educação infantil e de seus profissionais. Embora os conhecimentos derivados da psicologia, antropologia, sociologia, medicina etc. possam ser de grande valia para desvelar o universo infantil apontando algumas características comuns de ser das crianças, elas permanecem únicas em suas individualidades e diferenças. (p. 22).

Contudo, cabe ainda dizer que a criança possui uma identidade e esta precisa ser respeitada pelo adulto, tem suas necessidades e devem consideradas, bem como vive a infância, que é considerada por especialistas em desenvolvimento infantil, principalmente psicólogos como etapa primordial para o bom desenvolvimento cognitivo e interpessoal do indivíduo.

VOCÊ SABIA?
A Constituição Federal de 1988 afirma:
Art. 227. É dever da família, da sociedade e do Estado assegurar à criança e ao adolescente, com absoluta prioridade, o direito à vida, à saúde, à alimentação, à educação, ao lazer, à profissionalização, à cultura, à dignidade, ao respeito, à liberdade e à convivência familiar e comunitária, além de colocá-los a salvo de toda forma de negligência, discriminação, exploração, violência, crueldade e opressão.

Na próxima seção iremos conceituar o cuidar na perspectiva da educação infantil.

2 - O conceito de cuidar

Acima de tudo precisa-se considerar que cuidar é: "*valorizar e ajudar a desenvolver capacidades*" (RCNEI, 1998. p. 24). Para que a partir daí possa se começar a elucidar o conceito de "cuidar".

Quando se fala nesse termo precisa-se considerar o contexto de uma instituição de educação infantil, para que partindo disso compreenda-se o cuidar como parte integrante da educação. Já que o ato de cuidar requer o desenvolvimento de habilidades e instrumentos que se reportam as questões de cunho pedagógico.

Fonte: tvdegraca.com.br. Acesso em: 01 setembro 2022.

Para que haja o desenvolvimento integral da criança muitos fatores influenciam no cuidar, como as questões relacionadas à afetividade e os aspectos biológicos do próprio corpo da criança, além da alimentação, saúde, bem como a oportunidade de acesso aos mais variados conhecimentos de mundo.

Veja o que o RCNEI afirma sobre o assunto:

As atitudes e procedimentos de cuidado são influenciadas por crenças e valores em torno da saúde, da educação e do desenvolvimento infantil. Embora as necessidades humanas básicas sejam comuns, como alimentar-se, proteger-se etc. as formas de identificá-las, valorizá-las e atendê-las são construídas socialmente. As necessidades básicas, podem ser modificadas e acrescidas de outras de acordo com o contexto sociocultural. Pode-se dizer além daquelas que preservam a vida orgânica, as necessidades afetivas são também base para o desenvolvimento infantil. (RCNEI, 1998, p. 24-25).

Nessa perspectiva, torna-se fundamental compreender as necessidades das crianças e o papel do adulto diante desse contexto. Um exemplo simples, mas que explica claramente esse poder de compreensão que parte do adulto, ocorre quando um bebê chora, pois a partir daí precisa prestar atenção na razão desse choro, o que levou a criança a dar essa resposta? Ao adulto cabe buscar meios de solucionar a situação, seja embalando o bebê no colo ou conversando, verificando as fraudas ou se há fome, enfim, o importante é encontrar um meio de melhor resolver o problema.

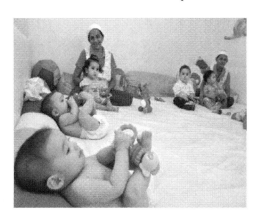

Fonte: tribunadonorte.com.br. Acesso em: 01 setembro 2022.

O RCNEI de 1998 aponta:

O cuidado precisa considerar, principalmente, as necessidades das crianças, que quando observadas, ouvidas e respeitadas, podem dar pistas importantes sobre a qualidade do que estão recebendo. Os procedimentos de cuidado também precisam seguir os princípios de promoção à saúde. Para se atingir os objetivos dos cuidados com a preservação da vida e com o desenvolvimento das capacidades humanas, é necessário que as atitudes e procedimentos estejam baseados em conhecimentos específicos sobre o desenvolvimento biológico, emocional, e intelectual das crianças, levando em consideração as diferentes realidades socioculturais. (p. 25).

Sendo assim, o ato de cuidar requer comprometimento por parte do adulto, respeitando a singularidade da criança bem como as necessidades e potencialidades. Contudo, torna-se também primordial a construção de um vínculo afetivo entre quem cuida e o ser humano cuidado (a criança). Diante disso, a figura do professor é fundamental para que assim possa levar a criança a identificar suas próprias necessidades garantindo assim um contínuo crescimento e desenvolvimento infantil. Já que é papel do professor conhecer como a criança sente, pensa, interage e vê si mesma bem como o mundo, para que partindo disso possa ampliar seus conhecimentos e suas habilidades.

CONCEITO

Portanto, cuidado não pode ser compreendido na Educação Infantil como era antigamente, ou seja, apenas como a realização das tarefas de alimentação, higiene etc. O cuidado é mais que isso: o cuidado tem uma dimensão filosófica. A atenção, a ternura, o carinho, a gentileza, a generosidade, a simpatia, "o sentimento, a coisa mais fina do mundo" são dimensões do cuidado que precisam estar presentes nas relações entre as pessoas, tanto na Educação Infantil como em todas as outras atividades educativas".

Na próxima seção vamos conferir os principais conceitos sobre o educar no contexto das instituições de educação infantil.

3 - O conceito de educar

Com o passar dos anos percebeu-se que o processo de educar e cuidar caminham juntos, houve a necessidade de instauração de instituições de educação infantil para houvesse a integração do cuidar e educar.

Fonte:clickgratis.com.br. Acesso em: 01 setembro 2022.

As novas propostas hoje para a educação infantil apontam para padrões de qualidade da educação ofertada, ou seja, profissionais qualificados para atuar como infraestrutura para receber a criança no ambiente escolar.

> A instituição de educação infantil deve tornar acessível a todas as crianças que a freqüentam, indiscriminadamente, elementos da cultura que enriquecem o seu desenvolvimento e inserção social. Cumpre um papel socializador, propiciando o desenvolvimento da identidade das crianças, por meio de aprendizagens diversificadas, realizadas em situações de interação. (RCNEI, 1998, p. 23)

As instituições de educação infantil ou centros de educação infantil precisam oferecer às crianças situações de socialização que ocorram por meio da brincadeira oriundas de situações pedagógicas organizadas e orientadas por profissionais da educação, os professores. Sendo assim, acaba por ser instaurado o processo de aprendizagem infantil.

No RCNEI (1998, p. 23) afirma ainda na:

> Educar significa, portanto, propiciar situações de cuidados, brincadeiras e aprendizagens orientadas de forma integrada e que possam contribuir para o desenvolvimento das capacidades infantis de relação interpessoal, de ser e estar com os outros em uma atitude básica de aceitação, respeito e confiança, e o acesso, pelas crianças, aos conhecimentos mais amplos da realidade social e cultural. Neste processo, a educação poderá auxiliar o desenvolvimento das capacidades de apropriação e conhecimento das potencialidades corporais, afetivas, emocionais, estéticas e éticas, na perspectiva de contribuir para a formação de crianças felizes e saudáveis.

Assim sendo, a missão maior apresentada pela educação infantil e a arte de cuidar e educar fica amparada no compromisso que há com o processo de ensino e aprendizagem das crianças na faixa etária de zero a três anos de idade.

A seguir, trataremos do contexto histórico em que está inserida a educação infantil dos primórdios aos dias atuais.

4 - A educação infantil no contexto histórico

Inicialmente, o papel de cuidar e educar era uma tarefa essencialmente da mãe e do pai, ou seja, da família. Mas nos últimos vinte anos essa perspectiva foi ultrapassada, pois houve compreensão de que a criança necessita de garantias de um desenvolvimento motor, cognitivo, social, cultural, dentre outros aspectos que podem ser trabalhados na educação infantil, como forma de garantia do processo de aprendizagem da criança.

Fonte: themewordpress2011.com. Acesso em: 01 setembro 2022.

Para se ter uma ideia, historicamente falando sobre a criança, no Brasil Colônia, a partir de 1500, a infância demorou a ser reconhecida, pois tinha-se como ideal o modelo europeu de vida. E, nessa perspectiva, a criança era tida como no período de infância até os sete anos de vida, após essa faixa etária acompanhava a vida dos adultos, sendo também incluídas no processo educativo.

Fonte: saibaja.com.br

VOCÊ SABIA?
Neste período da história brasileira a educação também estava limitada aos pertencentes à burguesia (pessoas de posse) enquanto que os trabalhadores (plebeus) aprendiam trabalhos manuais e braçais.

Sendo assim, a infância não era vista como uma fase e não tinha seus direitos assegurados, bem como a distinção de raça, cor e posição social influenciava o convívio em sociedade, conforme relata Espindola (2006):

> Na sociedade colonial-escravista, por um longo período da história brasileira, a infância esteve socialmente à margem de qualquer valorização. Consequentemente, sua educação não se traduziu em objetivo a ser alcançado. Ao contrário da criança escrava e indígena, a criança branca, filha do fazendeiro da casa-grande, tinha uma ama negra para dela cuidar. (p. 41)

Dando continuidade ao desenrolar da história da infância no Brasil, vale salientar que no Brasil Império (1822-1889) houve a institucionalização da educação para a criança. E, essa conquista está garantida até hoje por meio da Constituição Federal de 1988, pois está assegurado na lei o direito à educação crianças a partir dos seis anos. Embora haja tramitação legal no legislativo federal para assegurar o direito a educação a partir dos quatro anos de idade, ainda há muita discussão a ser feita sobre a inserção da criança de quatro anos no ensino obrigatório.

Ainda na evolução da história da infância no Brasil, houve um tempo no período do Brasil Império em que a educação das crianças estava a cargo de pessoas vinculadas à igreja como padres-mestres, capelães de engenho, ou seja, pessoas portadoras de certo grau de instrução e que eram respeitadas perante a sociedade.

VOCÊ SABIA?
Capelães de engenho eram pessoas que tinham a função de cuidar da vida espiritual da comunidade que vivia no engenho (grandes fazendas) e em terras vizinhas, bem como lavradores e mecânicos, com suas famílias que prestavam serviço ao engenho.

Fonte: http://www.uel.br/grupo-estudo/processoscivilizadores/portugues/sitesanais/anais9/artigos/mesa_redonda/art9.pdf

Neste período também encontra-se situações de abandono de crianças e em função disso criaram-se locais chamados de casas de abrigo, que eram apropriados para cuidar e educar. A partir das publicações de Lourenço Filho houve preocupação oficial com a educação infantil no Brasil e a educação de uma forma geral.

SABER MAIS
Manoel Bergström Lourenço Filho (1897-1970) publicou vários livros, textos, artigos sobre a literatura infantil e juvenil.

Sendo assim, começou-se a pensar sobre a criação de um jardim de infância, que se tratava de um local propício ao desenvolvimento infantil e à formação de sua personalidade. Contudo, surgiram também as creches que representavam espaços onde as mães trabalhadoras, pobres e operárias, deixavam seus filhos antes de ir para o trabalho.

Nesta nova perspectiva da educação para a infância pode-se perceber que a criança começou a ser vista com outros olhos, ou seja, com um olhar para a conscientização da sua importância e singularidade.

Fonte: educacaodeinfancia.com

Em 1878, um projeto da reforma de Leôncio de Carvalho tinha como ponto chave a liberdade de ensino. No artigo n. 2 do mesmo projeto garantia a obrigatoriedade de frequência às escolas primárias, a partir dos sete anos de idade.

SABER MAIS
Carlos Leôncio de Carvalho, segundo Lira (1949), nasceu em 18 de junho de 1847, na cidade de Iguaçu, na província do Rio de Janeiro, era filho do Dr. Carlos Antonio de Carvalho. Reformou por meio do Decreto de 19 de abril de 1879 a instrução pública primária e secundária no Município da Corte. Sua reforma educacional marcou uma etapa importante na educação brasileira.

Percebe-se que a partir desse período da história da infância no Brasil há uma preocupação com a sistematização da instrução pública no país. E, a partir desse período a criança começou a receber o atendimento em instituições especializadas, conforme modelo europeu de ensino.

Ainda na análise histórica, a partir da Primeira República (1889-1930) período de grande desenvolvimento econômico, por meio do café, viu-se que a política entrou em uma nova fase e a educação passou por muitas reformas, sem grandes progressos para a educação infantil.

Para melhor expressar a afirmação acima, salienta Espíndola (2006) na p. 106:

> Pode-se afirmar que a Educação Infantil tem um pouco mais de cem anos no Brasil. O primeiro jardim de infância oficial brasileiro, no período republicano, começou a funcionar em 18 de maio de 1896, anexo à Escola Normal **Caetano de Campos**, em São Paulo. (grifos do autor).

Neste período histórico o jardim de infância representou uma oportunidade de desenvolvimento integral da criança, por meio de jogos, brincadeiras, música, cantos, pintura, criação de animais, contos, ou seja, a criança tinha todos os seus sentidos explorados. O contrário que se vê nos dias atuais, pois preocupa-se muito com o processo de leitura e escrita, ou seja, as instituições de educação infantil estão fugindo da proposta inicial da Primeira República.

Já na República Nova (1910-1920) a busca por melhores condições de vida e de trabalho marcaram esta nova fase da história brasileira, inclusive na educação, pois todas as camadas sociais reivindicavam creches para deixarem seus filhos no período em que estavam trabalhando. Logo, pode-se afirmar que este período da história da educação foi marcado por revoluções e grandes debates também no setor educacional.

Nesta vertente, torna-se relevante salientar que neste período tanto a educação infantil quanto o ensino primário não ganharam grande prospecção uma vez que o ensino secundário e o ensino superior foram os que sofreram reformas. Diante dessa situação, educadores e intelectuais da época que vislumbravam uma reforma educacional, organizaram um documento intitulado de Manifesto dos Pioneiros, o qual propunha ideais de uma escola pública gratuita e obrigatória para ambos os sexos nas escolas.

Fonte: coladaweb.com

Avançando um pouco no período histórico, entre as décadas de 1930 e 1950 as instituições de educação infantil criadas se caracterizavam por sua postura paliativa, ou seja, preocupavam-se com a alimentação, higiene e segurança das crianças, uma vez que a grande maioria dessas instituições eram organizações filantrópicas.

E, em 1940 foi criando o Departamento Nacional da Criança (DNCr) que preocupava-se principalmente com a saúde e o processo educativo das crianças. Contudo, o grande marco da história da educação infantil brasileira foi a aprovação da Consolidação das Leis do Trabalho (CLT), as quais exigiam a criação de creches sob responsabilidade de empresas privadas para atender os filhos dos próprios funcionários.

Já na década de 1960 a educação foi marcada pelo movimento da Escola Nova, a qual trazia a preocupação de natureza pedagógica ao lidar com as crianças.

VOCÊ SABIA?

Escola Nova é um dos nomes dados a um movimento de renovação do ensino que foi especialmente forte na Europa, na América e no Brasil, na primeira metade do século XX . "Escola Ativa" ou "Escola Progressiva" são termos mais apropriados para descrever esse movimento que, apesar de muito criticado, ainda pode ter muitas ideias interessantes a nos oferecer.

Fonte: http://www.educacional.com.br/glossariopedagogico/verbete.asp?idPubWiki=9577

Em seguida trataremos dos principais aspectos legais que norteiam a história da educação infantil, desde a primeira LDB n. 4.024/1961 a de n. 5.692/1971.

5 - Aspectos legais da educação infantil no Brasil

A preocupação com a criança em sua essência, respeitando sua singularidade fez com que a educação infantil fosse vista como uma etapa do processo educacional e não meramente cuidados com a alimentação, bem como higiene da criança. Sendo assim, houve a necessidade de organizar leis que garantissem o direito à educação.

Para tanto, a primeira Lei de Diretrizes e Bases da Educação Nacional (LDBEN) n. 4024 promulgada em 1961, no Título VI do Capítulo I, aponta os seguintes artigos:

Art. 23. A educação pré-primária destina-se aos menores até sete anos, e será ministrada em escolas maternais ou jardins-de-infância.

Art. 24. As emprêsas que tenham a seu serviço mães de menores de sete anos serão estimuladas a organizar e manter, por iniciativa própria ou em cooperação com os poderes públicos, instituições de educação pré-primária.

Os artigos citados acima deixam claro que a lei não determina ao poder público a obrigatoriedade em garantir recursos financeiros para a educação infantil. Sendo assim, mais uma vez a educação infantil sofreu mudanças, pois profissionais de áreas afins a educação ocuparam também espaço nas creches, como psicólogos, pedagogos e recreacionistas. Na década de 1960 a influência desses novos profissionais resultou em uma nova mudança na rotina das instituições de educação infantil.

Passou-se a ter uma preocupação maior com o desenvolvimento das habilidades infantis, a organização do espaço, a inserção de atividades diversificadas, dentre elas, os jogos e brincadeiras, de tal modo que a criança não ficasse na ociosidade. (ESPINDOLA, 2006, p. 91)

Todavia, a questão da qualidade do ensino ofertado não apresentou progressos, e um dos fatores determinantes desse fato respalda-se na grande expansão do setor em todo o país, impossibilitando um atendimento de qualidade devido ao quantitativo na demanda ser expressivo.

Fonte: isaude.net

Em 1971, surgiu uma nova LDB a de n. 5.692, que trouxe diretrizes e bases para o ensino ofertado no 1º e 2º graus. Essa lei surgiu em um contexto de regime militar e a educação infantil não sofreu grandes mudanças. Como pode-se perceber nos artigos de n. 17 a 20, os quais estão presentes no Capítulo II e reportam-se exclusivamente ao Ensino de 1º Grau:

Art. 17. O ensino de 1º grau destina-se à formação da criança e do pré-adolescente, variando em conteúdo e métodos segundo as fases de desenvolvimento dos alunos.

Art. 18. O ensino de 1º grau terá a duração de oito anos letivos e compreenderá, anualmente, pelo menos 720 horas de atividades.

Art. 19. Para o ingresso no ensino de 1º grau, deverá o aluno ter a idade mínima de sete anos.

§ 1º As normas de cada sistema disporão sôbre a possibilidade de ingresso no ensino de primeiro grau de alunos com menos de sete anos de idade.

§ 2º Os sistemas de ensino velarão para que as crianças de idade inferior a sete anos recebam conveniente educação em escolas maternais, jardins de infância e instituições equivalentes.

Art. 20. O ensino de 1º grau será obrigatório dos 7 aos 14 anos, cabendo aos Municípios promover, anualmente, o levantamento da população que alcance a idade escolar e proceder à sua chamada para matrícula.

Parágrafo único. Nos Estados, no Distrito Federal, nos Territórios e nos Municípios, deverá a administração do ensino fiscalizar o cumprimento da obrigatoriedade escolar e incentivar a freqüência dos alunos.

Sendo assim, pode-se observar que a Lei n. 5.692 não referencia a educação infantil. E, este setor da educação ainda aguardava uma legislação que contemplasse as especificidades da educação infantil.

Na próxima aula vamos analisar à atual LDB, a de n. 9.394/1996 a qual representou um grande avanço para a educação infantil, mas ainda há muitos pontos que precisam ser revistos visando assegurar a qualidade do ensino ofertado.

CHEGAMOS AO FINAL DA NOSSA PRIMEIRA AULA!!

Nesta primeira aula podemos melhor compreender alguns conceitos fundamentais sobre a criança e seu desenvolvimento histórico.

RETOMANDO A CONVERSA INICIAL

Nesta primeira aula, podemos dizer que a evolução da educação infantil no Brasil foi muito grande. Uma vez que no Brasil Colônia a infância não era considerada uma etapa da vida da criança sendo então precocemente considerada como um adulto. Mas com o passar das décadas e com a transformação sócio-econômico brasileiro verificamos que em função da necessidade dos trabalhadores em deixar seus filhos em instituições que pudessem dar continuidade ao processo educativo, surgiram as creches. Essas por sua vez, inicialmente tinham como objetivo principal cuidar da alimentação e higiene das crianças que ali passavam horas enquanto os pais trabalhavam. Contudo, no decorrer dos anos percebeu-se que o papel das creches deveria ir além do cuidar, necessitava-se desenvolver o processo educativo também.

Sendo assim, houve a necessidade da instauração de leis, diretrizes que norteassem a educação infantil e o ensino obrigatório no Brasil. Lembrando que, a educação infantil nas décadas de 60, 70 e até os dias atuais é um direito da criança mas não representa uma obrigatoriedade. Nesse sentido, passou-se muito tempo em que o Estado não detinha o compromisso

em oferecer e atender a toda a demanda da educação infantil.

Logo, percebemos que a evolução do processo de ensino e aprendizagem na educação infantil é nítido e de fundamental importância para as crianças e para o enriquecimento do sistema educacional no Brasil.

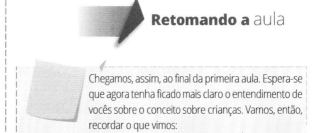

Retomando a aula

Chegamos, assim, ao final da primeira aula. Espera-se que agora tenha ficado mais claro o entendimento de vocês sobre o conceito sobre crianças. Vamos, então, recordar o que vimos:

1 - A criança
Nesta primeira seção, estudamos conceitos sobre a criança no contexto da Educação Infantil.

2 - O conceito de cuidar
Nesta seção, tivemos a oportunidade de melhor compreender o processo de cuidar no contexto educacional.

3 - O conceito de educar
Nesta terceira seção, compreendemos que o educar não está distanciado do cuidar, ambas as ações caminham juntas em prol do aprendizado da criança.

4 - A educação infantil no contexto histórico
Na quarta seção, fizemos uma retrospectiva histórica da evolução da educação infantil no Brasil.

5 - Aspectos legais da educação infantil no Brasil
Nesta última seção, pudemos melhor compreender a legalidade da educação infantil em nosso país.

Vale a pena

Vale a pena **ler**

Rossetti-Ferreira, Maria C; Amorim, Katia S; Vitória, Telma. *A creche enquanto contexto possível de desenvolvimento da criança pequena/ The crèche as a possible context of development for the child*

Disponível em: http://bases.bireme.br/cgi-bin/wxislind.exe/iah/online/?IsisScript=iah/iah.

Musatti, Tullia. *Programas educacionais para a pequena infância na Itália*. Rev. Bras. Educ., dez 2003, n. 24, p. 66-77. ISSN 1413-2478.

Disponível em: http://www.scielo.br/cgi-bin/wxis.exe/iah/.

Vale a pena **acessar**

www.omep.org.br
revistaescola.abril.com.br
www.brasilescola.com
www.estimulando.com.br
www.scielo.br

Vale a pena **assistir**

h t t p : / / w w w . y o u t u b e . c o m /
watch?v=SMaJQX9NVmI&feature=related

Minhas anotações

Aula 2º

A legislação para a educação infantil

Vamos recordar algumas legislações que amparam os direitos da criança em seus diversos aspectos para que a partir daí possamos compreender melhor a educação infantil em nosso país.

Conhecer a legislação que rege a educação em nosso país é de fundamental importância para que possamos reivindicar nossos direitos enquanto cidadãos portadores de direitos.

E, quando falamos em educação infantil os direitos e deveres estão realmente em evidência, pois muito se fala nos direitos da criança mas pouco do dever de assegurar a qualidade do ensino que vemos na prática nas instituições de ensino. Por exemplo, as instituições de Educação Infantil estão preparadas para atender a grande demanda ao acesso nesta primeira etapa da educação básica?

E ainda, será que a família compreende a amplitude do direito assegurado pela legislação da oferta à educação infantil?

Bons estudos!

Objetivos de aprendizagem

Ao término desta aula, vocês serão capazes de:

* compreender a amplitude da Constituição Federal e da Lei de Diretrizes e Bases da Educação brasileira quando se fala em Educação Infantil;
* analisar os avanços alcançados no setor da educação infantil com a aprovação das Diretrizes Curriculares para a Educação Infantil;
* identificar a Base Nacional Comum Curricular como um parâmetro para o desenvolvimento do processo de aprendizagem da criança, tendo respeitados suas especificidades;
* verificar se os critérios e políticas para as instituições de educação infantil estão atendendo a singularidade de direitos da criança na primeira etapa da educação básica.

Seções de estudo

1 - Constituição Federal, Plano Nacional de Educação (PNE) e a Lei de Diretrizes e Bases da Educação - LDB

Quando se reporta aos aspectos legais da educação infantil estamos falando de políticas públicas da área. E, partindo desse princípio relatamos as principais ações empreendidas pelo Governo Federal, ou seja, as políticas educacionais para o setor.

Saliento que as políticas públicas para a educação infantil visam contribuir para a melhoria da qualidade do ensino ofertado, por meio principalmente da conscientização da população dos direitos das crianças em frequentar uma instituição de educação infantil, ou um centro de educação infantil, escolas de educação infantil, núcleo integrado de educação infantil, unidade de educação infantil, ou seja, podem haver várias nomenclaturas que definem os estabelecimentos de trabalham com crianças de zero a cinco anos.

Cabe ressaltar ainda que em aspectos históricos, que a não trouxe inovações a educação infantil:

Art. 176. A educação, inspirada no princípio da unidade nacional e nos ideais de liberdade e solidariedade humana, é direito de todos e dever do Estado, e será dada no lar e na escola.

§ 1º O ensino será ministrado nos diferentes graus pelos Podêres Públicos.

§ 2º Respeitadas as disposições legais, o ensino é livre à iniciativa particular, a qual merecerá o amparo técnico e financeiro dos Podêres Públicos, inclusive mediante bôlsas de estudos.

§ 3º A legislação do ensino adotará os seguintes princípios e normas:

I - o ensino primário somente será ministrado na língua nacional;

II - o ensino primário é obrigatório para todos, dos sete aos quatorze anos, e gratuito nos estabelecimentos oficiais;

III - o ensino público será igualmente gratuito para quantos, no nível médio e no superior, demonstrarem efetivo aproveitamento e provarem falta ou insuficiência de recursos;

IV - o Poder Público substituirá, gradativamente, o regime de gratuidade no ensino médio e no superior pelo sistema de concessão de bôlsas de estudos, mediante restituição, que a lei regulará;

V - o ensino religioso, de matrícula facultativa, constituirá disciplina dos horários normais das escolas oficiais de grau primário e médio;

VI - o provimento dos cargos iniciais e finais das carreiras do magistério de grau médio e superior dependerá, sempre, de prova de habilitação, que consistirá em concurso público de provas e títulos, quando se tratar de ensino oficial; e

VII - a liberdade de comunicação de conhecimentos no exercício do magistério, ressalvado o disposto no artigo 154.

§ 4º - Anualmente, a União aplicará nunca menos de treze por cento, e os Estados, o Distrito Federal e os Municípios vinte e cinco por cento, no mínimo, da receita resultante de impostos, na manutenção e desenvolvimento do ensino. (Incluído pela Emenda Constitucional nº 24, de 1983)

Art. 177. Os Estados e o Distrito Federal organizarão os seus sistemas de ensino, e a União, os dos Territórios, assim como o sistema federal, que terá caráter supletivo e se estenderá a todo o País, nos estritos limites das deficiências locais.

§ 1º A União prestará assistência técnica e financeira aos Estados e ao Distrito Federal para desenvolvimento dos seus sistemas de ensino.

§ 2º Cada sistema de ensino terá, obrigatoriamente, serviços de assistência educacional, que assegurem aos alunos necessitados condições de eficiência escolar.

Art. 178. As empresas comerciais, industriais e agrícolas são obrigadas a manter o ensino primário gratuito de seus empregados e o ensino dos filhos destes, entre os sete e os quatorze anos, ou a concorrer para aquele fim, mediante a contribuição do salário-educação, na forma que a lei estabelecer.

Parágrafo único. As emprêsas comerciais e industriais são ainda obrigadas a assegurar, em cooperação, condições de aprendizagem aos seus trabalhadores menores e a promover o preparo de seu pessoal qualificado.

§ 1º O acesso ao ensino obrigatório e gratuito é direito público subjetivo.

§ 2º O não-oferecimento do ensino obrigatório pelo poder público, ou sua oferta irregular, importa responsabilidade da autoridade competente.

§ 3º Compete ao poder público recensear os educandos no ensino fundamental, fazer-lhes a chamada e zelar, junto aos pais ou responsáveis, pela freqüência à escola.

Art. 209. O ensino é livre à iniciativa privada, atendidas as seguintes condições:

I - cumprimento das normas gerais da educação nacional;

II - autorização e avaliação de qualidade pelo poder público.

Como se pode perceber a Constituição de 1967 não

trouxe avanços para a educação infantil. Embora o ensino primário tenha sido garantido acabou trazendo novas discussões e obteve grandes progressos junto às políticas públicas no país voltadas para a educação.

Atualmente, a Lei de maior magnitude vigente em nosso país é a Constituição Federativa do Brasil, promulgada em 1988, já sofreu alterações e a última modificação ocorreu em 11 de novembro de 2009:

> Art. 208. O dever do Estado com a educação será efetivado mediante a garantia de:
>
> I - **educação básica obrigatória e gratuita dos 4 (quatro) aos 17 (dezessete) anos de idade, assegurada inclusive sua oferta gratuita para todos os que a ela não tiveram acesso na idade própria;**
>
> II - progressiva universalização do ensino médio gratuito;
>
> III - atendimento educacional especializado aos portadores de deficiência, preferencialmente na rede regular de ensino;
>
> IV - educação infantil, em creche e pré-escola, às crianças até 5 (cinco) anos de idade; até 5 (cinco) anos de idade;
>
> V - acesso aos níveis mais elevados do ensino, da pesquisa e da criação artística, segundo a capacidade de cada um;
>
> VI - oferta de ensino noturno regular, adequado às condições do educando;
>
> VII - atendimento ao educando, em todas as etapas da educação básica, por meio de programas suplementares de material didático-escolar, transporte, alimentação e assistência à saúde.

Como se pode perceber a educação em linhas gerais já obteve grandes transformações com a Constituição de 1988, uma vez que o ensino é considerado um direito público subjetivo, ou seja, é um dever do Estado e da família garantir o estudo para as crianças nas instituições de ensino.

Outro grande avanço com essa constituição é a extensão da obrigatoriedade do ensino, que antes era de sete a quatorze anos e, agora será dos quatro aos dezessete anos de idade. Com isso, a educação infantil será incorporada a educação básica representando a primeira etapa de ensino.

Mais um avanço significativo recai sobre a educação infantil que representa um direito da criança até os cinco anos de idade, em creches e pré-escolas. Uma vez que a educação infantil não era citada nas legislações anteriores, pois se dava enfoque ao ensino primário que era obrigatório. Contudo, as alterações realizadas na Constituição em 2009 foram de suma importância para adequar a realidade vivenciada nas instituições de ensino às necessidades presente na política pública educacional.

Fonte: chc.cienciahoje.uol.com.br

Embora a educação infantil tenha ganhado prestígio com as últimas mudanças legais, quando se fala no direito a educação ainda há aspectos a serem revistos, principalmente diante de casos de omissão da família e da sociedade em não lutarem por este direito. Contudo, já houve muitas mudanças e as conquistas alcançadas para a infância chegando aos direitos sociais como proteção, cuidado e educação. Como podemos perceber no trecho abaixo:

> Sociedade civil e organismos governamentais, ao se mobilizarem pelos direitos da criança, expressaram e ao mesmo tempo fizeram evoluir o estágio de consciência social alcançado sobre a criança como indivíduo e membro da sociedade. Expressaram, também, que os direitos da criança à Educação Infantil têm a contrapartida do dever do Estado em assegurar seu cumprimento. (FELIX, 2007, p. 20).

Nesta perspectiva, observa-se que além dos avanços no campo das políticas públicas houve progressos perante a sociedade, pois os dados históricos apontam para a irrelevância da infância enquanto etapa de desenvolvimento educacional. Além de reafirmar também o compromisso do Estado em assumir a educação infantil como um direito e um dever.

Como podemos observar nos artigos de n. 29 a 31 da LDB n. 9.394 (1996):

> Art. 29. A educação infantil, primeira etapa da educação básica, tem como finalidade o desenvolvimento integral da criança até seis anos de idade, em seus aspectos físico, psicológico, intelectual e social, complementando a ação da família e da

comunidade.

Art. 30. A educação infantil será oferecida em:
I - creches, ou entidades equivalentes, para crianças de até três anos de idade;
II - pré-escolas, para as crianças de quatro a seis anos de idade.
Art. 31. Na educação infantil a avaliação far-se-á mediante acompanhamento e registro do seu desenvolvimento, sem o objetivo de promoção, mesmo para o acesso ao ensino fundamental.

A última alteração ocorrida na LDB nº 9.394/1966 foi por meio da Lei n. 12.796, de 4 de abril de 2013 que estabelece as diretrizes e bases da educação nacional, para dispor sobre a formação dos profissionais da educação e dar outras providências, como a alteração no artigo nº 4:

I - educação básica obrigatória e gratuita dos 4 (quatro) aos
17 (dezessete) anos de idade, organizada da seguinte forma:
a) pré-escola;
b) ensino fundamental;
c) ensino médio;
II - educação infantil gratuita às crianças de até 5 (cinco)
anos de idade;

III - atendimento educacional especializado gratuito aos educandos com deficiência, transtornos globais do desenvolvimento e altas habilidades ou superdotação, transversal a todos os níveis, etapas e modalidades, preferencialmente na rede regular de ensino;

IV - acesso público e gratuito aos ensinos fundamental e
médio para todos os que não os concluíram na idade própria;

VIII - atendimento ao educando, em todas as etapas da educação básica, por meio de programas suplementares de material didático-escolar, transporte, alimentação e assistência à saúde;

Desta forma, podemos observar que o ensino obrigatório contemplará também parte da educação infantil, no caso a pré-escola (crianças a partir de quatro anos de idade).

A Lei n. 13.005 de 25 de junho de 2014 sancionou o Plano Nacional de Educação (PNE), o qual tem vigência de dez anos (2014 a 2024), e estabelece metas para o desenvolvimento da educação no Brasil. Quando se relaciona a educação infantil o PNE estabelece como meta prioritária:

Universalizar, até 2016, a educação infantil na pré-escola para as crianças de quatro a cinco anos de idade e ampliar a oferta de educação infantil em creches de forma a atender, no mínimo, cinquenta por cento das crianças de

até três anos até o final da vigência deste PNE (BRASIL, 2014, p. 33).

Esta meta está alinhada com o previsto na Lei n. 12.796/2013 pois o ensino obrigatório já é obrigatório a partir dos quatro anos de idade. E para atingir essa meta delineou-se algumas estratégias (BRASIL, 2014):

1) Estabelecer o regime de colaboração entre a União, os estados, o Distrito Federal e os municípios;
2) Garantir que o maior número possível de crianças menores de três anos matriculadas na educação infantil;
3) Dimensionar e levantar, em regime de colaboração, a demanda por creche para a população de até três anos, como forma de planejar a oferta e verificar o atendimento da demanda manifesta;
4) Estabelecer normas, procedimentos e prazos para definição de mecanismos de consulta pública da demanda das famílias por creches;
5) Melhorar a estrutura física e pedagógica das creches e escolas públicas de educação infantil;
6) Implantar o processo de avaliação na educação infantil, a cada dois anos, buscando aprimorar os padrões de qualidade;
7) articular a oferta de matrículas gratuitas em creches certificadas como entidades beneficentes de assistência social;
8) promover a formação inicial e continuada dos(as) profissionais da educação infantil;
9) estimular a articulação entre pós-graduação, núcleos de pesquisa e cursos de formação para profissionais da educação;
10) fomentar o atendimento das populações do campo e das comunidades indígenas e quilombolas na educação infantil nas respectivas comunidades;
11) priorizar o acesso à educação infantil e fomentar a oferta do atendimento educacional especializado complementar e suplementar aos(às) alunos(as) com deficiência;
12) Implementar programas de orientação e apoio às famílias, por meio da articulação das áreas de educação, saúde e assistência social;
13) preservar as especificidades da educação infantil na organização das redes escolares;
14) fortalecer o acompanhamento e o monitoramento do acesso e da permanência das crianças na educação infantil;
15) promover a busca ativa de crianças em idade correspondente à educação infantil;
16) o Distrito Federal e os municípios, com a colaboração da União e dos estados,

realizarão e publicarão, a cada ano, levantamento da demanda manifesta por educação infantil em creches e pré-escolas;

17) estimular o acesso à educação infantil em tempo integral.

Estas estratégias expressas acima demonstram o quanto é desafiador o trabalho com a educação infantil e o quanto as famílias precisam estar atentas aos direitos das crianças, principalmente com a mudanças da faixa etária obrigatória, de seis para quatro anos de idade, já em vigência no Brasil.

A Lei n. **13.257 publicada em 08 de março de 2016 dispõe sobre as políticas para a primeira infância dentre outras providências relacionadas aos direitos das crianças. Nesta lei o artigo n. 4 estabelece as políticas voltadas para o atendimento da primeira infância:**

I - atender ao interesse superior da criança e à sua condição de sujeito de direitos e de cidadã;
II - incluir a participação da criança na definição das ações que lhe digam respeito, em conformidade com suas características etárias e de desenvolvimento;
III - respeitar a individualidade e os ritmos de desenvolvimento das crianças e valorizar a diversidade da infância brasileira, assim como as diferenças entre as crianças em seus contextos sociais e culturais;
IV - reduzir as desigualdades no acesso aos bens e serviços que atendam aos direitos da criança na primeira infância, priorizando o investimento público na promoção da justiça social, da equidade e da inclusão sem discriminação da criança;
V - articular as dimensões ética, humanista e política da criança cidadã com as evidências científicas e a prática profissional no atendimento da primeira infância;
VI - adotar abordagem participativa, envolvendo a sociedade, por meio de suas organizações representativas, os profissionais, os pais e as crianças, no aprimoramento da qualidade das ações e na garantia da oferta dos serviços;
VII - articular as ações setoriais com vistas ao atendimento integral e integrado;
VIII - descentralizar as ações entre os entes da Federação;
IX - promover a formação da cultura de proteção e promoção da criança, com apoio dos meios de comunicação social (BRASIL, 2016).

Portanto, a educação infantil a partir de 1996 recebeu seu devido valor perante a sociedade civil e o reconhecimento legal de sua relevância para a criança. O contrário não acontecia em alguns anos atrás, assim podemos perceber a grande evolução pelo qual passou a educação infantil brasileira.

A seguir iremos conhecer as diretrizes curriculares que norteiam a educação infantil em nosso país.

2 - Diretrizes Curriculares para a Educação Infantil

O documento intitulado Diretrizes Curriculares Nacionais para a Educação Infantil foi apresentado ao Conselho Nacional de Educação e a Câmara de Educação Básica pelo relator Raimundo Moacir Mendes Feitosa, inicialmente como uma proposta de revisão. O Parecer CNE/CEB n. 20/2009 foi aprovado em 11 de novembro de 2009, instaurando assim as Diretrizes para Educação Infantil.

No decorrer desse documento norteador da educação infantil vamos perceber que há a correlação com a construção da identidade das creches e pré-escolas, no decorrer da história educacional brasileira, que foi marcada por reivindicações das classes menos favorecidas, ou seja, pela luta por direitos iguais perante a sociedade civil.

Essa vinculação institucional diferenciada refletia uma fragmentação nas concepções sobre educação das crianças em espaços coletivos, compreendendo o cuidar como atividade meramente ligada ao corpo e destinada às crianças mais pobres, e o educar como experiência de promoção intelectual reservada aos filhos dos grupos socialmente privilegiados. Para além dessa especificidade, predominou ainda, por muito tempo, uma política caracterizada pela ausência de investimento público e pela não profissionalização d área. (BRASIL, 2009, p. 01.

Esse trecho da Diretriz Curricular Nacional para a Educação Infantil evidencia que a educação para a infância estava intimamente relacionada à classe social a qual a criança pertencia, para que a partir daí houvesse a diferenciação entre cuidar e educar.

Atualmente, somos sabedores de que cuidar e educar são aspectos indissolúveis, e para tanto que fazem parte do processo de ensino e aprendizagem presentes nas instituições de educação infantil de todo o país. Como se enfatiza na Diretriz Curricular (2009):

As creches e pré-escolas se constituem, portanto, em estabelecimentos educacionais públicos ou privados que educam e cuidam de crianças de zero a cinco anos de idade por meio de profissionais com a formação específica legalmente determinada, a habilitação para o magistério superior ou médio, refutando assim funções de caráter meramente assistencialista, embora mantenha a obrigação de assistir às necessidades básicas de todas as crianças. (BRASIL, 2009, p. 04)

Em consonância com o explícito na Diretriz vale lembrar que todas as instituições de educação infantil são e estão subordinadas ao reconhecimento e supervisão do sistema de ensino brasileiro, conforme disposto na LDB 9.394/1996 em seu artigo oitavo:

> Art. 8º A União, os Estados, o Distrito Federal e os Municípios organizarão, em regime de colaboração, os respectivos sistemas de ensino.
> § 1º Caberá à União a coordenação da política nacional de educação, articulando os diferentes níveis e sistemas e exercendo função normativa, redistributiva e supletiva em relação às demais instâncias educacionais.

Nesta perspectiva também se torna relevante salientar que as instituições de educação infantil possuem autonomia para organizar a jornada de atividades, ou seja, pode-se optar por cumprir uma carga horária de quatro ou sete horas diárias de trabalho efetivo com as crianças, de acordo com a LDB n. 9.394/1996.

Fonte: substantivoplural.com.br

VOCÊ SABIA?
Quando se fala em jornada de atividades refere-se à rotina diária de uma sala de aula da educação infantil, os horários de alimentação, brincadeiras, socialização, enfim, o cotidiano de uma instituição escolar.

Outro aspecto relevante referenciado pelo documento relaciona-se a função sociopolítica e pedagógica que assume a educação infantil. Função essa que se relaciona a desigualdade de acesso a essa etapa da educação e as condições desiguais da qualidade da educação oferecida às crianças. Sendo assim, observa-se que por mais que perante a lei a educação infantil é a primeira etapa da educação básica, constituindo-se assim um direito público subjetivo.

> Cumprir tal função significa, em primeiro lugar, que o Estado necessita assumir sua responsabilidade na educação coletiva das crianças, complementando a ação das famílias. Em segundo lugar, creches e pré-escolas constituem-se em estratégia de promoção de igualdade de oportunidades entre homens e mulheres, uma vez que permitem às mulheres sua realização para além do contexto doméstico. Em terceiro lugar, cumprir função sociopolítica e pedagógica das creches e pré-escolas implica assumir a responsabilidade de torná-las espaços privilegiados de convivência, de construção de identidades coletivas e de ampliação de saberes e conhecimentos de diferentes naturezas, por meio de práticas

> que atuam como recursos de promoção da equidade de oportunidades educacionais entre as crianças de diferentes classes sociais no que se refere ao acesso a bens culturais e às possibilidades de vivência da infância. (BRASIL, 2009, p. 05)

As informações contidas no documento reafirmam o que foi visto na aula anterior, que todas as crianças tem direito a educação independente de classe social, cultura e credo.

Outro aspecto elencado pelo mesmo documento faz menção ao currículo proposto para a educação infantil:

> No Brasil nem sempre foi aceita a idéia de haver um currículo para a Educação Infantil, termo em geral associado à escolarização tal como vivida no Ensino Fundamental e Médio, sendo preferidas as expressões 'projeto pedagógico' ou 'proposta pedagógica'. A integração da Educação Infantil ao sistema educacional impõe à Educação Infantil trabalhar com esses conceitos, diferenciando-os e articulando-os. (BRASIL, 2009, p. 06)

Para tanto, às instituições de educação infantil cabe adequar a proposta pedagógica ou projeto político pedagógico às exigências postas pelas Diretrizes Curriculares. A finalidade deste documento norteador está realmente calcada na organização do trabalho pedagógico com as crianças entre zero a cinco anos de idade.

Sendo assim, o currículo proposto para a educação infantil precisa atender a um conjunto de práticas que visem articular experiências e saberes para as crianças. A organização curricular de uma instituição de educação infantil precisa levar em consideração a integralidade e individualidade das crianças assegurando assim que as metas educacionais propostas pelo projeto sejam integralmente alcançadas.

Fonte: acasaencantadachildrenscenter.blogspot.com

A Diretriz Curricular ainda aponta para a necessidade de se considerar a criança o principal objetivo de um planejamento curricular, ou seja, respeitar a criança como um ser histórico e portador de direitos que permeiam as interações, as relações sociais e as práticas do cotidiano escolar.

As práticas pedagógicas devem ocorrer de modo a não fragmentar a criança nas suas possibilidades de viver experiências, na sua compreensão do mundo feita pela totalidade de seus sentidos, no conhecimento que constrói na relação intrínseca entre razão e emoção, expressão corporal e verbal, experimentação prática e elaboração conceitual. As práticas envolvidas nos atos de alimentar-se, tomar banho, trocar fraldas e controlar os esfíncteres, na escolha do que vestir, na atenção aos riscos de adoecimento mais fácil nessa faixa etária, no âmbito da Educação Infantil, não são apenas práticas que respeitam o direito da criança de ser bem atendida nesses aspectos, como cumprimento do respeito à sua dignidade como pessoa humana. (BRASIL, 2009, p. 09)

Portanto, educar e cuidar são ações condicionadas à educação infantil, quando falamos de processo de ensino e aprendizagem, bem como a família tem seu papel fundamental neste processo. Uma vez que, todo o conjunto de educar e cuidar se inicia na família e o ambiente escolar por meio de um currículo bem elaborado proporciona a continuidade, quando nos reportamos à faixa etária de zero a três anos.

Educar de modo indissociado do cuidar é dar condições para as crianças explorarem o ambiente de diferentes maneiras (manipulando materiais da natureza ou objetos, observando, nomeando objetos, pessoas ou situações, fazendo perguntas etc) e construírem sentidos pessoais e significados coletivos, à medida que vão se constituindo como sujeitos e se apropriando de um modo singular das formas culturais de agir, sentir e pensar. Isso requer do professor ter sensibilidade e delicadeza no trato de cada criança, e assegurar atenção especial conforme as necessidades que identifica nas crianças. (BRASIL, 2009, p. 10)

As instituições de educação infantil têm papel primordial neste contexto, já que cabe as mesmas oferecerem condições estruturais e humanas para o bom desenvolvimento da criança. Sendo também, conduzido por uma proposta curricular viável ao desenvolvimento cognitivo da criança.

O importante é apoiar as crianças, desde cedo e ao longo de todas as suas experiências cotidianas na Educação Infantil no estabelecimento de uma relação positiva com a instituição educacional, no fortalecimento de sua auto-estima, no interesse e curiosidade pelo conhecimento do mundo, na familiaridade com diferentes linguagens, na aceitação e acolhimento das diferenças entre as pessoas. (BRASIL. 2009, p. 14)

Neste sentido, o papel do professor (a) é tornar-se responsável em articular condições espaciais, materiais e de atividades que as crianças sintam-se motivadas a exercer sua imaginação, sua criatividade, oralidade e que também possam expressar no desenho o que sentem, bem como mantenham o primeiro contato com o mundo da escrita.

Fonte: pr-letramentosantanense.blogspot.com

Por fim, as instituições de educação infantil também são responsáveis por desenvolver procedimentos de avaliação do trabalho pedagógico, que vislumbrem as conquistas feitas pelas crianças. Sendo assim, o processo de avaliação remete-se a um instrumento de análise sobre a prática pedagógica em busca de alternativas para desenvolver o processo de ensino e aprendizagem no ambiente escolar.

A avaliação, conforme estabelecido na Lei nº 9.394/96, deve ter a finalidade de acompanhar e repensar o trabalho realizado. Nunca é demais enfatizar que não devem existir práticas inadequadas de verificação da aprendizagem, tais como provinhas, nem mecanismos de retenção das crianças na Educação Infantil. (BRASIL, 2009, p. 16)

Considerando então todos os pontos elencados pelas Diretrizes Curriculares para a Educação Infantil podemos salientar que educar e cuidar na perspectiva da educação escolar está permeada por inúmeras metas e propostas de ação que visem sumariamente a defesa dos direitos, bem como assegurem o pleno desenvolvimento intelectual da criança durante o processo de ensino e aprendizagem.

Na próxima seção iremos analisar com mais cautela o Referencial Curricular para a Educação Infantil e compreender melhor o sistema educacional.

3 - Base Nacional Comum Curricular - BNCC

A criança na BNCC é considerada como um ser que está em processo de construção de sua identidade e da sua autonomia nas decisões, bem como ações que acontecem diariamente principalmente por meio da brincadeira e interações.

A fonte original da identidade está naquele círculo de pessoas com que a criança interage no início da vida. Em geral a família é a primeira matriz de socialização. Ali, cada um possui traços que o distingue dos demais elementos, ligados à posição que ocupa (filho mais velho, caçula etc), ao papel que desempenha, às suas características físicas, ao seu temperamento, às relações específicas com o pai, mãe e outros membros etc. (BRASIL, 1998, p. 13)

Sendo assim, o primeiro contato com uma instituição de educação infantil vem para ampliar o universo de conquistas da criança, pois ali haverá interação com outras crianças (ambiente de socialização) e adultos com hábitos e uma cultura diferente. As crianças também terão a oportunidade de conhecer brincadeiras novas, conhecimentos inusitados, enfim, representa de fato um mundo novo para a criança.

O Referencial Curricular para a Educação Infantil (RCNEI) salienta que a criança torna-se capaz de conduzir e tomar decisões por si mesma, construindo assim sua autonomia. A BNCC enfatiza que as crianças têm direito a uma aprendizagem que promova o desenvolvimento em situações desafiadoras, onde as crianças sejam provocadas a resolver problemas para construir sua identidade.

Fonte: *abreucadena.zip.net*

Os primeiros cuidados feitos pelo pai e/ou a mãe inspira a criança a descobrir seu próprio corpo e, a partir daí começa a organizar e ampliar seu conhecimento de mundo. Já a alimentação ou a troca de uma fralda (higiene) realizada pela mãe ou uma professora estimula a criança a compreender o processo de dar e receber, instaurando assim um processo de confiança. Logo, a criança percebe que é capaz de lidar com a realidade, sente-se segura e assim, ocorre a construção de sua identidade.

Quando de fala em sexualidade, podemos dizer que a criança passa por fases de acordo com Freud, o sugar por exemplo durante o ato da amamentação, uma mordida, objetos na boca, dentre outras ações, são momentos em que a criança entra em contato com o mundo de sensações de prazer. Contudo, torna-se de fundamental importância a criança compreender as relações de gênero (sexo masculino e feminino) e diferenciá-las entre si, principalmente nos primeiros anos de vida.

Fonte: *clinicapsicologia.net*

Neste contexto, a criança da educação infantil precisa experimentar suas capacidades e potencialidades, pois através da interação é que se instaura o processo de aprendizagem. A imitação nesta fase de descobertas torna-se uma aliada da criança na busca de conhecimento e interação com as demais pessoas.

A BNCC ainda afirma que:

A interação durante o brincar caracteriza o cotidiano da infância, trazendo consigo muitas aprendizagens e potenciais para o desenvolvimento integral das crianças. Ao observar as interações e a brincadeira entre as crianças e delas com os adultos, é possível identificar, por exemplo, a expressão dos afetos, a mediação das frustrações, a resolução de conflitos e a regulação das emoções (BNCC,2018. p.37)

Sendo assim, podemos dizer que a criança pertencente a educação infantil torna-se portadora de momentos únicos de desenvolvimento cognitivo, social e cultural.

Trazendo a realidade para nosso objeto de estudo, que são as crianças de zero a três anos de idade, a BNCC (2018, p. 38), enfatiza a criança precisa desenvolver sua autonomia:

Essa concepção de criança como ser que observa, questiona, levanta hipóteses, conclui, faz julgamentos e assimila valores e que constrói conhecimentos e se apropria do conhecimento sistematizado por meio da ação e nas interações com o mundo físico e social não deve resultar no confinamento dessas aprendizagens a um processo de desenvolvimento natural ou espontâneo. Ao contrário, impõe a necessidade de imprimir intencionalidade educativa às práticas pedagógicas na Educação Infantil, tanto na creche quanto na pré-escola.

Portanto, a responsabilidade das instituições de educação infantil representa um grande desafio para toda a educação brasileira, pois ainda precisa compreender a criança como um ser em fase de construção de sua identidade, de sua autonomia e sua importância para a sociedade. Já que a partir da LBD 9.394/1996 a educação infantil torna-se a primeira etapa da educação básica.

Será que as instituições de educação infantil estão preparadas para atender as exigências legais para a efetivação dos direitos das crianças?

Agora, conheceremos um pouco melhor a visão do MEC quando se fala dos critérios de atendimento a crianças da educação infantil, atendidas em creches.

4 - Os critérios de atendimento em creches: a visão do MEC

Este documento elaborado pela autora Maria Malta Campos e publicado pelo Ministério da Educação por meio da Secretaria de Educação Básica, em 2009, veio para nortear o atendimento oferecido nas creches, bem como estabelecer critérios para as unidades educativas e para as políticas implementadas.

De acordo com este documento as unidades de creche precisam obedecer alguns critérios fundamentais quando se fala em respeito pela criança (p. 13):

- Nossas crianças têm direito à brincadeira
- Nossas crianças têm direito à atenção individual
- Nossas crianças têm direito a um ambiente aconchegante, seguro e estimulante
- Nossas crianças têm direito ao contato com a natureza
- Nossas crianças têm direito a higiene e à saúde
- Nossas crianças têm direito a uma alimentação sadia
- Nossas crianças têm direito a desenvolver sua curiosidade, imaginação e capacidade de expressão
- Nossas crianças têm direito ao movimento em espaços amplos
- Nossas crianças têm direito à proteção, ao afeto e à amizade
- Nossas crianças têm direito a expressar seus sentimentos
- Nossas crianças têm direito a uma especial atenção durante seu período de adaptação à creche
- Nossas crianças têm direito a desenvolver sua identidade cultural, racial e religiosa

Sendo assim, podemos perceber a amplitude dos critérios propostos para uma instituição de educação infantil. E, além desses critérios principais há a subdivisão desses direitos onde quando se fala do brincar pode-se elencar a importância de se ter brinquedos à disposição das crianças, ensinando como brincar e promovendo a organização do ambiente de forma que haja a participação das crianças neste processo.

O fato de chamar a criança pelo nome, ouvir, escutar garantem um ambiente de interação e aproximação entre o adulto e a criança, havendo assim o diálogo, bem como o exercício do respeito à individualidade da criança.

Fonte: *centromultidisciplinar.blogspot.com*

Outro ponto relevante apontado pelo documento refere-se ao direito da criança em conviver em um ambiente aconchegante, seguro e estimulante promovendo assim um ambiente na instituição de educação infantil propício ao desenvolvimento de trabalhos manuais para exposição. Este espaço também precisa ser seguro para a criança e sua família quando estiverem na unidade educativa.

A criança também, de acordo com o documento, tem o direito de manter contato com a natureza para assim promover a preservação ambiental. Bem como tem direito a higiene e a saúde de qualidade, que devem ser assegurados pela instituição de educação infantil e pela família.

As unidades de educativas devem garantir uma alimentação saudável que esteja de acordo com os padrões de saneamento básico e, além disso, as crianças necessitam ter assegurado o direito a desenvolver sua imaginação, curiosidade e capacidades de expressão por meio de brincadeiras, jogos, desenhos, pinturas, cantigas e histórias.

Fonte: *repartindoemocoes.blogspot.com*

Para finalizar os critérios de funcionamento pertinentes a instituição de educação infantil torna-se relevante salientar que as crianças tem direito a explorar todos os espaços, bem como trazer a família para este convívio com seus filhos. Dessa forma, haverá a promoção do direito ao afeto, a amizade e a expressão de sentimentos que representem o desenvolvimento integral da criança.

Há também critérios para as políticas e programas desenvolvidos nas instituições de educação infantil, no mesmo documento "Critérios para Atendimento em Creches" (2009, p.31)

• A política de creche respeita os direitos fundamentais da criança
• A política de creche está comprometida com o bem-estar e o desenvolvimento da criança
• A política de creche reconhece que as crianças têm direito a um ambiente aconchegante, seguro e estimulante
• A política de creche reconhece que as crianças têm direito à higiene e à saúde
• A política de creche reconhece que as crianças têm direito a uma alimentação saudável
• A política de creche reconhece que as crianças têm direito à brincadeira
• A política de creche reconhece que as crianças têm direito a ampliar seus conhecimentos
• A política de creche reconhece que as crianças têm direito ao contato com a natureza

Portanto, pode-se perceber que as políticas para as instituições de educação infantil precisam obedecer critérios para que possam assim desenvolver um ambiente de ensino e aprendizagem condizente com a necessidade da criança.

Chegamos ao final da aula!

Retomando a aula

Ao chegar ao final desta Aula 2 podemos melhor compreender os aspectos legais da educação infantil no Brasil, conforme vimos:

Nesta Aula 2 tivemos a oportunidade de analisar a Constituição Federal de 1988 e a Lei de Diretrizes e Bases da Educação n. 9.394/1996, as quais trazem determinações legais que amparam a educação infantil, como primeira etapa da educação básica, passível de mudanças que visam à qualidade do ensino ofertado em instituições de ensino.

Conhecer melhor as Diretrizes Curriculares para a Educação Infantil foi de fundamental importância para melhor compreender como ocorre a gestão das leis vigentes em nosso país para assegurar o direito da criança em estar inserida na educação infantil.

Assim como analisar os itens presentes nos Referencias Curriculares para a Educação Infantil elucidou questões relevantes para a efetivação dos direitos das crianças em ter sua identidade e sua autonomia garantidos pelas instituições de educação infantil.

E, por fim compreender melhor os critérios de eficiência de uma unidade educativa e os critérios das políticas instauradas pelas creches em todo o país torna-se imprescindível para melhor compreender o processo em que se dá a efetivação dos direitos das crianças.

1 - Constituição Federal e Lei de Diretrizes, Plano Nacional de Educação (PNE) e Lei de Diretrizes e Bases da Educação - LDB
2 - Diretrizes Curriculares para a Educação Infantil
3 - Base Nacional Comum Curricular

---

4 - Os critérios de atendimento em creches: a visão do Ministério da Educação e Cultura -MEC

1 - Constituição Federal, Plano Nacional de Educação (PNE) e a Lei de Diretrizes e Bases da Educação - LDB

Nesta seção, conhecemos um pouco o que as leis falam sobre a Educação Infantil.

2 - Diretrizes Curriculares para a Educação Infantil

Já nesta segunda seção, vimos a importância deste documento norteador e os avanços conquistados na primeira etapa da educação básica.

3 - Parâmetros Curriculares para a Educação Infantil – RCNEI

Nesta terceira seção, tivemos a oportunidade de tecer conhecimentos mais aprofundados sobre a criança e a relevância da Educação Infantil.

4 - Os critérios de atendimento em creches: a visão do MEC

E, nesta última seção, pudemos verificar o quanto são rigorosos os critérios para o atendimento em creches em todo o nosso país.

Vale a pena

Vale a pena ler

Diretrizes Curriculares para a Educação Infantil. Brasília. 2009. Disponível em: www.presidencia.gov.br.

CUNHA, Beatriz Belluzzo Brando; CARVALHO, Luciana Fátima de. *Cuidar de crianças em creches: os conflitos e os desafios de uma profissão em construção.*UNESP/Assis. Disponível em: http://www.anped.org.br/reunioes/25/beatrizbrandocunhat07.rtf Acesso em: 23 de junho de 2011.

Vale a pena acessar

www.mec.gov.br
www.scielo.br
www.presidencia.gov.br
www.anped.org.br

Vale a pena assistir

http://www.youtube.com/watch?v=GYIMv_NaB7w

Aula 3º

As políticas públicas para a educação infantil

Pessoal, agora vamos compreender melhor o que representam as políticas públicas para a educação infantil no Brasil, seus aspectos positivos e negativos a serviço da educação.

Nesta aula entraremos em contato com as políticas públicas para a educação infantil, ou seja, analisaremos como os direitos e deveres assegurados pelas legislações educacionais se efetivam na prática das instituições de educação infantil em todo o país.

As políticas públicas acontecem realmente na prática em sala de aula?

Claro que sim!

As unidades de educação infantil devem estar adequadas ao que consta na lei, caso contrário, são proibidas de continuar recebendo crianças e fecham suas portas.

— Bons estudos!

Objetivos de aprendizagem

Ao término desta aula, vocês serão capazes de:

- compreender como ocorre a efetivação das políticas públicas na prática nas instituições de educação infantil;
- identificar os principais indicadores de qualidade do ensino ofertado que asseguram espaços, materiais didáticos e mobiliários adequados para atender as especificidades da faixa etária de zero a três anos.
- analisar como ocorre a efetivação da garantia do direito a educação infantil;
- identificar os campos de experiência que fazem parte da proposta curricular para a educação infantil.

Seções de estudo

1 - Espaços, materiais e mobiliários
2 - Formação de professores
3 - A garantia do direito à Educação Infantil
4 - Os campos de experiência da Educação Infantil

1 - Espaços, materiais e mobiliários

O ambiente físico de uma instituição de educação infantil deve atender às exigências de funcionamento postas pela legislação. Para que as crianças possam ter garantias do cumprimento de seus direitos, bem como as unidades educativas têm o dever de cumprir as leis que busquem viabilizar a qualidade do ensino ofertado.

> Os bebês e crianças pequenas precisam ter espaços adequados para se mover, brincar no chão, engatinhar, ensaiar os primeiros passos e explorar o ambiente. Brinquedos adequados à sua idade devem estar ao seu alcance sempre que estão acordados. Necessitam também contar com estímulos visuais de cores e formas variadas, renovados periodicamente. (BRASIL, 2009, p. 50)

Diante do exposto acima, compreende-se que a educação infantil possui muitos aspectos que precisam ser melhorados pois nem todas as instituições de educação infantil atendem às exigências feitas em lei para o atendimento a crianças de zero a três anos de idade.

Fonte: psicosaber.wordpress.com psicosaber.wordpress.compsicosaber.wordpress.
compsicosaber.wordpress.com

Quando falamos de espaço e mobiliário adequado os Indicadores de Qualidade na Educação Infantil (2009, p. 51, destaque do autor), realizam os seguintes questionamentos de acordo com o indicador de qualidade número cinco:

> Há espaço organizado para a leitura, como biblioteca ou cantinho de leitura, equipado com estantes, livros, revistas e outros materiais acessíveis às crianças e em quantidade suficiente?
> As janelas ficam numa altura que permita às crianças a visão do espaço externo?

Os espaços e equipamentos são acessíveis para acolher as crianças com deficiência, de acordo com o Decreto-Lei nº 5.296/2004 (Saiba Mais 7)?
Há bebedouros, vasos sanitários, pias e chuveiros em número suficiente e acessíveis às crianças?
A instituição disponibiliza nas salas espelhos seguros e na altura das crianças para que possam brincar e observar a própria imagem diariamente?
Há mobiliários e equipamentos acessíveis para crianças com deficiência?
Questão que se refere apenas a bebês e crianças pequenas
A instituição prevê móveis firmes para que os bebês e crianças pequenas possam se apoiar ao tentar ficar de pé sozinhos?

Diante dos questionamentos realizados acima, torna-se relevante salientar que até o momento estamos falando de como precisa estar organizado uma instituição de educação infantil embora ainda não elencamos a realidade dessas instituições em nosso país.

As perguntas acima são postas realmente para indagar se todas as instituições de educação infantil estão adequadas às exigências legais para o atendimento a crianças de zero a cinco anos, e, em nosso texto mais especificamente às crianças de zero a três anos de idade.

Fonte: fortenanoticia.com.br

Há algumas instituições de educação infantil que estão em funcionamento mas não atendem as exigências legais para o atendimento a crianças de zero a cinco anos de idade?

Contudo, ainda os Indicadores de Qualidade da Educação Infantil (2009, p. 52, destaque do autor), realiza outros questionamentos acerca dos espaços, materiais e mobiliários adequados para o desenvolvimento do trabalho pedagógico:

> Há espaço que permite o descanso e o trabalho individual ou coletivo da equipe que seja confortável, silencioso, com mobiliário adequado para adultos e separado dos espaços das crianças (para reuniões, estudos, momentos de formação e planejamento)?
> Há banheiro de uso exclusivo dos profissionais, com chuveiro, pia e vaso sanitário?
> Há espaços especialmente planejados para recepção e acolhimento dos familiares?
> Questão que se refere apenas a bebês e

crianças pequenas.

Há fraldário/mesa/bancada na altura adequada ao adulto para troca de fraldas dos bebês e crianças pequenas, com segurança?

Diante do exposto, observamos que as indagações são muitas, mas respostas plausíveis não são encontradas na maioria das instituições de educação infantil, pois ainda há inúmeras dificuldades para o financiamento e gerenciamento das benfeitorias que necessitam ocorrer nessas unidades educativas.

CURIOSIDADE
Foram estudados os casos de cinco municípios brasileiros acerca do grande desafio que é efetivar a educação infantil contemplando as exigências legais para seu funcionamento. Procure e leia mais sobre esse assunto no endereço eletrônico: http://portal.mec.gov.br/seb/arquivos/pdf/integra01.pdf

Ainda nesta perspectiva de melhorias que necessitam ser realizadas nas instituições de educação infantil, o indicador de número cinco dos Indicadores de Qualidade (2009, p. 51-52, destaque do autor) questiona a relevância de estar a disposição (acessível) da criança os mais variados instrumentos:

Há diversos tipos de livros e outros materiais de leitura em quantidade suficiente?
Há brinquedos que respondam aos interesses das crianças em quantidade suficiente e para diversos usos (de faz de conta, para o espaço externo, materiais não estruturados, de encaixe, de abrir/fechar, de andar, de empurrar, etc.)?
Há instrumentos musicais em quantidade suficiente?
Há na instituição, ao longo de todo o ano e em quantidade suficiente, materiais pedagógicos diversos para desenhar, pintar, modelar, construir objetos tridimensionais (barro, argila, massinha), escrever, experimentar?
Há material individual de higiene, de qualidade e em quantidade suficiente, guardado em locais adequados (sabonetes, fraldas, escovas de dentes e outros itens)?
Há brinquedos, móbiles, livros, materiais pedagógicos e audiovisuais que incentivam o conhecimento e o respeito às diferenças entre brancos, negros, indígenas e pessoas com deficiência?
Há livros e outros materiais de leitura, brinquedos, materiais pedagógicos e audiovisuais adequados às necessidades das crianças com deficiência?
Questão que se refere apenas a bebês e crianças pequenas
Há objetos e brinquedos de diferentes materiais em quantidade suficiente e adequados às necessidades dos bebês e crianças pequenas (explorar texturas, sons, formas e pesos, morder, puxar, por e retirar, empilhar, abrir e fechar, ligar e desligar, encaixar, empurrar, etc.)?

Logo, percebemos que para trabalhar com crianças na educação infantil torna-se necessário adequar todo o espaço físico, mobiliário e materiais didático-pedagógicos buscando atender as especificidades da faixa etária.

Como assim? Você pode ser perguntar, vamos compreender alguns conceitos sobre esse assunto.

CONCEITO
ESPAÇO: a criança necessita de estrutura física da instituição de educação infantil que atenda as suas necessidades, como: um lugar amplo e arejado para brincar, salas de aula com adequadas ao tamanho da criança, um lugar próprio para as refeições, um banheiro com vaso sanitário e pia próprios ao tamanho da criança.
MATERIAIS: torna-se de fundamental importância dispor dos mais variados recursos didáticos, como: livros de leitura diversos, brinquedos que levem a criança a construir (exercitar sua criatividade) e que sejam prazerosos de se brincar, instrumentos musicais para a criança explorar sons, brinquedos com diferentes cores, formas e tamanhos, bem como folhas de papel para a criança entrar em contato com mundo do registro e exercitar sua coordenação motora.
MOBILIÁRIOS: os móveis que são utilizados em sala de aula, como também em todos os ambientes na instituição de educação infantil precisam ser adequados ao tamanho da criança, com a finalidade de enfatizar a autonomia da criança em realizar as atividades mais simples como: levantar e sentar na cadeira sozinho, lavar as mãos na pia, pegar seu prato de comida, encher um copo de água e tomar sozinho, enfim, realizar as ações mais simples para um adulto, que para a criança ainda simboliza um momento de superação dos seus próprios limites.

Portanto, proporcionar um ambiente propício ao aprendizado da criança requer adequações espacias, mobiliária e de materiais didático-pedagógicos compatíveis com as necessidades das crianças, visando sumariamente atender as especificidades da faixa etária de zero a cinco anos. E, quando falamos da criança de zero a três anos os cuidados precisam ser redobrados, pois quanto menor a criança maior a dependência do adulto, bem como maior os cuidados com tudo que a cerca (materiais, mobiliário, espaço físico).

Nesta segunda seção, iremos identificar a importância da formação em nível superior dos professores que atuam na educação infantil, bem a qualificação em nível médio dos demais profissionais que atuam nas instituições de educação infantil.

2 - Formação de professores

Professores para atuar na educação infantil nas unidades educativas de todo o país necessitam ser bem preparados em sua formação inicial e continuada para garantir a oferta de um cuidar e educar (processo de ensino) de qualidade as crianças.

Um dos fatores que mais influem na qualidade da educação é a qualificação dos profissionais que trabalham com as crianças. Professoras bem formadas, com salários dignos, que contam com o apoio da direção, da coordenação pedagógica e dos demais profissionais – trabalhando em equipe, refletindo e procurando aprimorar constantemente suas práticas – são fundamentais na construção de instituições de educação infantil de qualidade. (BRASIL, 2009. p. 54)

Diante do exposto podemos verificar que para atuar nas instituições de educação infantil todos os profissionais envolvidos com a arte de educar e cuidar são responsáveis pela qualidade do ensino ofertado, ou seja, os professores e os demais profissionais da educação.

Fonte: julainepedagoga.blogspot.com

O indicador de qualidade número seis (BRASIL, 2009, p. 54) realiza os seguintes questionamentos: "As professoras têm, no mínimo, a habilitação em nível médio na modalidade Normal?" e também "As professoras são formadas em Pedagogia?". Sendo assim, ocorre mais um grande desafio para a educação infantil, que é desmistificar a irrelevância da presença de uma pedagoga nas salas de crianças de zero a três anos idade, bem como uma qualificação prévia da assistente de professora.

Fonte: arcauniversal.com

Outro ponto questionado pelo documento Indicador de Qualidade da Educação Infantil refere-se a formação continuada dos professores que atuam nas instituições de educação infantil (p. 55):

A instituição possui um programa de formação continuada que possibilita que as professoras planejem, avaliem, aprimorem seus registros e reorientem suas práticas?

A formação continuada atualiza conhecimentos, promovendo a leitura e discussão de pesquisas e estudos sobre a infância e sobre as práticas de educação infantil?

As professoras são orientadas e apoiadas na inclusão de crianças com deficiência?

Os momentos formativos estão incluídos na jornada de trabalho remunerada dos profissionais?

A formação continuada promove conhecimento e discussão sobre as diferenças humanas?

As professoras conhecem os livros acessíveis para crianças com deficiência?

Nesta perspectiva, percebemos que para se trabalhar com a educação infantil é de fundamental importância a qualificação profissional das pessoas envolvidas com o processo. Uma vez que, promover o ensino e a aprendizagem, o cuidar e o educar, requer formação inicial e continuada adequada às especificidades da criança de zero a três anos.

Fonte: adjorisc.com.br

Outro ponto relevante destacado pelo indicador número seis (BRASIL, 2009, p. 55) refere-se às condições de trabalho aos professores das instituições de educação infantil:

Há no mínimo uma professora para cada agrupamento de:

- 6 a 8 crianças até 2 anos (Saiba Mais 9)?
- 15 crianças até 3 anos?
- 20 crianças de 4 até 6 anos?

As professoras são remuneradas, no mínimo, de acordo com o piso salarial nacional do magistério (Saiba Mais 10)?

A instituição conhece e implementa procedimentos que visam prevenir problemas de saúde das professoras e demais profissionais?

Logo, percebemos que para desenvolver um bom trabalho na educação infantil torna-se necessário viabilizar condições favoráveis ao desenvolvimento do processo de ensino e aprendizagem, bem como a qualificação profissional dos envolvidos é imprescindível para a garantia de qualidade do ensino ofertado.

Sendo assim, podemos destacar que:

Esse trabalho, que carrega consigo tanta responsabilidade, precisa ser valorizado na instituição e na comunidade. Na instituição é preciso que as condições de trabalho sejam compatíveis com as múltiplas tarefas envolvidas no cuidado e na educação das crianças até seis anos de idade. Na comunidade, é desejável que se estabeleçam canais de diálogo e comunicação que levem as famílias e demais interessados a conhecer e melhor entender o alcance do trabalho educativo que é desenvolvido com as crianças e o papel desempenhado pelas professoras e demais profissionais na instituição. (BRASIL, 2009, p. 54)

Portanto, promover uma educação infantil de qualidade requer qualificação dos profissionais envolvidos, tanto professores quanto os demais profissionais, bem como empenho em continuar estudando (formação continuada) buscando assim, melhorar a qualidade do processo de educar e cuidar.

Na próxima seção vamos compreender melhor como se dá o processo da garantia do direito à educação infantil, que é a primeira etapa da educação básica, assegurada na LDB 9.394/1996.

3 - A Garantia do Direito à Educação Infantil

A criança tem o direito a educação conforme assegurado pela legislação, assim como a família também é responsável pela efetivação desse direito.

Logo, pode-se dizer que:

> A educação infantil no Brasil registrou muitos avanços nos últimos vinte anos. A Constituição Federal de 1988 e a Lei de Diretrizes e Bases da Educação Nacional de 1996 a definiram como primeira etapa da educação básica, antecedendo o ensino fundamental, de caráter obrigatório, e o ensino médio. Essa ampliação do direito à educação a todas as crianças pequenas, desde seu nascimento, representa uma conquista importante para a sociedade brasileira. (BRASIL, 2009, p. 13)

SABER MAIS

O termo "educação infantil": Creche para crianças de zero a três anos e Pré-escola para crianças de quatro a seis anos de idade foi adotado na Lei de Diretrizes e Bases da Educação Nacional n. 9.394 de 1996 (Seção II Da Educação Infantil, artigo n. 30).

Historicamente, o atendimento às crianças menores de sete anos possuía várias denominações, entre as quais: creche, maternal, berçário, jardim de infância, pré-primário e pré-escolar. A LDB n. 9.394/1996 foi alterada pela Lei 11.114/2005, que incluiu a criança de seis anos no ensino fundamental de oito anos e pela Lei n. 11.274/2006, se instituiu a obrigatoriedade da matrícula das crianças de seis anos de idade no ensino fundamental de nove anos.

Fonte: Feliz (2007)

Fonte: francanetocafenews.blogspot.com

Sendo assim, a criança atualmente saiu do campo assistencial e passou para o campo educacional, já que a faixa etária de zero a cinco anos tem o direito, a garantia e a obrigatoriedade de oferta (poder público) pois está assegurado em lei.

E, nesta perspectiva Felix (2007) salienta:

> É nas instituições de Educação Infantil que as crianças permanecem, muitas vezes, por uma jornada de 50 horas semanais. Se pensarmos a propósito desse tempo, podemos até dizer que talvez passem mais tempo na instituição de Educação Infantil do que com suas famílias, já que, por inúmeras vezes, saem dormindo ou dormem no caminho percorrido até suas residências e, no dia seguinte, retornam, dormindo, à instituição. (FELIX, 2007, p. 62)

A propósito do exposto pela autora acima, percebemos que a criança, quando permanece em período integral na instituição de educação infantil, não passa muito tempo com sua família, já que essa por sua vez tem seus afazeres (trabalho) e acaba por transferir o processo educacional para a unidade educativa.

Fonte: fortenanoticia.com.br

Logo, podemos dizer que os Indicadores de Qualidade da Educação Infantil (2009) representaram um grande avanço para o setor, já que além da legislação tivemos outros documentos publicados visando direcionar o trabalho na educação infantil. E, dessa forma garantir a qualidade do ensino a ser ofertado para as crianças de zero a cinco anos de idade.

> Este documento foi construído com o objetivo de auxiliar as equipes que atuam na educação infantil, juntamente com famílias e pessoas da comunidade, a participar de processos de autoavaliação da qualidade de creches e pré-escolas que tenham um potencial transformador. Pretende, assim, ser um instrumento que ajude os coletivos – equipes e comunidade – das instituições de educação infantil a encontrar seu próprio caminho na direção de práticas educativas que respeitem os direitos fundamentais das crianças e ajudem a construir uma sociedade mais democrática. (BRASIL, 2009, p. 14)

Ainda falando sobre a garantia de direitos das crianças, as instituições de educação infantil precisam cumprir algumas exigências para assegurar o atendimento às especificidades da infância:

> Cabe às instituições de Educação Infantil assegurar às crianças a manifestação de seus interesses, desejos e curiosidades ao participar das práticas educativas, valorizar suas produções, individuais e coletivas, e trabalhar pela conquista por elas da autonomia para a escolha de brincadeiras e de atividades e para a realização de cuidados pessoais diários. Tais instituições devem proporcionar às crianças oportunidades para ampliarem as possibilidades de aprendizado e de compreensão de mundo e de si próprio trazidas por diferentes tradições culturais e a construir atitudes de respeito e solidariedade, fortalecendo a auto-estima e os vínculos afetivos de todas as crianças. (BRASIL, 2009, p. 08)

Neste mesmo sentido, as unidades educativas responsáveis pela educação infantil e por atender à alguns princípios políticos de acordo com as Diretrizes Curriculares para a Educação Infantil (2009, p. 08) :

> A Educação Infantil deve trilhar o caminho de educar para a cidadania, analisando se suas práticas educativas de fato promovem a formação participativa e crítica das crianças e criam contextos que lhes permitem a expressão de sentimentos, idéias, questionamentos, comprometidos com a busca do bem estar coletivo e individual, com a preocupação com o outro e com a coletividade.
> Como parte da formação para a cidadania e diante da concepção da Educação Infantil como um direito, é necessário garantir uma experiência bem sucedida de aprendizagem a todas as crianças, sem discriminação. Isso requer proporcionar oportunidades para o alcance de conhecimentos básicos que são considerados aquisições valiosas para elas.

O Marco Legal da Primeira Infância (2016) representa um grande avanço em defesa da educação infantil e do direito da criança pequena, como expressa o documento:

> Esforços para o desenvolvimento da Primeira Infância devem convergir para quatro tarefas de uma agenda inacabada – redirecionamento de políticas sociais para focarem nas crianças mais novas, incorporação do Desenvolvimento da Primeira Infância em modelos de saúde pública, mensuração de resultados e vinculação desses aos programas e políticas, além de comunicação da importância do desenvolvimento de um cérebro saudável na idade de 0 a 6 anos (BRASIL, 2016, p. 26).

Portanto, além do compromisso da legislação em assegurar o direito ao acesso a educação infantil, cabe também às instituições de educação infantil zelarem pela grande responsabilidade presente do setor que refere-se a oferta de um ensino pautado na qualidade e no compromisso com o processo de ensino. A garantia de direitos então, deve ser assegurado pelo sistema educacional e pelas políticas públicas aplicadas nas unidades educativas.

4 - Campos de experiência da Educação Infantil

A educação básica brasileira passou por mudanças significativas no que se refere ao currículo por meio da BNCC. A educação infantil agora possui campos de experiência.

> Os campos de experiências constituem um arranjo curricular que acolhe as situações e as experiências concretas da vida cotidiana das crianças e seus saberes, entrelaçando-os aos conhecimentos que fazem parte do patrimônio cultural (BNCC, 2018. p. 40).

Os campos de experiência fazem parte da proposta presente na BNCC e cada campo busca enfatizar experiências significativas para o desenvolvimento integral da criança. Segue abaixo a estrutura dos campos de maneira resumida:

CAMPO DE EXPERIÊNCIA	DEFINIÇÃO
O eu, o outro e o nós	É na interação com os pares e com adultos que as crianças vão constituindo um modo próprio de agir, sentir e pensar e vão descobrindo que existem outros modos de vida, pessoas diferentes, com outros pontos de vista.
Traços, sons, cores e formas	Conviver com diferentes manifestações artísticas, culturais e científicas, locais e universais, no cotidiano da instituição escolar, possibilita às crianças, por meio de experiências diversificadas, vivenciar diversas formas de expressão e linguagens, como as artes visuais (pintura, modelagem, colagem, fotografia etc.), a música, o teatro, a dança e o audiovisual, entre outras.
Escuta, fala, pensamento e imaginação	Desde o nascimento, as crianças participam de situações comunicativas cotidianas com as pessoas com as quais interagem. As primeiras formas de interação do bebê são os movimentos do seu corpo, o olhar, a postura corporal, o sorriso, o choro e outros recursos vocais, que ganham sentido com a interpretação do outro.

Espaços, tempos, quantidades, relações e transformações	As crianças vivem inseridas em espaços e tempos de diferentes dimensões, em um mundo constituído de fenômenos naturais e socioculturais. Desde muito pequenas, elas procuram se situar em diversos espaços (rua, bairro, cidade etc.) e tempos (dia e noite; hoje, ontem e amanhã etc.). Demonstram também curiosidade sobre o mundo físico (seu próprio corpo, os fenômenos atmosféricos, os animais, as plantas, as transformações da natureza, os diferentes tipos de materiais e as possibilidades de sua manipulação etc.)

BNCC (2018, p.40-41)

Portanto, os campos de experiências representam uma proposta curricular para a educação infantil que acolhe as situações e as experiências concretas da vida cotidiana das crianças. Cabe salientar que, a definição e a denominação dos campos de experiências também se baseiam no que dispõem as Diretrizes Curriculares Nacionais para a Educação Infantil em relação aos saberes e conhecimentos primordiais a ser proporcionados às crianças em suas experiências.

RETOMANDO A CONVERSA INICIAL

Nesta Aula 3 então vimos como as políticas públicas para a educação infantil são efetivas em três aspectos distintos:
- Questões espaciais, materiais e mobiliários;
- A formação docente;
- A garantia do direito a educação;
- Os campos de experiência da educação infantil.

Na primeira seção discutimos que os espaços disponíveis para a criança precisam atender as especificidades da faixa etária de zero a três anos. Os materiais didático-pedagógicos presentes nas salas de aula devem ser compatíveis a idade das crianças, com tamanho, forma e cores diferentes e o mobiliário também precisa estar adequado, como mesas e cadeiras, além dos sanitários, proporcionais ao tamanho da criança.

Já na segunda seção descobrimos que para educar e cuidar crianças de zero a três anos de idade há a necessidade de um profissional em nível superior, no caso um pedagogo (a) que recebeu em sua formação inicial conceitos e técnicas da prática pedagógica nesta faixa etária. Ressaltamos também a relevância da formação continuada buscando a qualidade do ensino ofertado.

Na terceira seção tratamos da garantia do direito a educação infantil, que é a primeira etapa da educação básica e todas as crianças de zero a três anos tem o acesso assegurado pela legislação.

E, na última abordamos os campos de experiência que fazem parte da nova proposta curricular para a educação infantil presente na Base Nacional Comum Curricular (BNCC).

Retomando a aula

Chegamos, assim, ao final da terceira aula. Espera-se que agora tenha ficado mais claro o entendimento de vocês sobre as políticas públicas para a educação infantil. Vamos, então, recordar:

1 - Espaços, materiais e mobiliários
Nesta primeira seção tivemos a oportunidade de melhor compreender como deve estar organizado o atendimento às crianças na Educação Infantil.

2 - Formação de professores
Já nesta segunda seção podemos perceber a relevância de um profissional qualificado, em nível superior, para melhor conduzir o processo de educar e cuidar na Educação Infantil.

3 - A garantia do direito à Educação Infantil
Nesta penúltima seção verificamos a importância de conhecer as leis que regem a educação no Brasil para que a partir possamos garantir o direito a primeira etapa da educação básica em nosso país.

4 - Os campos de experiência da Educação Infantil
E, nessa última seção tivemos a oportunidade de conhecer os campos de experiência presentes na nossa BNCC.

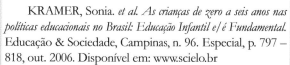

Vale a pena

Vale a pena ler,

KRAMER, Sonia. *et al. As crianças de zero a seis anos nas políticas educacionais no Brasil: Educação Infantil e/ é Fundamental.* Educação & Sociedade, Campinas, n. 96. Especial, p. 797 – 818, out. 2006. Disponível em: www.scielo.br
FERNANDES, Francisco das Chagas. *Política de Ampliação do Ensino Fundamental para Nove Anos – Pela inclusão das crianças de seis anos de idade na educação obrigatória.* 2006. Disponível em: http://portal.mec.gov.br/seb/arquivos/pdf/Ensfund/chagas_ensfundnovanos.pdf . Acesso em: 10 de nov. de 2008.

Vale a pena acessar,

www.scielo.br
portal.mec.gov.br
www.anped.org.br

Vale a pena **assistir**

http://tvescola.mec.gov.br/index.php?option=com_zoo&view=item&item_id=4414.

Minhas anotações

Aula 4º

Discussões na literatura educacional sobre a educação infantil

Vamos conhecer o que alguns autores que estudam a educação infantil discutem sobre a criança em seus diversos aspectos para que a partir daí possamos compreender como se dá o cuidar e educar crianças de zero a três anos na educação infantil

Nesta aula iremos conhecer alguns teóricos que discutem a educação infantil em suas diversas vertentes. Vamos nos deparar com opiniões acerca da importância da brincadeira, da formação inicial e continuada dos professores e questões relacionadas à qualidade do ensino ofertado.

Como será que os autores que estudam e escrevem sobre a educação infantil estão vendo a realidade atual das instituições de educação infantil? A qualidade do ensino está sendo garantida?

São alguns dos questionamentos que procuraremos responder ao longo da Aula 4.

 Bons estudos!

Objetivos de aprendizagem

Ao término desta aula, vocês serão capazes de:

- Conceituar o brincar e sua relevância perante o processo de ensino e aprendizagem na educação infantil;
- Analisar a formação inicial e continuada dos professores e demais profissionais que atuam nas instituições de educação infantil;
- Compreender que a qualidade do ensino ofertado na educação infantil compõe-se de uma série de fatores que necessitam caminhar juntos para se chegar a um objetivo comum, a garantia do direito à primeira etapa da educação básica, a educação infantil;
- Identificar os métodos e princípios de educar e cuidar crianças na faixa etária de zero a três anos.

1 - O Brincar na Educação Infantil

A brincadeira para a criança representa algo muito sério, significa como para nós adultos o trabalho que temos, o salário que recebemos, ou seja, precisa ter responsabilidade.

Fonte: dicasdepresentes.com

A criança desenvolve suas competências e habilidades, próprias de sua idade, por meio da ludicidade. E, o brincar nesse contexto instiga a criança a criar, imaginar, ou seja, exercitar a fase da experimentação.

Como salienta Abramowicz (1999):

> Brincar fornece à criança a possibilidade de construir uma identidade autônoma, cooperativa e criativa. A criança que brinca adentra o mundo do trabalho, da cultura e dos afetos pela via da representação e da experimentação. (ABRAMOWICZ, 1999, p.56)

CONCEITO
Ensinar a brincar é ensinar o faz-de-conta, é ensinar a criança a atribuir diferentes sentidos para as suas ações. A criança aprende a brincar assim como aprende a se comunicar e a expressar seus desejos e vontades. Os adultos e as crianças mais velhas têm papel importante nessa aprendizagem quando se dispõem a brincar.
(ABRAMOWICZ, 1999, p.56)

Sendo assim, trabalhar a ludicidade nas instituições de educação infantil é de fundamental importância para o desenvolvimento cognitivo e físico da criança. Uma vez que, no ambiente escolar a criança interage com as demais crianças e desperta sensações antes desconhecidas como: carinho, disputa por brinquedos, enfim, descobertas em um mundo novo para a criança.

Como enfatiza Oliveira (2000) abaixo:

> O senso lúdico pode vir a desempenhar um papel fundamental, tanto no início como no fim da vida, na constituição prazerosa e funcional de um ambiente onde a pessoa se sinta "em casa", interagindo com maior espontaneidade e soltura. Quer em suas modalidades mais corporais, agilizando esquemas sensoriomotores, quer mais adiante, em suas formas mais elaboradas, simbólicas, combinadas e diferentes dosagens à utilização de regras, implícitas ou explícitas, o brincar contribui decisivamente para o bem-estar físico e mental, de forma complementar. (OLIVEIRA, 2000, p. 98)

Neste contexto de desenvolvimento integral da criança, o brincar simboliza, então, um momento de aprendizado e descobertas, inclusive de regras que serão essenciais para a construção dos limites de uma criança, lembrando que o papel da família é determinante.

Fonte: pirlimpimpimbrinquedos.com.br

Contudo, vocês podem estar se perguntando: Mas qual idade a criança começa a brincar?

De acordo com Oliveira (2002, p. 59) :

> Contrariamente à opinião generalizada de que o ato de brincar se inicia por volta dos dois anos de idade, quando a criança começa a "dramatizar", utilizando o jogo "faz de conta", o comportamento lúdico tem seu início, já desde o primeiro mês de vida, mediante reações espontâneas e prazenteiras. Assim, o bebê pode responder ao movimento de um brinquedinho próximo de sua vista, seguindo-o com o olhar ou com o girar da cabeça, entre outras formas preliminares de comportamento que revelam certa expressão de prazer e de distração. A partir desses primeiros sinais, o brincar vai se configurando ao longo, da infância, incluindo a "dramatização", como uma das fases de maior significado no comportamento lúdico.

Diante do exposto, podemos perceber que desde que nasce a criança necessita de estimulação para a partir daí ocorrer o processo de ensino e aprendizagem. Sendo assim, verifica-se o quanto é importante o cuidar e educar crianças de zero a três anos de idade, por professores capacitados e com ensino superior (Pedagogia).

Nesta próxima seção vamos tratar um pouco sobre a qualificação profissional para atuar nas instituições de educação infantil, na perspectiva da literatura educacional sobre o tema.

2 - Os Profissionais que Atuam na Educação Infantil

Para ser um professor (a) de educação infantil em uma unidade educacional, primeiramente é de fundamental importância ter uma formação inicial em nível superior, bem como a preocupação com a formação continuada, pois hoje a maior dificuldade enfrentada pelas instituições de educação infantil é oferecer um educar e cuidar (processo de ensino e aprendizagem) de qualidade.

Fonte: cidademusical.com.br

Os professores de instituições de educação infantil precisam ter consciência de que seu papel é de iniciar a coordenação motora da criança, noções de espaços, lateralidade, leitura e escrita, instigar a criatividade, a imaginação da criança, dentre outras tantas incumbências de um professor.

Abramowicz (1999) salienta que:

> As situações humanas são imprevisíveis, por vezes intempestivas, difíceis de ser contidas ou elaboradas. É por essa razão que na creche o trabalho educativo, que é intencional, deve ser planejado e programado. Ter um plano de ação significa saber quais são os momentos em que cabe ou não a intervenção do adulto, o passo a ser seguido, e aonde se quer chegar. Assim, o acaso tem sua ocasião. (ABRAMOWICZ, 1999, p. 19)

Sendo assim, os professores que atuam na educação infantil precisam garantir um ensino de qualidade, que só ocorrerá com o envolvimento dos mesmos pelo processo de aprendizagem, conforme as Diretrizes Curriculares para a Educação Infantil afirmam:

> Também as professoras e os professores têm, na experiência conjunta com as crianças, excelente oportunidade de se desenvolverem como pessoa e como profissional. Atividades realizadas pela professora ou professor de brincar com a criança, contar-lhe histórias, ou

> conversar com ela sobre uma infinidade de temas, tanto promovem o desenvolvimento da capacidade infantil de conhecer o mundo e a si mesmo, de sua autoconfiança e a formação de motivos e interesses pessoais, quanto ampliam as possibilidades da professora ou professor de compreender e responder às iniciativas infantis. (BRASIL, 2009, p. 07)

Nesta perspectiva, os professores e os demais profissionais que atuam nas instituições de educação infantil necessitam interagir com a criança, ou seja, participar do processo de descoberta da criança durante o ato de educar e cuidar.

Fonte: drikids.blogspot.com

Portanto, não basta concluir o ensino superior, há a necessidade de participar de formações continuadas. Não basta participar de formações continuadas, há a necessidade de comprometimento com o desenvolvimento do processo de ensino e aprendizagem das crianças de zero a três anos de idade, que realmente atenda às especificidades dessa faixa etária em questão.

E, na última seção nessa disciplina iremos falar um pouco sobre as questões desafiadoras sobre a qualidade da educação infantil no Brasil.

3 - A Qualidade da Educação Infantil

O compromisso das instituições de Educação Infantil deve primeiramente abranger a preocupação com a qualidade do processo de ensino e aprendizagem ofertado. Para que depois haja a preocupação com o número de crianças atendidas, dentre outras situações.

Vale também lembrar que um ensino de qualidade é feito por profissionais bem preparados, com qualificação em nível superior ou técnico com mérito reconhecido pelo Ministério da Educação (MEC).

Fonte: itatiba.sp.gov.br

Outro ponto imprescindível para a garantia da qualidade do ensino na educação infantil também está vinculado aos conteúdos a serem trabalhados, respeitando a faixa etária da criança, ou seja, o seu nível de compreensão e desenvolvimento físico e motor.

Quando falamos de crianças de zero a três anos de idade, vale a pena relembrar que:

CONCEITO

Nessa faixa etária, o tempo com a exploração, o controle e as conquistas dos movimentos corporais é fundamental. No intervalo de tempo entre zero e três anos, as crianças aprendem os movimentos de preensão das mãos, a engatinhar e a andar, assim como o controle dos esfíncteres. Também aprendem a falar, a expressar seus sentimentos e suas vontades e a comunicar-se com os outros.

Exploram as propriedades dos objetos e descobrem a autonomia quando podem locomover-se livremente e podem explicitar seus desejos por meio das linguagens. Aprendem que é possível atribuir significados a objetos e pessoas e brincam com eles em atividades exploratórias.

A capacidade de concentração nessa faixa etária, porém, ainda é pequena, o que significa que as atividades não podem demorar muito. Apesar das diferenças que se observam entre as crianças na medida em que crescem, essa é uma faixa etária cuja rotina varia pouco de uma para outra idade. O que pode variar são os conteúdos das atividades oferecidas e o tempo de duração de cada uma delas.
(ABRAMOWICZ, 1999, p. 26)

Outro ponto muito importante quando se fala da qualidade na educação infantil referem-se aos espaços destinados as unidades educativas. Para ser mais específico, vamos detalhar:

O pátio deve ser amplo e arejado, com espaço suficiente para a criança brincar, interagir com as demais crianças, socializar-se com todos os profissionais envolvidos com o processo de aprendizagem;

O refeitório e a cozinha devem atender as necessidades nutritivas das crianças, com alimentos saudáveis e bem limpos. Além é claro de mesas adequadas ao tamanho das crianças;

As salas de aula, berçário, sanitários e demais dependências educativas devem ser adequadas ao trabalho com a faixa etária de zero a três anos, ou seja, os mobiliários devem atender as especificidades da criança, ela precisa sentir-se a vontade onde está;

Os materiais didáticos precisam garantir que a criança interaja com o ambiente (toque, experimente, mexa), há a necessidade de objetos com forma, tamanho e cores distintas para que a criança possa experimentar o mundo com as mãos e com os olhos;

Os recursos pedagógicos utilizados pelo professor (a) precisam ser diversificados para que a criança sinta prazer em vir para a instituição de educação infantil, trabalhar com o concreto é de fundamental importância para que a criança experimente, sinta e descubra o mundo.

Fonte:aofern.blogspot.com

E, por fim um outro ponto determinante na qualidade do ensino nas instituições de Educação Infantil diz respeito ao currículo proposto nos projetos político-pedagógicos de cada unidade educativa e nas práticas pedagógicas estruturadas de acordo com o projeto.

Como muito bem está registrado no documento:

> Intencionalmente planejadas e permanentemente avaliadas, as práticas que estruturam o cotidiano das instituições de Educação Infantil devem considerar a integralidade e indivisibilidade das dimensões expressivo-motora, afetiva, cognitiva, linguística, ética, estética e sociocultural das crianças, apontar as experiências de aprendizagem que se espera promover junto às crianças e efetivar-se por meio de modalidades que assegurem as metas educacionais de seu projeto pedagógico. (BRASIL, 2009, p. 06)

Diante do exposto, podemos salientar que a qualidade da educação infantil no Brasil ainda é um desafio a ser superado buscando atender às especificidades e singularidades das crianças de zero a cinco anos de idade.

Fonte?

Por fim, podemos enfatizar a relevância da educação infantil para o desenvolvimento integral da criança. Uma vez que, como primeira etapa da educação básica o processo de educar e cuidar crianças de zero a três anos de idade remete-nos a condição da oferta de um ensino pautado na qualidade e comprometimento com a formação integral dos pequenos cidadãos brasileiros.

4 - Princípios de Educar e Cuidar

Nesta seção iremos reconhecer todos os tópicos abordados em nosso material didático quando nos referimos ao educar e cuidar na educação infantil.

Quando se fala em educar e cuidar temos muitos teóricos que discutem o assunto, como Bonioli (1998),Oliveira (1992), Craidy; Kaercher (2001), Bassedas (1999), dentre outros que auxiliam pais e educadores a compreender o universo infantil, bem como apresentar alternativas de se educar e cuidar crianças entre zero e três anos de idade.

Nesta seção será apresentado três princípios, dentre muitos que se tem, a partir dos autores citados acima, para se educar e cuidar.

A primeira etapa da educação básica brasileira (a educação infantil) é considerada a mais importante pois é nesta etapa em que a criança conhece um mundo novo a partir dos olhos da educação, no caso da educação para crianças entre zero e três anos de idade, a partir de um olhar do educar e cuidar.

Na educação infantil temos princípios para se educar e cuidar, uma vez que estes são responsáveis pelos progressos cognitivos e afetivos da criança, de acordo com Musatti (1998) *In Bondioli (1998),* principalmente até seu primeiro ano de vida.

A mesma autora ainda afirma:

> As crianças que frequentam uma creche durante uma parte de seu dia fazem ao mesmo tempo experiências de formas de sociabilidade na família e na creche. Isso possui uma dupla consequência: por um lado, não é possível realmente isolar a contribuição da experiência na creche do desenvolvimento da criança nos seus diversos componentes; por outro, a frequência na creche modifica direta e indiretamente a natureza da experiência em família. [...]. (p. 190)

Sendo assim, pode-se afirmar que a presença da criança em uma Instituição de Educação Infantil traz mudanças significativas no comportamento, pensamento e socialização também no convívio em casa com a família. Este é o primeiro princípio de se educar e cuidar, ou seja, trazer mudanças positivas e significativas para o processo de desenvolvimento da criança durante o educa e cuidar.

Quando a criança entra no seu segundo ano de vida há uma certa independência por parte da mesma, pois ela já é capaz de comer, se comunicar e se movimentar sozinha. Neste período há mudanças significativas como afirma Musatti (1998) *In Bondioli (1998):*

> A presença entrelaçada e frequentemente desarmônica dessas aquisições, no comportamento de cada criança, torna particularmente heterogênea essa faixa etária e contribui para aquela aparente ineducabilidade das crianças durante esse período. (p. 195)

Logo, é na fase dos dois anos de idade que os princípios do educar e cuidar são definidos com maior exatidão, ou seja,

a criança começa a compreender o que é certo, o que é errado, o que pode, o que não pode se fazer, o que é permitido e o não é permitido, começa a se conhecer limites, nosso segundo princípio de educar e cuidar.

Quando a criança entra na casa dos três anos de idade, percebe-se que há um nível maior de concentração da mesma para realizar as atividades propostas, como por exemplo, jogos individuais e coletivos. Bem como, a socialização com as demais crianças é aguçada neste período. Geralmente, não precisa mais usar fraldas, pois já consegue controlar bem a bexiga de dia e também durante a noite. Como seu desenvolvimento intelectual está a todo vapor, os desenhos começam a ganhar forma. Faz bolas, bonecos, desenha a mamãe, o bebê, o papai. Também consegue colorir os seus desenhos e conhece os números até 10. Seu vocabulário compreende mais de 1000 palavras e ele continua a perguntar incansavelmente o nome dos objetos que não conhece. Sua fala já é elaborada e suas frases completas, com verbos, pronomes, advérbios e artigos. Socialmente, a criança está mais preparada para se ajustar a novas rotinas como, por exemplo, ir à escola. Nessa idade, ela se despede dos pais com mais facilidade, pois já tem capacidade de entender que eles voltarão para buscá-la mais tarde. Com 3 anos, os pequenos conseguem receber instruções e obedecê-las, como, por exemplo: "é hora de guardar os brinquedos e lavar as mãos para almoçar".

Pode-se afirmar então, que nesta faixa etária a criança realmente torna-se independente, compreende perfeitamente o que acontece a sua volta e os pais são seus maiores espelhos, ou seja, são seu exemplo de vida e comportamento. Neste contexto, elencamos aqui o terceiro princípio de educar e cuidar a partir do ideal das autoras Craidy; Kaercher (2001):

> À medida que ele amplia suas experiências, seu corpo já não lhe basta para brincadeiras. À medida que a criança cresce, as brincadeiras vão tomando uma dimensão mais socializadora, em que os participantes se encontram, têm uma atividade comum e aprendem a coexistência com tudo que lhe possibilita aprender, como lidar com o respeito mútuo, partilhar brinquedos, dividir tarefas e tudo aquilo que implica uma vida coletiva. (p. 104-105)

Neste sentido, percebe-se como terceiro princípio o processo de socialização, as escolhas e os exemplos dos adultos sendo "armazenados" na memória da criança e reproduzidos, mesmo que involuntariamente pela criança, em suas atividades cotidianas. Daí a importância de se estabelecer conceitos coerentes com a realidade da criança durante o processo de educar e cuidar.

Bassedas (1999) afirma que a criança a partir dos três anos de idade descobre que precisa compartilhar e estima, o afeto, com a família e amigos e, neste período também acontecem os grandes atritos, como por exemplo entre irmãos maiores e menores, pois se estabele ali uma disputa por algum objeto e até mesmo pela atenção dos pais.

Outro ponto importante enfatizado por Oliveira (1992) recai sobre a relação entre a Instituição de Educação Infantil e a família no princípio de educar e cuidar crianças entre zero e três anos de idade, pois nesta faixa etária as crianças estão sendo formando sua personalidade, ideiais, comportamento, dentre outros itens que fazer parte do desenvolvimento infantil.

Portanto, os princípios de educar e cuidar crianças precisam ser bem planejados e executados, para que a criança, em sua singularidade e tendo respeitado seu direito de viver a infância, possa crescer tendo desenvolvido suas capacidades e potencialidades específicos da faixa etária em questão.

5 - Princípios de Educar e Cuidar

A faixa etária de zero a três anos de idade os métodos de educar e cuidar precisam ser bem definidos para que esta etapa da educação infantil seja comprida com êxito.

Abramowicz (1999) salienta que a criança entre zero e três anos de idade está em uma fase de exploração, controle e conquistas dos movimentos corporais. Também neste período a criança aprendem a se movimentar (engatinhar e andar), conhecem o próprio corpo e aprendem a controlar os esfíncteres.

VOCÊ SABIA?

Mas o que é controle dos esfíncteres?

A criança muito pequena ainda não tem consciência que pode controlar os músculos que retém ou liberam o xixi e o cocô e isto ocorre involuntariamente sem que a criança perceba. Mas conforme vai crescendo, vai conhecendo seu corpo, desejos e necessidades, observando-se e criando um determinado controle sobre seu próprio corpo.

A princípio a criança irá começar a avisar quando já fez e este é o primeiro passo. A criança começa a ficar incomodada com a sensação de estar molhada ou suja.

A partir daí você pede pra ela te avisar um pouco antes de fazer, ensinando a usar o famoso peniquinho. Você pode iniciar esta aprendizagem em média aos 2 anos, dependendo do ritmo de cada criança. Nesta fase a criança ainda não tem consciência de tempo entre a vontade de fazer xixi ou cocô e a realização destes e por este motivo não deve ser repreendida.

É importante que os adultos pais não nomeiem o cocô e o xixi como algo ruim ou nojento associando a algo errado e sujo, pois para a criança estes produtos fazem parte dela, portanto são naturais e espontâneos e sendo criticada por isso pode deixar a criança confusa achando que fez algo ruim e repugnante.

É gratificante para a criança quando ela percebe que consegue controlar o xixi e o cocô, sente-se mais independente e com a sensação primária de que não é mais um "bebezinho". É importante que o adulto incentive esta independência da criança e a elogie nesta sua nova conquista.

Alguns adultos repreendem a criança até mesmo na frente de outras pessoas, quando ela não consegue avisar e acabe sujando sua roupa. Esta ação é como se fosse uma repressão de suas necessidades básicas e pode ter consequências muito negativas tanto neste momento como no futuro.

Por vezes, a criança pode esquecer de avisar quando estiver envolvida em alguma brincadeira por exemplo. Essa é uma fase de descobertas, treino e aprendizado que deve ser acompanhada e orientada pelo adulto com paciência e tranquilidade. A criança aos poucos vai conhecendo seu corpo e se habituando com a nova situação.

Fonte: http://www.psicologaregina.com.br/?p=221#sthash.LkMYWz0P.dpuf

Nesta faixa etária, a criança começa a explorar o ambiente que a cerca, descobrem a autonomia quando começam a andar, fazem uso da linguagem para expressar seus desejos, compreendem que é possível atribuir significado a objetos e pessoas e também brincam com eles em atividades exploratórias, de acordo com Abramowicz (1999).

Ainda segundo a autora:

> Apesar das diferenças que se observam entre as crianças na medida em que crescem, essa é uma faixa etária cuja rotina varia pouco de uma para outra idade. O que pode variar são os conteúdos das atividades oferecidas e o tempo de duração de cada uma delas. (p. 27).

Logo, pode-se afirmar que o método de se educar e cuidar parte do princípio do estabelecimento da rotina no ambiente educativo. E, nesta rotina de acordo com Abramowicz (1999) precisa prever pouca espera por parte da criança, principalmente quando se fala da higiene e alimentação da mesma. A mesma autora ainda propõe um modelo de rotina, a qual é utilizada na maioria das Instituições de Educação Infantil, com algumas alterações de acordo com a realidade de cada uma. Veja que interessante:

EXEMPLO DE ROTINA PARA CRIANÇAS DE ZERO A TRÊS ANOS

Manhã:
Chegada das funcionárias e preparo das salas.
Chegada e recepção das crianças para o início da atividade proposta.
Trocas de fraudas para os bebes, se necessário.
Mamadeiras e/ou café da manhã.
Atividades ao ar livre, com banho de sol; brincar com objetos e brinquedos.
Banho.
Almoço.
Tarde:
Sesta: as crianças podem dormir ou descansar, outras podem brincar em seus berços ou colchonetes.
Lanche: mamadeira de leite ou suco.
Atividades orientadas.
Final de tarde:
Jantar.
Leitura de histórias.
Troca de roupas das crianças e preparo para saída.
Conversa com os pais e entrega das crianças.

Fonte: Abramowicz (1999, p. 28)

Como se pode perceber a rotina em uma Instituição de Educação Infantil deve prever atividades que envolvam o educar e o cuidar, logo, refere-se aos métodos deste processo que envolve o conhecimento e a aprendizagem da criança em contexto lúdico.

Rosseti-Ferreira (2000) afirma:

> Quando uma cozinheira está apressada, vai fazendo vários pratos ao mesmo tempo, sem prestar muita atenção. Uma pitada aqui, um pouco ali. Experiente, acaba conseguindo um

bom resultado. Mas se for preciso contar a alguém como fez, não saberá ao certo. Não saberá dizer.

Muitas vezes, as educadoras são como essas cozinheiras. Por causa da complexidade e do dinamismo das ações educativas, o educador é levado a tomar inúmeras decisões rapidamente. Acaba, com sua experiência, sabendo fazer, mas não sabendo explicar o que faz. (p. 27).

De acordo com a afirmação da autora acima, chega-se a conclusão que não existe uma receita, ou seja, um método único de se educar e cuidar, mas sim o professor faz uso de vários conceitos adquiridos durante sua vida acadêmica e profissional e também de seu conhecimento de vida para formular um método para educar e cuidar crianças na faixa etária de zero a três anos.

Lembra-se que o professor não trabalha de forma isolada em uma Instituição de Educação Infantil, de acordo com Oliveira (2011) o trabalho coletivo dos profissionais atuantes na educação infantil criam pressupostas, acordos, regras básicas que são assumidos e transmitidos por seus integrantes como modos corretos de observar, pensar e sentir em relação ao trabalho desenvolvido e aos problemas criados, ou seja, trata-se da construção de uma proposta pedagógica.

Nesta perspectiva, Oliveira (2011, p. 183) ainda afirma:

Construir uma proposta pedagógica implica a opção por uma organização curricular que seja um elemento mediador fundamental da relação entre a realidade cotidiana da criança – as concepções, os valores e os desejos, as necessidades e os conflitos vividos em seu meio próximo – e a realidade social mais ampla, com outros conceitos, valores e visões de mundo. Envolve elaborar um discurso que potencialize mudanças, que oriente rotas. Em outras palavras, envolve concretizar um currículo para as crianças.

Sendo assim, pode-se afirmar que os métodos de se educar e cuidar vai além de técnicas elaboradas e executadas pelos professores no ambiente educativo necessita estar pautado em uma proposta pedagógica clara, coerente, objetiva e realmente preocupada com o processo de desenvolvimento da criança.

CONCEITO
O que uma proposta pedagógica?

Nas leis federais e estaduais sobre educação, usam-se vários termos para indicar esse documento: Proposta Pedagógica, Plano Pedagógico, Projeto Pedagógico e - o mais usado - Projeto Político Pedagógico, apelidado entre os técnicos de educação de "PPP". Esses termos todos designam um mesmo sentido de pro-jetar: orientar-se antes de se lançar; criar caminhos e agir em um processo intencional com base na reflexão sobre as concepções e ações do presente. O adjetivo "político", que se acrescenta ao "pedagógico", é no sentido de sua origem grega de "fazer opções éticas para dar um rumo coletivo à polis", ou seja, a política significando "a arte de bem governar um coletivo". Para alguns estudiosos, ao termo projeto pedagógico não haveria necessidade de se acrescentar o adjetivo político, uma vez que o conceito pedagógico já contempla a componente política: não pode haver proposta pedagógica que não seja política, pois ela é voltada para uma ação transformadora que envolve decisão sobre os rumos a tomar. A expressão Projeto Político Pedagógico, porém, tem se consagrado no ambiente educacional no Brasil, aparecendo como exigência em planos e editais. Provavelmente para dar destaque ao termo político, uma vez que por muitas décadas foi propagado que a educação era neutra e que o saber não dependia das escolhas humanas. Frisa-se assim, que há sempre escolhas sendo feitas e que não podemos ignorar esses processos decisórios. O Projeto Político Pedagógico (PPP) não nasceu apenas com a LDB em vigor. O que houve foi uma obrigatoriedade mais explícita nessa lei. Precariamente ou não, o projeto pedagógico sempre existiu nas Escolas: de modo consciente ou não, sendo coerente ou incoerente, excludente ou includente, as decisões são tomadas pelos que se sentem responsáveis pelas escolas que agem segundo o que acreditam ser o verdadeiro, o mais correto e o melhor, com base nas suas concepções, na sua visão de mundo, nos seus valores. A falta de participação coletiva dos atores da Escola na elaboração e a falta de clareza na compreensão da idéia de "projeto" favoreceu, porém, uma elaboração e implementação de PPPs apenas formal, burocrática e fragmentada. Não houve estímulo para um aprendizado de projetar com autonomia e, muito menos, para a consolidação da escola através de lideranças que se legitimassem por serem reconhecidas como pessoas à frente de idéias projetadas pelo coletivo.

Fonte: http://www.labor.org.br/pt-br/gestao-participativa-8.asp

Portanto, quando se fala em método de educar e cuidar fala-se também em uma proposta pedagógica que atenda a especificidade da criança em sua faixa etária e também ao trabalho pedagógico desenvolvido pelos professores, o qual precisa atender as necessidades da criança em seu processo de conhecimento de mundo e aquisição de saberes.

RETOMANDO A CONVERSA INICIAL

Nesta Aula 4 tratamos em linhas gerais a respeito das discussões feitas a cerca da educação nas literatura educacional da área, bem como os métodos e princípios de se educar e cuidar . Para elucidar algumas questões discutidas pelos autores, recorremos aos documentos oficiais.

Sendo assim, na primeira seção refletimos sobre a importância do brincar para as crianças da educação infantil, o que a brincadeira e o lúdico representam para o desenvolvimento do processo de ensino e aprendizagem.

Já segunda seção discutimos sobre a formação inicial e continuada daqueles que atuam nas instituições de educação infantil (professores e demais profissionais da educação), recorrendo para isso aos autores e documentos legais.

Na terceira seção realizamos um apanhado geral sobre os fatores determinantes para a qualidade da educação infantil ofertada em nosso país, recordando a importância de estrutura física, material, curricular e pedagógica adequados para assegurar êxito no processo de ensino.

Na quarta seção apresentamos alguns princípios do processo de educar e cuidar na educação infantil, trazendo autores para fundamentar esta perspectiva educacional.

E, na última seção realizados uma análise dos métodos de se educar e cuidar na educação infantil e, chegamos a conclusão que uma proposta pedagógica bem formulada e profissinais comprometidos com o processo podem ser pré-requesitos para o sucesso da criança em seus três primeiros anos de vida em um ambiente educativo.

Retomando a aula

Chegamos, assim, ao final da nossa última aula. Espera-se que agora tenha ficado claro o entendimento de vocês sobre os princípios e métodos de educar e cuidar crianças de zero a três anos. Vamos, então, recordar:

1 - O brincar na educação infantil

Nesta primeira seção vimos o importância do brincar no contexto da Educação Infantil.

2 - Os profissionais que atuam na educação infantil

Nesta segunda seção evidenciamos a relevância de um profissional qualificado para trabalhar com a primeira etapa da educação básica brasileira.

3 - A qualidade da educação infantil

Nesta terceira seção verificamos que para realizar um atendimento pautado na qualidade do ensino temos muitos desafios a serem superados pela educação no Brasil.

4 - Princípios de educar e cuidar

Nesta penúltima seção conhecemos alguns princípios que levam ao êxito no processo de educar e cuidar crianças entre zero e três anos de idade.

5 - Métodos de educar e cuidar

E, nesta última seção chegamos a conclusão que não existe um método específico para se educar e cuidar crianças na faixa etária de zero a três anos, mas sim um acúmulo de conhecimento, regras e normas que levam ao sucesso o processo educativo.

Vale a pena

⟨Vale a pena **ler**⟩

FREIRE, Paulo. *Professora sim, tia não: cartas a quem ousa ensinar*. OLHO d'**água** . 1997. Disponível em: http://www.bibliotecadafloresta.ac.gov.br/biblioteca/LIVROS_PAULO_FREIRE/Professora_sim,_Tia_nao.pdf

FREIRE, Paulo. *Política e educação: ensaios*. 5. ed. São Paulo, Cortez, 2001. Disponível em: <http://www.bibliotecadafloresta.ac.gov.br/biblioteca/LIVROS_PAULO_FREIRE/PoliticaeEducacao-P[1].Freire.pdf

⟨Vale a pena **acessar**⟩

www.scielo.br
portal.mec.gov.br
www.anped.org.br
http://www.universoneo.com.br/conhecer/biblioteca/cat_view/40-biblioteca-educacao-infantil/41-proinfantil.htm

⟨Vale a pena **assistir**⟩

http://www.primetimecd.com.br/
http://www.youtube.com/watch?v=r1O_2NpJNVk&feature=related

Referências

ABRAMOWICZ, Anete; WAJSKOP, Gisela.*Educação Infantil: creches: atividades para crianças de zero a seis anos*. 2. ed. rev. E atual. São Paulo: Moderna, 1999.

BRASIL. *Constituição da República Federativa do Brasil de 1967*. Disponível em: http://www.planalto.gov.br/ccivil_03/constituicao/Constitui%C3%A7ao67.htm . Acesso em 28 de nov. de 2009.

Constituição da República Federativa do Brasil de 1988. Texto consolidado até a Emenda Constitucional n. 61 de 11 de nov. de 2009. Disponível em: http://www.senado.gov.br/sf/legislacao/const/con1988/CON1988_11.11.2009/CON1988.htm. Acesso em 29 de nov. de 2009.

BRASIL, *Indicadores de Qualidade na Educação Infantil*. Ministério da Educação. Secretaria da Educação Básica. Brasília: MEC/SEB, 2009.

Ministério da Educação e do Desporto. Secretaria de Educação Fundamental. *Referencial Curricular para a Educação*

Infantil. Brasília: MEC/SEF, V. 1.1998.

_____. *Lei n. 4.024 de 20 de dezembro de 1961*. Fixa as Diretrizes e Bases da Educação Nacional. Disponível em: <http://www6.senado.gov.br/legislacao/ListaPublicacoes.action?id=102346>. Acesso em: 14 de mar. 2009.

_____. *Lei n. 5692 de 11 de agosto de 1971*. Fixa Diretrizes e Bases para o ensino de 1º e 2º graus, e dá outras providências. Disponível em: http://www.planalto.gov.br/ccivil_03/Leis/L5692.htm. Acesso em: 14 de mar. 2009.

_____. *Lei n. 9.394, de 20 de dezembro de 1996*. Estabelece as diretrizes e bases da educação nacional. *Diário Oficial da República Federativa do Brasil*, Brasília, DF, n. 248, 23 de dez. 1996.

_____. *Lei nº 12.796, de 4 de abril de 2013*. Altera a Lei no 9.394, de 20 de dezembro de 1996, que estabelece as diretrizes e bases da educação nacional, para dispor sobre a formação dos profissionais da educação e dar outras providências. Diário Oficial da União. Brasília, DF. 2013. Disponível em: http://pesquisa.in.gov.br/imprensa/jsp/visualiza/index.jsp?jornal=1&pagina=1&data=05/04/2013. Acesso em: 20 jan. 2014.

BASSEDAS, Eulàlia. *Aprender e ensinar na educação infantil*. Tradução Cristina Maria de Oliveira. Porto Alegre: Artmed, 1999.

BONDIOLI, Anna. *Manual de Educação Infantil: 0 a 3 anos – uma abordagem reflexiva*. Tradução Rosana Severino Di Leone e Alba Olmi. 9. ed. Porto Alegre: Artmed, 1998.

CRAIDY, Carmem Maria; KAERCHER, Gládis Elise P. da Silva, *Educação Infantil: pra que te quero?* Porto Alegre: Artmed, 2001.

ESPÍNDOLA. Ana Lúcia. *História da Educação em três momentos da História do Brasil: Período Colonial, Período Imperial e Primeira República*. Cuiabá: EdUFMT, 2006.

Parecer CNE/CEB n. 20 de 11 de Novembro de 2009. *Diretrizes Curriculares para a Educação Infantil*. Brasília. 2009

CAMPOS, Maria Malta. *Critérios para um atendimento em creches que respeite os direitos fundamentais das crianças*. 6 ed. Brasília: MEC, SEB, 2009.

OLIVEIRA, Vera Barros de. (org.). *O Brincar e a criança do nascimento aos seis anos*. Petrópolis, RJ: Vozes, 2000.

OLIVEIRA, Zilma de Moraes. *et. al. Creches: Crianças, Faz de Conta & Cia*. 6. ed. Petrópolis, RJ: Vozes, 1992.

Zilma de Moraes Ramos. *Educação Infantil: fundamentos e métodos*. 7. ed. São Paulo: Cortez, 2011.

ROCHA, Mariete Felix. *Políticas Públicas em Educação Infantil*. Cuiabá. EdUFMT, 2007.

ROSSETTI-FERREIRA, Maria Clotilde (Org.). *Os fazeres na educação infantil*. 2. ed. rev. ampl. São Paulo: Cortez, 2000.

 **Minhas** anotações

Minhas anotações

Graduação a Distância

4º SEMESTRE

Pedagogia

ARTE-EDUCAÇÃO
E MOVIMENTO

UNIGRAN - *Centro Universitário da Grande Dourados*

Rua Balbina de Matos, 2121 - CEP 79.824 - 9000
Jardim Universitário
Dourados - MS
Fone: (67) 3411-4141 / Fax: (67) 3411-4167

CEAD
Coordenadoria de Educação a Distância

Apresentação da Docente

Bem-vindo!

Professora Maria Claudia Teixeira da Luz Ollé é graduada em Educação Artística pelo Centro Uni-versitário da Grande Dourados (UNIGRAN), tem especialização em Metodologia do Ensino Superior, também pela UNIGRAN, e é Mestre em Educação pela UCDB/MS. É diretora da Faculdade de Ciências Humanas e Sociais e Coordenadora do Curso de Artes Visuais do Centro Universitário da Grande Doura-dos – UNIGRAN e professora universitária nos cursos de Artes Visuais, Pedagogia e Arquitetura e Urbanismo. Desenvolve projetos fundamentais na área de educação e cultura, tais como: UNIARTE, que oferece oficinas, palestras, minicursos e shows culturais e o Centro Livre de Artes - CELARTE, que desenvolve disciplinas técnicas e teóricas em artes plásticas. É artista plástica, atriz e produtora cultural. Trafega, ainda, pela diversidade das artes plásticas realizando trabalhos em fotografia, vídeo, instalações e arte tecnológica.

OLLÉ, Maria Claudia Teixeira da Luz. Arte - Educação e Movimento. Dourados: UNIGRAN, 2023.

102 p.: 23 cm.

1. Eucação. 2. Ludicidade.

Sumário

Conversa Inicial

Caros(as) acadêmicos(as),

É um prazer imenso ministrar a vocês a Disciplina "Arte-Educação e Movimento". A disciplina "Arte-Educação e Movimento" possui uma carga horária de 80 horas, que serão ministradas na modalidade a distância, sendo a sua avaliação final na modalidade presencial. A disciplina está dividida em oito aulas, as quais abordam a teoria e a prática da arte-educação e do movimento, temas fundamentais, conforme entendemos, para o exercício docente, especialmente na trajetória da educação básica. Tem por objetivo proporcionar e/ou estimular momentos de estudo, de reflexão, de sensibilização e de elaboração individual e coletiva para a prática e o exercício da arte e do movimento em suas diversas linguagens. Para tanto, o conteúdo que compõe a disciplina em estudo encontra-se organizado em oito aulas, indicadas a seguir no Sumário.

A metodologia será desenvolvida através de aulas teóricas e práticas, sendo que a interação dos alunos com o conhecimento contextualizado deverá ser constante, intervindo através de suas experiências, da pesquisa, da leitura, da interpretação e análise crítica e da produção. As aulas transcorrerão da seguinte maneira:
• aula inaugural (presencial nos polos de apoio) transmitida por meio da plataforma UNIGRAN Net;
• dois encontros presenciais realizados nos dias das provas (Prova 1 e Prova 2);
• atendimento individual de orientação e esclarecimentos de dúvidas no acompanhamento das atividades semanais, via devolutiva de atividades, chat (agendado previamente), Fóruns e Quadro de Avisos;
• atividades mediadas pelo professor no Ambiente Virtual de Aprendizagem (doravante AVA) em grupo e/ou individual, a serem encaminhadas via plataforma;
• aulas dialogadas através do AVA da UNIGRAN Net (Fóruns, Chats, Vídeos e Quadro de avisos);
• pesquisas orientadas, fazendo uso de bibliotecas existentes nos polos ou parcerias/convênios e virtuais;
• devolutiva das atividades corrigidas e devidamente avaliadas segundo os critérios de avaliação institucional (notas).

Espero que através do conteúdo disponibilizado em "Arte-Educação e Movimento" vocês possam ampliar seus conhecimentos sobre a educação, as artes visuais e o processo ensino aprendizagem, e que os conhecimentos adquiridos, por sua vez, venham proporcionar-lhes maior capacidade de expressão e, consequentemente, uma melhor performance no concorrido mercado de trabalho.

Porém, antes de iniciar a leitura, gostaríamos que vocês refletissem sobre algumas questões:
• como podemos sensibilizar os educadores, na escola, para a importância de valorizar a expressão e a criação de alunos e professores?
• as representações visuais do professor influem no modo como as crianças produzem sua "visualidade"?
• o professor pode "moldar" o currículo em função das necessidades de determinados alunos, ressaltando os seus significados, de acordo com suas necessidades pessoais e sociais dentro de um contexto cultural?
• é possível reinventar o ensinar e o aprender empregando diferentes linguagens artísticas como recurso para a aprendizagem?

Não se preocupem. Não é necessário responder, de imediato, às questões postas. Mas espero que ao final da disciplina vocês tenham não só as respostas, mas que, a partir delas, sejam vocês, com olhar crítico e inquieto, os questionadores.

Vamos, então, à leitura das aulas?
Abraços, e boa leitura!!!!!
Professora Claudia Ollé.

Minhas anotações

Aula 1º

A arte e suas relações interculturais

Caro aluno(a),

Vamos iniciar, juntos, uma pequena viagem pelo mundo da arte. Pequena, em relação à grandiosidade que a caracteriza, mas, valiosa, considerando que é apenas o início de uma grande trajetória. Uma incursão inicial à teoria da arte, à pedagogia da arte e às diversas manifestações artístico-culturais. Tão rico é este universo, que penso ser justo esperar que ele seja explorado continuamente, sob diferentes perspectivas, diferentes olhares, resultantes, em grande medida, dos conhecimentos sempre renovados, de novos conhecimentos, por nós, produzidos, a partir do exercício reflexivo.

É assim que, neste primeiro momento, proponho refletirmos, inicialmente, sobre o significado da Arte, nas diferentes dimensões: como linguagem, como expressão da cultura e como um campo de conhecimento. Além dos aspectos conceituais, veremos como é desenvolvida na escola e como deve/deveria ser desenvolvida na escola.

A partir da compreensão de que a arte é necessária ao homem para que possa conhecer e transformar o mundo faz-se necessário nos interarmos sobre as relações interculturais que perpassam o universo da Arte, a presença do movimento neste universo, bem como o diferencial que a interculturalidade representa no espaço escolar e no trabalho pedagógico ali desenvolvido.

Finalmente, numa perspectiva intercultural, pensaremos o ensino da Arte e, nesse processo, a opção de quem ensina – e ensinando também aprende – pela abordagem lúdica.

———— Bons estudos!

Objetivos de aprendizagem

Ao término desta aula, vocês serão capazes de:

• compreender a importância do ensino da Arte na escolaridade básica, através dos conhecimentos teóricos e práticos;
• ampliar as vivências artísticas e estéticas, através do conteúdo proposto, visando uma ação pedagógica com qualidade;
• fornecer subsídios sobre a educação pela arte e pelo movimento, de modo que favoreça a reflexão na prática pedagógica;
• proporcionar situações de aprendizagem da cultura corporal em movimento que favoreçam a análise da relação entre os elementos da cultura corporal e o desenvolvimento pessoal do ser humano nos diferentes âmbitos: crítico, social, cognitivo, afetivo e político.

Seções de estudo

1 - Arte como Visualidade Cultural
2 - Arte e Movimento: questões de inter-relações
3 - O Ensino da Arte e a Escola
4 - A Criança, a Escola e a Ludicidade

 ## 1 - Arte como Visualidade Cultural

Figura 1.1 Operários (1933) - Tarsila do Amaral. Fonte: <http://www.historiadaarte.com.br/imagens/2operarios.jpg>.

Precisamos levar a arte que hoje está circunscrita a um mundo socialmente limitado a se expandir, tornando-se patrimônio da maioria, elevando o nível de qualidade de vida da população.

Ana Mae Barbosa

Caros alunos, iniciaremos esta seção explanando, brevemente, sobre o significado da visualidade, conforme a abordagem aqui utilizada. A visualidade fixa ou móvel, em nosso dinamismo vital, é um componente de confronto crítico e sensível, o que de imediato nos põe em contato com a cultura visual local e global. Ela nos chega ao pensamento pela via sensorial e pelos processos de significação e imaginação formando um contexto de sentidos que permite apreciar, interferir ou avaliar, simultaneamente, e de modo complexo, caótico. A relação entre o global e o local nos insere referenciais visuais, entre os quais, os da arte que nos oferecem um campo específico de trabalho com as imagens. Em razão da abundância de estímulos visuais que as imagens hoje propõem, a visualidade vive uma perpétua batalha, na qual o objeto visual disputa a atenção e a compreensão com os demais, para imediata ou remota aplicação na ação cotidiana.

Vejam vocês, fazer olhar, sentir, interpretar, criticar, apropriar-se são metas dos que usam a visão estrategicamente no plano político, econômico, ideológico e mitológico, além do científico, artístico e filosófico, que negociam ou resistem aos demais em termos de presença social. Para pensar a contemporaneidade, então, é preciso redefinir os termos ética e estética em termos poéticos, uma vez que sincretismos de todo o tipo estão sendo plasmados entre o ver, o sentir e o trabalhar.

O trabalho com a arte na educação contextualiza-se neste universo de visibilidades, no qual vários segmentos da visão disputam entre si um lugar na compreensão das pessoas, assim, em grande parte do território nacional, as estratégias de ação cultural incluem o ensino de arte. Dessa inclusão é que eventos de origem cultural e as aulas de arte na escola começam a ser concebidos, no sentido de ampliar essa compreensão.

As aulas de arte permitem confrontar o que os alunos estão fazendo em suas práticas pedagógicas e o que a arte propõe como questão no contexto cultural remoto e imediato da atualidade. A relação que as aulas de arte e os eventos culturais permitem estabelecer é, pois, um espaço em que estética, ética, política cultural, fazer artístico e ainda, o movimento remete-se uns aos outros para serem pensados e refletidos desencadeando problemáticas sobre as quais as teorias contemporâneas muito têm a esclarecer.

Encontra-se aí, a relação entre as aulas, o ensino de artes e a visualidade, na medida em que se pretenda contribuir para a construção de um olhar mais sensível, que nos capacite para perceber, criticamente, as questões que se imprimem no mundo contemporâneo, compreendendo-as em suas inter-relações para, assim, problematizá-las e buscar elucidá-las. Vejamos, então, quais são estas inter-relações, abordadas na próxima seção.

SINCRETISMO

"Fusão de elementos culturais diferentes".

"Consiste num contínuo trabalho de adaptação dos elementos culturais antigos num contexto novo. Um ajustamento simbólico onde são reatualizados certos elementos adaptáveis ao presente, enquanto que outros são censurados."

(Infopédia [Em linha]. Porto: Porto Editora, 2003-2011)

---

2 - Arte e Movimento: questões de inter-relações

Vivemos em um século extremamente agitado em meio às novas tecnologias, entre outros fatores, fazendo com que diferentes desafios surjam a todo o momento. Vocês percebem que o homem contemporâneo é, metaforicamente, um robô manipulado pelas exigências do mercado de trabalho deixando de lado os principais fundamentos do ser humano: o homem que ama; que se estressa; que se articula; que sente; que dança; que canta; que se decepciona; que chora; que sorri e que, na maioria das vezes, não sabe, ou não tem como exteriorizar o que está sentindo?

O ser humano é surpreendente!
Vocês não acham?

É a partir deste olhar que pretendo conduzir vocês a perceberem o homem como um ser em movimento e com movimento e expressão corporal que o acompanha por toda a vida, desde os primeiros anos de idade.

Se retornarmos na história da humanidade podemos perceber que a arte expressa pela dança se faz presente no mundo desde os tempos primitivos, como mostram os desenhos de figuras encantadas nas paredes e teto das cavernas.

Dica de Leitura
Que tal visualizar os Desenhos Rupestres?
Entre no site: <http://pt.wikipedia.org/wiki/Arte_rupestre>.

Já o movimento corporal do homem primitivo se apresenta através de significados como em suas caçadas, colheitas, casamento, homenagem a seus deuses e até mesmo exorcizando seus demônios. Por esta razão, dizemos que a arte acompanha o homem e conta sua história.

No contexto atual, o movimento se apresenta na educação da criança pequena como um dos principais recursos para o desenvolvimento, para a alfabetização, e demais aprendizados. A criança que corre, pula, vira cambalhota e brinca, interpretando variadas situações, o faz pela necessidade de se movimentar, mas, principalmente, como forma de se expressar. É a comunicação através do movimento corporal. A criança que vivencia, por exemplo, a experiência da dança, conhece os limites de seu corpo ao movimentar-se e aprende a organizar-se internamente.

Movimento Corporal Do Homem Primitivo
Na sociedade primitiva, quando a fala não era desenvolvida, a mímica pode ter sido uma importante face do movimento corporal por isso muitos gestos substituem a fala na comunicação de muitas pessoas. O homem dependia do corpo para sobreviver e realizar suas atividades como: longas caminhadas, caça, pesca, nado e na construção de suas casas e utensílios domésticos. As atividades realizadas por eles estavam ligada a sua vida, nas formas utilizadas para produzir a sobrevivência. O jogo de combate, como atividade física, se justificava por que os homens que continuavam nômades eram constantes ameaçados. A dança fazia parte de todos os acontecimentos da sociedade como nascimentos, funerais e prestavam homenagens aos elementos da natureza, o sol, a chuva e a terra, considerados seres supremos.
Fonte: <http://www.ebah.com.br/resumo-do-livro-cultura-corporal-da-danca-doc-a52846.html>.

Percebem o quanto nosso corpo também se comunica?

Não só pela dança se dá a comunicação pelo corpo, mas em qualquer atividade que insira o movimento. Nessa fase do desenvolvimento da criança, na Educação Infantil, a motricidade, paralelamente à cognição, também está em construção, daí a importância de se trabalhar jogos e brincadeiras que possibilitem e estimulem diferentes movimentos, através dos quais, por sua vez, estaremos também estimulando a criatividade, a espontaneidade e o ritmo.

Vejam que tudo aponta para a necessidade, imperiosa, de o professor saber trabalhar a arte em todas as suas formas de manifestação: artes plásticas, dança, teatro, música... Se observarmos a especificidade de cada uma delas, vamos perceber que o movimento está presente, nitidamente, em todas elas, como um fio condutor para o seu desenvolvimento.

Se desenhamos, pintamos, dançamos, cantamos ou fazemos teatro, precisamos do corpo e dos movimentos em cada uma destas ações.

Percebem as inter-relações, anunciadas no início da seção, entre a arte e o movimento? Expressamonos pelo corpo em todos os momentos e situações o que nos leva a pensar na criança que, ao adentrar na escola, vivencia novos momentos, novas situações, novas informações, novas relações sociais, as quais acirram a comunicação corporal, uma forma de linguagem de extrema importância para ela, neste momento da vida.

Agora que já discutimos o movimento e a sua significação, bem como a sua relação intrínseca com a arte, na seção que segue vamos buscar compreender o que é arte, o ensino da arte e o significado da arte na escola, a partir de sua relação com a educação.

Vamos, a partir de agora, procurar relacionar toda e qualquer forma de arte com o movimento, certo?

3 – O Ensino da Arte e a Escola

A arte e a educação são indispensáveis para a formação do indivíduo no momento em que ampliam as relações do saber a partir da produção sistematizada do conhecimento. Estar na escola é conviver constantemente com alguém, com o outro, é estar em contato com múltiplas identidades e com as diferenças. Não podemos pensar em uma escola sem sujeitos, sem identidades, tampouco em identidade sem a manifestação da diferença.

Como sabemos, a arte é um fenômeno comum a todas as culturas, da pré-história aos dias atuais, e está presente em todas as manifestações culturais da humanidade, seja em sua forma mais simples, como as pinturas rupestres, a ornamentação do corpo com grafismos e tinturas, seja na sua forma mais sofisticada, através da avançada tecnologia. Segundo Coli,

> Arte é uma coisa difícil de definir. Arte são certas manifestações da vida humana diante das quais o nosso sentimento é admirativo, isto é: nossa cultura possui uma noção que denomina solidamente algumas de suas atividades e as privilegia (COLI, 1995, p.8).

Jorge Coli (Amparo, 1947) é professor titular em História da Arte e da Cultura, no Instituto de Filosofia e Ciências Humanas da Unicamp e colunista do jornal Folha de S. Paulo.

Conceito
Podemos dizer que a arte é o registro de nossas ações sensíveis, a maneira que descobrimos para nos revelar ao mundo. A arte é considerada em sua tríplice dimensão, de técnica, de mimese e de expressão. A arte é um fazer: operação construtiva do ato de formar e transformar os signos da natureza e da cultura. A arte é um conhecer: modo de representação que percorre um caminho, cujos extremos se chamam naturalismo e abstração. A arte é um exprimir: projeção da vida interior que vai do grito à alegoria, passando pela vasta gama dos símbolos e dos mitos (BOSI, 2003).
A arte tem como finalidade maior: a de colocar os homens em contato com a livre representação sensível de "uma etapa do desenvolvimento da humanidade" (LUKÁCS, 1978, p. 265) condensada numa totalidade concreta: o objeto artístico.

Você percebe que existem várias definições sobre Arte?

Despertar a imaginação, a percepção e a criação coletiva das pessoas através da arte, desenvolvendo um olhar mais sensível e qualificador sobre o mundo tem sido, ao longo dos anos, um dos objetivos do ensino de arte nos três níveis de ensino: fundamental, médio e superior.

A arte é uma das construções do saber humano, é a concretização que provém de uma criação que leva o homem à magia da construção e do fazer. "A obra de arte é essencialmente a fusão de uma realidade externa, baseada na percepção, e uma realidade interna, experimentada como sentimento" (MILNER apud FRANGE, 2001, p. 34).

Além do sentir, perceber, compreender, observar, imaginar, sonhar, transferir, transformar, participar, criar, pensar, a arte contribui para desenvolver a criação, a percepção estética e a cidadania. Contribui, ainda, para desenvolver a expressão, a comunicação, a ética, os vínculos, os afetos e constitui-se um campo privilegiado de conhecimento específico – o sensível – que envolve um fazer e um apreciar e exige, igualmente, a informação, a elaboração de ideias, de hipóteses e de esquemas pessoais. Acaba, assim, criando um campo de sentido que trabalha a imaginação, o cotidiano, a natureza, a cultura, o compromisso, a participação social, a transformação, a qualidade de vida, o compromisso político e as relações sociais, condições que, além de fundamentais para a construção do ser humano, inserem-se nas buscas mais amplas pelo conhecimento na contemporaneidade, seja de modo informal, seja de modo sistemático, o buscado na escola.

E como podemos definir escola? Vejamos: Se buscarmos o significado da palavra escola encontraremos várias definições. O sentido que nos parece mais apropriado para a disciplina em curso, entretanto, nos levou a eleger duas definições: a) "instituição que tem o encargo de educar, segundo programas e planos sistemáticos, os indivíduos nas diferentes idades da sua formação"; e b) "conjunto formado por alunos, professores e outros funcionários de um estabelecimento de ensino". Há ainda outra definição, em sentido figurado, que nos parece pertinente considerar: "conjunto de experiências que contribuem para o amadurecimento da personalidade e/ou que desenvolvem os conhecimentos práticos de determinado indivíduo" (http://www.infopedia.pt/lingua-portuguesa-ao/escola).

Pesquise outras definições para a palavra escola. Vai, com certeza, enriquecer o seu entendimento.

Pelas definições estabelecidas, entendemos que a escola normatiza seus conhecimentos transmitindo-os aos alunos, coletivamente, desconsiderando, porém, na maior parte do tempo, a infinidade de olhares, de mundo e de culturas que ali se fazem presentes, daí a pertinência apontada, acerca da consideração da terceira definição [de escola], no parágrafo anterior.

Richter (2004, p. 143) afirma que: "[...] ao olhar para outras culturas também o observador altera e renova sua própria visão de mundo". Assim, é dever da escola perceber as diferentes culturas presentes em seu espaço e contribuir para a formação dos indivíduos inseridos em seu contexto e para a construção do conhecimento destes, legitimando-a como instituição transformadora que, por esta ação, dialeticamente, também se transforma.

Tudo bem até aqui? Então, vamos em frente...

O conhecimento é um processo de construção coletiva, elaborado pelo homem no dia a dia. A escola tem papel fundamental nesta construção, principalmente no tocante à responsabilidade de levar os sujeitos envolvidos em seu contexto a perceber a variedade de identidades que ali se constituem. Isso se dá a partir de uma perspectiva, a de uma educação intercultural.

A educação intercultural nos conduz ao espaço social composto por uma significativa diversidade de culturas, nas quais se inserem as identidades sociais. As identidades sociais, porém, uma vez que formadas pela e na diversidade, não são fixas, podendo sofrer transformações, como observa Stuart Hall (2001, p. 16-17):

> As sociedades modernas não têm nenhum núcleo identitário fixo, coerente e estável. As sociedades modernas [...] não tem nenhum centro, nenhum princípio articulador ou organizador único e não se desenvolvem de acordo com o desdobramento de uma única causa ou lei, uma vez que são caracterizadas pela diferença, ou seja, elas são atravessadas por diferentes divisões e antagonismos sociais que produzem uma variedade de diferentes posições de sujeitos – isto é, identidades. (HALL, 2001, p.16-17)

Apreende-se, pelo exposto, que a escola, instituição de caráter também social, encerra em seu espaço uma grande variedade de culturas, cada qual com seus significados e suas particularidades, que se relacionam individualmente no grupo do qual, ali, fazem parte, de acordo com a história de vida de cada um.

Assim, cabe aos educadores promover ambientes de aprendizagem que auxiliem na formação cultural de seus alunos, em seus mais variados códigos culturais. É neste sentido que a disciplina de arte na escola ajuda o sujeito a perceber a diversidade de culturas a sua volta, e a se perceber entre os outros.

Ao enfatizar a possibilidade de conhecermos a cultura de um país, de um povo ou de uma sociedade através da arte, Ana Mae Barbosa (1998, p. 16) defende que:

> Através das artes temos a representação simbólica dos traços espirituais, materiais, intelectuais e emocionais que caracterizam a sociedade ou grupo social, seu modo de vida, seu sistema de valores, suas tradições e crenças.

Vejam vocês que o caminho apontado por Ana Mae Barbosa para o conhecimento das tantas outras expressões culturais deve, ou deveria, ser apreendido pela escola, pelos elementos que a caracteriza.

A escola está imersa em um universo de culturas que é identificado por Canclini (2003) como "Culturas Híbridas", hibridação por ele entendida como "[...] processos socioculturais nos quais estruturas ou práticas discretas, que existiam de forma separada, se combinam para gerar novas estruturas, objetos e práticas".

Para o autor, o termo hibridação engloba diversas culturas que se misturam e se (entre) cruzam, contribuindo para que se possa identificar vários tipos de aliança. Esse processo de hibridação pode ser observado, de forma bastante nítida, na sala de aula. Ao receber inúmeros sujeitos, portadores cada qual de suas especificidades, recebe também, descomprometidamente, uma grande diversidade de olhares.

São olhares que se cruzam e se misturam tornando possível não só perceber suas diferenças, mas, acima de tudo, contextualizá-los em seu universo cultural. Esses múltiplos olhares, quando trabalhados na sala de aula, contribuem para a formação de um indivíduo mais crítico e capaz de se perceber no seu próprio espaço, bem como perceber e respeitar o espaço do outro, o que nos leva a refletir um pouco mais sobre a interculturalidade.

Alguns teóricos da arte-educação vêm, já há alguns anos, abrindo caminhos para que as escolas no Brasil busquem adotar uma visão intercultural, entendendo que para isso é preciso, antes, desconstruir significados, sentidos e (pré) conceitos. Nesta perspectiva, especificamente em relação ao ensino da arte, Richter, afirma que:

> O grande desafio da arte, atualmente, é o de contribuir para a construção crítica da realidade através da liberdade pessoal. Precisamos de um ensino de arte por meio do qual as diferenças culturais sejam vistas como recursos que permitam ao indivíduo desenvolver seu próprio potencial humano e criativo, diminuindo o distanciamento existente entre arte e vida (RICHTER, 2004, p.51).

Mas, como diminuir o distanciamento colocado pela autora, sem nos determos na consideração de dois elementos conceituais fundamentais neste processo: a identidade e a diferença? Conceitos que, para Stuart Hall (2001), são bastante complexos e precisam ser apreendidos pela sociedade no todo, considerando que vivemos em um tempo de rápidas e constantes transformações, não é?

Aliás, o século XXI, recém transcorrida sua primeira década, vem sendo visto como o século das grandes catástrofes, das surpreendentes descobertas, das tecnologias avançadas, da fragmentação, da complementaridade, do pluralismo e dos indefensáveis retornos históricos. Essas

transformações atingem a sociedade de forma plena, repercutem em todos os sujeitos e, consequentemente, nas suas identidades, justificando a visão de Hall (2001), para quem é um tempo/momento caracterizado pela "crise de identidade". Reflete, porém, sobre o que observa Mercer:

> [...] a identidade somente se torna uma questão quando está em crise, quando algo que se supõe como fixo, coerente e estável é deslocado pela experiência da dúvida e da incerteza. (MERCER, 1988, *apud* HALL, 2001, p.44)

Consideremos, então: o sujeito sofre interferências, exatamente por ser, ele mesmo, reflexo do mundo em que vive, um mundo permeado por intensas e constantes mudanças. As identidades formam-se e transformam-se nesse contexto, não podendo ser, por isso mesmo, fixas. A identidade plenamente unificada, completa, segura e coerente, pelo que afirma Hall, é uma fantasia, pois,

> [...] à medida que os sistemas de significação e representação cultural se multiplicam, somos confrontados por uma multiplicidade desconcertante e cambiante de identidades possíveis, com cada uma das quais poderíamos nos identificar – ao menos temporariamente (HALL, 2001, p.13).

É no sentido do exposto até então, que defendemos que a arte, na realidade contemporânea, deve ser compreendida dentro de um contexto que abarque várias culturas, igualmente consideradas e respeitadas, sobretudo na escola, de forma que acrescente, enriqueça, sensibilize e, assim, promova um conhecimento significativo.

Você já havia pensado no fato de estarmos constantemente sofrendo interferências do meio e nos modificando todos os dias?

Porém, para que a escola promova uma educação intercultural, respeitosa das inúmeras identidades, é preciso que comece por repensar a seleção e a forma de conduzir os conteúdos, consequentemente, também a maneira de ensinar, uma vez que a construção de uma realidade intercultural requer, imperativamente, um "[...] método cuja proposta essencial reside na valorização das diferenças, tendo em vista a sua integração harmônica e equânime" (FLEURI, 2003).

Nessa perspectiva, entendemos que, para além da escola, a formação de professores deve, também, ser uma formação intercultural, de forma que permita ao educador levar para a sua sala de aula um novo olhar, um olhar construído na interculturalidade, que amplie os seus referenciais e, assim, construa, também, novos significados, capacitando-o a observar representações, antes não percebidas, que é o que nos faz reelaborar os conceitos sobre a realidade em que estamos imersos.

Bem, se entendemos a escola como um palco de conhecimento, então entendemos, também, relacionalmente, que a ela cabe conduzir os sujeitos a uma formação estética que os façam capazes de produzir um diálogo entre os variados códigos existentes nos diversos contextos culturais. E é aí que o ensino da arte se impõe como caminho para esta formação, porque:

> [...] a arte contribui para o desenvolvimento individual e para a constituição de uma identidade cultural; através da arte é possível apreender as realidades do meio ambiente e desenvolver a percepção, imaginação, criatividade e crítica, capacidades que possibilitam tanto a compreensão quanto a transformação destas realidades (ALMEIDA, 2001, p. 15).

A arte traz a história do homem, da pré-história à pós-modernidade, e é uma área de conhecimento com relevante participação na formação intelectual do sujeito. Mas, para que sua participação neste processo de formação se desenvolva satisfatoriamente, é preciso que contemple, paralelamente à abordagem histórico/temporal, práticas que se inter-relacionem, que reorganizem os saberes e promovam um novo olhar para a arte e para o mundo.

Sabemos que a escola não tem por função apenas socializar conhecimentos, mas, também, com estes e por meio destes, contribuir para a formação de sujeitos críticos, compromissados, criativos e capazes de transformar a realidade em que vivem, de interpretar o mundo e nele intervir.

Portanto, a arte, patrimônio cultural da humanidade, é tão importante na escola como fora dela, e todos têm direito ao acesso dos conhecimentos por ela proporcionados. Dessa forma:

> Tratar a arte como conhecimento é o ponto fundamental e condição

indispensável para esse enfoque do ensino de arte, que vem sendo trabalhado há anos por muitos arte-educadores. Ensinar arte significa articular três campos conceituais: a criação/ produção, a percepção/análise e o conhecimento da produção artístico-estética da humanidade, compreendendo-a histórica e culturalmente (MARTINS, 1998, p.13).

A escola é parte atuante nesse percurso, pois da mesma maneira que alfabetiza na linguagem oral e escrita, deve estar preparada para a alfabetização nas linguagens da arte. Através das linguagens da arte, pode-se compreender o mundo das culturas e o nosso eu particular, pois, através da arte:

> [...] mais fronteiras poderão ser ultrapassadas pela compreensão e interpretação das formas sensíveis e subjetivas que compõem a humanidade e sua multiculturalidade, ou seja, o modo de interação entre grupos étnicos e, em sentido amplo, entre culturas. (MARTINS, 1998, p.14)

Assim, entendemos que o fazer e o apreciar a Arte são objetivos que devem ser contemplados em toda a trajetória da escolarização, contextualizados de maneira lúdica, compromissada e criteriosa, seja pelos professores e/ou pela própria escola, delegando à Arte o seu merecido e legítimo lugar nos currículos escolares.

4 - A Criança, a Escola e a Ludicidade

Figura 1.2 - Fonte: Milton Dacosta. Roda,1942. Óleo sobre tela. Coleção Gilberto Chateaubriand MAM-RJ <http://www.bndes.gov.br/SiteBNDES/bndes/bndes_pt/Areas_de_Atuacao/Cultura/Galeria/2004_espaco_ludico.htm>.

A criança, ao ingressar na escola, traz consigo as características próprias da fase de desenvolvimento em que se encontra, não importando, nesse momento, a origem do meio em que vive, criança é criança, e apresentam, todas, as características próprias da natureza infantil em qualquer lugar do mundo. Dessa forma, o ensino da arte, nessa fase inicial de desenvolvimento da criança, requer uma abordagem lúdica, com atividades voltadas para os jogos e as brincadeiras, sendo a ação mais importante do que o resultado.

Anunciamos, lá no início, que buscaríamos, no curso da disciplina, fazer a relação de qualquer forma de arte com o movimento, certo? Bem, a fim de não perdermos de vista esta relação, é de fundamental importância atentar para a consideração de que assim como nas atividades lúdicas se prioriza a ação, o movimento desenvolvido, no que tange à criação/produção da criança, não devemos esperar, nesta etapa, belas produções artísticas, mas sim, valorizar o processo percorrido por ela, o qual denominamos processo artístico.

NÃO ESQUEÇA: o professor deve estar atento, o tempo todo, ao processo de desenvolvimento dos seus alunos, expresso em seus trabalhos.

Ao professor, cabe a missão de orientar toda e qualquer atividade de arte, tendo o cuidado de não interferir nos valores e padrões estéticos estabelecidos pela própria criança.

Refletindo sobre essa questão, imaginemos uma situação fictícia (ainda que ilustre uma realidade bastante comum nas escolas): Uma criança, ao pretender representar, pelo desenho, um determinado animal, finaliza-o pintando com uma cor, realisticamente, improvável (um cão lilás, p. ex., ou um cavalo azul turquesa, um coelho alaranjado...). Que atitude se pode esperar do professor, diante da opção/representação desta criança?

Bem, tentar responder a esta questão requer considerar, primeiramente, a opção teórica e a postura adotada por este professor, não é? A partir daí, podemos, então, traçar nossas hipóteses. Vejamos: Se tratar-se de um professor cuja postura é ancorada na interculturalidade, que busque em seus conhecimentos saberes sobre a cultura, a diversidade e a diferença, pode-se esperar uma atitude respeitosa da criação e da expressão da criança, uma atitude que valorize, contextualmente, a sua individualidade,

o seu processo artístico, a representação de sua visão de mundo. Se, por outro lado, tratar-se de um professor que estabelece critérios prévios para nortear a produção das crianças, por vezes elaborando, mesmo que mentalmente, uma espécie de "modelo" a partir do qual processará a sua "avaliação", certamente esta criança será repreendida, e elementos vitais de seu processo criativo como as referências culturais, a imaginação, o olhar e a fantasia desta criança serão ignorados.

Importante!!!!!
Os danos causados à imaginação, à fantasia, à expressão da criança, a acompanharão por toda a vida.
Pense nisso!!!

Além do respeito à expressão, estimular a criatividade através dos jogos e brincadeiras poderá desenvolver na criança uma consciência estética que reflete, em grande medida, na construção de sua identidade, contribuindo para formação de um sujeito mais crítico e perceptivo.

Nesse sentido, podemos pensar que a identidade é formada a partir de ações como o desenhar, o cantar, o modelar, o dançar e a expressão corporal, vivências estas únicas, que contribuem para a construção de um conhecimento estético e a falta de censura, característica desta fase inicial da vida da criança, possibilita ao professor desenvolver atividades que utilizem o corpo como forma de linguagem.

Bem, vocês já devem ter percebido que o que pretendemos, no decorrer de nossos estudos, é que compreendam a importância da arte como área de conhecimento, para o aluno e para o professor, buscando, também, direcioná-los rumo à reflexão sobre a importância da arte e do movimento para o desenvolvimento do trabalho pedagógico, e o quanto é importante não se privilegiar, seja no processo de alfabetização, seja nos anos posteriores, tão somente letras e números no processo de construção da leitura e da escrita, mas também a linguagem do corpo, a visualidade e a sensibilidade estética.

E mais, refletir sobre a estética e o lúdico que, em parceria, poderão conduzir a criança a uma aprendizagem significativa, não só em artes, mas em todas as áreas do conhecimento e em todas as fases do seu desenvolvimento, emocional, cognitivo, físico e social.

Lembrem-se, cabe ao educador trabalhar de maneira que estimule seus educandos a se expressarem de maneira criativa respeitando e despertando, assim, a criação espontânea, de modo que percebam [os alunos] o seu potencial, bem como as inúmeras possibilidades de expressão, a partir do seu próprio referencial, do seu próprio eu. Sabemos que, embora gratificante, não é uma tarefa fácil para o professor, conforme infere Iavelberg (2003):

> Ensinar arte é uma tarefa complexa na medida em que os educadores, nas práticas pedagógicas contemporâneas, respeitem os modos de aprender dos alunos, reflitam sobre os conteúdos do planejamento e projetem orientações didáticas e avaliações.

Tarefa complexa, mas que só tem a acrescentar na prática pedagógica. Para tanto, sobretudo aos professores que trabalham (ou trabalharão) com crianças, é fundamental compreender que a arte, na formação de todo e qualquer indivíduo, é tão importante quanto o saber ler e escrever palavras, que compete à arte, para além das palavras, instrumentalizar para a leitura de diferentes textos, para diferentes formas de registro e expressão e que ao se fazer consciente disso, o professor propiciará uma educação em arte e pela arte realmente significativa.

E aí, tudo certo até aqui? Na próxima aula estudaremos os Principais Elementos Visuais, certo?

Retomando a aula

Chegamos, assim, ao final da primeira aula. Para encerrarmos, vamos recordar algumas questões tratadas ao longo das seções?

1 - Arte como Visualidade Cultural
- A visualidade fixa ou móvel, em nosso dinamismo vital, é um componente de confronto crítico e sensível, o que de imediato nos põe em contato com a cultura visual local e global.
- O trabalho com a arte na educação contextualiza-se nesse universo de visibilidades, em que vários segmentos da visão disputam entre si um lugar na compreensão das pessoas.
- A relação que as aulas de arte e os eventos culturais permitem estabelecer é, pois, um espaço

em que estética, ética, política cultural, fazer artístico e, ainda, o movimento, remetem-se uns aos outros para serem pensados e refletidos desencadeando problemáticas sobre as quais as teorias contemporâneas muito têm a esclarecer.

2 - Arte e Movimento: questões de inter-relações
- Arte envolve o domínio das capacidades, que vem das práticas e dos conhecimentos, que por sua vez provem do estudo. Uma vez que a pessoa tem as habilidades e os conhecimentos, tem a liberdade para ser mais espontâneo e criativo.
- O homem é um ser em movimento e com movimento e expressão corporal que o acompanha por toda a vida, desde os primeiros anos de idade.
- O movimento se apresenta na educação da criança pequena como um dos principais recursos para o desenvolvimento, para a alfabetização, e para os demais aprendizados.
- A arte em todas as suas formas de manifestação: artes plásticas, dança, teatro e a música, tem no movimento o fio condutor para o seu desenvolvimento.

3 - O Ensino da Arte e a Escola
- A arte e a educação são indispensáveis para a formação do indivíduo no momento em que ampliam as relações do saber a partir da produção sistematizada do conhecimento.
- A arte é um fenômeno comum a todas as culturas e está presente em todas as manifestações culturais da humanidade
- A arte é o registro de nossas ações sensíveis, a maneira que descobrimos para nos revelar ao mundo.
- A Arte tem por finalidade maior: a de colocar os homens em contato com a livre representação sensível de "uma etapa do desenvolvimento da humanidade" (LUKÁCS, 1968, p. 265) condensada numa totalidade concreta: o objeto artístico.

4 - A Criança, a Escola e a Ludicidade
- O ensino da arte, na fase inicial de desenvolvimento da criança, requer uma abordagem lúdica, com atividades voltadas para os jogos e as brincadeiras, sendo a ação mais importante do que o resultado.
- A estética e o lúdico, em parceria, poderão conduzir a criança para uma aprendizagem significativa em todas as áreas do conhecimento e

em todas as fases do desenvolvimento, emocional, **cognitivo, físico e social.**

• Por fim, compreendemos que a arte para formação de todo qualquer indivíduo é tão importante quanto a alfabetização e demais conhecimentos e que somente apropriando-se conscientemente desta premissa é que o professor poderá promover uma educação em arte e pela arte realmente significativa.

> **OBS:** Não esqueçam! Em caso de dúvidas, acessem as ferramentas "fórum" ou "quadro de avisos".

Vale a pena

Vale a pena **ler**

BARBOSA, Ana Mae. *Inquietações e mudanças no ensino da arte.* São Paulo: Cortez, 2002.

COLI, Jorge. *O que é arte.* 15. ed. São Paulo: Brasiliense, 1995. (Coleção Primeiros Passos)

IAVELBERG, Rosa. *Para gostar de aprender arte:* sala de aula e formação de professores. Porto Alegre: Artmed, 2003.

Vale a pena **acessar**

<www.faap.br/museu>.
<www.pinacoteca.org.br>.
<www.historiadaarte.com.br>.
<www.gearte.ufrgs.br>.
<www.amopintar.com>.

Vale a pena **assistir**

Música do Coração

Atividades - AULA 1

Após terem realizado uma boa leitura dos assuntos abordados em nossa aula, na Sala Virtual - Atividades, estão disponíveis os arquivos com as atividades (exercícios) referentes a esta aula. Após responder, envie por meio do Portfólio – ferramenta do ambiente de aprendizagem UNIGRAN Virtual.

Aula 2º

Os principais elementos visuais

Os elementos visuais constituem a substância básica daquilo que vemos, ou seja, são a matéria-prima de toda informação visual. A visualização caracteriza o mundo contemporâneo e as imagens, tanto na educação como na vida, são textos carregados de significações. E apesar da noção "visual" constituir uma dimensão diferente da linguagem verbal, isso não implica que a cultura visual não mantenha relação com as outras linguagens e/ou sentidos (MITCHELL, 1995), mas, ao contrário, inclui essa relação com os outros sentidos e linguagens.

Podemos, então, afirmar, que a linguagem visual constitui um sistema de representação visando comunicar uma realidade própria. No caso da criança, ao se expressar pela linguagem visual, constrói noções vivenciadas em seu meio e em suas atividades cotidianas. Por essa razão,

A sistematização das situações de aprendizagem em Arte deve-se fazer a partir de propostas planejadas e dirigidas pelo professor, mas também deve dar espaço ao momento do fazer artístico criador que, por sua natureza, exige liberdade e decisão para que a criança construa seu percurso individual (SZPIGEL, 1995, p.43).

Logo, faz-se necessário o professor conhecer as "[...] especificidades dos saberes em arte e as referentes às demais áreas de conhecimento trabalhadas na escola, bem como as inter-relações significativas entre esses saberes" (FERRAZ e FUSARI, 1993, p.19).

Os elementos visuais se impõem como conhecimentos essenciais para o professor no universo da arte, bem como os demais saberes que permitirão uma ação pedagógica comprometida com a arte e com o desenvolvimento intelectual e social dos seus educandos.

Boa aula!

Objetivos de aprendizagem

Ao término desta aula, vocês serão capazes de:

• compreender a importância dos principais elementos visuais para o ensino da arte;

• ampliar as vivências artística e estética, através dos conhecimentos teóricos e práticos, para uma ação pedagógica de qualidade;

• propiciar a instrumentalização necessária à compreensão da visualidade e da expressão, teoricamente e a partir de suas próprias experiências.

• estimular o desenvolvimento da sensibilidade a fim de que se possa compreender e/ou atribuir sentidos às imagens.

Seções de estudo

• **1 -** Principais Elementos Visuais
• **2 -** Técnicas e Materiais do Desenho e da Pintura
• **3 -** Temas Tradicionais da Pintura
• **4 -** Colagem, Escultura e Gravurat

Vamos lá! Boa leitura e bons estudos!

1 – Principais Elementos Visuais

Para analisar e compreender a estrutura de uma linguagem visual é conveniente concentrar-se nos elementos visuais individuais, para um conhecimento mais profundo de suas qualidades específicas. Qualquer acontecimento visual é uma forma com conteúdo, mas, o conteúdo é extremamente influenciado pelas suas partes constitutivas, como a cor, o tom, a textura, a dimensão, a proporção, a linha, e as relações compositivas [dos elementos] com o significado. Segundo Dondis (1991, p. 23),

> [...] são esses os elementos visuais; a partir deles obtemos a matéria-prima para todos os níveis de inteligência visual, e é a partir deles que se planejam e expressam todas as variedades de manifestações visuais, objetos, ambientes e experiências.

A caixa de ferramentas de todas as comunicações visuais são os elementos básicos – fonte compositiva de todo o tipo de materiais e mensagens visuais – além de objetos e experiências. Ilustrando o exposto, observem abaixo alguns trabalhos que bem evidenciam estes elementos nas composições individuais:

Figura 2.1

Figura 2.2

Figura 2.3

Fonte: Produções da acadêmica do curso de Artes Visuais Monica Zoraide Fernandes Leite, na disciplina Formas de Expressão em Artes Plásticas. UNIGRAN, 2008.

Ponto: o ponto é a unidade visual mínima, o indicador e marcador do espaço. Através de seu agrupamento ou afastamento, pode-se chegar a um resultado figurativo (Figura 2.2), ou abstrato (Figura 2.3). Conseguem-se também novos efeitos usando, além de pontos pequenos, círculos e circunferências.

Figura 2.4

Fonte: Monica Zoraide Fernandes Leite, UNIGRAN, 2008.

Figura 2.5

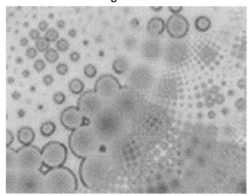

Fonte: http://pt.dreamstime.com

Linha: na linguagem das artes visuais, a linha articula a complexidade da forma, é o articulador fluído e incansável da forma, seja na soltura vacilante do esboço, seja na rigidez de um projeto técnico. A linha pode ser:

Figura 2.6

Linha Ininterrupta (Figura 2.6)

Desenho composto com a linha traçada sem interrupção. Exige uma grande concentração, disciplinamento e sensibilidade e requer sempre levar em consideração o espaço pictórico.

Figura 2.6a

Linha com Obstáculo (Figura 2.6a)

Para criar uma composição utilizando a linha com obstáculo, é necessário, primeiramente, traçar a lápis algumas formas, figurativas ou não, as quais se configuram como obstáculo. Depois, deve-se compor com linhas que não poderão se cruzar e nem passar sobre os obstáculos, e deverão começar e acabar nas extremidades da folha. Pode-se também preencher espaços com linhas que se fecham em si mesmas.

Figura 2.6b

Linha Reta Inicial (Figura 2.6b)

Fazer linhas que vão se abrindo irregularmente para o exterior de ambos os lados de uma linha reta: vertical, horizontal ou diagonal.

Figura 2.6c   **Figura 2.6d**

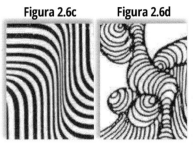

Linha Reta Inicial (Figura 2.6b) Fazer linhas que vão se abrindo irregularmente para o exterior de ambos os lados de uma linha reta: vertical, horizontal ou diagonal.

Figura 2.6e

Linha Quebrada (Figura 2.6e) Traçar linhas quebradas, que mudam de direção através de ângulos. Não deve haver cruzamento e as linhas devem começar e terminar nas extremidades da folha de papel.

Figura 2.6f   **Figura 2.6g**

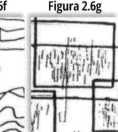

Linha Cruzada (Figuras 2.6f e 2.6g) As linhas, ou faixas de linhas se cruzam formando um emaranhado que sugere diferentes planos (Horizontal x Vertical x Diagonal).

Figura 2.6g

Linha Geométrica (Figura 2.6h) A linha é desenhada com a ajuda de esquadros e de compasso (ou livremente), podendo haver cruzamento e preenchimentos de pequenas áreas. Além de proporcionar belos efeitos, esse tipo de trabalho é ótimo para o aprendizado com esses materiais.

Figura 2.6h

Linha Figurativa (Figura 2.6i) Qualquer tema pode ser desenvolvido através de linhas. Consiste em abordar a linha de maneira figurativa, aproveitando seus efeitos na construção da forma. Para isso é preciso

executar o esboço a lápis e depois fazer o trabalho com linhas sem usá-las exclusivamente como contorno.

Em tudo o que nos rodeia poderemos encontrar linhas, e até mesmo a escrita, não é senão uma sucessão de traços e linhas. A linha é, assim, um meio de representação elementar, cuja natureza pode conferir-lhe aspectos diferentes e criar diferentes formas.

> As 10 imagens que ilustram os diversos aspectos da linha (figuras 2.6 a 2.6i) estão disponíveis em: <http://ensinarevt.com/conteudos/ponto-linha/index.html>. Acesso: maio/2011.

Forma: Tudo o que é visível tem uma forma, ocupa um espaço, uma superfície; tem um tamanho, volume, cor, textura ou até uma estrutura. É na relação que todos estes elementos estabelecem entre si que a nossa sensibilidade estética configura e dá existência a todos as formas e objetos que percebemos.

Pensemos, por ex., no trabalho do designer que, com preocupação estética, cria objetos considerando múltiplos elementos – a harmonia, a forma, a funcionalidade, as texturas, as cores e os materiais.

Figura 2.7
Fonte: <http://pt.dreamstime.com>.

Existem três formas básicas: o quadrado, o círculo e o triângulo, em suas inúmeras variações, combinações, permutações de planos e dimensões, na relação entre os muitos elementos definidores da forma, como p. ex., a cor, o tamanho, a direção etc., os quais abordaremos adiante. A forma pode ser funcional – formas criadas com uma função específica e/ou de utilidade para a vida do homem – ou artística – formas que representam uma manifestação de arte. Muitas vezes, pode ser tanto uma quanto outra, funcional e artística – uma porta artisticamente entalhada, as formas presentes na belíssima arquitetura de Niemeyer, em Brasília, e muitas outras...

Passemos aos elementos definidores da forma:

Direção: impulso de movimento que incorpora e reflete o caráter das formas básicas, circulares, diagonais, perpendiculares.

Tom: presença ou ausência de luz, através da qual enxergamos. A qualidade e a intensidade da luz são elementos muito importantes na percepção das formas.

Cor: a contra parte do tom com o acréscimo do componente cromático, o elemento visual mais expressivo e emocional da forma. Mesmo sem linha de contorno, uma simples mancha de cor pode definir uma forma.

Textura: óptica ou tátil, as texturas caracterizam as superfícies das formas (liso, rugoso, áspero, suave, mole, duro etc.).

Escala ou Proporção: a medida e o tamanho relativos. Alguns objetos que utilizamos no dia-a-dia estão diretamente relacionados com as nossas medidas. Uma bicicleta projetada para uma criança, p. ex. não pode ter a mesma proporção que a projetada para o adulto.

Dimensão e Movimento: ambos implícitos e expressos com a mesma frequência. Quantas pessoas já não utilizaram, p.ex., um copo como porta lápis? Ou uma caixa de sapatos para guardar materiais vários? De acordo com a sua dimensão, um mesmo objeto pode provocar diferentes percepções e movimentar-se por diferentes funções.

Percebem a importância de se conhecer os elementos visuais? O homem, na medida em que idealiza a criação de diversos objetos, funcionais ou artísticos, faz também, simultaneamente, a relação entre a forma, a função e a seleção dos materiais que usará, os quais definirão a cor, a textura etc. É nesta relação que se revela a qualidade estética, ou seja, a beleza da forma/objeto.

Passemos agora a conhecer materiais e técnicas das artes visuais. No decorrer deste estudo, procure relacionar cada uma das técnicas com o movimento e você vai perceber a importância deles para o desenvolvimento de cada sujeito.

Tudo bem até aqui?
Vamos conhecer os materiais e técnicas do desenho e da pintura? Vamos lá!!!

2 – Técnicas e Materiais do Desenho e da Pintura

Figura 2.8
Fonte: <http://www.amopintar.com/tecnicas-de-pintura>.

Desenho:

A palavra desenho provém do termo italiano *disegno*, que significa delineação de uma figura, realização de um desenho.

Desenho pode, também, significar:

1- um produto: 'Este novo modelo de papel é um desenho meu';

2- um plano: 'Este desenho é meu projeto para o novo edifício';

3- um processo: 'Vou desenhar uma nova forma de fazer o trabalho'(<http://desenhantes.wordpress.com/2010/08/06/definicao-de-desenho/>)

Figura 2.9
Fonte: <http://ensinarevt.com/conteudos/forma/index.html>.

Conceito

Do ponto de vista artístico, o desenho é um meio de representação visual em que o artista marca diretamente uma superfície usando, sobretudo, a linha.

Podemos dizer que o desenho foi a primeira forma gráfica do pensamento imagístico e está na origem da escrita e de todas as artes plásticas, que dele se servem. As origens do desenho remontam ao homem pré-histórico. O desenho tem dupla função: descritiva e estética. A função descritiva, de imitação do real, se junta com o tempo à função estética, expressa na harmonia e no ritmo da linha. Contudo, no decorrer da história da arte ocidental, diante do papel proeminente da pintura, o desenho figura em boa parte desse percurso como designação genérica para as etapas intermediárias: apontamentos, estudos preparatórios ou contornos de figuras e objetos posteriormente cobertos pela tinta.

Lembram-se dos desenhos rupestres, nas cavernas????

Assim, desde o século XII, o desenho é ensinado, mas o seu conceito atual teve origem, ainda que tímida, somente no século XIII, alcançando uma nova visão na Modernidade:

> A arte moderna e sua ênfase na autonomia da pintura, sobretudo com Éduard Manet e com os impressionistas - que alçam a pintura ao ar livre ao primeiro plano - descartam o recurso de esboços e estudos preliminares para a confecção da tela. No momento em que se torna dispensável ao pintor, o desenho pode efetivamente se autonomizar, adquirindo status independente como obra de arte.
> <http://www.itaucultural.org.br/enciclopedia>.

No século XVIII, o desenho evoluiu, principalmente, na França e na Itália. Novos materiais, e com eles novas técnicas, de desenho foram introduzidos, a ponta de metal cedeu lugar ao carvão, ao crayon e ao pastel.

Já no século XIX, viu-se uma verdadeira explosão do desenho, e a seguir, no contexto dos anos de 1900, o gosto mudou e o desenho também. O desenho, então, não é mais elaborado como o dos grandes mestres, tornando-se resumido e abreviado, na busca de sugerir o máximo com o mínimo.

Bem, como podem perceber após esta breve explanação, mesmo fazendo parte de nossa vida cotidiana, seja nos objetos, seja como sistema de representação e/ou de registro histórico, o desenho,

como tudo o mais que nos rodeia, teve uma longa trajetória pelos diversos contextos espaço-temporais da história da humanidade.

E assim como na pré-história o homem registrou sua presença e sua vivência pelo desenho, a criança também o utiliza como recurso gráfico primeiro, seja representando formas, seja desenhando letras quando ainda desconhece o seu significado.

Percebem a importância de nos interarmos destes conhecimentos? Vamos então, em frente, dando um passeio, a seguir, pelos diversos materiais e técnicas do desenho.

Materiais e técnicas do desenho

É grande a variedade de materiais de desenho, tanto no que se refere à superfície, quanto ao instrumento ou matéria depositada no suporte. A superfície

mais usada hoje é o papel. As técnicas são delimitadas pelos instrumentos e materiais usados pelo desenhista. Vejamos as técnicas e os seus respectivos materiais:

Figura 2.10
Fonte: LEONARDO DA VINCI Cabeça de mulher, bico de pena, Gallerie degli Uffizi, Florença <http://www.auladearte.com.br/historia_da_arte/leonardo_desenhos.htm>.

Bico-de-pena: é a técnica considerada mais versátil, adaptando-se com facilidade às mudanças de estilo e do gosto de época, sendo, inclusive, a técnica mais comum e a mais usada, desde a Antiguidade até os nossos dias.

Há três tipos principais de pena: Vegetal (junco); Penas de Aves (cisne, ganso), usada desde o século VI e a Pena Metálica, do século XIX. A inovação da caneta-tinteiro é, relativamente, recente e diferencia-se por possibilitar o fluxo uniforme da tinta.

Pincel: Pouco se sabe sobre a origem do pincel. Alguns relatos indicam que surgiu no século XV na Europa, quando é mencionado um tipo de pincel "pituá" com pelos macios de animais e no tamanho da palma da mão do pintor. Outras versões apontam o seu surgimento na China em, aproximadamente, 200 A.C. feitos com cabo de bambu e pelos de animais. Na China, a escrita, ideográfica, foi desenhada a pincel até o século XIX, atingindo altos graus de habilidade.

As primeiras décadas do século XIX são apontadas como a época em que se deu o uso de pincéis com cerdas de formato chato, somando-se ao redondo já conhecido. Período da arte caracterizado como "Impressionismo", é quando os artistas, percebendo a importância do pincel como ferramenta de trabalho, passam a criar os seus próprios pincéis, adequando-os às suas pinceladas e identificando-os com seu próprio nome.

Ao adentrarmos no século XX, a expansão do uso do petróleo como base de diversos materiais permitiu a criação de filamentos sintéticos para a exploração de novos formatos e cortes diferenciados das cerdas dos pincéis. Estes novos formatos resultaram em uma grande variedade de formas, as quais possibilitaram, a partir de então, ampliar os recursos disponíveis para todo tipo de técnica utilizada.

Lápis: Entre todos os instrumentos de escrita, o lápis é sem dúvida o mais universal, versátil e econômico, produzido aos milhões todos os anos, mesmo hoje, em plena era da Internet.

Bastão de grafite engastado em madeira, sua origem remonta ao século XVI, quando o grafite foi descoberto por trabalhadores de uma mina de carvão. A princípio, os artistas trabalhavam com bastões de grafite natural, até que este fosse colocado entre duas tabuinhas para utilização na escrita. Passaram-se alguns séculos até a sua apresentação na forma atual, no início do século XIX.

Figura 2.11
Fonte: DA VINCI, Auto-retrato, 1512, carvão vermelho, Galeria Nacional, Turim
<http://www.auladearte.com.br/historia_da_arte/leonardo_desenhos.htm>.

Carvão: o carvão é um material clássico no desenho, talvez o mais antigo, obtido pela queima de ramos de árvores em recipiente fechado. Usa-se para esboçar ou para desenhos definitivos, de acordo com a intenção. No desenho com carvão, a escolha do papel é fundamental para o aspecto do trabalho, pois o carvão comporta-se diferentemente em papéis lisos ou rugosos, acentuando a sua textura. Na tela, é usado como primeira etapa da pintura, por ser facilmente apagável.

Pastel: Podem ser secos ou a óleo. O pastel seco é constituído por pigmentos em pó, aglutinados numa mistura de resina ou cola e depois moldados. Quanto mais cola tiver a mistura, mais duros e menos brilhantes se tornam os pastéis. Para desenhar com pastéis secos existem papéis apropriados, embora se possa fazê-lo em qualquer um que se preste convenientemente à técnica.

Figura 2.12
Fonte: Anderson Magalhães
Pastel seco sobre papel Kraft/.
<http://sketchingideas.wordpress.com>.

Os pastéis a óleo existem desde os anos 60. Semelhantes aos pastéis secos no seu aspecto, os pastéis a óleo diferem-se na sua constituição, pois são fabricados com uma mistura de pigmento e óleo. Oferecem muitas possibilidades de tratamento plástico, não requerem secagem e misturam-se muito facilmente. O desenho a pastel é muito próximo da pintura.

Giz: o giz natural, desde os tempos primitivos, tem sido usado como material de desenho. Alguns grandes artistas do passado usaram no desenho certos tipos de giz, principalmente o branco. Hoje em dia, é menos usual para esse fim, feito a partir de talco mineral e encontrado em várias cores.

Figura 2.13
A garota inglesa do Star no Le Havre", 1889, giz sobre papel, Museu Toulouse-Lautrec, Albi.
<http://www.auladearte.com.br/historia_da_arte/toulouse_lautrec.htm>.

Corroborando o valor e a importância do desenho, antes de passarmos para a pintura, releva citar outra categoria do desenho, o Desenho Industrial.

O Desenho Industrial é, hoje, uma área de conhecimento que, assim como a área de Artes, conta com a oferta de cursos de formação em várias universidades do país. Enquanto categoria, pode ser definido, grosso modo, como um projeto de formas de objetos destinados à fabricação em série. O desenhista industrial (industrial designer) é responsável pela forma dos produtos, adequadas às exigências da sua sociedade. Para isso, deve considerar em seu trabalho a complexidade de relações entre produto e ambiente e produto e usuário, que envolvem fatores de ordem tecnológica, psicológica, sociais e culturais do ambiente. Uma função bem importante, não é?

> Vocês sabiam que, p.ex., o cabo anatômico daquelas facas tão modernas e bonitas que vemos à venda nos supermercados, ou em programas culinários televisivos foi projetado por um desenhista industrial? E quantos fatores ele teve que considerar pra isso, não é? A anatomia da mão, ao conforto em relação à anatomia da mão, à utilidade/ aplicabilidade etc. Da mesma forma, os aparelhos eletro-eletrônicos, que se apresentam com padrões estéticos cada vez mais variados...

> Vocês percebem como existem vários materiais e técnicas de desenho?

Vamos agora saber um pouco mais sobre a pintura.

Pintura:

> **Conceito**
> Pintura é a arte de pintar uma superfície, tais como papel, tela, ou uma parede (pintura mural ou de afrescos). Diferencia-se do desenho pelo uso dos pigmentos líquidos e do uso constante da cor, enquanto é próprio do desenho, principalmente, o uso de materiais secos.
> Atualmente, o conceito de pintura pode ser ampliado para a **representação visual através das cores**, pela variedade de experiências entre diferentes meios e o uso da tecnologia digital, que podem levar à ideia de que a pintura não precisa se limitar à aplicação do pigmento em forma líquida. Mesmo assim, a definição tradicional de pintura não deve ser ignorada.

`<http://goo.gl/qH16Zj>.`

A pintura acompanha o ser humano por toda a história da humanidade. A história da pintura começa nos tempos pré-históricos e perpassa todas as culturas.

Na pintura, o elemento fundamental é a cor. A relação entre as cores presentes em uma obra constitui sua estrutura fundamental, propondo a quem a observa sensações de calor, frio, percepção da profundidade, sombra etc. São várias as técnicas e os materiais que podem ser escolhidos para uma pintura. A escolha adequada está diretamente ligada ao resultado que se deseja e como se pretende que o trabalho seja entendido. Dessa forma, a análise de qualquer obra artística passa pela identificação do suporte e da técnica utilizadas.

O suporte mais comum é a tela (normalmente feita com um tecido tensionado sobre uma moldura de madeira), embora durante a Idade Média e o Renascimento o afresco tenha tido mais importância. É possível também usar o papel (embora seja pouco adequado à maior parte das tintas).

Quanto aos materiais, a escolha é mais demorada e, normalmente, envolve uma preferência pessoal do pintor e sua disponibilidade. Vejamos, então, quais são os materiais e técnicas da pintura.

Materiais e técnicas da pintura

As técnicas de pintura são inúmeras e variadas, até porque a criatividade e aparecimento de novos materiais facilita o aparecimento de novas técnicas artísticas de desenho e pintura. Vejamos algumas:

Pintura mural: envolve um trabalho artístico feito em parede e não em telas ou painéis móveis. Apresenta um caráter permanente como parte

Figura 2.14
Fonte: <http://pt.wikipedia.org/wiki/Hist%C3%B3ria_da_pintura>

integral da estrutura de uma construção e está diretamente vinculada à arquitetura. Em outras palavras, podemos dizer que é aquela que se aplica a uma parede ou muro. Podem ser utilizadas técnicas como pintura a óleo, têmpera ou "afresco" O termo "Afresco" é utilizado para descrever o processo tradicional, que consiste em pintar sobre uma parede de argamassa de cal de preparo recente, ainda úmida, com pigmentos moídos somente em água. Quando a argamassa seca, ela endurece como uma pedra e os pigmentos secam como se fossem partes da superfície (MAYER, p. 396). A pintura mural é a técnica mais antiga da pintura na história da arte ocidental, utilizada desde as pinturas pré-históricas das cavernas. A pintura mural que se utiliza da técnica de Afresco predominou na Itália durante os séculos XIV e XV.

Pintura à Têmpera: a pintura à tempera engloba em sua definição todos os processos de pintar, cujo aglutinante seja solúvel em água, com exceção da aquarela e da acrílica. Esse tipo de pintura possui uma técnica, na qual cores ou pigmentos são misturados a um aglutinante (gema de ovo, resina natural, cola branca à base de PVA etc.). Aplica-se sobre madeira, tela, papel ou pergaminho. É o processo de pintura mais antigo que se tem registro, utilizado desde as pinturas pré-históricas das cavernas, até os dias de hoje. Os pintores do período paleolítico empregavam no preparo de suas tintas, colas vegetais, cartilaginosas (animais) e até mesmo sangue, como aglutinantes para pigmentos de calcário, terras coloridas, vegetais (carvão, urucum, jenipapo) e animais (fezes de pássaros e insetos). Atualmente, os artistas contemporâneos utilizam esses materiais artesanais mais remotos e ainda outros materiais industrializados e desenvolvidos tecnologicamente, como p. ex.: cola de PVA, resinas sintéticas, pigmentos industriais e cores-pigmentos manipulados em computador.

Figura 2.15
Fonte: SILVA COSTA. Caminhão - Encáustica sobre chapa (112x30 cm)
<http://pt.wikipedia.org/wiki/Hist%C3%B3ria_da_pintura>.

Pintura Encáustica: a encáustica é uma técnica, ou um processo de pintura, extremamente simples: consiste em pintar sobre qualquer superfície, com tintas feitas pela mistura de pigmentos secos com cera de abelha refinada e derretida, utilizando-se uma paleta de alumínio quente, ou ainda, uma colher, também aquecida. As cores derretidas são aplicadas com pincéis de cerdas e espátulas. É uma das técnicas mais limpas e ordenadas, pois os seus equipamentos podem ser rapidamente limpos, bastando serem aquecidos.

As origens da encáustica encontram-se nas mais recuadas regiões da história do homem e de suas práticas artesanais e artísticas. As tintas de cera tiveram, em épocas distintas, aplicações e usos diferenciados. Os antigos empregavam-nas para preencher sulcos produzidos em lâminas de marfim, marcando o contorno de figuras e arabescos, destacando o desenho com a cera colorida. A pintura encáustica nos chegou da Grécia antiga, onde era um dos principais processos criativos de arte para pintura, tanto de cavalete, quanto mural. É o mais antigo método formal de pintura de cavalete.

Pintura a Óleo: na pintura a óleo, os aglutinantes são os óleos-secantes naturais de linhaça ou linho, de

Figura 2.16
Fonte: Jardim das delícias terrenas de Bosch - pintura a óleo de 1504.
<www.historiadaarte.com.br/imagens.jpg>

nozes ou de papoulas. O mais popular é o óleo de linhaça, obtido da semente do linho, planta cultivada em abundância em quase todas as partes do mundo. A tinta a óleo consiste na mistura de pigmentos com um desses óleos secantes, podendo ser aplicada sobre suportes de madeira, tela ou cartão. Essa pintura apresenta um leque de possibilidades pictóricas e muitas vantagens técnicas para o artista plástico, principalmente por suas principais características que as diferencia das demais técnicas de pintura. A elasticidade da tinta, por exemplo, permitiu o seu uso sobre tecidos e telas, facilitando o transporte de quadros, em rolos, e contribuindo para a sua divulgação e intercâmbio de obras e de artistas. A tinta a óleo permite cores muito brilhantes e uma riqueza de tons que, praticamente, não se modificam quando secam. A tinta ainda possui a propriedade de secar e formar uma película contínua e aderente à superfície do suporte. Essa técnica possibilita ao artista grande número de efeitos, por ser uma técnica direta e simples e, ainda, combinar efeitos transparentes e opacos, veladuras e massas de tinta em uma mesma pintura. Permite também o retorno à obra, no dia imediato, semanas, meses, ou mesmo anos depois, com maior facilidade e menor risco do que as outras técnicas de pintura, garantindo os efeitos pictóricos desejados pelo artista. O brilho, a riqueza de tons, a facilidade de um acabamento lento, a flexibilidade e a plasticidade da tinta, a obtenção das mais variadas texturas, são predicados que contribuíram para a propagação quase unânime, a aceitação e a utilização da pintura a óleo.

A pintura a óleo é um dos processos de pintura mais utilizados desde o século XV. A descoberta da pintura a óleo é atribuída aos irmãos Van Eick no início do século XV, mas outros documentos indicam a presença de óleos vegetais secativos em pinturas 300 anos antes, desde o século XII. O desenvolvimento da técnica de pintura a óleo processou-se lentamente e foi empregada na arte, inicialmente, como parte dos ingredientes da têmpera, até tornar-se independente, no limiar do século XV. A pintura a óleo se tornou, a partir da Renascença, a técnica mais importante da representação pictórica, dominando também toda a arte moderna.

Figura 2.17
Fonte: Pintura em pastel seco sobre papel.
<http://pt.wikipedia.org/wiki/Hist%C3%B3ria_da_pintura>

Pintura a Pastel (ou Desenho): a pintura a pastel nasceu há cerca de duzentos anos, mas, se incluirmos os desenhos a giz colorido ou com terra, podemos dizer que a técnica é pré-histórica. Porém, no sentido atual do termo, os pastéis tiveram início com os retratos do século XVII. O pastel (de pasta, em italiano) é o método de pintura feita com bastões coloridos de pigmentos secos e sem qualquer espécie de veículo. O único aglutinante empregado (goma adragante ou cera de abelhas) destina-se a formar os bastões e não tem outra finalidade ou efeito de aderência sobre o suporte. Justamente por isso, a pintura a pastel torna-se extremamente frágil e delicada, necessitando sempre de fixador. Como o pastel não sofre influência de nenhum veículo, é pintura permanente, no que diz respeito à estabilidade de suas cores. O pastel produz um tipo de pintura delicada e macia, própria do envolvimento dos pigmentos, uns tons com os outros, produzindo um aspecto aveludado. O processo de pintura a pastel é um dos mais simples e consiste basicamente em friccionar o bastão diretamente sobre o suporte. Pode ser aplicado sobre a tela e o papel. As desvantagens do pastel são basicamente três: sua relativa fragilidade ao desgaste mecânico, suas limitações tonais ou de cor e a impossibilidade de ser aplicado em veladuras.

Figura 2.18
Fonte: Alexa Meade. Acrílica sobre tela.
<http://pt.wikipedia.org/wiki/Hist%C3%B3ria_da_pintura>

Pintura Acrílica: a tinta acrílica é obtida pela dispersão do pigmento numa emulsão acrílica de PVA (resina sintética). São chamadas de cores de polímeros e possuem inúmeras qualidades excelentes que as ajudam a se tornarem populares. Permite cores brilhantes, foscas e semifoscas, sobreposição de tons e eficientes veladuras. Não são tóxicas e podem ser utilizadas por pessoas sensíveis ou alérgicas, pois seu solvente ou diluente é a água. Assim como o óleo aplica-se sobre madeira, tela, ou cartão. É um dos processos de pintura mais utilizados pelos artistas contemporâneos, a partir da segunda metade do século XX.

> Quando estou dentro da minha pintura, não sei o que estou a fazer. Somente após o período em que de certa forma 'travo conhecimento' é que vejo sobre o que é a pintura. Não tenho medo de fazer alterações, destruir a imagem etc, porque a pintura tem a sua própria vida. Eu tento que ela surja por si própria. Só quando perco o contacto com a pintura o resultado é uma confusão. De outra forma é pura harmonia, é dar e receber com facilidade; a pintura nasce naturalmente (CRUZ, 2006, p.89).

Bem, falar do desenho e da pintura e da sua relação com a história da humanidade permitiria que nós estendêssemos muito mais... A história do desenho, tal qual a da pintura, entrelaça-se à própria história do homem e de seu desenvolvimento pessoal e social. Vamos adiante abordando, na próxima seção, os tradicionais temas da pintura.

VISITE O SITE:
<http://goo.gl/QRGnqaL>.

3 – Temas Tradicionais da Pintura

Sempre que ocorre ruptura/quebra na estrutura social, o homem se modifica e como a arte, conforme observado em seções anteriores, caminha lado a lado com o homem, ela também acaba por se modificar. Logo, é possível perceber as transformações do mundo através da arte pelas suas características contextuais. Verificando o tipo de arte de cada momento histórico, dialogamos com a obra de arte podendo, assim, entender as mudanças de mundo.

Na pintura do passado, p. ex., os artistas se expressavam de acordo com o pensamento da época, com os aspectos de mundo, através de diferentes temas/categorias, algumas das quais veremos a seguir.

Natureza-Morta: representação de objetos diversos, flores, frutas. Os pintores Holandeses do séc. XVII foram mestres nesse assunto.

Figura 2.19
Fonte: Cézanne, Paul (1839-1906)
Vasilhas, Cesta e Frutas, 1890.Óleo sobre tela./Musée d'Orsay
- Paris, França./ <www.historiadaarte.com.br/imagens.jpg>.

Paisagem: representação de aspectos da natureza: céu, terra, montanhas, florestas, águas, e muitas vezes, figuras humanas ou de animais.

Figura 2.20
Fonte: Catedral de Salisbury
John Constable
(1776 - 1837)
<www.historiadaarte.com.br/imagens.jpg>.

Retrato: representação de pessoas vivas ou figuras sacras imaginadas, segundo as diferentes religiões.

Autorretrato: representação do próprio artista.

Figura 2.21
Fonte: Mona Lisa
Leonardo da Vinci, 1503-1507.
Óleo sobre madeira de álamo.
77 × 53 cm Museu do Louvre.
<http://pt.wikipedia.org/wiki/
Ficheiro:Mona_Lisa.jpeg>

Figura 2.22
Fonte: carolinadias06.
wordpress.com
Auto-retrato
<picasso self2.jpg>.

Figura 2.23
Fonte: portaldoprofessor.mec.gov.br
Portal do Professor -
A Criança e o Auto-retrato.
<tarsiladoamaralmanteaurouge
1923ost.jpg>

Cenas de Gênero: representação da vida cotidiana (doméstica) das pessoas e festas populares.

Figura 2.24
Fonte: Dança de camponeses, de Pieter
Brueghel.
<www.historiadaarte.com.br/imagens.jpg>

História: representação de figuras e fatos históricos: cerimônias de coroação, batalhas etc.

PEDRO AMÉRICO DE FIGUEIREDO E MELO (1843-1905): Batalha de Campo Grande, 1871. Óleo sobre tela, 332 x 530 cm. Petrópolis, Museu Imperial.

Figura 2.25
Fonte: <http://pt.wikipedia.org>

Religião: representação de personagens e cenas religiosas, relacionadas à vida de Cristo e dos santos: crucificação, santa ceia etc.

Figura 2.26
Fonte: A última ceia - De Leonardo da Vinci (1495-1497). <http://www.historiadaarte.com.br>

Mitologia: representação de personagens e cenas da mitologia greco-romana: Deus e heróis, cenas mitológicas, como o nascimento da Vênus.

Na pintura contemporânea, esta classificação perdeu grande parte do seu sentido. Os artistas contemporâneos podem usar os tipos de representação acima citados, mas com finalidades e técnicas diversas, bem como fugir da "representação naturalista", cuja finalidade era alcançar o máximo da semelhança do real. Com finalidade oposta a esta, observa-se, entre outras categorias, o abstracionismo.

Figura 2.27
Fonte: O Nascimento de Vênus de Botticelli. 1485–1486, têmpera sobre tela, Uffizi, Florença. <http://www.historiadaarte. com.br>

Figura 2.28
Fonte: Houses at L'Estaque – Braque.
<www.quadrochaye.com>

Arte Abstrata: constitui-se arte abstrata, obras cujas formas e cores não tem uma relação direta com a natureza. "Expressão de um sentimento mesmo que não possua um tema reconhecido" (KANDINSKY).

O abstracionismo pode ser classificado como sensível (informal), quando formas e cores são criadas impulsivamente, sobre completa liberdade ou infusão emocional; ou **geométrico** (formal), quando as formas e as cores são criadas refletidas ou submetidas a uma disciplina geométrica.

Na Arte Abstrata o que importa são as formas, e não o assunto, o assunto é o quadro em si, o seu valor composicional. Pra entendermos melhor, vale buscar a compreensão, no âmbito da arte, do significado de composição, não é?

Segundo Souza (1980, p. 6), composição:

> [...] é a maneira de dispor segundo uma ordem determinadas linhas, formas, áreas de cor (pintura), ou relevos e volumes (escultura). A composição pode abranger, na pintura, todas as superfícies planas ou curvas, como paredes e tetos, bem como o plano de um quadro (SOUZA, 1980, p. 6).

Entendendo o que significa, no campo das artes plásticas, o termo composição, podemos, então, pensar no que representou o cubismo, como categoria de expressão.

Entendendo o que significa, no campo das artes plásticas, o termo composição, podemos, então, pensar no que representou o **cubismo,** como categoria de expressão.

Figura 2.29
Fonte: O Beijo – Picasso.
<www.quadrochaye.com>

Cubismo pode ser definido, grosso modo, como a simplificação das formas em elementos geométricos básicos; a decomposição e reorganização da forma segundo a imaginação do artista que procura representar os objetos em sua totalidade. O objeto retratado é visto de dois ou mais ângulos ao mesmo tempo se apresentando mais como um pretexto para o desenvolvimento da criação do artista.

Com o Cubismo, a pintura Moderna rompeu com a milenar tradição mimética, abrindo-se a novas possibilidades de representação, tanto na arte figurativa, quanto na arte abstrata.

Figura 2.31
Fonte: Homem com uma guitarra - Braque
<www.quadrochaye.com>.

Figura 2.30 - Fonte: Guernica – Picasso <www. quadrochaye.com>.

Tudo bem até aqui?
Então vamos passar para a seção 4. Vamos lá!

4 – Colagem, Escultura e Gravura

Figura 2.32
Fonte: Colagem Stupakoff, Otto Alipur 2004.
<http://www.mam.org.br/ acervo_online/index>

Figura 2.33
Fonte: Escultura Sonia Ebling Sofia 1951.
<http://www.mam.org.br/ acervo_online/index>

Figura 2.34
Fonte: Gravura Bettiol, Zorávia A rosa da noite 1970.
<http://goo.gl/qTTequ>

Ensina-se a gostar de aprender arte com a própria arte, em uma orientação que visa à melhoria das condições de vida humana, em uma perspectiva de promoção de direitos na esfera das culturas (criação e preservação), sem barreiras de classe social, sexo, raça, religião e origem geográfica. (IAVELBERG, 2003, p.12)

Nas Artes Plásticas, o artista mostra o que pensa ou quer expressar através das imagens. Entre os elementos que fazem parte das Artes Plásticas estão: a colagem, a cerâmica, a escultura, a fotografia, a gravura, a pintura, a tapeçaria etc. Trataremos, nesta seção, especificamente, de três destes elementos: a **colagem**, a **escultura** e a **gravura**.

Figura 2.35
Fonte: Kurt Schwitters Estrelas, 1920 Colagem.
<http://www.diretoriodearte.com/ category/colagem/>

Colagem: colagem é a técnica que consiste em combinar com a pintura, colando à tela ou painel, elementos planos heterogêneos, como papel, recortes de jornal, tecidos etc. A colagem como procedimento técnico tem uma história antiga, mas sua incorporação na arte do século XX se dá com o cubismo.

A Colagem como forma de "Arte Séria" teve seu início nos movimentos artísticos revolucionários do começo do século XX, e quase todas as suas possibilidades técnicas e estéticas foram exploradas nas décadas seguintes. Aqueles que a empregaram como forma de arte estavam principalmente interessados em seus aspectos estéticos e expressivos, sem qualquer preocupação com a sobrevivência física dos trabalhos. Na verdade, a maior parte do material utilizado tinha certo encanto devido a sua qualidade frágil ou efêmera.

Essa técnica foi inicialmente empregada pelos artistas cubistas-analíticos e depois, pelos dadaístas, consistindo no uso constante de tíquetes, rótulos, pedaços de jornal, madeira, areia e outros materiais, juntamente com a tinta. A ideia entre os cubistas era fazer irromper bruscamente a realidade, em composições quase abstratas.

Figura 2.36 Artista Philippe Farraut esculpindo em pedra.
Fonte: <http://pt.scribd.com/ doc/33871890/Apostila-de-Arte>

Escultura: a Escultura é uma forma artística que utiliza diretamente o espaço real, diferentemente da pintura, que cria um espaço fictício sobre um simples plano. Na Pintura e no Desenho há apenas duas dimensões.

A profundidade (terceira dimensão)

é sugerida pela "perspectiva" (arte de representar objetos, os seres ou os aspectos da natureza tal como são vistos pelo olho humano e não como são na realidade, isto é, mostrando as deformações resultantes da distância maior ou menor).

A Escultura, por ser tridimensional, ocupa um espaço efetivo. A Escultura é a arte do Relevo que abrange três dimensões no espaço: altura, largura e profundidade (ou espessura).

Existem três métodos básicos para produzir uma escultura: Entalhe, Modelagem e Montagem ou Construção. O Entalhe e o Modelado são os métodos mais antigos e a base das tradições escultóricas. A Modelagem ou Construção é uma técnica relativamente nova, derivada dos revolucionários movimentos artísticos durante o século XX na Europa. O "Vazado" é uma quarta técnica da Escultura, porém se trata de um processo de reprodução e não de uma produção original.

Figura 2.37 Entalhe.
Fonte: <http://pt.scribd.com/ doc/33871890/Apostila-de-Arte>

Entalhe: é um processo subtrativo no qual a matéria sólida recebe a forma mediante corte, cinzelado e abrasão para reduzir a massa sólida e criar uma determinada forma. Os limites exteriores de uma Escultura Entalhada estão determinados pela forma e pelo tamanho da massa de material bruto. A textura e a substância do material também determinam a característica da forma escultórica.

Figura 2.38
Fonte: <http://pt.scribd.com/doc/33871890/ Apostila-de-Arte>

Modelado: é, ao contrário, um processo aditivo no qual a forma é criada a partir de trabalho sobre a matéria mole e maleável como, por exemplo, argila, cera e, mais recentemente, plástico e borrachas sintéticas. O Modelado proporciona ao escultor uma maior liberdade de expressão que o Entalhe.

Montagem ou Construção: é a denominação de processo de formação de uma Escultura a partir de várias partes componentes, que podem ser todos do mesmo material ou de matérias diferentes entre si. É, sobretudo, uma "Colagem Tridimensional", é um procedimento escultórico desenvolvido no século XX, provocado pelo rápido incremento de materiais e técnicas proporcionadas pela ciência, pela indústria e pela tecnologia. A montagem ou construção também pode ser considerada como Arte Objetual ou Objeto. O objeto não pode ser rotulado de pintura ou escultura. Trata-se de buscar uma linguagem em si mesma, uma linguagem objetiva e objetual.

Materiais tradicionais da Escultura

Tradicionalmente a Escultura pode ser dividida em Baixo-Relevo, Alto-Relevo ou em Pleno-Relevo.

Alto-Relevo e Baixo-Relevo: os relevos destacam-se sobre uma placa de fundo.

Pleno-Relevo: a figura ou objeto são visíveis em toda a sua volta e estão rodeados pelo espaço.

Na representação da figura humana a "estátua" pode ser Pedestre (em Pé), Sedestre (sentada) ou Equestre (a cavalo). Na atualidade os materiais e as técnicas da escultura são os mais variados possíveis, mas os principais materiais utilizados desde a antiguidade são os seguintes: pedra, madeira, bronze e outros materiais (ferro fundido ou forjado, barro e terracota, marfim e osso). Atualmente, são empregados os mais diversos materiais para a construção da Escultura como: plástico, vidro, borracha, resinas sintéticas entre vários outros materiais industrializados. A liberdade é absoluta por parte do artista.

Figura 2.39
Fonte: Fotografia/ monumentos
<www.trekearth.com>. 2006.

Figura 2.40
Fonte: <http://goo.gl/6jGfx0>

Figura 2.41
Fonte: <http://upload.wikimedia. org/wikipedia/commons/6/61>.

Gravura

Desde os tempos mais remotos, o homem gravou nos materiais mais duros (osso, pedra), representando a sua realidade. Foi da Gravura Medieval que nasceu a imprensa, como maneira de recortar as letras em relevo, numa peça de madeira, cobri-las com tinta de imprimir e fazendo pressão sobre uma folha de papel. Definida como uma das Artes Gráficas, a Gravura é a arte de transformar a superfície plana de um material duro num condutor de imagem, convertendo-se na Matriz de uma forma que pode ser reproduzida por Impressão. A Gravura divide-se em três gêneros básicos bem distintos: a Gravura em Relevo, a Gravura a Entalhe e a Gravura em Plano. Tradicionalmente esses gêneros da Gravura foram denominados segundo os materiais em que se realizam: Xilogravura (madeira), Calcografia (metal) e Litografia (pedra). Atualmente, outras técnicas e materiais foram incorporados e assimilados pelos artistas e gravadores, ampliando as possibilidades da Gravura tanto do ponto de vista técnico quanto estético.

E aí, tudo certo até aqui?
Na próxima aula estudaremos:
"A Arte como espaço de cultura".

 Retomando a aula

Chegamos, assim, ao final desta aula. Para encerrarmos, vamos recordar alguns pontos importantes!!!

1- Principais Elementos Visuais

Qualquer acontecimento visual é uma forma com conteúdo, mas, o conteúdo é extremamente influenciado pela importância das partes constitutivas, os elementos visuais (a cor, o tom, a textura, a dimensão, a proporção, a linha) e suas relações compositivas com o significado. A partir dos elementos visuais se planejam e expressam as manifestações visuais: objetos, ambientes e experiências (DONDIS, 1991).

2- Técnicas e Materiais do Desenho e da Pintura

O Desenho vem do latim disegnare: marcar, notar, traçar, desenhar, indicar, designar, dispor, ordenar, regular, imaginar. O desenho é um meio de representação visual em que o artista marca diretamente uma superfície usando, sobretudo, a linha.

A Pintura é a arte de projetar sobre um plano bidimensional, por meio de linhas, cores e outros procedimentos visuais, qualquer aspecto visível ou imaginário do universo. A Pintura se distingue do Desenho e das demais Artes Gráficas apenas pela técnica de fixação dos materiais e elementos visuais no suporte.

3 - Temas Tradicionais da Pintura

Na pintura do passado, o artista procurava representar diferentes aspectos do mundo, das formas, usando certos temas como, por exemplo: Natureza-morta; Paisagem; Retrato; Cenas de Gênero; História; Religião e Mitologia.

4 - Colagem, Escultura e Gravura

Etimologia: o termo colagem tem origem no termo francês collage, nome da técnica de fazer pedaços de papel, papelão, tecidos e outros materiais, aderir a uma superfície plana como elementos de um desenho ou pintura.

A Escultura é uma forma artística que utiliza diretamente o espaço real, diferentemente da pintura, que cria um espaço fictício sobre um simples plano. Desde os tempos mais remotos, o homem gravou nos materiais mais duros (osso, pedra), representando a sua realidade.

Foi com base na Gravura Medieval que nasceu a imprensa, a maneira de recortar as letras em relevo, numa peça de madeira, cobri-las com tinta e fazendo pressão sobre uma folha de papel, imprimir.

Vale a pena

Vale a pena ler

BRASIL. Secretaria de Educação Fundamental. *Parâmetros curriculares nacionais:* Arte. Brasília: MEC/SEF, 1997.

_____. Secretaria de Educação Médio. *Parâmetros curriculares nacionais:* Arte. Brasília: MEC/SEF, 1997.

CANDAU, Vera Maria. (Org.). *Sociedades e cultura(s):* questões e propostas. Petrópolis: Vozes, 2002.

DUARTE JR., João Francisco. *O sentido dos sentidos.* Curitiba: Criar Edições, 2001.

MEIRA, Marly. *Educação Estética e as Artes do Fazer.* Tese de doutorado em Educação PPGEDU/FACED/UFRGS, 2002.

Vale a pena **acessar**

<www.mac.usp.br>.
<www.mam.org.br>.
<www.museusegall.org.br>.
<www.mnba.gov.br>.

Vale a pena **assistir**

• *Agonia e êxtase*, 1965. Baseado no romance de Irving Stone. Conta os conflitos entre o artista renascentista Michelângelo e o seu protetor, o Papa Júlio II. 140 min.

• *Basquiat - traços de uma vida,* 1996, direção Julian Schnabel. Filho de pai haitiano e mãe porto-riquenha, Basquiat revela seu talento como grafiteiro. É assediado por marchands, até cair nas graças do pai da Pop-Art, Andy Warhol.

• *Sede de viver,* 1956, direção Vincent Minneli. Uma adaptação brilhante da biografia Vincent Van Gogh (Kirk Douglas) escrita por Irving Stone. Van Gogh é o arquétipo do gênio artístico atormentado, cuja magnificência da obra contrasta com uma existência infeliz e amargurada que haveria de conduzi-lo ao suicídio. Anthony Quinn ganhou o Oscar pela sua interpretação de Paul Gauguin, outro génio da pintura amigo de Van Gogh. Duração: 122 minutos.

• *Camille Claudel,* 1988, direção Bruno Nuytten. Com Isabelle Adjani e Gérard Depardieu. Grande reflexão sobre o poder devastador da arte perante a fragilidade humana. A escultora Camille, irmã do poeta Paul Claudel, possui um relacionamento de

15 anos com Rodin, primeiramente seu professor e mais tarde seu amante. Camille passa por muitos sofrimentos, que a levam à loucura. Um filme muito interessante se atentarmos para o machismo existente na personalidade de Rodin.

• *Frida*, 2002, direção Julie Taymor. De sua relação complexa e duradoura com seu mentor e marido, Diego Rivera, passando por seu controverso e ilícito caso com Leon Trotsky e seus provocantes envolvimentos românticos com outras mulheres. Frida Kahlo levou uma vida intensa e sem limites como uma revolucionária política, artística e sexual. O filme retrata a história da vida que Frida Kahlo compartilhou abertamente e sem medos com Diego Rivea, quando controverso casal revolucionou o mundo artístico. <http://www.historiadaarte.com.br/filmografia.html>.

Atividades - AULA 2

Após terem realizado uma boa leitura dos assuntos abordados em nossa aula, na Sala Virtual - Atividades, estão disponíveis os arquivos com as atividades (exercícios) referentes a esta aula. Após responder, envie por meio do Portfólio – ferramenta do ambiente de aprendizagem UNIGRAN Virtual.

OBS: Não esqueçam! Em caso de dúvidas, acessem as ferramentas "fórum" ou "quadro de avisos".

Minhas anotações

Aula 3º

A Arte como Espaço de Cultura

Ao iniciar esta aula, proponho que procuremos refletir juntos sobre as relações que se estabelecem entre arte, cultura e escola. A fim de instigar esta reflexão, começo por observar que assim como na relação educação e cultura, o papel da escola como transmissora cultural é fundamental, também o é na relação arte e cultura. E o que torna possível fazer esta observação? Para que possam responder a esta questão é que o conteúdo contemplado nesta aula foi pensado, tendo como pressuposto a crença de que a arte, dentro e fora da escola, reforça a consciência cultural, de forma que também promove as práticas culturais. Nesta concepção, a arte se constitui, então, o meio pelo qual o conhecimento dela mesma e a compreensão de suas manifestações, bem como da cultura, são transmitidos por infindáveis gerações.

Depreende-se daí, que cabe a nós, educadores e futuros educadores, considerarmos a ligação do sistema educativo com o mundo cultural para, assim, colocarmos a arte e a cultura no centro da educação. Nesse sentido, infere Almeida (2001, p.15), que a razão que justifica a valorização da arte na escola é que "[as artes] são parte do patrimônio cultural da humanidade, e uma das funções da escola é preservar esse patrimônio e dá-lo a conhecer".

Boa aula!

Objetivos de aprendizagem

Ao término desta aula, vocês serão capazes de:

• conhecer a trajetória da Arte Educação no Brasil e sua importância na história do país;
• apreender conhecimentos sobre os vários momentos da arte educação, bem como dos movimentos culturais, especialmente, pelo que representou a ação dos arte educadores nos diferentes contextos;
• ampliar as vivências artísticas e estéticas dos acadêmicos, subsídios para uma prática pedagógica com qualidade.

Seções de estudo

1 - A Trajetória da Arte-Educação no Brasil
2 - Movimentos Culturais Surgidos no Século XX
3 - Arte-Educação no Brasil (1960-1980)
4 - Arte-Educação no Brasil – dos anos 1990 até os dias atuais

Boa leitura e bons estudos!!

1 – A Trajetória da Arte-Educação no Brasil

> A teoria em si [...] não transforma o mundo. Pode contribuir para a sua transformação, mas para isso tem que sair de si mesma, e, em primeiro lugar, tem que ser assimilada pelos que vão ocasionar, com seus atos reais, efetivos, tal transformação. Entre a teoria e a atividade prática transformadora se insere um trabalho de educação das consciências, de organização dos meios materiais e planos concretos de ação; [...] (SÁNCHEZ VÁSQUEZ, 1968).

O homem conhece o mundo através da educação e a educação em arte é indispensável para a sua formação, pois auxilia o indivíduo a ampliar sua visão de mundo e a capacidade de atribuir-lhe significações. Dessa forma, entendemos que o conhecimento se constrói no dia a dia.

O ensino das Artes no Brasil, nos últimos anos, tem propiciado significativas contribuições para a construção dos fundamentos teóricos e práticos de uma área de conhecimento humano pouco valorizada no contexto da educação escolar.

Para que se entenda melhor as discussões sobre a arte na escola, resgatamos seu percurso no contexto nacional, enfocando, sempre, aspectos da cultura educacional. Recorremos a leituras de autores cujas obras abordam essa temática, como Saviani (1980,1993), Gadotti (1988), Fusari e Ferraz (1992, 1993), Libâneo (1985), Barbosa (1975, 1978, 1982, 1984, 1986, 1991, 1998), Duarte Jr. (1988) e Ghiraldelli Jr. (2001).

A história da arte educação confunde-se com a própria história do Brasil, desde a sua colonização, em 1500. Mais precisamente, com a chegada dos padres jesuítas, que atribuíram à arte indígena uma dimensão pedagógica diferenciada do seu sentido original, como veremos a seguir.

Chegam os jesuítas na nossa terra, que tem palmeiras e sabiás...

Desembarca, no Brasil, em 1549, a mando da coroa portuguesa, o primeiro governador geral, Tomé de Souza e, com eles, os primeiros padres jesuítas, chefiados pelo padre Manoel da Nóbrega, com a tarefa de catequizar os índios nativos que aqui viviam, quando da chegada dos portugueses. Surgem, nesse momento, as primeiras manifestações de ensino da arte no Brasil. Vejamos porque.

Os povos indígenas, seja qual for a etnia a que pertençam, possuem padrões estéticos próprios ao mundo em que vivem, sendo a arte, para eles, instrumento de pura expressão cultural,

> [...] como sendo um código simbólico compartilhado pelos membros de um mesmo grupo social específico, que através dela, atribuem significados ao mundo e expressam o seu modo de entender a vida e suas concepções quanto à maneira como ela deve ser vivida [...] (VIDAL, 1998, p.369).

Desde os tempos mais remotos da vida humana, a criatividade vem se manifestando através dos povos ou grupos étnicos constituindo-se em cada um diferentes modos de se apresentar. As culturas indígenas percebem a arte de uma maneira própria, não atribuindo a ela o mesmo valor estético que lhe é atribuído pela sociedade ocidental. De acordo, ainda, com Lux Vidal,

[...] a arte, nas sociedades indígenas, está comprometida com outros fins sociais que aqueles a ela atribuídos na sociedade ocidental. É até certo ponto, uma arte anônima, no sentido de que o sujeito criador são coletividades, ainda que seja sempre o indivíduo concreto quem dá a marca, o selo, o gesto particular (VIDAL, 1998, p.373).

Na arte indígena, a imagem é evidenciada como meio de expressão e sensibilidade. Seguindo as ideias de Langer (1972, p. 81), "toda cultura desenvolve alguma espécie de arte tão certamente quanto desenvolve a linguagem".

Figura 3.1
Fonte: "Canoa e Remo"(iconografia indígena)
Painel/Acrílico s/ tela 250 X 180 cm
(Acervo Artístico, SESC - Tepequem-RR / Catálogo de divulgação/ 2004).
[Escaner –Profª Claudia Ollé]

A missão que trouxe os jesuítas ao Brasil, aos poucos, absorveu novos sentidos. Cinquenta anos após a sua chegada, as missões já não tinham mais como foco de suas atenções as atividades educacionais. Contudo, foram eles que implantaram, desde que aqui chegaram, os seminários, cuja finalidade era propiciar a formação de novos sacerdotes, inclusive para os nativos, apesar de não demonstrarem vocação para o sacerdócio. Os seminários foram, aos poucos, ganhando importância como instituição de ensino, atendendo a uma clientela cada vez maior de estudantes leigos, que não pretendiam fazer carreira religiosa, mas apenas se preparar para prosseguir os estudos na Europa.

A expulsão, em 1759, dos padres em missão jesuítica no país pelo Marquês de Pombal proporcionou um ajuste na educação, que era, até então, voltada para a literatura e deixava em segundo plano as ciências e a atividade manual, ou seja, a partir da Reforma Pombalina, a escola contemplou, também, as ciências, as artes manuais e a técnica. Vale lembrar que no período pombalino foram desativados dezoito estabelecimentos de ensino secundário e, aproximadamente, vinte e cinco escolas de ler e escrever.

A reforma dos estudos que sucedeu à expulsão dos jesuítas teve como objetivo melhorar a qualidade do ensino e aumentar a quantidade de classes e de professores. Dez anos depois, iniciou-se a construção de uma nova organização escolar, para cuja metodologia se deu atenção especial, visto que contemplava as ciências, as artes manuais e a técnica. O ensino era ministrado no Brasil, naquela época, pelas "aulas régias". Cada aula constituía uma unidade de ensino, com um único professor, e era instalada para uma determinada disciplina, autônoma e isolada, que não se articulava com outras, nem tampouco pertencia a qualquer escola. Não existia, na época, o currículo, como um conjunto de estudos ordenados, tampouco a delimitação da duração para o desenvolvimento de qualquer disciplina. Foi nesse período que se introduziu o desenho de modelo vivo no Brasil.

Tudo bem até aqui?
Então, vamos continuar nossos estudos!

Com a vinda da família real portuguesa para o Brasil, em 1808, ocorreram mudanças na política educacional brasileira, voltadas para o desenvolvimento de profissões técnicas e científicas. No entanto, as escolas criadas naquele período não obtiveram êxito, devido à escassez de mão de obra especializada para o trabalho técnico do ofício artístico.

D. João VI, então, instalou as primeiras escolas de educação superior, pois precisava dar formação aos jovens para que atendessem melhor aos interesses da Corte. Criou, então, a Faculdade de Medicina, com a finalidade de preparar médicos para cuidar da saúde da Corte; a Faculdade de Direito, para formar a elite política local; a Escola Militar, cuja missão era defender o país de possíveis invasores e a Academia de Belas Artes, o que nos permite concluir que o ensino das ciências humanas deu-se pela Arte.

Vocês percebem a importância da arte para o desenvolvimento de toda e qualquer sociedade?

Em 1816, com a vinda da Missão Francesa para o Brasil, criou-se a Academia Imperial de Belas-Artes foram contratados artistas que ensinavam no

O Instituto de França foi criado por Napoleão Bonaparte. Após sua queda os artistas passaram a sofrer perseguições.

Instituto de França e que, na época, faziam a vanguarda. Joachim Lebreton foi convidado pelo rei para formar e organizar um grupo de artistas que se dispusesse a vir ao Brasil para ensinar na Academia. O Brasil, até então, não tinha uma escola de Arte.

Os artistas que trouxeram o estilo-neoclássico ou academicismo e influenciariam ostensivamente na mudança de padrão estético no Brasil tinham também, além da Academia, a função de incrementar a vida na Colônia. Nesse período, o Barroco brasileiro estava em pleno

Figura 3.2
Fonte: Retábulo da Basílica de Nossa Senhora do Carmo em Recife
<http://www.portalsaofrancisco.com.br/alfa/historia-da-arte/ >.

desenvolvimento e, mesmo tendo sido importado de Portugal, já apresentava um caráter diferenciado, pois fora modificado pelos artistas populares e artífices brasileiros. Assim, podemos dizer que a arte barroca já era uma arte eminentemente brasileira, bem diferente do Barroco português, do espanhol e do italiano.

Barroco no Brasil

O Barroco brasileiro trazia a sensualidade e a expressividade do brasileiro, do mestiço, ou seja, era uma arte autêntica e, em função disso, o povo se identificava plenamente com ela. Esse estilo aparece, principalmente, na decoração interior de igrejas com pinturas e esculturas em madeira, bronze, mármore e pedra, e foram ensinadas em oficinas de artesãos. Logo, os artistas franceses – de escola neoclássica, de linhas retas e puras – instituíram o Barroco como uma arte do povo e para o povo. As elites deveriam consagrar o estilo neoclássico, que passou, então, a ser símbolo de distinção social.

Os jovens artistas brasileiros tinham verdadeira atração pela Academia de Belas Artes, criada pela Missão Francesa e, como consequência dessa atração, a arte ensinada nas oficinas vai perdendo espaço para o ensino acadêmico, que exigia de seus estudantes longos e rígidos exercícios de

cópia e observação, revelando a arte como técnica reprodutivista e autoritária.

A primeira reforma educacional da República ocorreu em 1890. Ficou conhecida como Reforma Benjamin Constant e atendia às pressões políticas e sociais, concedendo a equiparação das escolas estaduais e federais. Promovia, também, a modernização do ensino aos moldes europeus da época. Fez-se, assim, pela introdução das Ciências Positivistas num currículo secundário seriado e, mais que nunca, propedêutico.

A Reforma Benjamin Constant, aprovada em 22 de novembro de 1890 pelo Decreto-Lei nº 1.075, deu origem a dois movimentos: o positivismo, que defendia a ideia do ensino do desenho para educar a inteligência e como preparação para a linguagem científica; e o liberalismo, que apoiava a ideia do ensino do desenho como formador de força de trabalho e como preparação para a linguagem técnica. Com o entrelaçamento destas duas propostas introduz-se, nas escolas primárias e secundárias, o desenho geométrico e a cópia, que vão fazer parte dos estudos escolares até os primeiros vinte anos do século XX.

Em 5 de abril de 1911, aprovou-se a lei Rivadávia Correa, pelo Decreto-Lei nº 8.659, que restringia ao governo a função de mantenedor das instituições educacionais de ensino superior. Portanto, desoficializou-se o ensino, por intermédio da concessão de sua plena autonomia didática e administrativa. Com o fim do monopólio estatal para concessão de diplomas e títulos, o Estado se afastava, também, do controle sobre privilégios político-sociais. Essa nova lei retirava a função propedêutica do ensino secundário, que a legislação anterior havia reforçado.

A lei Rivadávia Correa teve como consequência a não interferência e fiscalização por parte do governo nos programas de ensino, resultando em uma enorme desuniformidade dos conteúdos ministrados, pois os programas de ensino eram organizados pelos docentes e aprovados ou não por cada instituição responsável. Apesar de toda a liberdade proposta pela reforma o ensino do desenho não sofre alteração metodológica.

Texto base de consulta História da Educação: ROMANELLI, Otaíza de Oliveira. História da educação no Brasil. 13. ed. Petrópolis: Vozes, 1991.

> Vocês percebem que através da história da arte educação podemos conhecer melhor o desenvolvimento do nosso país?

A história da arte educação segue a sua trajetória, marcada por idas e vindas, do ponto de vista da legislação educacional, e pelos movimentos culturais, de extrema relevância no histórico das lutas e conquistas pelo reconhecimento da arte como área de conhecimento e de seu papel, legítimo, na educação e no desenvolvimento intelectual do homem.

2 – Movimentos Culturais Surgidos no Século XX

No âmbito da educação e do ensino da arte, o século XX inicia-se com um contexto assim descrito por Barbosa (1978, p. 31):

> Até pelo menos o final da Primeira Guerra Mundial, tivemos um prolongamento das idéias filosóficas, políticas, pedagógicas e estéticas que embasaram o movimento republicano de 1889, refletindo sobre objetivos do ensino da Arte na escola secundária e primária. É bem verdade que, neste período, podemos constatar já uma tímida preparação para as idéias modernistas que eclodiram em 1922, data demarcadora em nossa cultura.

Os movimentos culturais, surgidos no início do século XX, em clima de entusiasmo e renovação, resultaram na Semana de Arte Moderna de 1922, evento organizado por um grupo de artistas brasileiros, em oposição à influência estrangeira, na área de artes, especialmente, que marca este período, e a intenção de uma nova reforma educacional brasileira, num momento em que o desenho ainda é considerando tão somente uma forma de escrita, como podemos observar na afirmação de Ana Mae Barbosa (1978, p. 36):

> A identificação do desenho com a escrita que ultrapassou a barreira do Modernismo, foi argumento não só para tentar vencer o preconceito contra a arte como também argumento para demonstrar que a capacidade de desenhar era natural aos homens ou, pelo menos acessível a todos e não a um dom ou vocação excepcional.

Assim, o desenho geométrico dominou o ensino na escola primária e secundária nas primeiras décadas do século e a ele acrescentou-se o desenho figurado e o desenho de ornato ou arte decorativa com influência da Escola de Belas Artes e do Liceu de Artes e Ofícios. Ainda segundo Barbosa (1978, p. 38), "A luta pela preponderância de uma destas categorias sobre as outras existiu e se prendeu, de um lado, a princípios político-sociais e, de outro, a concepções artísticas".

Falamos de um período em que o Brasil é influenciado pelos ideais humanistas da Europa e dos Estados Unidos, os quais trouxeram renovação ao ensino de arte nas séries iniciais, mas, mesmo assim, a metodologia do desenho não é alterada. Reproduzir desenhos continua a ser uma prática usada como recurso visual para a motivação da aprendizagem. Os escritos de Mário de Andrade, porém, veiculados durante a Semana de 1922, alteraram algumas conotações no ensino do desenho, suscitando a reflexão sobre a produção artística infantil.

A Semana de Arte Moderna teve influência marcante sobre o ensino da arte no Brasil, a partir dela surgem as preocupações com a renovação desse ensino, pois era dever dos professores proteger a expressão criadora da criança, deixando-as criar livremente, respeitando sua sensibilidade e autenticidade em seu fazer artístico.

Educadores estrangeiros como John Dewey, Victor Lowenfeld e Hebert Read começam, então, a influenciar o ensino de arte no Brasil. Em seus estudos sobre a função educativa da experiência da criança, em suas diferentes fases de desenvolvimento e de sua consciência estética, apontam que a educação pela arte levaria a criança à liberdade pessoal de criação e a uma melhor integração social. Havia, nesse período, forte influência da ciência da moda, à época, a Psicologia, que valorizava o inconsciente e a espontaneidade de expressão.

Surge, então, em 1948, no Rio de Janeiro, o Movimento Escolinha de Arte do Brasil, introduzido pelo educador Augusto Rodrigues, influenciado pelas idéias de Read que defendia que toda e qualquer civilização, que pretendesse almejar uma escala de valores culturais sólidos, deveria implantar uma educação que considerasse a sensibilidade da criança a base de seu desenvolvimento mental, entendendo a sensibilidade como uma qualidade humana. De acordo com Meira (1984, p. 83-4):

> Augusto Rodrigues e mais um grupo de educadores e artistas sentiam a necessidade de criar uma forma de ensino, alguma coisa que não sabia bem o que era,

que faltava à educação formal, à qual, sob seus pontos de vista, faltava liberdade, espontaneidade e criatividade. Ao mesmo tempo, sentiam a necessidade de eles próprios sentirem-se criadores em sala de aula, ao invés de meros reprodutores de conteúdo.

A Escolinha de Arte surgiu como uma proposta inovadora no contexto nacional. Rodrigues cria ateliês e oficinas para crianças e adolescentes, para que desenvolvessem a autoexpressão, desenhando, pintando e criando livremente e enfatizava, também, a importância da cultura brasileira. Aos poucos, a Escolinha de Arte conquista seu espaço junto a educadores e artistas da época.

Em meados de 1950, professores participavam de cursos e estágios na Escolinha de Arte do Brasil, no Rio de Janeiro, e, em conseqüência, difundiam as ideias de Augusto Rodrigues. Esses professores se propuseram a trabalhar, na educação formal, alguns itens como: liberdade, espontaneidade e criatividade.

Assim, a Escolinha de Arte funcionou como centro de treinamento de professores, cujos pilares Rodrigues (1972, p. 3) define na seguinte afirmação:

Os princípios básicos nos quais nos norteamos são imutáveis: o profundo respeito ao outro, a criatividade como elemento essencial de vida e paz entre os homens como o mais elevado pressuposto da educação.

A partir desse período começam a surgir polos da Escolinha de Arte em diversos lugares do Brasil e, em 1958, o Governo Federal cria classes experimentais nas escolas primárias e secundárias e orienta os professores a ministrarem uma educação mais dinâmica e criativa.

Entretanto, essa orientação não garantiu o reconhecimento do ensino da arte como área propulsora ao desenvolvimento integral do ser humano, mantendo-se, ainda, a visão do século XIX, de que a arte vinha em segundo plano no currículo brasileiro. Persistia, assim, a ideia de arte como produto de luxo, elitizado e disponível às classes sociais mais favorecidas, ou a uma elite cultural, que não reconhecia as manifestações artísticas populares e, ao mesmo tempo, impedia o acesso desta população à arte, reprimindo-a em suas manifestações artísticas e estéticas.

Percebem a importância do movimento escolinha de arte para a arte educação no Brasil?

Neste contexto, em que à arte cabia "andar a reboque" das demais áreas, o que era inaceitável para artistas e arte educadores e os instigava mais e mais a trabalhar pela mudança deste quadro, chegamos à década de 1960, abordada na próxima seção, que tratará do período que compreende as décadas de 1960 a 1980.

3 – Arte-Educação no Brasil (1960 – 1980)

Até os anos 60, existiam poucos cursos para formação de professores de arte, tendo as escolas o poder de colocar em suas salas de aula professores graduados em outras áreas de formação para ministrar aulas de desenho, desenho geométrico, artes plásticas, música e arte dramática.

A promulgação, em 1961, da Lei de Diretrizes e Bases da Educação Nacional trouxe uma mudança social e um fortalecimento cultural na educação brasileira. Neste período cria-se a Universidade de Brasília (UnB), cujo departamento de arte-educação, volta-se para a sistematização da arte na escola e tem uma proposta educativa baseada nas idéias de Herbert Read (1958), filósofo inglês que, como já mencionamos, pregava a educação pela arte.

Em 1964, com o golpe militar, o Brasil sofre com a repressão que atinge todos os setores da nação – o político, o econômico, o cultural e o artístico. A ditadura faz com que o povo se cale e aceite regras que vão atingir a educação nacional. A arte perpassa, nesse momento, por uma dicotomia: a valorização da atividade livre e extracurricular e a arte voltada para a experimentação nas escolas públicas, conforme proposto pela LDB/61. A proposta de reformulação do 1º e 2º graus com a lei 5.692/71 foi uma imposição da tendência tecnicista, encerrando uma luta que vinha desde os anos 1920 pela obrigatoriedade da arte na escola. Assim, arte é incluída no currículo escolar com a denominação de Educação Artística.

Parte-se, portanto, do princípio de que o objetivo geral da educação é o de encorajar o desenvolvimento daquilo que é individual em cada ser humano, harmonizando simultaneamente a individualidade assim induzida com a unidade orgânica do grupo social a que o indivíduo pertence (READ, 1958).

Disciplina incluída no sistema de ensino brasileiro pela lei 5.692/71. O uso da terminologia Educação Artística se mantém atualmente apenas como curso de graduação.

A lei 5.692/71 dispõe em seu artigo 7º:

> Será obrigatória a inclusão da Educação Moral e Cívica, Educação Física, Educação Artística e Programas de Saúde nos currículos plenos dos estabelecimentos de 1º e 2º graus, observado quanto à primeira o dispositivo no decreto-lei nº 869, de 1º de setembro de 1969.

Mas, se por um lado a lei institui o ensino da arte nas escolas mesmo como atividade, por outro, o país – em pleno regime ditatorial no qual é censurada toda e qualquer atividade artística – tem sua arte escamoteada e passa a ser valorizada apenas como instrumento a serviço da indústria e da tecnologia, garantindo uma produção voltada para o consumo.

> A década de 70 iniciou-se com promessas de prosperidade, fomentadas pelo entusiasmo de setores empresariais satisfeitos com os altos índices de crescimento econômico. Pode-se dizer que esse crescimento não significou melhoria na condição de vida da população, pois esse período é marcado por forte repressão militar – era o governo "linha dura" do general Emílio Garrastazu Médice (XAVIER, 1994, p. 245).

O ensino da arte, nessa década, preconizava a aprendizagem por intermédio de reproduções de modelos e de técnicas; as tarefas eram pré-elaboradas e distribuídas aos alunos, sem levar em conta a realidade da escola e a do próprio aluno. Tinha-se, então, um ensino com base no tecnicismo, ou seja, o 1º grau era voltado para a iniciação ao trabalho e o 2º grau, para a habilitação profissional. Permanecia o conceito de Arte como mera atividade, desprezando-se o pensamento reflexivo na construção do trabalho plástico.

Os anos 80 marcaram-se pelo fim do regime militar e por inúmeras lutas encampadas pelos arte-educadores. Segundo Ghiraldelli Jr. (2001, p.213):

> Intelectuais progressistas, ferrenhos opositores à ditadura militar, foram repentinamente guindados da sociedade civil para a sociedade política. No caso da educação, esse fato ocorreu e marcou não só o início de uma nova etapa na política educacional do país, mas, principalmente, uma rede-limitação no aspecto pedagógico.

Em novembro de 1986, aprovou-se a reformulação do núcleo comum para os currículos de 1º e 2º graus, determinando como matérias básicas: português, estudos sociais, ciências e matemática, eliminando-se, então, a área de comunicação e expressão. O que aconteceu com a Educação Artística que pertencia àquela área? Passou a constar de um parágrafo que dizia ser a educação artística exigência curricular. Nesse mesmo ano o Conselho Federal de Educação condenou a arte ao ostracismo nas escolas (BARBOSA, 2005).

A partir desse momento os professores e educadores de arte, tanto da educação formal como da não formal, se organizam, junto aos órgãos governamentais em lutas a favor da arte. Este movimento nomeou-se arte-educação e buscava uma política educacional definida para o ensino da arte e para os reflexos da formação do perfil do professor de arte, conforme Ana Mae Barbosa (2005, p. 4):

> Arte não é apenas básica, mas fundamental na educação de um país que se desenvolve. Arte não é enfeite. Arte é cognição, é profissão, é uma forma diferente da palavra para interpretar o mundo, a realidade, o imaginário, e é conteúdo. Como conteúdo, arte representa o melhor trabalho do ser humano.

Nessa perspectiva, entendemos que a arte é fundamental para que possamos perceber melhor o mundo e formular novas significações, transformando o sujeito, fazendo-o mais crítico e participativo na vida política e cultural do país. A identificação de criatividade com autoliberação poderá ser explicada com o respeito que os professores de arte deram para a situação social e política vivida no país naquele momento, pois, segundo Barbosa (2005, p. 11):

> Em 1983 nós estávamos sendo libertados de dezenove anos de ditadura militar que reprimiu a expressão individual através de uma severa censura. Não é totalmente incomum que após regimes políticos repressores a ansiedade da autolibertação domine as artes, a arte-educação e os seus conceitos.

A união dos arte-educadores teve início em 1980, quando a Universidade de São Paulo (USP) reuniu cerca de 2.700 arte-educadores para o evento Semana de Arte e Ensino e discutiu aspectos políticos estabelecidos em torno do problema de isolamento do ensino da arte; a política educacional para arte-educação e a ação cultural do arte-educador na realidade brasileira. Desse encontro surgiram organizações associativas profissionais a fim de iniciar um diálogo com o governo nas esferas federal, estadual e municipal e ainda conforme Barbosa, regionalizar os procedimentos com respeito à diversidade cultural do país. Em 1988, após a Constituição deu-se início às discussões sobre a nova Lei de Diretrizes e Bases da Educação Nacional, que provocou conflito entre educadores e governo.

> Houve grande esforço por parte dos arte-educadores para que a arte se tornasse um componente curricular obrigatório e tivesse o seu espaço garantido pelas autoridades na educação brasileira. A luta não foi perdida, na Lei nº 9.394/96 (artigo 26, parágrafo 2º), revogou-se as disposições anteriores e a arte passa a ser considerada obrigatória na educação básica: 'O ensino da arte constituirá componente curricular obrigatório, nos diversos níveis da educação básica, de forma a promover o desenvolvimento cultural dos alunos' (PCN, 1997, p. 28).

Ufaaaaaa! Até que enfim a arte conseguiu um lugar nos currículos escolares!!!

Bem, após uma longa trajetória, finalmente vemos avanços consideráveis no ensino de arte. Mas, é ainda o começo de uma luta que está longe de terminar. Uma vez reconhecida como componente curricular na matriz do ensino básico, há que se pensar nas condições adequadas para o seu ensino, na formação adequada dos arte-educadores e, principalmente, na necessária transformação da mentalidade de um grande número de pessoas, acerca da concepção de arte e de sua importância na formação e no desenvolvimento do homem.

4 – Arte-Educação no Brasil: de 1990 até os dias atuais

Iniciam-se, portanto, os anos de 1990 com novo vigor para o campo das artes e os professores empenham-se para a melhoria do seu ensino. Ocorre, também, a valorização deste profissional e propõe-se um redimensionamento de seu trabalho, visando a mostrar sua importância profissional e política junto à sociedade. A década de 90 é marcada, ainda, por novos posicionamentos e novas práxis ao se pensar a arte na escola.

A LDB 9.394/96 informa, no Capítulo II sobre educação básica que a terminologia Educação Artística é substituída pela expressão oficial "Ensino de arte", como componente curricular de diversos níveis de educação básica. No ano de 1998 e 1999 foi divulgado por todo o país, através do Ministério da Educação (MEC) e da Secretaria de Educação Fundamental (SEF), com apoio dos educadores brasileiros (PCN - Parâmetros Curriculares Nacionais) o reconhecimento da arte no currículo escolar, dando-lhe o mesmo tratamento e importância estipulados às demais disciplinas. É também na década de 1990, que Ana Mae Barbosa (1998), propõe uma nova metodologia para o ensino da arte, denominada "Proposta Triangular", afirmando que:

> Num país onde os políticos ganham eleições através da televisão, a alfabetização para a leitura é fundamental, e a leitura da imagem artística, humanizadora. Em arte-educação, a proposta triangular, que até pode ser considerada elementar se comparada com os parâmetros educacionais e estéticos sofisticados das nações centrais, tem correspondido à realidade do professor que temos e à necessidade de instrumentalizar o aluno para o momento em que vivemos, correspondendo ao valor fundamental a ser buscado em nossa educação: leitura e alfabetização (BARBOSA, 1998, p. 35).

A proposta triangular propõe que se trabalhe a arte a partir de três pressupostos básicos: a criação, que é o fazer artístico; a leitura da obra de arte e a contextualização. O ensino de arte, atualmente, nos remete a outros olhares, nos faz refletir sobre o outro, sobre a pluralidade cultural que nos cerca, em que as diferenças são o foco das atenções na formação de indivíduos comprometidos com a sociedade e devem perpassar a construção do conhecimento.

O conhecimento é construído no dia a dia, é um processo, uma construção coletiva, e a escola tem papel fundamental na elaboração desse conhecimento, fazendo com que os sujeitos envolvidos percebam a variedade de identidades que se constituem à sua volta.

A educação intercultural, entendida por Richter (2003) como o termo que implica uma interrelação de reciprocidade entre culturas, nos conduz, hoje, ao espaço de uma sociedade construída a partir de diversidade de culturas, em que as identidades sociais se formam em função dessa diversidade e não são fixas, ou seja, podem se transformar:

> O termo interculturalidade seria, portanto, mais adequado a um ensino-aprendizagem em artes que se propusesse a estabelecer a inter-relação entre os códigos culturais de diferentes grupos culturais (RICHTER, 2003, p.19).

Percebemos, assim, que estar em sala de aula – sobretudo em um país que agrega diversas etnias, além de questões de gênero, classe, sexo com suas especificidades – significa cercar-se de inúmeras identidades, assumindo elas diferentes significações para cada sujeito em relação a seu contexto histórico. Cabe aos educadores promover ambientes de aprendizagem que auxiliem na formação cultural de seus alunos, nos mais variados códigos culturais, pois o ser humano traz consigo um mundo próprio, repleto de saberes, de histórias e de desejos que o coloca em cena como um sujeito único e capaz de interagir com o outro, com capacidade para, além de ensinar, também aprender. A arte, por ser dinâmica e estar em constante construção, passa a ser parte integrante desse sujeito, que a cada momento é tomado por novas possibilidades em realidades não imaginadas.

A arte deixa de ser tomada como simples distração ou "passatempo" e passa a ser facilitadora de uma compreensão, além de formadora da consciência sobre quem somos e sobre o mundo.

O ensino de Arte hoje no Brasil sofre com os problemas pertinentes a todo o sistema de ensino deteriorado que, traduzem-se em baixos salários, péssimas condições de trabalho, funcionamento precário das escolas e a falta de gerenciamento comprometido com um ensino preocupado com a educação.

Apesar do reconhecimento da necessidade de construção das bases teóricas e práticas dessa área de cognição, existe uma grande distância entre a prática docente dos professores nas escolas e as propostas teóricas feitas por pesquisadores nesta área.

Para maiores esclarecimentos, vamos fazer um breve histórico das tendências pedagógicas no ensino da arte, o que nos mostra que, até os dias de hoje, estão presentes em diversos contextos educativos.

Duas vertentes, segundo Fusari e Ferraz (2002), são apontadas para a educação escolar em arte: a Idealista Liberal e a Realista Progressista.

De acordo com as autoras, para a tendência idealista liberal, a educação, por si só pode garantir a construção de uma sociedade mais igualitária

e democrática (Escola Tradicional, Escola Renovada Progressista, Escola renovada não diretiva, Escola tecnicista).

A tendência realista progressista surge nos anos 60 no país, quando se passa a discutir as contribuições da escola, principalmente a pública, para a conscientização do povo (Escola Libertadora, Escola Libertária, crítico-social dos conteúdos).

E aí, tudo certo até aqui?
Na próxima aula estudaremos as Tendências Pedagógicas na arte educação - A ludicidade e o jogo

Encerramos, aqui, nossa aula. Espero que você tenha entendido o que foi explicado, pois, com certeza, este conteúdo lhe será necessário!

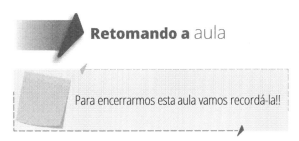

Retomando a aula

Para encerrarmos esta aula vamos recordá-la!!

1 - A Trajetória da Arte-Educação no Brasil

O ensino das Artes no Brasil nos últimos anos tem propiciado significativas contribuições para a construção dos fundamentos teóricos e práticos de uma área de conhecimento humano pouco valorizado no contexto da educação escolar.

2 - Movimentos Culturais Surgidos no Século XX

Os movimentos culturais, surgidos no início do século XX em clima de entusiasmo e renovação, resultaram na Semana de Arte Moderna de 1922, com a intenção de uma nova reforma educacional brasileira.

3 - Arte-Educação no Brasil (1960-1980)

Até os anos 60 existiam poucos cursos de formação de professores em arte, tendo as escolas o poder de colocar em suas salas de aula professores graduados em outras áreas de formação para ministrar aulas de desenho, desenho geométrico, artes plásticas, música e arte dramática.

4 - Arte-Educação no Brasil : dos Anos de 1990 até os dias atuais

Iniciam-se, portanto, os anos de 1990 com um novo vigor para o campo das artes e os professores empenham-se para a melhoria do seu ensino. Ocorre, também, a valorização desse profissional e propõe-se um redimensionamento de seu trabalho, visando a mostrar sua importância profissional e política junto à sociedade. A década de 90 é marcada, ainda, por novos posicionamentos e novas práxis ao se pensar a arte na escola.

 Vale a pena

Vale a pena **acessar**

<www.crmariocovas.sp.gov.br>.
<www.portinari.org.br>.
<www.wikipedia.org>
<www.artenaescola.org.br.
<www.casadasartes.com.br>.
<www.itaucultural.org.br>.

Atividades - AULA 3

Após terem realizado uma boa leitura dos assuntos abordados em nossa aula, na Sala Virtual - Atividades, estão disponíveis os arquivos com as atividades (exercícios) referentes a esta aula. Após responder, envie por meio do Portfólio – ferramenta do ambiente de aprendizagem UNIGRAN Virtual.

Aula 4º

Tendências Pedagógicas na Educação em Arte: a Ludicidade e o Jogo

As tendências pedagógicas resultam de movimentos sociais e filosóficos, ocorridos em determinados momentos históricos, visando propiciar a união das práticas didático-pedagógicas, com os desejos e aspirações da sociedade, de forma a favorecer o conhecimento. A partir destes conhecimentos, podemos propor mudanças que propiciem o desenvolvimento do fazer, representar e exprimir. Daí a necessidade de nos interarmos das tendências no contexto sócio-histórico em que se situam, para poder entender a situação da arte-educação no contexto atual e o ensino e aprendizagem da arte ao longo da história.

Compreender as diferentes tendências pedagógicas contribui não só para a compreensão da relação da arte com a educação, mas, também, da relação da arte com a ludicidade e o jogo. São três as tendências que interpretam a educação no Brasil, pela ótica de seu papel na sociedade:

> Educação como redenção, educação como reprodução e educação como transformação da sociedade. [...] A perspectiva redentora se traduz pelas pedagogias liberais e a perspectiva transformadora pelas pedagogias progressistas (LUCKESI, 1993, p. 53).

Assim, de acordo com Libâneo, dois grupos englobam as tendências pedagógicas na educação brasileira: o 1º, a Pedagogia Conservadora (liberal),

e o 2º, a Pedagogia Progressista, de acordo com a postura que adotam em relação às funções sociais e políticas da escola.

Liberal - Ora conservadora, ora renovada, a Pedagogia Liberal tem como princípio o preparo do indivíduo para o desempenho de papeis sociais, de acordo com as aptidões individuais e, embora propague a ideia de igualdade de oportunidades, não leva em conta a desigualdade de condições.

Progressista - É uma tendência que parte da análise crítica das realidades sociais que refletem/incidem na educação, sobretudo, do ponto de vista sócio-político. A Pedagogia Progressista se constitui num instrumento de luta dos professores ao lado de outras práticas sociais.

Tanto a tendência liberal, como a progressista, estão divididas em:

Pedagogia liberal
* tradicional
* renovadora progressista
* renovadora não-diretiva
* tecnicista

Pedagogia progressista
* libertadora
* libertária
* crítico-social dos conteúdos
(LIBÂNEO, 2002, p. 21)

Vamos iniciar, então, os estudos da aula 4.
Boa leitura!

Objetivos de aprendizagem

Ao término desta aula, vocês serão capazes de:

• apreender conhecimentos históricos relacionados com a arte-educação como subsídio para uma ação transformadora no ensino e na aprendizagem;

• refletir o aspecto teórico-metodológico acerca do desenvolvimento de sua ação pedagógica a partir das reflexões, das atividades práticas de arte e movimento corporal;

• proporcionar reflexões acerca da aprendizagem das/nas diferentes linguagens corporais e/ou artísticas como dança, jogos, brincadeiras e atividades artísticas, experiências lúdicas, que possam contribuir no desenvolvimento de sua ação pedagógica.

Seções de estudo

1 - Pedagogia Idealista Liberal e Pedagogia Liberal Tradicional

2 - Pedagogia Liberal Renovada: Renovada Progressista - Renovada Não Diretiva - Escola Nova - Pedagogia Tecnicista

3 - Pedagogia progressista: progressista libertadora, progressista libertária

4 - Pedagogia crítico-social dos conteúdos

5 - A Ludicidade e o Jogo

1 – Pedagogia Idealista Liberal e Pedagogia Liberal Tradicional

Buscaremos, no decorrer desta aula, explicitar os principais aspectos de cada tendência e as principais manifestações no âmbito da Arte, sobretudo, de como refletiram no ensino da arte.

Pedagogia Idealista Liberal

Os educadores que compartilham desta tendência de educação acreditam que a escola é capaz de garantir, sozinha, a construção de uma sociedade mais igualitária, democrática e de evitar a sua degradação. Na perspectiva da pedagogia idealista liberal, é função da escola buscar resolver problemas sociais.

Pedagogia Liberal Tradicional

De acordo com a pedagogia tradicional, cabe à escola o preparo intelectual do homem. Iniciou-se no século XIX estendendo-se por um grande período do século XX. E, vejam vocês, sem intenção de generalizar, pode-se observar que ainda hoje é utilizada.

A pedagogia tradicional preocupa-se com a universalização do conhecimento. O treino intensivo, a repetição e a memorização são as formas pelas quais o professor, elemento principal desse processo, transmite o acervo de informações aos seus alunos, receptores passivos, aos quais não é permitida nenhuma forma de manifestação. Os conteúdos transmitidos são verdades absolutas, dissociados da vivência dos alunos, de sua realidade social.

> Na arte: priorizam-se as cópias, os modelos externos, o canto orfeônico e os trabalhos manuais. O ensino é voltado para o fazer técnico e científico, com conteúdo reprodutivista, que acaba por manter a divisão social existente.

Como podem perceber, nesta tendência não há pretensão de estimular o pensar, a expressão, a criatividade. Mesmo assim, características desta tendência ainda hoje podem ser observadas na realidade escolar, mesmo com os avanços, contextuais, que marcam períodos posteriores, como verão adiante

> Tudo bem até aqui?
> Então, vamos continuar nossos estudos!

2 – Pedagogia Liberal Renovada: Renovada Progressista – Renovada Não Diretiva - Escola Nova - Pedagogia Tecnicista

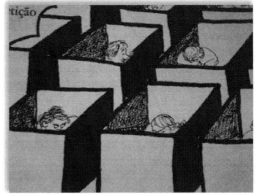

Figura 4.2
Fonte: <http://estagioseed2007.pbwiki.com>.

Pedagogia Liberal Renovada

Segundo Libâneo (2002), a Pedagogia Renovada surge no velho mundo no final do século XIX como contraposição à Pedagogia Tradicional. A tendência liberal renovada (ou pragmática) acentua o sentido da cultura como desenvolvimento das aptidões individuais e traz como característica a não centralização do ensino na pessoa do professor. O que se torna importante é o desenvolvimento das aptidões que cada um possui e a adaptação do trabalho em grupo.

Várias correntes e variantes podem ser associadas à Pedagogia Renovada, todas elas incluindo elementos de uma pedagogia ativa. Trataremos, a seguir, das tendências renovada progressista, renovada não diretiva, escolanovista e tecnicista.

Renovada Progressista

Na concepção renovada progressista, cabe à escola adequar as necessidades do indivíduo ao meio social em que está inserido, tornando-se mais próxima da vida. O papel da escola é o de adequar as necessidades do indivíduo ao meio ambiente em que está inserido.

Se, na tendência liberal tradicional, a atividade pedagógica centra-se no professor, na **pedagogia renovada progressista**, defende-se a ideia do aprender fazendo. Centrada no aluno, valoriza as tentativas experimentais, a pesquisa, a descoberta, o estudo do meio natural e social, levando em conta os interesses dos alunos. A função do professor nesta tendência é de investigar o desenvolvimento da capacidade que cada aluno possui, assumindo uma postura de amigo e não mais daquele que é o conhecedor de tudo.

Figura 4.3
Fonte: <http://estagioseed2007.
pbwiki.com

Renovada não diretiva

Acentua-se, nessa tendência, o papel da escola na formação de atitudes, a qual está mais preocupada com os problemas psicológicos do que com os pedagógicos ou sociais.

A pedagogia renovada não diretiva também é conhecida como Pedagogia Nova, Escolanovismo ou como Escola Nova. Para esta tendência, o aluno é um ser pronto, mas nunca acabado, que deve buscar constantemente o seu crescimento.

Aprender é modificar suas próprias percepções. Apenas se aprende o que estiver significativamente relacionado com essas percepções. Trata-se de um ensino centrado no aluno, sendo o professor apenas um facilitador. A motivação resulta do desejo de adequação pessoal da autorrealização, aprender, portanto, é modificar suas próprias percepções, daí se aprende o que estiver significadamente relacionados. A avaliação escolar, então, destitui-se de sentido, razão do privilégio à auto-avaliação.

> **Na arte:** o ensino é um processo de pesquisa individual. Há uma ruptura com a cópia de modelos externos e uma valorização do estado psicológico do aluno. O aluno é produtor de trabalhos artísticos através da expressão, da revelação de emoções, de insight, de desejos...

Na perspectiva desta tendência, é relevante avançarmos na concepção de escola ativa, nos estendendo um pouco mais sobre o movimento conhecido como Escola Nova, ou Escolanovismo. Como este movimento repercutiu no ensino da arte? Vamos buscar entender isso pela sua origem e sua trajetória na educação brasileira.

Escola Nova

A Escola Nova, Escolanovismo ou ainda Pedagogia Nova, tem sua origem na Europa e Estados Unidos, no final do século XIX, influenciando o Brasil por volta dos anos 1930. "[...] o Movimento da Escola Nova explodiu no país durante os anos 30. Seus líderes afirmavam a importância da arte para o desenvolvimento da imaginação, intuição e inteligência da criança" (VIANNA, 2003). Retomaremos a presença da Escola Nova no Brasil, mais adiante, após a explanação dos seus aspectos gerais.

Com a Escola Nova, surge uma nova visão da criança/aluno, tendo o experimentalismo como foco e legitimação científica do processo ensino-aprendizagem. Com os objetivos centrados nos alunos, os educadores adeptos a esta concepção buscam uma sociedade mais igualitária e justa atribuindo à educação a inclusão dos estudantes em seu ambiente social, contrapondo-se à educação tradicional.

No que se refere às práticas em arte, a Escola Nova rompe com as cópias de modelos e incentiva a criatividade e a livre-expressão. A ênfase do processo educativo gira em torno da criança, de suas necessidades, seus interesses, seu desenvolvimento. As atividades são centradas no fazer artístico, com o objetivo de desenvolver a criatividade e, na busca exagerada por estimular a criatividade do aluno, muitos professores desviam-se do sentido original da proposta da Escola Nova. Então, a Arte como livre expressão era supervalorizada e a criação artística como fator afetivo e emocional se impunha, em detrimento do pensamento reflexivo. Até mesmo o contato com obras de arte era secundarizado, visto como algo prejudicial, que poderia influenciar a criança e, dessa forma, bloquear sua espontaneidade e sua criatividade.

A atividade artística se transformava, então, em simples técnica para expressão de emoções e conflitos, distanciando, significativamente, o contato dos alunos com os elementos que compõem as linguagens artísticas e com a construção cultural intrínseca à Arte. Arte na escola tornou-se, assim, principalmente, um fazer movido pela emoção e porque predominantemente expressiva, não se ensina, se expressa.

O interessante é que os ideais de educação democrática do escolanovismo não pressupunham, necessariamente, o trabalho com Arte voltado somente para a livre expressão.

O educador norte americano John Dewey, reconhecidamente importante referência na temática Escola Nova, se contrapõe ao conceito de Arte somente como expressão, ao defender a Arte como experiência e enquanto experiência, a Arte tomar parte das relações que o homem estabelece com seu entorno. Nessa perspectiva, o seu caráter prático articula-se com a vida e com a cultura (DEWEY, 1971). Mas, e no Brasil? Como o escolanovismo surge na educação brasileira?

Com relação à educação brasileira, em fins da década de 1920, educadores já denunciavam a insuficiência de escolas para atender a demanda social, bem como a ineficiência do ensino e seu caráter elitista. Eclodindo no Movimento dos Pioneiros da Educação Nova, cujos membros lançam, em 1932, o Manifesto dos Pioneiros da Educação Nova, assinado por 28 membros, entre educadores e outros profissionais engajados na luta pela renovação da educação (GHIRALDELLI JR, 2001).

Publicado na revista **Educação** (jan./fev./mar. 1932), o Manifesto circulou em âmbito nacional com a finalidade de oferecer diretrizes para uma política de educação. Reclama do poder público maiores oportunidades educacionais e propõe a alteração dos mecanismos internos da escola como forma de abertura à população. E é assim que, sobre a égide das críticas à tendência tradicional, surge a proposta da escola nova, sobre a qual, porém, a análise de Pimenta (1990) assevera que, embora na concepção escolanovista se acreditasse ser possível a mudança social pela formação integral dos alunos, na prática, esta possibilidade não se concretizou. Na medida em que enfatiza o desenvolvimento intelectual e psicológico alicerçado num modelo construído idealisticamente, o qual se identifica com as classes mais favorecidas, a escola nova não consegue alcançar o que ela própria objetiva para e pela educação.

Quanto à análise de Pimenta, há que se considerar, contudo, que a implantação das propostas da Escola Nova foi interrompida pela repressão do Estado Novo, ressurgindo apenas em 1948, quando Augusto Rodrigues cria a *Escolinha de Arte* do Brasil, de caráter não formal no Rio de Janeiro, conforme nos informa Meira:

> Augusto Rodrigues e mais um grupo de educadores e artistas sentiam a necessidade de criar uma forma de ensino, que faltava à educação formal, à qual sob seus pontos de vista, faltava liberdade, espontaneidade e criatividade (MEIRA, 1984, p.83-84).

O movimento *Escolinha de Arte do Brasil,* credita a Augusto Rodrigues papel de extrema importância para o ensino de arte, na medida em que a escolinha se torna, em pouco tempo, um centro de treinamento para professores da área, estimulando também a criação de várias escolinhas em outros estados.

Na prática, as Escolinhas eram uma espécie de ateliê onde as crianças podiam desenhar e pintar livremente. Seu objetivo principal era oferecer todas as condições possíveis para permitir a autoexpressão da criança através da arte. A ênfase na originalidade e na criatividade foram características absorvidas pela educação.

Percebem como é importante conhecermos os princípios das tendências que influenciaram a educação? Este conhecimento nos permite avaliar e mensurar em que medida os movimentos e as tendências deles decorrentes contribuíram para a educação, sem, contudo, ignorarmos os limites intrínsecos às propostas, conforme apresentados.

Neste sentido, podemos perceber que na perspectiva da Pedagogia Nova, as aulas de arte proporcionam condições metodológicas para que os sujeitos possam exprimir-se subjetiva e individualmente, dando ao conhecimento um sentido diverso do imposto pela vertente tradicional, "[...] conhecer significa conhecer-se a si mesmo; o processo é fundamental, o produto não interessa" (FUSARI e FERRAZ, 1993, p. 36).

Na arte: [Influência de] Dewey - Função educativa da experiência cujo centro é o aluno. Read - Experiências cognitivas de modo progressivo em consideração aos interesses. Exagero na livre expressão minimiza a necessária mediação do professor.

Percebem que a arte é parte da cultura de uma época, e como tal influencia e é influenciada por transformações em outras áreas?

Já dissemos que a educação abriga uma variedade de propostas e tendências pedagógicas de acordo com o momento, que modificam os conceitos e práticas no âmbito do ensino e aprendizagem. Vamos então, continuar com as demais tendências.

A seguir, veremos a tendência tecnicista, que mais uma vez altera a dinâmica das escolas e a concepção de ensino e de formação.

Pedagogia Tecnicista

Figura 4.4
Fonte: <http://estagioseed2007.pbwiki.com>.

A pedagogia tecnicista surge, primeiramente, nos Estados Unidos, na segunda metade do século XX, e chega ao Brasil entre as décadas de 1960 e 1970. O tecnicismo é implantado no Brasil quando o Escolanovismo não responde ao necessário preparo de profissionais, diante da crescente industrialização.

Os marcos de implantação do modelo tecnicista são as leis 5.540/68 e 5.692/71, que organizam o ensino superior e o ensino de 1º e 2º graus (hoje, fundamental e médio), respectivamente. Entre outras determinações, a Lei 5692/71 amplia a obrigatoriedade escolar de quatro para oito anos, aglutina o antigo primário com o ginasial (1º Grau), suprimindo o exame de admissão e criando a escola única profissionalizante, com um currículo flexível e variado, se bem que variado ao exagero. Fazendo um trocadilho, pode-se dizer que se ensinava pouco do muito, ao invés de muito do pouco (entenda-se **pouco** no sentido de um currículo "enxuto", mas, adequado à formação do aluno crítico).

A pedagogia tecnicista é modeladora do comportamento humano através de técnicas específicas. A aprendizagem é baseada no desempenho (aprender-fazendo) e o professor é o técnico responsável pela eficiência do ensino, a quem cabe administrar as condições de transmissão da matéria para o alcance de resultados eficazes de aprendizagem. O aluno, por sua vez, recebe e fixa as informações, no papel de meros telespectadores, frente à verdade objetiva.

Não é difícil perceber que, no ensino tecnicista, debates, discussões e questionamentos são desnecessários, não havendo, além do mais, um trabalho pedagógico que contemple as relações interpessoais dos sujeitos envolvidos no processo ensino-aprendizagem. Indivíduos "competentes" para o mercado de trabalho é o que importa, não há preocupação com as mudanças sociais.

A tendência tecnicista é, de certa forma, uma modernização da escola tradicional. Caracteriza-se pela quase total ausência de fundamentos teóricos e a consequente desvalorização do saber construir e saber exprimir-se. É também nesta fase que se observa o uso de materiais alternativos nas escolas, como as sucatas e o lixo limpo (SCHRAMM, 2001).

Um fato representativo para a arte, contudo, marca este momento da trajetória da arte educação: A lei 5692/71 torna obrigatória a disciplina de Educação Artística para o 1º e o 2º graus, ainda que oriente o ensino de Arte para as técnicas e as habilidades, em concordância com o caráter tecnicista desta lei, o que acaba por fragmentar o ensino de artes. Ruim para os alunos, ruim para os professores.

Na arte: os professores que atuavam, até então, em suas áreas e linguagens específicas (desenho, música, trabalhos manuais, canto coral e artes aplicadas) viram esses saberes transformados em atividades com fim em si mesmas, já que dissociadas da teoria. O saber construir, o saber exprimir, passam a categoria de meras atividades artísticas.

Bem, podemos afirmar que as tendências que compõem o grupo da Pedagogia Liberal, seja progressista, não diretiva ou tecnicista, podem, ainda hoje, serem observadas, tanto nas escolas brasileiras, como na prática dos professores. O ideal, contudo, é não se perder de vista as concepções de mundo e de sociedade que queremos vivenciar e construir com os alunos. O questionamento e a análise sobre a própria prática pedagógica é um bom exercício para nos manter atentos a isso. Da mesma forma, também a reflexão sobre as tendências pedagógicas, de modo contextualizado, nos fornecerá argumentos para as necessárias definições e decisões.

Bem, vamos então, em frente com as tendências, abordando, na próxima seção, as que compõem o grupo da Pedagogia Progressista.

3 - Pedagogia Progressista: Progressista Libertadora, Progressista Libertária

A Pedagogia Progressista tem como ponto de partida a análise da realidade social de forma crítica, visando à transformação sociopolítica da educação. Essa pedagogia abarca princípios conflitantes com o sistema social capitalista e, dessa forma, torna-se objeto de luta de educadores que, juntamente com outras práticas sociais, a partir dos anos de 1960, preocupados com os caminhos que a educação escolar mostrava tomar, se propõem a discutir sobre as verdadeiras contribuições da escola para a sociedade, principalmente, da escola pública.

Dessas discussões emergem propostas pedagógicas para uma educação capaz de conduzir a um redimensionamento histórico do trabalho escolar, além de público, também democrático e para toda a população. Surgem, neste momento, novas teorias que possam explicar a superação do pensamento liberal, através de um projeto pedagógico progressista, a Pedagogia Progressista.

A Pedagogia Progressista manifesta-se em três tendências:

• a libertadora: que tem como expoente o educador Paulo Freire;

• a libertária: ligada diretamente aos defensores da autogestão pedagógica;

• a crítico-social dos conteúdos: que prioriza os conteúdos pela confrontação com as realidades sociais, de maneira diferenciada das pedagogias anteriores.

Vejamos, nesta seção, quais os pressupostos das duas primeiras.

Figura 4.5 PAULO FREIRE
SEED/PR -2007
Fonte: <http://estagioseed2007.pbwiki.com/ >.

Pedagogia Libertadora

Entre a efervescência ideológica dos primeiros quatro anos da década de 60, cresceram organizações que trabalharam com a <u>promoção da cultura popular</u>, a <u>educação popular</u>, a desanalfabetização e a <u>conscientização da população sobre a realidade dos problemas nacionais</u>. Os centros Populares de Cultura (CPCs), os Movimentos de Cultura Popular (MCPs) e o Movimento de Educação de Base (MEB) foram os grandes protagonistas das ações de várias tendências e grupos de esquerda preocupados com a <u>problemática cultural das classes trabalhadoras.</u> (GHIRALDELLI, 2001, p. 120-121. Grifos nossos).

Início dos anos 1960. O ponto crucial dessa pedagogia está em fazer emergir uma nova relação com as experiências vividas, não se preocupando, de certa forma, com a transmissão de conteúdos específicos. Assuntos da vida cotidiana são sugeridos pelos próprios educandos, denominados **temas geradores**.

Através dos temas geradores se dá a motivação da aprendizagem, já que a palavra/tema vem do meio social dos alunos, é deles a problematização social que será a base do trabalho pedagógico. Freire defendia que aprender e conhecer a realidade vivida, de forma crítica, poderia levar à transformação social.

As fundamentações teóricas de Paulo Freire, originalmente, limitam-se à educação de adultos – denominada, também, de **educação popular** – mas muitos professores "ensaiam" práticas pedagógicas seguindo os princípios metodológicos desta pedagogia, em todos os níveis de ensino.

A metodologia proposta para a educação popular fundamenta-se no autêntico diálogo entre educando e educador, por essa razão identificada como **método dialógico**, que proporciona ao processo de alfabetização de adultos maior interação entre os membros do grupo, facilitando, assim, a aquisição do conhecimento.

Na prática, grosso modo, alunos e professores dialogam em condições de igualdade e são desafiados por situações-problemas que devem compreender e solucionar. Os alunos são orientados pelo professor na redação de textos que, se necessário, serão utilizados, posteriormente, como textos de leitura.

Propondo redimensionar o trabalho escolar público, a pedagogia libertadora objetivava uma educação que proporcionasse a conscientização das classes populares da razão de ser dos fatos, porque aprender é conhecer a realidade.

> Na arte: alunos são desafiados por situações-problema com vista à libertação da opressão [Obra: Pedagogia do Oprimido. Paulo Freire]. A educação artística abrange aspectos contextualistas como a identidade cultural do aluno e a estética do cotidiano.

Bem, como veem, as características dessa tendência apontam para o contexto conflituoso da época. Muita coisa acontecia na educação brasileira. Muito havia para mudar e muito não deveria ter mudado, ao menos não na direção que tomou. Paulo Freire é exilado pelo governo militar, mas continua seu trabalho em Genebra, onde funda, junto com outros brasileiros, também exilados, o Instituto de Ação Cultural – IDAC.

Enquanto isso, no Brasil, os reflexos da austeridade (e da autoridade) do governo militar delineiam novas propostas para a educação, expressas na tendência denominada pedagogia libertária, que veremos a seguir.

Figura 4.6
Fonte: <http://estagioseed2007.pbwiki.com>.

Pedagogia Libertária

Lembram-se do que foi dito no início da aula? Para que se possa compreender a evolução geral

e as variadas expressões da pedagogia de nossa época, é preciso ter em mente as circunstâncias em que são delineadas as concepções pedagógicas de determinado momento. Ainda na década de 1960, esta tendência tem como pano de fundo as mudanças ocorridas no governo militar, e as orientações para o segmento educativo de acordo com a ideologia dos governantes.

A pedagogia libertária tem um sentido expressamente político quando coloca o sujeito como produto do meio social e que a aquisição do conhecimento individualizado só ocorre na coletividade, tendo como princípio fundamental, iniciar mudanças institucionais (e por isso é conhecida entre os educadores como a "pedagogia institucional"), objetivando a resistência contra o sistema burocrático que atua na ação de dominação do Estado e retira a autonomia do processo educacional como um todo.

O conhecimento sistemático não é de grande importância para esta pedagogia, o que realmente importa são as experiências vividas pelo grupo social. Esse sim é o verdadeiro conhecimento, o que proporciona as respostas necessárias e condizentes às exigências sociais. Está inserida na pedagogia libertária quase todas as pedagogias antiautoritárias presentes na educação, como a anarquista, a psicanalítica etc.

Grosso modo, podemos dizer que, a partir de Fusari e Ferraz (1999), a pedagogia libertária resume-se na importância dada a experiências de autogestão, na não diretividade e na autonomia vivenciada por grupos de alunos e professores. Os professores adeptos desta tendência acreditam na independência teórica e metodológica, livres de amarras sociais.

> Na arte: Educação Artística abrange aspectos contextualistas. Libertação de opressões, identidade cultural. Expressão, revelação de emoções, de insight e de desejos. Libertação de impulsos criadores em experiências de grupo.

> Tudo bem?
> Então vamos em frente!

4 – Pedagogia crítico-social dos conteúdos

Conhecer a história da disciplina e identificar as tendências que atravessam sua prática é a base para que o ensino da arte seja tomado com seriedade pela comunidade escolar e pela sociedade como um todo. (ZORDAN, 2005)

Figura 4.7
Fonte: <http://goo.gl/GdIZFI>.

Final da década de 1970 e início da década de 1980. O regime militar pouco a pouco se desfaz diante da pressão popular de vários setores da sociedade, tornando mais próximo o processo de abertura política que ocorreria mais tarde, no final da década de 1980. Em relação à área de arte, é também neste período que se realiza, em 1978, o **I Encontro Latino-Americano de Educação Através da Arte.** É neste contexto que é proposta a pedagogia crítico-social dos conteúdos.

A tendência progressista, pedagogia crítico-social dos conteúdos, diferentemente da libertadora e da libertária, prioriza os conteúdos no seu confronto com as realidades sociais. Defende que é função da escola a preparação do aluno para o mundo adulto e suas contradições instrumentalizando-o, por meio da aquisição de conteúdos e da socialização, para uma participação organizada e ativa na democratização da sociedade (LIBÂNEO, 2002).

A pedagogia dos conteúdos admite o princípio da aprendizagem significativa, partindo do que o aluno já sabe. A transferência da aprendizagem só se realiza no momento da síntese, isto é, quando o aluno supera sua visão parcial e confusa e adquire uma visão mais clara e unificadora. Dessa forma, não basta que os conteúdos sejam bem ensinados, é preciso que tenham significação humana e social.

Seguindo as ideias de Saviani (1988), essa pedagogia tem como princípio dar o real valor à escola, priorizando métodos de ensino que interliguem professores e alunos aos processos sociais; que incentivem os alunos, sem abrir mão da iniciativa do professor; que propiciem o diálogo entre alunos e professor (o qual deve valorizar a cultura individual de cada sujeito, acumulada historicamente; os interesses dos alunos; os ritmos de aprendizagem e o desenvolvimento psicológico), sem perder de vista a sistematização lógica dos conhecimentos para o efetivo processo de transmissão-assimilação dos conteúdos.

Além de Saviani, Libâneo (1985) é outro autor que contribui efetivamente para essa pedagogia, cujos estudos se voltam para a natureza do trabalho docente, para o qual, um saber, um saber ser e um saber fazer pedagógico devem integrar os aspectos material e formal do ensino, ao mesmo tempo em que os articula com os movimentos concretos que tendem à transformação da sociedade.

De acordo com os pressupostos desta pedagogia, o papel do professor é de grande relevância na experiência, e a escola não é a única instituição responsável pelo processo de conscientização política do homem e/ou da sociedade, sequer deve assumir sozinha a responsabilidade de dar aos educandos os instrumentos necessários para o exercício da verdadeira cidadania, consciente, crítica e participativa.

A conscientização política no sentido amplo, como ocorre na prática da verdadeira cidadania, exercitada em uma determinada estrutura social, deve ser questionadora e, para tanto, o trabalho pedagógico deve propiciar uma crítica ao social no sentido de transformá-lo.

Figura 4.8
Fonte: <http://estagioseed2007.pbwiki.com

Os métodos de ensino são subordinados aos conteúdos, visando uma ruptura com o "senso comum"; buscam atingir certo nível de consciência crítica e unidade entre teoria e prática.

O professor é a autoridade competente que direciona o processo ensino e aprendizagem, fazendo a mediação entre o educando e os conteúdos, não abrindo mão de certa disciplina.

Na arte: Conhecer arte. Apreciação, contextualização e fazer artístico. A Educação Artística abrange aspectos contextualistas e essenciais. Aspectos sociais são considerados para o ensino de arte. Valorização da estética do cotidiano e do capital cultural do aluno. Resgate da identidade cultural antes de partir para um contexto mais amplo.

Bem, fechando a abordagem das tendências pedagógicas, releva lembrar que o processo educativo, sendo um processo, está sempre em movimento, não é? Dialeticamente se modificando, tal qual se modifica o contexto sociocultural e histórico. Dessa forma, as discussões sobre métodos e conteúdos, sempre em pauta, têm revelado outras possibilidades conceituais e transformadoras, traços do desenho de novas tendências pedagógicas.

Por ora, podemos deduzir que as tendências pedagógicas liberais – a tradicional, a renovada e a tecnicista – ao se declararem neutras, mostraram não terem compromisso com as transformações da sociedade, embora, na prática, procurassem legitimar a ordem econômica e social do sistema capitalista. Sabemos, porém, que não existe postura pedagógica neutra, ao contrário, todas estão comprometidas com uma ou outra ideologia.

Já as tendências pedagógicas progressistas – libertadora, libertária e crítico social dos conteúdos – em oposição às liberais, têm em comum a análise crítica do sistema capitalista.

Portanto, cabe aos professores continuar atentos, para que façam suas escolhas de modo consciente. Importante mesmo, vale ressaltar, seja qual for a sua escolha, que não existe ação-investigativa pronta, dada como conhecimento formado, acabado, que possa ser descrito e reproduzido como uma receita. O caráter investigativo não isenta, entretanto, o professor de seu papel estratégico no que tange a formulação de problemas e a constituição de desafios. Nesse sentido, a ludicidade é um bom caminho para o desenvolvimento de estratégias desafiadoras pelo professor. É do que trataremos na próxima seção – a ludicidade e o jogo.

> As teorias são importantes, mas cabe ao professor construir sua prática com base nelas, que são elementos norteadores e não "receitas" prontas.

5 – A Ludicidade e o Jogo

A existência do jogo é inegável. É possível negar, se se quiser, quase todas as abstrações: a justiça, a beleza, o bom, Deus. É possível negar-se a seriedade, mas não o jogo.
[...]
A vida social reveste-se de forma suprabiológicas, que lhe conferem uma dignidade superior sob a forma de jogo, e é através deste ultimo que a sociedade exprime sua interpretação da vida e do mundo (HUIZINGA).

Para iniciarmos essa conversa, precisamos primeiramente entender o que é jogo.

Tentar definir o jogo não é tarefa fácil. Quando se pronuncia a palavra jogo cada um pode entendê-la de modo diferente. Pode-se estar falando de jogos políticos, de adultos, crianças, animais ou amarelinha, xadrez,... Por exemplo, no faz-de-conta, há forte presença da situação imaginária; no jogo de xadrez, regras padronizadas permitem a movimentação das peças. (KISHIMOTO, 1997, p. 13).

Conceito

Jogo é uma atividade ou ocupação voluntária, exercida dentro de certos e determinados limites de tempo e espaço, segundo regras livremente consentidas, mas absolutamente obrigatórias, dotado de um fim em si mesmo, acompanhado de um sentimento de tensão e alegria e de uma consciência de ser diferente da vida cotidiana (HUIZINGA, 2007, p. 33).

O jogo proporciona aos participantes a compreensão sobre como jogar; busca pela vitória; cooperação; aceitação da derrota e equilíbrio. O jogo está presente na vida das pessoas desde a antiguidade e vem, ao longo dos séculos, despertando grande fascínio por produzir, ou mesmo resgatar, o lúdico em cada um de nós. Muitos estudiosos – filósofos, antropólogos e educadores –, atualmente, demonstram interesse especial pelo lúdico e classificam o jogo como uma atividade prazerosa, que tem sua própria razão de ser e possui em si mesmo o seu objetivo. Segundo Huizinga (HUIZINGA *apud* GUIMARÃES, 2002, p.128),

O jogo é mais antigo que a cultura, pois esta, mesmo em suas definições menos rigorosas, pressupõe, sempre a sociedade humana; mas, os animais não esperaram que os homens os iniciassem na atividade lúdica [...] os animais brincam tal como os homens. Bastará que observemos os cachorrinhos para constatar que em suas alegres evoluções, encontram-se presentes todos os elementos essenciais do jogo humano. Convidam-se uns aos outros para brincar mediante um certo ritual de atitudes e gestos. Respeitam a regra que os proíbe de morderem, pelo menos com violência, a orelha do próximo. Fingem ficar zangados e, o que é mais importante, eles, em tudo isto, experimentam evidentemente imenso prazer e divertimento.

Huizinga aponta para a mesma direção de Claparéde (CLAPARÉDE, 1958, *apud* BELTRAMI, 1996, p. 22), que defende que:

> [...] é a necessidade que põe em movimento os indivíduos - animais e homens - e que faz vibrar os estímulos interiores para suas atividades. [...] É isso que se pode notar em todo lugar e sempre, exceto, é verdade, nas escolas, porque estas estão fora da vida.

Parece mesmo premonitória esta afirmação, não? Ao menos para as escolas brasileiras onde, por muito tempo, o jogo se separou de seu caráter lúdico sendo apenas competitivo.

Atualmente, os educadores, ou ao menos um grande número deles, procuram levar para suas salas de aula atividades lúdicas, com jogos e brincadeiras, como forma de aprendizagem, num processo que conduz o sujeito a conhecer a si mesmo e a socializar-se com o outro.

Para que melhor possamos entender sobre a dimensão lúdica no processo de ensino e aprendizagem escolar, recorremos às ideias de alguns teóricos que se dedicaram ao tema como, Rousseau, Pestalozzi, Froebel, Dewey, Claparède, Montessori, Piaget e Vygotsky. Fundamentaremos-nos, também, em autores contemporâneos como Macedo (2004), Macedo, Petty e Passos (2005), Kishimoto (1993, 2008), Freire (1999, 2001) e Friedmann (1996, 2005).

O jogo ao longo da história – a visão dos pensadores

No final do século XVII, uma nova visão de jogo é resgatada, como um fenômeno que se origina da engenhosidade humana, para, a seguir, no século XVIII, sofrer grandes preconceitos, pois, entram em cena as discussões de vício, culminando com a proibição pela Igreja que, por ser fonte de prazer, deveria ser banido do espírito humano. O interessante é a exceção que se coloca nesta proibição, de que os jogos eram permitidos apenas nas festas religiosas. Ainda no século XVIII, com a publicação, em 1762, da obra Emílio ou Da Educação, de Jean-Jacques Rousseau, o jogo foi reconsiderado na educação. Outros pensadores, contemporâneos de Rousseau, e a partir de Emílio, abordaram o jogo em seus escritos, como Erasmo e Schiller.

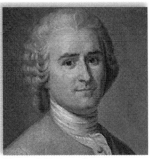

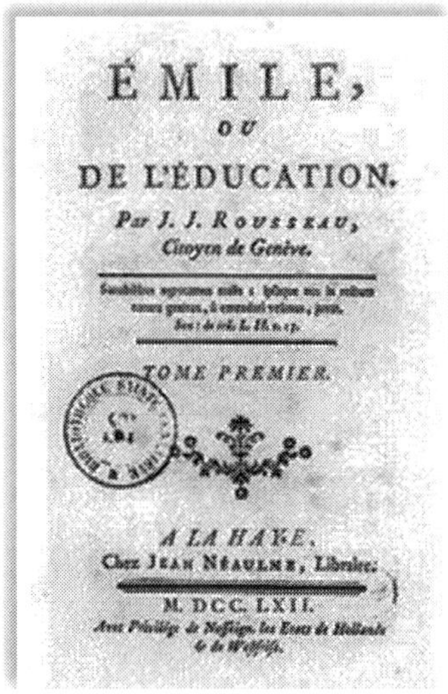
ÉMILE,
OU
DE L'ÉDUCATION.
Par J. J. Rousseau,
Citoyen de Genève.
TOME PREMIER.
A LA HAYE,
Chez Jean Néaulme, Libraire.
M. DCC. LXII.

Figura 4.9
Fonte: <http://pt.wikimedia.org/wiki/Ficheiro:EmileTitle.jpeg>.

Começando por Rousseau, vejamos as concepções que remetem ao jogo, ao longo da história, na teoria de alguns pensadores.

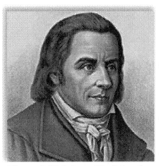

Figura 4.10 Jean-Jacques Rousseau
Fonte: <http://revistaescola.abril.com.br>.

Rousseau (1712-1778). Rousseau é filósofo iluminista precursor do romantismo do século XIX. Para Rousseau, o homem não é constituído apenas por intelecto, mas, também, por suas disposições primitivas, tais como, os sentidos, os instintos, as emoções e os sentimentos existentes do pensamento elaborado. A educação tradicional que, em nome da civilização e do progresso, obriga os homens a desenvolverem na criança a formação apenas do intelecto em detrimento da educação física, do caráter moral e da natureza própria de cada indivíduo.

Figura 4.11 Johann Pestalozzi
Fonte: <http://revistaescola.abril.com.br>.

Pestalozzi (1746-1827). Exerceu grande influência no pensamento educacional e foi um grande adepto da educação pública. Antecipando concepções do movimento da Escola Nova, que só surgiria na virada do século XIX para o XX, Pestalozzi afirmava que a função principal do ensino é levar as crianças a desenvolver suas habilidades naturais e inatas. Pestalozzi aplicou em classe seu princípio da educação integral - isto é, não limitada à absorção de informações. Segundo ele, o processo educativo deveria englobar três dimensões humanas, identificadas com a cabeça, a mão e o coração. O objetivo final do aprendizado deveria ser uma formação também tripla: intelectual, física e moral e destacou o jogo como valor social que fortalece as normas de cooperação e amplia o senso de responsabilidade.

Figura 4.12 Friedrich Froebel
http://revistaescola.abril.com.br

Froebel (1782-1852). Suas ideias reformularam a educação. A sua maior contribuição educacional foi a criação do primeiro jardim de infância. A essência de sua pedagogia são as ideias de atividade e liberdade. Faz do jogo uma arte, fortalecendo os métodos lúdicos na educação. As ideias de atividade, de liberdade, importância do jogo, linguagem como primeira forma de expressão, brinquedo como autoexpressão, desenho, ritmo e atividades em maturação, são pioneiras e mudaram para sempre a formação da pedagogia infantil.

Figura 4.13 John Dewey
Fonte: <http://revistaescola.abril.com.br>.

Dewey (1859-1952). As referências abstratas e remotas não correspondem ao interesse da criança e ao desacreditar das atividades abstratas valoriza, assim, o jogo. No Brasil, inspirou o movimento da Escola Nova, liderado por Anísio Teixeira, ao colocar a atividade prática e a democracia como importantes ingredientes da educação. A escola deve proporcionar práticas conjuntas e promover situações de cooperação, em vez de lidar com as crianças de forma isolada.

Figura 4.14 Édouard Claparède
Fonte: <http://revistaescola.abril.com.br>.

Claparède (1873-1940). É através do jogo que Claparède procura uma conciliação entre vida e escola. Através do jogo procura levar a vida para dentro da escola, porque o jogo é parte essencial das necessidades da natureza da criança. "A criança é um ser feito para brincar. O jogo, eis aí o artifício que a natureza encontrou para levar a criança a empregar uma atividade considerável,

atividade útil a seu desenvolvimento físico e mental" (CLAPARÈDE, 1958, apud BELTRAMI, 1996, p. 22).

Figura 4.15 Maria Montessori
Fonte: <http://revistaescola.abril.com.br>.

Montessori (1870-1952). Individualidade, atividade e liberdade do aluno são as bases da teoria, com ênfase para o conceito de indivíduo como, simultaneamente, sujeito e objeto do ensino. Duas de suas ideias principais são, a educação pelos sentidos e a educação pelo movimento. Numa escola montessoriana, não existe hora do recreio, porque não se faz a diferença entre o lazer e a atividade didática.

Figura 4.16 Jean Piaget
Fonte: <http://revistaescola.abril.com.br>.

Piaget (1896-1980) Para Piaget, a atividade lúdica leva a criança a questionar, a descobrir, a criar e principalmente a tornar-se um ser social em busca de novos conhecimentos. Dessa maneira, ao jogar a criança resolve problemas de forma criativa e inteligente, a partir de soluções criadas por ela mesma. De acordo com este teórico, o período infantil passa por três sucessivos sistemas de jogos: o primeiro, o jogo de exercício, refere-se ao período em que as ações e manipulações desenvolvidas com prazer são derivadas das atividades motoras; o segundo, o jogo simbólico, quando a criança vai reconhecendo sua própria subjetividade e fantasia para a sua satisfação e superação de conflitos; o terceiro, o jogo de regras, período em que a criança interage com as outras crianças e com o grupo social (PIAGET, 1988).

Figura 4.17 Lev Vygotsky
Fonte: <http://revistaescola.abril.com.br>.

Vygotsky (1896-1934). O que interessa para a teoria de Vygotsky é a interação que cada pessoa estabelece com determinado ambiente, a chamada experiência pessoalmente significativa. Os estudos de Vygotsky sobre aprendizado decorrem da compreensão do homem como um ser que se forma em contato com a sociedade. Na ausência do outro, o homem não se constrói homem. Vygotsky atribuía um papel preponderante às relações sociais, daí a importância do jogo na educação.

Vocês percebem que os jogos fazem parte da vida criança desde muito tempo?
Espero que tenham percebido também a sua importância no processo de ensino-aprendizagem.

Percebemos pelo o que foi exposto, que o jogo possui um valor bastante significativo como processo lúdico de desenvolvimento da aprendizagem da criança e que isto já era percebido no passado.

Através de um olhar contemporâneo vamos observar que os autores que discutem o lúdico no espaço educativo ressaltam a importância do jogo e do brincar no universo infantil, por se tratar de uma maneira da criança se comunicar com o mundo e de um momento de divertimento e interação com outras crianças. Conforme Macedo, Petty e Passos (2005, p. 13):

> O brincar é fundamental para o nosso desenvolvimento. É a principal atividade das crianças quando não estão dedicadas às suas necessidades de sobrevivência (repouso, alimentação etc.). Todas as crianças brincam se não estão cansadas, doentes ou impedidas. Brincar é envolvente, interessante e informativo. (MACEDO, PETTY e PASSOS, 2005, p. 13).

Seguem os autores, pormenorizando a afirmação sobre o brincar, que é "[...] Envolvente porque coloca a criança em um contexto de interação em que suas atividades físicas e fantasiosas, [...] fazem parte de um mesmo continuo topológico." (Idem, p.14). É também interessante, "[...] porque canaliza, orienta, organiza as energias da criança, dando-lhes forma de atividade ou ocupação" (p.14). E, por fim, é informativo "[...] porque, nesse contato, ela pode aprender sobre as características dos objetos, os conteúdos pensados ou imaginados" (p.14).

Como vocês podem observar o brincar para a criança é uma ação séria, na qual utiliza todos os seus sentidos.

Mas,

Você sabe o que é jogo, brinquedo e brincadeira?

Vamos entender o significado de cada um destes termos, pois no Brasil, ainda são sinônimos, demonstrando a falta de conhecimento sobre tais definições, conforme afirma Kishimoto (1996, p. 17): "[...] termos como jogo, brinquedo e brincadeira, são empregados de forma indistintas, demonstrando um nível baixo de conceituação deste campo".

Bem, agora que já vimos o significado conceitual de jogo, vamos, então, tentar entender o significado do brinquedo e brincadeira, aumentando o nosso nível de conceituação, não é?

Brinquedo

Conceito
O brinquedo é desde a sua origem, um objeto do adulto para a criança e é sempre suporte das brincadeiras. Os brinquedos antigos, como a bola, a pipa e as rodas, permitem o desenvolvimento das fantasias infantis. Diferentemente do jogo, o brinquedo supõe uma relação íntima com a criança, ou seja, a ausência de um sistema de regras que organizam sua utilização. O brinquedo exerce grande influencia no desenvolvimento de uma criança, pois desenvolve habilidades como a imaginação, a confiança, o autocontrole, a cooperação, o aperfeiçoamento do corpo e da mente, oferecendo assim, estabilidade emocional.

Brincadeira

Conceito
A brincadeira se destina a um fim próprio e se realiza apenas com um elemento. É mais livre e as crianças podem pensar e exprimir situações novas ou mesmo do seu cotidiano, isentas das pressões situacionais.

Vejam que o brinquedo é um objeto destinado a divertir a criança e não somente uma forma dela gastar energias. As brincadeiras, por sua vez, são consideradas uma prática pedagógica significativa, pois investem na produção do conhecimento, além de contribuírem e influenciarem a formação da criança, possibilitando um maior crescimento mental. O jogo, com suas regras, pode ser utilizado como um meio para se chegar a um fim e como, geralmente, envolve dois ou mais participantes, é atividade importante para que a criança perceba os limites que envolvem as relações sociais, sobretudo, no âmbito do respeito ao outro.

Acredito que vocês tenham percebido a diferença entre o brinquedo, o jogo e a brincadeira. Sugiro que procurem em outros textos e autores para embasar seu conhecimento teórico sobre o assunto.

Retomando a aula

Antes de encerrarmos esta aula, vamos recordar alguns aspectos!

1 - Pedagogia Idealista Liberal, Pedagogia Liberal Tradicional

Para a Pedagogia Idealista Liberal, os educadores que compartilham desta tendência de educação, acreditam que a escola é capaz de garantir sozinha a construção de uma sociedade mais igualitária. A Pedagogia Tradicional preocupa-se com a universalização do conhecimento. O treino intensivo, a repetição e a memorização são as formas pelas quais o professor, elemento principal desse processo, transmite o acervo de informações aos seus alunos.

2 - Escola Renovada Progressista, Escola Renovada Progressista não Diretiva, Escola Nova, Escola Tecnicista

Podemos afirmar que todas as pedagogias liberais sobrevivem ainda nos dias de hoje nas escolas do sistema educacional brasileiro, tanto para a educação infantil como nos ensinos fundamental, médio e superior. A arte apresenta atualmente influências das três pedagogias anunciadas: tradicional, novista e tecnicista em maior ou menor intensidade. O ensino da arte, portanto, está inteiramente ligado a estas pedagogias, as quais fazem parte da história do ensino da arte no Brasil.

3 - Pedagogia progressista: progressista libertadora, progressista libertária

Dessas discussões surgem novas propostas pedagógicas que levam para uma educação que conduz os sujeitos para um redimensionamento histórico do trabalho escolar.

4 - Pedagogia crítico-social dos conteúdos

É importante salientar que as tendências pedagógicas histórico-crítica e crítico-social dos conteúdos ainda estão em pleno debate entre os educadores. No entanto, vale ressaltar que as discussões sobre métodos e conteúdos têm revelado atualmente outras possibilidades conceituais e transformadoras. A Arte, enquanto manifestação cultural do Homem, é componente fundamental no processo de formação dos indivíduos, exigindo dos profissionais da área de educação uma qualificação e constante atualização para compreender a Arte na formação dos sujeitos.

5 - A Ludicidade e o Jogo

Precisamos primeiramente entender o que é jogo. O jogo está presente na vida das pessoas desde a antiguidade e vem, ao longo dos séculos, despertando grande fascínio por produzir, e até mesmo resgatar, o lúdico em cada um de nós. Muitos estudiosos, como filósofos, antropólogos e educadores, atualmente, demonstram interesse especial pelo lúdico e classificam o jogo como uma atividade prazerosa, que tem sua própria razão de ser e possui em si mesmo o seu objetivo.

Vale a pena

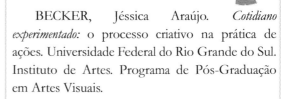

Vale a pena ler

BECKER, Jéssica Araújo. *Cotidiano experimentado:* o processo criativo na prática de ações. Universidade Federal do Rio Grande do Sul. Instituto de Artes. Programa de Pós-Graduação em Artes Visuais.

MEDEIROS, Rosana Fachel de. *Lendo Imagens Móveis:* apontamentos sobre infância e adultez contemporâneas em Bob Esponja Calça Quadrada In: Encontro da Associação Nacional de Pesquisadores em Artes Plásticas (ANPAP), 19, 2010, Cachoeira. Anais... Salvador: EDUFBA, 2010. p. 2442-2454. 1 CD-ROM.

Vale a pena **acessar**

<www.artenaescola.org.br>.

<www.pesquisa.uncnet.br/pdf/educacao/ESPACO_ENSINO_ARTE_ESCOLAS.pdf>.

<www.gearte.ufrgs.br>.

<www.fundarte.rs.gov.br>.

<http://artes-visuais-dom-duarte.blogspot.com/>.

<www.brasilsultura.com.br>.

<www.artenaescola.org.br>.

.

Vale a pena **assistir**

Arquitetura da destruição, direção Peter Cohen

Este filme lembra que chamar a Hitler de artista medíocre não elimina os estragos provocados pela sua estratégia de conquista universal. O veio artístico do arquiteto da destruição tinha grandes pretensões e queria dar uma dimensão absoluta à sua megalomania. Hitler queria ser o senhor do universo sem descuidar de nenhum detalhe da coreografia que levava as massas à histeria coletiva a cada demonstração. O nazismo tinha como um dos seus princípios fundamentais a missão de embelezar o mundo. Nem que, para tanto, destruísse todo o mundo.

Atividades - AULA 4

Após terem realizado uma boa leitura dos assuntos abordados em nossa aula, na Sala Virtual - Atividades, estão disponíveis os arquivos com as atividades (exercícios) referentes a esta aula. Após responder, envie por meio do Portfólio - ferramenta do ambiente de aprendizagem UNIGRAN Virtual.

OBS: Não esqueçam! Em caso de dúvidas, acessem as ferramentas "fórum" ou "quadro de avisos".

Aula 5º

Arte, Educação e Movimento: a Cultura Folclórica nos Jogos Tradicionais e a Socialização

Muitos de nós nos lembramos dos jogos e brincadeiras dos quais participávamos na infância, não é mesmo? Amarelinha, Roda, Esconde-esconde... Provocam-nos, sem dúvida, sentimentos saudosistas, talvez pela ingenuidade e certa autonomia que as caracterizam. Autonomia no sentido de não exigirem condições especiais, de adaptarem-se às diferentes espaços e circunstâncias e, principalmente, por promover a socialização e o espírito de grupo, pois, pode-se dizer, acolhe os participantes, independente de quantos sejam.

Atualmente, as opções de brinquedos acompanham os avanços tecnológicos e, de certa forma, individualizam as atividades de lazer, ou as limita a espaços específicos e a números reduzidos de participantes. Daí a importância de procurarmos, na escola, revitalizar os jogos e brincadeiras tradicionais, de permitirmos às crianças esta alternativa de lazer e, assim, estimularmos a socialização e as atividades em grupo.

Possibilitar que as crianças percebam seus limites em relação ao outro é tarefa do professor, não é? É do que tratamos nesta aula, do significado da cultura folclórica e dos jogos tradicionais no desenvolvimento da criança em idade escolar e a imperiosa necessidade desta compreensão pelos professores.

Vamos, então, verificar como estão organizados, aqui, os conteúdos, certo?

Boa aula!

Objetivos de aprendizagem

Ao término desta aula, vocês serão capazes de:

• conhecer as principais teorias que tratam do desenvolvimento da aprendizagem, do jogo, da arte, da recreação e do prazer, para que se construa uma formação teórica que fundamente a prática pedagógica corporal;

• refletir acerca da aprendizagem das/nas diferentes linguagens corporais e/ou artísticas como dança, jogos, brincadeiras, experiências lúdicas e atividades artísticas para que se construa pela vivência da experimentação uma formação pela via corporal;

• identificar situações de aprendizagem da cultura corporal em movimento, favorecendo a análise de relação entre as práticas da cultura corporal e o desenvolvimento pessoal do ser humano.

Seções de estudo

1 - O Movimento, a Arte e a Educação
2 - Os Jogos Tradicionais/Folclóricos
3 - O Jogo e sua Função Pedagógica
4 - O Fazer Artístico: Arte, Brincadeiras e o Movimento Corporal
5 - As Atividades Lúdicas e a Arte

1 – O Movimento, a Arte e a Educação

As crianças que estão nos anos iniciais do ensino fundamental são, com raríssimas exceções, dotadas de muita alegria, agilidade e, principalmente, ansiosas por novos saberes. Nesta fase, ela usa o seu corpo como instrumento de comunicação, é o movimento a favor do diálogo corporal visto como uma forma de linguagem, é a comunicação não verbal, o gesto e o movimento tomam conta do corpo que precisa se expressar.

O uso do corpo/movimento é uma forma de expressão social, a transmissão e o entendimento da mensagem transmitida através do movimento corporal é uma questão de natureza cultural que indica contextos sociais, a criança percebe uma nova realidade e estabelece suas regras.

O professor precisa estar atento ao espaço físico no qual vai atuar, o ambiente onde as crianças irão desenvolver as atividades, jogos e brincadeiras deve ser um lugar agradável, atraente, colorido e que torne possível à criança organizar e reorganizá-lo a cada aula. Toda a atividade lúdica expressada através do corpo contribui para a aquisição do conhecimento, auxilia no processo de aprendizagem. É mais fácil a criança compreender novos conceitos, teorias e palavras através do corpo em atividade, do que sentada em frente ao quadro negro. A ação docente é fundamental para dar à criança condições de conhecer e descobrir novos significados, sentimentos e valores sobre o espaço a qual pertence.

Sabe-se que cada criança é um ser único com características próprias e individuais. Em uma mesma sala de aula temos inúmeros sujeitos, por isso é preciso trabalhar o processo de conhecimento em cada um de maneira individualizada. De acordo com Mattos e Neira (2006, p. 50-51),

> Ao apontar a importância da desequilibração e da interação com o meio na sua relação com o professor na ação (dobrando as atividades, proporcionando novos e diferentes interações durante as atividades, reorganizando grupos, lançando questionamentos) que proporcionará a estruturação de novos conhecimentos, isto é, a ascensão a níveis mais elevados de saberes empregadas para solução dos problemas apresentados.

Freire (2002) denomina a educação através do movimento como Educação corporal e afirma que ela é de grande importância e imprescindível ao desenvolvimento da inteligência corporal na educação da criança por ser fundamental no processo de adaptação dos seres humanos ao seu meio ambiente.

O autor ainda relacionava movimento e educação de três maneiras: a educação do movimento; a educação pelo movimento e a educação para o movimento.

1º) educação do movimento – é quando o enfoque está diretamente ligado ao desenvolvimento de habilidades motoras;

2º) educação pelo movimento – envolve os movimentos corporais de maneira ampla e dinâmica, produzido num certo nível, devendo servir de base para outras aquisições mais elaboradas como as intelectuais e sociais;

3º) educação para o movimento – é a que ocorre com mais freqüência e o enfoque está nas habilidades motoras perdendo sua identidade como componente de uma educação humanista.

Para Freire (2002), a educação motora não é apenas educação do ou pelo movimento, mas, educação do corpo inteiro.

> Tudo bem até aqui???
> Então vamos em
> frente!

Ao professor cabe a missão de considerar as características dos alunos em todas as suas dimensões, cognitiva, corporal, afetiva, ética, estética, de relação interpessoal e de inserção social, independente de qual seja o conteúdo a ser trabalhado. Em toda e qualquer atividade preparada pelo professor tais como a brincadeira, um jogo recreativo ou até mesmo uma dança ou teatro, as estratégias e ou regras devem ser bem discutidas para que o sujeito saiba apreciá-las e recriá-las, e não apenas aprender as técnicas de execução.

Podemos dizer que é através da educação movimento que o aluno aprende a conhecer as diferentes manifestações da cultura do movimento como, por exemplo, a dança, o jogo e a ginástica.

Nos anos iniciais do ensino fundamental a dança trabalha o aspecto do movimento/cognição tendo a ação corporal como mediador na alfabetização entre a intenção de escrever ou desenhar e a escrita e o desenho.

A comunicação entre as pessoas acontece através de múltiplos canais e o comportamento gestual e o movimento é um meio. Convém deixar claro que a comunicação não verbal ou a comunicação através dos movimentos é de cunho social e são culturalmente diferenciados tal qual a linguagem articulada.

O educador precisa saber unir com eficiência o uso do corpo aos outros processos de ensino e aprendizagem, precisa conhecer seus alunos, o seu desenvolvimento e, principalmente, respeitá-los enquanto sujeitos em processo de desenvolvimento.

Podemos perceber até o momento que o movimento corporal e a alfabetização artística/estética devem se fazer presente nas ações educativas dos conteúdos de anos iniciais do Ensino Fundamental. Atividades lúdicas propiciam o desenvolvimento da percepção da imaginação criativa e dos sentimentos.

> A prática artística deve ser vivenciada pela criança como atividade lúdica em que um facilita a compreensão do outro, além de estabelecer o vínculo com diversas formas de linguagem.

2 – Os Jogos Tradicionais/Folclóricos

Acredito que tenham percebido desde o início de nossos estudos o valor do lúdico na aprendizagem, porém, vamos atentar também para a importância de se trabalhar o imaginário, criativo e simbólico do brincar. Sabemos que o desaparecimento parcial deste tipo de atividade nas escolas, como já vimos anteriormente, é fator preocupante.

> Vamos ver a seguir o que significa folclore e como os traços da cultura folclórica chegam até nós!!!

É necessário reafirmar que a comunicação através do corpo/movimento/gesto, ou mesmo a comunicação verbal, a transmissão e a recepção de sua mensagem, o entendimento e sua decodificação entre as pessoas é uma questão essencialmente de natureza cultural. Insere-se aí, a natureza do folclore, que requer que, antes, seja definido, para assim podermos entendê-lo, desde a sua origem.

De acordo com Guimarães (2002), o criador da palavra *folklore* foi o inglês William John Thomas, que no ano de 1846, endereçou uma carta à revista *The Atheneum*, de Londres, solicitando apoio para realizar pesquisas do que pela primeira vez denominou *folklore*, em português folclore. Etimologicamente, em relação ao modo como é formada, a palavra folclore é constituída por dois vocábulos: *folk* significando "povo" e "*lore*" significando "conhecimento". Não qualquer conhecimento, mas aquele vindo do povo. Daí a assimilação que o define, grosso modo, como cultura popular. E qual a sua relação com os jogos tradicionais? Vamos ver.

Ao estudarmos o significado dos termos, jogo, brinquedo e brincadeira, percebemos que eles estão relacionados entre si. O jogo está mais ligado à ideia de disputa e obedece a um sistema de regra, já a brincadeira constitui-se uma ação e o brinquedo, normalmente, apresenta-se como objeto. É com referência nessas conceituações que vamos estudar os jogos tradicionais.

Durante todo o desenvolvimento do ser humano, esteja ele só ou em companhia de outras pessoas, ele está constantemente exercitando a sua capacidade de expressão, seja ela corporal, vocal ou gestual, mas, com certeza, de uma forma ou de outra, o homem está sempre se comunicando. Essa comunicação, na convivência do dia a dia em sociedade, exige uma adaptação que presume a construção de regras e padrões pré-estabelecidos e aceitos por todos.

Entendendo as regras para se viver em sociedade, torna-se mais fácil perceber a importância dos jogos, brinquedos e brincadeiras para o desenvolvimento físico, motor e emocional. Estas atividades, se bem trabalhadas dentro das escolas, podem servir como uma espécie de oficina/laboratório que possibilita à criança aprender as regras e conceitos da sociedade na qual está inserida, e a praticar, de maneira lúdica, ações que normalmente não seriam por ela valorizadas.

> Pesquisas atuais mostram a importância dos jogos tradicionais na educação e socialização da criança, pois brincando e jogando a criança estabelece vínculos sociais, ajusta-se ao grupo e aceita a participação de outras crianças com os mesmos direitos (BERNARDES, 2006, p. 543).

Mas, é um equívoco pensar que o jogo, a brincadeira e o brinquedo são atividades praticadas, exclusivamente, pelas crianças. Também os adultos, em qualquer que seja a faixa etária que se encontrem, utilizam-se de formas lúdicas em momentos diversos de suas vidas. Este é um fato que acompanha a história do homem desde sempre. No estudo de Bernardes (2006, p. 543), encontramos a informação de que:

> [...] os jogos tradicionais infantis fazem parte da cultura popular, expressam a produção espiritual de um povo em uma determinada época histórica, são transmitidos pela oralidade e sempre estão em transformação, incorporando as criações anônimas de geração para geração. Ligados ao folclore, possuem as características de anonimato, tradicionalidade, transmissão oral, conservação e mudança. As brincadeiras tradicionais possuem, enquanto manifestações da cultura popular, a função de perpetuar a cultura infantil e desenvolver a convivência social.

Figura5.1 Jogo de cabra cega. Orlando Teruz, 1930
Fonte: (BERNARDES, 2006, p. 545)

Amado (2002, p. 11) demonstra que o universo lúdico foi e continua sendo "uma introdução ao mundo... nunca uma lição... mas uma descoberta. [...] um universo de magia, mistério e liberdade sem limites" (*apud* BERNARDES, 2006, p.543).

Esses jogos ou brincadeiras eram normalmente praticados em espaços como nas ruas ou quintais de uma determinada comunidade. Na sociedade contemporânea, grande parte dos jogos tradicionais infantis - ciranda cirandinha, cabra-cega, queimada, jogo de pião, pedrinhas, amarelinha, entre outros - que encantam e fazem parte do cotidiano de várias gerações de crianças, estão desaparecendo devido à influência da televisão, dos jogos eletrônicos e das transformações do ambiente

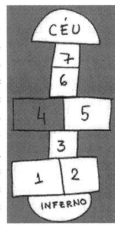

Figura 5.2 Riscado que se faz no chão para o jogo de amarelinha.
Fonte: <http://educacao. uol.com.br/folclore/ ult1687u12.jhtm>.

urbano, ou seja, as ruas e as calçadas deixaram de ser os espaços para a criança brincar.

Falar na utilização educacional dos jogos faz tanto sentido quanto querer revivê-los, pois representa, no trabalho docente com as crianças, um instrumento metodológico prático. Segundo Santos (2002), os jogos e brinquedos antigos são considerados importantíssimos na preservação da cultura, mas, este tipo de jogo utilizado, atualmente, como ferramenta pedagógica para a construção do conhecimento, tende a ressurgir na educação, não como simples elemento de resgate cultural, mas de forma ressignificada, pela ênfase dada ao brincar no momento atual.

Podemos dizer que os jogos e brincadeiras são manifestações de criação regional ou nacional, e o surgimento de muitos destes jogos ou brincadeiras infantis estão vinculados à apropriação pelas crianças e a reprodução a seu modo. Normalmente, a origem dos jogos é desconhecida, seus criadores são, na maioria das vezes, anônimos. Enfim, são práticas populares que provêm do cotidiano lúdico dos povos e a transmissão e a continuidade dessas práticas entre as gerações explicam a sua expressão e a sua força, a qual lhes confere o caráter de universalidade.

A transmissão feita oralmente nos leva a entender que não se transmite por um ensino, mas pelos sentidos. Os jogos, as brincadeiras, a arte e o artesanato não são ensinados, mas aprendidos pela observação, vendo outros fazerem para, depois, serem feitos por sua conta, o que dá uma grande homogeneidade à arte folclórica, criada sempre através de forma que representam experiências e imitação coletivas.

Sabemos que os jogos e as brincadeiras são atividades fundamentais na vida das crianças, e este já é um belo motivo para que este enfoque seja o principal, enquanto meio para se atingir os objetivos de ensino e aprendizagem, nos programas de ensino para a educação infantil e os anos iniciais do ensino fundamental.

Portanto, cabe ao professor pensar em atividades lúdicas para serem utilizadas em sua sala de aula, por exemplo, os jogos tradicionais, que se constituem em atividades que dão prazer à criança e, para o professor, se configuram como um recurso metodológico que permite diagnosticar necessidades e interesses de diferentes grupos. E mais, podem também contribuir para o desenvolvimento da inteligência e de aprendizagens específicas, não é?

As crianças são mestres em brincar e, como já dissemos, na realização das atividades lúdicas elas desenvolvem e ampliam seus aspectos cognitivos, afetivos e motores. Dessa maneira, o jogo, o brinquedo e a brincadeira são importantes recursos para o desenvolvimento do ser humano, considerando que as experiências e as ações lúdicas são fundamentais para a autoconstrução da infância.

A criança, ao brincar, corre, salta, arremessa, imita, faz de conta de forma prazerosa e com alegria, isso faz com que ela vivencie várias funções intelectuais como o cálculo, a posição, a velocidade e o equilíbrio, bem como normas de cooperação social, determinadas pelas regras do jogo, além, é claro, de desenvolverem movimentos corporais amplos e finos.

Os jogos de faz de conta e os brinquedos didáticos ou esportivos levam a criança a vivenciar inúmeras funções intelectuais. Dessa forma,

[...] por meio do jogo acriança pode aprender uma grande quantidade de coisas, tanto na escola como fora dela, e o jogo não deve ser tratado como uma atividade supérflua, nem deve ser estabelecida uma posição entre trabalho escolar sério e jogo. Já que o jogo desempenha um papel tão necessário no desenvolvimento, a educação deve aproveitá-lo e tirar o máximo de vantagem do mesmo. A criança deve sentir que está jogando na escola e que através desse jogo poderá aprender uma grande quantidade de coisas. O jogo não pode ser relegado aos momentos extra-escolares ou à hora do recreio, mas deve ser incorporado às atividades de sala de aula (DELVAL, 1998, p. 94).

Muitos professores dizem acreditar na importância de se resgatar e ressignificar os jogos e as brincadeiras folclóricas nas ações educativas, mas, pouco tem feito para que isto aconteça. Podemos dizer que os jogos e as brincadeiras folclóricas estão ameaçados de desaparecer, e a busca pelo resgate dos brinquedos, jogos e brincadeiras está em nossas mãos.

Acredita-se que o ato de brincar precisa ser visto como coisa séria pelos educadores, já que o ato de brincar significa construir ideias e fortalecer o ensino e aprendizagem.

Acredito que vocês tenham percebido a importância de trabalhar em nossas salas de aula com jogos, e brincadeiras folclóricas.

3 – O Jogo e sua Função Pedagógica

Na contemporaneidade, vivemos de forma competitiva, o que impõe que a formação humana deva privilegiar habilidades, tais como, a criatividade e o senso crítico. Nas atividades lúdicas, a dificuldade, o esforço e o desafio devem fazer parte desta formação. Nessa perspectiva, o jogo pode possibilitar que a criança aprenda através de regras, de questionamentos, de competitividade e de cooperação, e cabe ao professor acompanhar e direcionar as atividades previstas no planejamento das suas ações docentes e formatá-las de acordo com este processo/ação.

A criança, ao ingressar na escola, traz consigo uma bagagem cultural, que carregam, entre os muitos elementos, os jogos e as brincadeiras. Cabe, então, ao professor, conduzi-la de forma que seus saberes sejam compartilhados com os quais vivencia o cotidiano escolar. O ato de dividir/ensinar dá ao sujeito autoconfiança e, acima de tudo, faz com que aprenda a dividir e a escutar. Percebemos, ao iniciarmos as atividades escolares com as crianças, que durante a realização de jogos e brincadeiras, todas elas conhecem pelo menos uma brincadeira ou um jogo. Isso leva-nos a crer que estes jogos e brincadeiras devem ser compartilhados com os novos colegas, lembrando que a criança, ao trazer algo do seu cotidiano que desperte o interesse de outros, sente-se valorizada.

É papel da escola, a partir das experiências vividas pelos alunos, trabalhar o repertório cultural, como também garantir o acesso a experiências que possivelmente não teriam fora da escola. O jogo e a brincadeira são ferramentas que visam levar a criança desde muito cedo a refletir e a descobrir como foi o passado e prepará-las para os desafios do futuro.

Dessa forma, a escola e o professor ao inserir o jogo no processo de ensino-aprendizagem da criança estarão simultaneamente trabalhando o diálogo corporal porque, enquanto brinca, a criança experimenta e vivencia novas experiências, as quais contribuem para a formação e construção do eu, do outro, do coletivo.

Para que o jogo possa verdadeiramente desempenhar uma função educativa é necessário que ele esteja relacionado com a aprendizagem, construção e estimulação de novos conhecimentos pela criança, e que desempenhe da mesma forma seu caráter lúdico. Brincar para a criança é uma atividade prazerosa e é uma das características da atividade humana, está presente em todo o percurso da vida, independentemente da época, meio social ou cultural. Todos, um dia, já brincaram e, com certeza, não esqueceram.

O mundo contemporâneo privilegia, como já mencionamos no início deste tópico, a formação dos indivíduos e o desenvolvimento de habilidade como a criatividade, a iniciativa e o senso crítico. A função pedagógica educativa, a partir do lúdico como processo de aprendizagem, é uma das propostas da escola atual. Através dos jogos e brincadeiras a criança, pensa, cria, simboliza e aprende.

Função importante, não acham? Mas não para por aí: as brincadeiras tem relação, também, com o fazer artístico, com outras formas de representação e expressão, que é do que

trataremos na próxima seção.

Tudo bem até aqui? Vamos em frente...

4 - O Fazer Artístico: Arte, Brincadeiras e o Movimento Corporal

Vamos nesta seção conhecer as brincadeiras através das teorias sobre o brincar. Conheceremos, também, alguns artistas brasileiros que trabalhavam com temáticas infantis como Portinari, Milton Dacosta, Tarsila do Amaral e tantos outros que também manifestaram em seus trabalhos esta temática.

Figura 5.3 Crianças Brincando. Cândido Portinari
Fonte: <http://goo.gl/jRkKAb>.

A obra de Portinari retrata o valor e a importância do brincar para as crianças. Muitos artistas ao redor do mundo representaram e apresentaram ao público obras de arte retratando a maneira e como acontece este brincar. Como estamos falando do fazer artístico na educação, ou mais especificamente na educação lúdica, podemos dizer que esta pode ser um veiculo bastante eficiente para se estimular a consciência cultural do sujeito.

Figura 5.4 Milton Dacosta. Roda,1942. Óleo sobre tela. Coleção Gilberto Chateaubriand MAM-RJ
Fonte: <http://goo.gl/EmBoUo>.

Figura 5.5 O Morro da favela - Tarsila do Amaral
Fonte: <http://goo.gl/22TYAX>.

Atualmente, observamos que no Ensino Fundamental, como já dito anteriormente, a alfabetização lúdica e estética, o aprender brincando, são estratégias pouco utilizadas para o desenvolvimento da aprendizagem da criança nessa fase, circunstância que despertou inquietações em estudiosos da área. Brincar é ação inerente à natureza da criança, e até de alguns adultos, não é? Por que não? Vejamos, então, um pouco do que dizem alguns destes estudiosos sobre o brincar:

Huizinga – Para este autor, "[...] as crianças e os animais brincam porque gostam de brincar, e é precisamente em tal fato que reside a sua liberdade" (apud MALUF, 2003, p. 17-18).

Winnicott – Winnicott "[...] coloca o brincar como uma área intermediária de experimentação para a qual contribuem a realidade interna e externa" (apud MALUF, 2003, p. 17-18).

Setúbal – "O brincar para Setúbal, pode ser identificado em dois momentos: primeiro, nas brincadeiras tradicionais, quando o individuo **se insere na memória coletiva** e, segundo, na história da própria vida do individuo, momento em que **recorre as suas experiências no brincar**" (apud MALUF, 2003, p. 17-18. Grifos nossos).

Benjamin – afirma que a repetição é a lei fundamental na brincadeira, pois a criança quer vivenciar novamente experiências, ouvindo várias vezes a mesma história, o que lhe dá um grande prazer.

Entende-se, então, que a criança, ao brincar, cria uma situação imaginária a qual ela pode recriar de várias e diferentes maneiras. As possibilidades são infinitas para o imaginário infantil. E, nesse sentido, as brincadeiras assumem um papel fundamental em seu desenvolvimento como um todo, tendo em vista que a criança reproduz aquilo que já viu outra pessoa fazendo. Na relação com o ensino da arte, observa Santos (2006, p. 31) que,

A experimentação, a criação, a atividade lúdica e a imaginativa que sempre estão presentes nas brincadeiras, no brinquedo e no jogo são também os elementos básicos das aulas de arte. Assim, o jogo e o brinquedo nos programas de artes são importantes. O ato de brincar da criança é dotado de ritmo e harmonia e estes elementos pertencem à percepção estética. Não é difícil, então, compreender os laços teóricos e práticos que unem jogo e beleza e, portanto, jogo e arte.

Centra-se aí a necessidade de os professores apreenderem a importância do brincar, inserindo esta estratégia didática na sua prática, elaborando atividades para serem propostas, para além da área de arte, em qualquer que seja a área de conhecimento, promovendo, assim, uma educação prazerosa e significativa.

Você acha que estudar é importante, certo? Pois bem, brincar é tão importante quanto! É através da brincadeira, ou brincando, que conseguimos encontrar respostas para várias indagações, sem desprender grandes esforços, bem como sanar dificuldades de aprendizagem e de interação com o grupo. Além do que, "[...] desenvolve os músculos, a mente, a sociabilidade, a coordenação motora e o mais importante, deixa qualquer criança feliz" (MALUF, 2003, p. 19).

Vocês percebem a importância do brincar na aprendizagem da criança?

O estímulo aos jogos e às brincadeiras pode acontecer com ou sem o brinquedo (objeto). Inúmeras são as possibilidades de fazer do aprendizado um momento de brincadeira ou de disputa saudável, pelos jogos. É, certamente, uma maneira de manter a criança ativa e participante, pois a criança que brinca vive uma infância feliz e se torna um adulto muito mais equilibrado física e emocionalmente. É pertinente, aqui, uma fala de Kishimoto (1993, p. 7), que infere que,

Do ponto de vista histórico, a análise do jogo é feita a partir da imagem da criança presente no cotidiano de uma determinada época. O lugar que uma criança ocupa num contexto social específico, a educação a que está submetida e o conjunto de relações sociais que mantém com personagens do seu mundo, tudo isto permite compreender melhor o cotidiano infantil – é nesse cotidiano que se forma a imagem da criança e do seu brincar.

Parece-nos que o brincar foi sempre a atividade principal da criança. As crianças sempre brincaram, desde épocas mais remotas da humanidade. As brincadeiras se perpetuam e se renovam a cada nova geração. Por exemplo, a brincadeira de amarelinha, que já passou por várias gerações e ainda hoje é brincada em algumas escolas e parques, mesmo que com variações em suas regras, ou modificações em sua forma e estratégia, próprias das diferenças entre uma e outra cultura.

A brincadeira infantil tem, ainda, alterações circunstanciais em sua dinâmica, que dependem de fatores como, **quando** a criança brinca (o tempo); **onde ela brinca** (o espaço); **com quem** ela brinca (os parceiros); **os objetos** com os quais ela brinca (boneca, carrinho, bola, acessórios para a construção, de plástico, madeira etc.), mas a essência da brincadeira raramente se altera.

A criança pelo mundo afora continua a brincar de mamãe; de filhinha; de futebol; de montar castelos; de super-homem, enfim, dentro de cada faixa etária, o jogo de criança, em qualquer lugar do mundo, responde às mesmas características lúdicas.

Podemos dizer que, atualmente, o ato de brincar está praticamente ausente do trabalho pedagógico da maioria das escolas brasileiras, não havendo uma proposta que incorpore o lúdico como eixo do trabalho docente com a criança. Sobre isso, Maluf (2003, p. 28) se manifesta afirmando que:

> É rara a escola que investe neste aprendizado. A escola simplesmente esqueceu a brincadeira. Na sala de aula ou ela é utilizada com um papel didático, ou é considerada uma perda de tempo. Até no recreio a criança convive com um monte de proibições. O mesmo ocorre com condomínios, clubes, etc.

A autora, contudo, segue nas observações de modo mais otimista, afirmando que algumas escolas já estão valorizando o brincar, utilizando cada vez mais as brincadeiras, os jogos e os brinquedos na ação didática em sala de aula. Para a autora, os professores estão buscando informações, ainda que timidamente, a fim de enriquecer suas experiências e entender o brincar no intuito de utilizá-lo na construção do aprendizado da criança. Menos mal, não é?

Concluímos que o professor deve organizar suas atividades, selecionando as mais significativas para as crianças com as quais trabalha para, posteriormente, criar condições para que possam ser realizadas. É interessante que estas atividades sejam trabalhadas tanto individualmente como em grupo. Cabe ao professor, em sala de aula, ou fora dela, estabelecer metodologias e condições para desenvolver e facilitar a realização das atividades lúdicas propostas (MALUF, 2003).

Contudo, trabalhar com brincadeiras exige muita seriedade. Ao professor, cabe mesclar prazer e seriedade nas brincadeiras, para ampliar e despertar na criança a vontade de conhecer mais sobre a atividade da qual está participando para, dessa forma, estabelecer relações com o outro de maneira prazerosa, minimizando possíveis conflitos.

Se a criança, ao brincar, age de acordo com a situação na qual está envolvida, ela também cria e recria situações imaginárias ligadas a um fato já acontecido ou, simplesmente, simboliza ou imita um comportamento de alguém no seu dia a dia. Através da abordagem lúdica, é possível ao professor fazer com que esse brincar se transforme em realidade para o mundo maravilhoso da imaginação das crianças, o que confirma, mais uma vez, a importância da **ludicidade** na ação educativa.

> Na ação educativa, na arte, no desenvolvimento da criança, na construção/constituição do homem adulto...

5 - As atividades Lúdicas e a Arte

Trabalhar atividades lúdicas com as crianças em sala de aula é condição indispensável para a apreensão dos conhecimentos artísticos e estéticos, pois possibilita o desenvolvimento da imaginação, percepção, da fantasia e dos sentimentos. Podemos dizer que o brincar nas aulas de Artes pode ser uma excelente maneira de a criança experimentar novas situações, ajudando-a a compreender e a assimilar com maior facilidade o mundo cultural e estético que a rodeia.

A prática artística é vivenciada pela criança pequena como atividade lúdica, na qual o fazer artístico se identifica com o simples brincar, o imaginar com a experiência da linguagem ou da reapresentação. Portanto, o comportamento da criança em situações como esta é socialmente validado conforme sua concepção de vida em sociedade nesta determinada época.

O jogo simbólico pressupõe a representação de um objeto ausente. Ele tem características fundamentais, como assimilação do real ao eu, sem quaisquer limites ou sanções. Tudo é possível no faz de conta. A brincadeira permite ao sujeito elaborar sua experiência vivida, fazendo parte do seu esforço de compreensão e adaptação ao mundo no qual esta inserida. A representação vivida pela criança, mais tarde, cede lugar à representação em pensamento, o qual caracteriza o universo do adulto.

Entende-se que, para o educador, é importante compreender, entender e principalmente interessar-se pelos jogos do passado. Para os currículos dos anos iniciais do ensino fundamental, seria proveitoso recuperar os jogos e brincadeiras da comunidade, através de conversas com pessoas mais velhas, como as bisavós, avós, pais, tios e tantas outras pessoas de sua comunidade. Podemos dizer que é buscar as brincadeiras espontâneas das crianças nas ruas, observando-as. Friedmann (1996) questiona: quem inventou o pião, a pipa, a bola de gude, o jogo de amarelinha, de damas, de dominó, as brincadeiras de roda, o esconde-esconde? Ela responde que foram as próprias crianças através dos séculos. É importante observá-las para que possamos aprender mais sobre as brincadeiras infantis e dessa forma fazê-las reviver e retornar ao espaço educativo para que haja uma sensibilização em relação à aprendizagem da criança e principalmente de forma lúdica.

A falta de espaço e a insegurança das nossas ruas nos dias atuais também são fatores que modificaram muito das brincadeiras. Para Friedmann (1996), recuperar os jogos do passado, nossos, de nossos pais e avós, conhecê-los e trazê-los de volta é importante porque eles se constituem como um material muito importante para o conhecimento e a preservação da nossa cultura, do nosso folclore. Dizemos, como já vimos anteriormente, que eles se constituem em uma obra de criação coletiva e, são passados de forma verbal ou gestual de geração em geração, por isto, correm o risco de desaparecerem. Daí a importância de se registrar de forma organizada e séria e de forma escrita (antologias). Para Friedmann (1996, p. 50):

> Os jogos tradicionais infantis tem qualidades que podem satisfazer de bom grado às necessidades de desenvolvimento das crianças contemporâneas. Seu grande valor está em apresentarem ricas possibilidades para o estimulo de várias atividades nas crianças: físicas, motoras, sensoriais, sociais, afetivas, intelectuais, lingüísticas, etc. tratando de deficiências motoras (jogos com atividade motora); ou da excessiva intelectualização da maior parte das atividades típicas da escola (jogos que envolvem o corpo e os sentidos); ou ajudando a superar o isolamento das nossas crianças de hoje (jogos em grupo).

Compreendem-se de maneira clara a natureza dos jogos tradicionais, e que é possível revivê-los, como nos afirma a autora, transformando-os e adaptando-os às condições contemporâneas de espaço e materiais, sob a condição de preservar o seu real significado básico, assim como a propriedade de extrair deles várias atividades para as crianças. Alguns destes jogos permanecem até hoje, como por exemplo, a bolinha de gude, a corda, a amarelinha, as cirandas, mas, muitos outros, se perderam no tempo.

Jogos e brincadeiras além de serem atividades essencialmente lúdicas, assumem também grande importância no processo da aprendizagem infantil com a função de promover o desenvolvimento da criança. A brincadeira não pode ser de maneira alguma considerada uma atividade somente pedagógica em conjunto com outras atividades de natureza também pedagógica, como a leitura, a escrita e o desenho. Assim, um professor que não gosta de brincar, nunca irá observar seus alunos vivenciando práticas lúdicas, e também não reconhecerá o valor das brincadeiras na vida da criança.

No espaço educativo, as atividades lúdicas como proposta metodológica possibilitam entender que a educação, não trabalha apenas com a racionalidade, e que, a emoção conduz a criança a um encontro consigo mesma, bem como propicia uma melhor adaptação da criança com seu entorno, e a de todos, que de alguma forma ou de outra, fazem parte de seu universo escolar, social e familiar.

É preciso que os professores se coloquem como participantes, acompanhando todo o processo da atividade escolar, mediando os conhecimentos através da brincadeira, do jogo e de outras atividades. O educador deve rever sempre a sua postura em relação ao lúdico e à arte, deve também, mostrar aos pais a importância de tais jogos e atividades para o desenvolvimento de inúmeras possibilidades de aprendizagem.

Retomando a aula

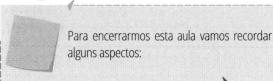

Para encerrarmos esta aula vamos recordar alguns aspectos:

1 - O Movimento, a Arte e a Educação

As crianças que estão nos anos iniciais do ensino fundamental são, com raríssimas exceções, dotadas de muita alegria, agilidade e, principalmente, ansiosas por novos saberes. Nessa fase, ela usa o seu corpo como instrumento de comunicação, é o movimento a favor do diálogo corporal visto como uma forma de linguagem, é a comunicação não verbal, o gesto e o movimento tomam conta do corpo que precisa se expressar.

2 - Os Jogos Tradicionais/Folclóricos

A cultura popular possui jogos tradicionais infantis os quais são transmitidos de geração em geração, expressando desta maneira valores que não poderiam ser aprendidos de outra forma. Estes jogos ou brincadeiras são normalmente praticados em espaços como nas ruas ou quintais de uma determinada comunidade.

3 - O Jogo e sua Função Pedagógica

Vivemos em um mundo contemporâneo e competitivo. A formação do ser humano deve privilegiar habilidades como a criatividade e o senso crítico. Nas atividades lúdicas, as dificuldades, o esforço e o desafio devem fazer parte desta formação, pois o jogo possibilita que a criança aprenda através das regras, questionamentos, competitividade, cooperação e cabe ao professor acompanhar e direcionar estas atividades a partir do planejamento das suas ações docentes, e formatá-las como parte de todo este processo/ação.

4 - O Fazer Artístico: Arte, Brincadeiras e o Movimento Corporal

Observamos que no Ensino Fundamental a alfabetização lúdica e estética é pouco utilizada para o desenvolvimento da aprendizagem da criança nessa fase. Os estudos sobre a formação inicial e continuada do professor que atua nesta fase vêm sendo observada e estudada, existindo inúmeras pesquisas e teóricos que tratam do assunto.

5 - As Atividades Lúdicas e a Arte

Trabalhar atividades lúdicas com as crianças em sala de aula é condição indispensável para a apreensão dos conhecimentos artísticos e estéticos, pois possibilita o desenvolvimento da imaginação, percepção, da fantasia e dos sentimentos. Podemos dizer que o brincar nas aulas de Artes pode ser uma excelente maneira de a criança experimentar novas situações, ajudando-a a compreender e a assimilar com maior facilidade o mundo cultural e estético que a rodeia.

Vale a pena

Vale a pena **acessar**

<www.crmariocovas.sp.gov.br>.
<www.portinari.org.br>.
<www.wikipedia.org>
<www.artenaescola.org.br.
<www.casadasartes.com.br>.
<www.itaucultural.org.br>.

Atividades - AULA 5
Após terem realizado uma boa leitura dos assuntos abordados em nossa aula, na Sala Virtual - Atividades, estão disponíveis os arquivos com as atividades (exercícios) referentes a esta aula. Após responder, envie por meio do Portfólio - ferramenta do ambiente de aprendizagem UNIGRAN Virtual.

OBS: Não esqueçam! Em caso de dúvidas, acessem as ferramentas "fórum" ou "quadro de avisos".

Aula 6º

A Expressividade e o Grafismo Infantil

A criança se expressa desde o seu nascimento de diferentes formas, entre elas, encontra-se o grafismo, tema desta aula. Lembram-se daqueles desenhos infantis difíceis de definir, produzidos pelas crianças? São, também, uma forma de arte? É o que veremos no decorrer desta aula

Boa aula!

Objetivos de aprendizagem

Ao final desta Aula, vocês serão capazes de:

• conhecer a importância da expressividade do grafismo infantil, reconhecendo os principais elementos visuais para o ensino da Arte através dos conhecimentos teóricos e práticos, ampliando as vivências artísticas e estéticas para uma ação pedagógica com qualidade;
• proporcionar situações de aprendizagem através da ludicidade da arte, favorecendo a análise de relação entre as práticas da cultura e as atividades nas aulas de arte;
• identificar e conhecer os processos de Leitura e Releitura de uma obra da arte.
• aplicar as técnicas de conhecimentos adquiridas a uma realidade organizacional, na busca de uma solução para o(s) problema(s).

Seções de estudo

1 - A Expressividade e o Grafismo Infantil
2 - Etapas Evolutivas
3 - A Linguagem do Desenho no Contexto do Desenvolvimento Geral da Criança
4 - A Leitura e a Releitura
5 - Leitura
6 - Releitura

1 - A Expressividade e o Grafismo Infantil

Figura 6.1
Fonte: SANS, 2001.

A criança tem seu próprio processo de criação e expressão em constante movimento, por isso, as imagens, por ela produzidas, são importantes para que o educador perceba e esteja preparado para ajudar essas crianças na construção de um olhar mais crítico e perceptível, tão importantes nos dias de hoje. Quanto mais aguçamos o nosso olhar, mais prestamos atenção nos detalhes, mais estreitamos o foco, reconhecemos melhor as imagens e conseguimos decodificar o que nelas está presente.

A criança se exprime naturalmente e, por circular em diversos espaços culturais, adquire inúmeras experiências e diferentes formas de produção cultural. Percebemos que o papel social da criança foi se modificando ao longo dos tempos e, atualmente, a criança apresenta-se na sociedade com a mesma intensidade dos adultos. Ao desenhar, cantar, rir, dramatizar, gesticular e falar ela está construindo sua história com emoção e diante da coletividade em que está inserida.

Figura 6.2
Fonte: Produção de aluno da Educação Infantil da rede municipal de ensino de Dourados. Projeto de Ensino – Profª Sueli Fernandes. 2010.
Acervo pessoal: Profª Sueli Fernandes.

Não existe uma cultura única, monológica, mas, uma via de mãos e sentidos múltiplos. Não há também valores absolutos que perpassem qualquer tempo ou sociedade. Entendemos, portanto, que o ser humano se exprime normalmente tanto pelo ponto de vista verbal, como plástico ou corporal incentivado pela vontade a cada momento, de uma nova descoberta. Desse modo, os sujeitos, desde muito novos, desenvolvem sua linguagem própria, repleta de signos e carregada de significados, sendo influenciados por sua cultura através de materiais e suportes que estão disponíveis e ao seu alcance.

Seus trabalhos também recebem influências da TV, gibis, computador, rótulos, estampas, vídeos, objetos de arte, cinema, fotografias e, principalmente, trabalhos artísticos de outras crianças.

É comum, ainda, nos dias atuais, professores e pais não entenderem o real valor do desenho infantil, esperando que essas crianças façam a representação do real através de seus desenhos. Sabemos que a arte está há muito tempo desvinculada desse conceito. O processo criativo das crianças não é o mesmo, embora existam características comuns, possibilitando dessa maneira sua divisão em estágios.

Crianças que vivem em países diferentes ou mesmo em épocas distintas percebem detalhes diversificados, mas, mesmo assim, seus desenhos contêm similaridades que nos mostram uma visão análoga de expressão entre elas, certas características refletem os estágios do desenvolvimento mental da arte infantil.

Para que o educador entenda a arte, principalmente a de nosso século, é fundamental que antes conheça a evolução gráfica infantil, percebendo de maneira clara os princípios e tendências que regem a criação visual. As aulas de arte passam a constituir-se em um dos principais espaços dos quais as crianças podem exprimir-se e exercitar-se, mostrando dessa maneira suas potencialidades imaginativas. Cabe ao professor ajudar a criança a perceber os elementos visuais que compõe um objeto, assim como a imagem, o som e a cena.

Recorremos ao professor Paulo de Tarso Sans (2001), que é um profundo conhecedor da evolução do desenho infantil para nos ajudar a entender o processo evolutivo do traço infantil e, principalmente, o seu significado pedagógico.

2 - Etapas Evolutivas

Fase inicial
Entre as idades de um e dois anos:

Figura 6.3

A criança, mesmo não tendo uma coordenação motora muscular madura, é capaz de rabiscar, normalmente com linhas curtas e simples, em curvas fechadas horizontais, depois em espirais e, finalmente, em confusos círculos múltiplos.

Entre dois e três anos:

A criança passa a controlar seus músculos o suficiente para empunhar um instrumento qualquer, até mesmo o seu próprio dedo e começa a rabiscar em diversas superfícies, no papel, na parede, na areia,

Figura 6.4

na terra, e na água o que acarreta em movimentos de vai e vem no braço. Aos três anos, os movimentos circulares passam por uma simplificação até surgirem os primeiros círculos.

Normalmente a criança, depois de ter certo domínio sobre as formas circulares, passa a explorar outras formas. Aos poucos acontece o aparecimento de linhas mais simples,

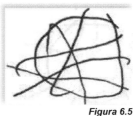
Figura 6.5

mas, com firmeza e controle deliberados, surgem rabiscos mais avançados como o ziguezague, a curva fechada e o círculo imperfeito, quase sempre cobertos por rabiscos repetitivos; apenas um bom observador os consegue distinguir.

É importante salientar que os adultos (educadores e pais), pouco valorizam essa etapa do grafismo infantil. Mas, é através dessa fase que a criança vai obter a autoconfiança para progredir com maior estímulo as etapas seguintes.

Podemos dizer que o círculo é a primeira forma organizada que surge a partir dos rabiscos. Não se deve procurar perfeição geométrica nesses desenhos. Nesse período, o controle visual e motor da criança é insuficiente para elaborar uma forma

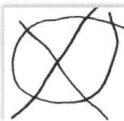
Figura 6.6

exata. Inicialmente, os círculos aparecem vazios; aos poucos a criança passa a preenchê-los com manchas e rabiscos. O círculo é cruzado, formando-se dessa maneira a forma mais simples da mandala. Essas formas foram desenhadas pelo homem desde o tempo das cavernas (período rupestre), nas cavernas, nas fachadas dos templos e aparecem nos desenhos de todas as crianças do mundo inteiro.

Figura humana
Aos poucos e gradativamente, a mandala vai-se modificando e formando o sol irradiante, o espaço central é, aos poucos, preenchido com pequenos pontos e pequenos círculos. A criança ao chegar a

esse estágio descobre a fórmula para produzir uma imagem representativa que a satisfaz, iniciando, dessa forma, uma nova fase, descobrindo o rosto humano.

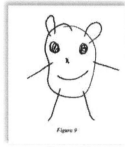
Figura 6.7

Após a descoberta da facc, as crianças vão aos poucos construindo os membros da figura humana: o corpo, os dedos, as pernas e outros detalhes que surgem gradativamente. São detalhes acrescentados aos poucos, pois o progresso é natural e lento, como aconteceu nas fases anteriores.

Entre quatro e cinco anos, o desenvolvimento dos detalhes segue junto com o da figura, aparecendo os dedos dos pés e das mãos, dentes, orelhas, umbigo e outras experimentações.

Nesse momento a criança deixa de representar sua experiência privada e gráfica, para desenhar objetos do mundo exterior colocando-os em relação uns aos outros, até que perceba que pode representar situações e distribuir as imagens no papel.

Figuração esquemática

Aos seis anos de idade aproximadamente, a criança passa a descobrir a relação entre o seu desenho e a realidade. A representação da realidade é a sua intenção, colocando em seus trabalhos, a influência que sofre da cultura em que está inserida. A sua capacidade de observação vai aos poucos atuando na sua expressão plástica. A criança coloca no papel o que sente através de sua realidade prevalecendo o emocional sobre o real. Vale ressaltar que, para a criança, a arte abstrata não existe. Ela vai desenhar momentos vividos e conhecimentos dominados por sua imaginação. Nessa fase, a figura humana já começa a ser representada também de perfil.

Prevalece também, nessa fase, o esquema de um tipo genérico de casas, árvores, pessoas e a repetição é constante, mas a criança sempre procurará renovar-se e ultrapassar-se.

Figura 6.9

A representação espacial vai se aprimorando e os motivos desenhados vão sendo, aos poucos, colocados em seus devidos lugares. As cores são cada vez mais relacionadas com a realidade. O espaço é geralmente ordenado por uma linha que serve de apoio para sustentar casa, pessoas, árvores, animais, carros. A visão gráfica da criança nessa fase é desprovida de perspectiva. Alguns autores classificam os planos deitados do desenho sob dois aspectos:

Plano deitado irradiante:
Como se fosse à representação de uma brincadeira de roda, com todos os personagens deitados.

Figura 6.10

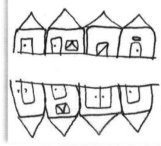
Figura 6.11

Plano deitado axial:
Como desenhos que aparecem vistos de cima, como se fossem feitos e analisados do alto.

Temos também nessa fase a chamada Transparência, ela mostra-nos o que deveria estar escondido como, por exemplo: os móveis que estão dentro da casa, aparecem no mesmo plano das linhas de contorno desta. A criança ainda descreve o que desenha verbalmente, como se fosse uma história.

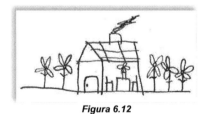
Figura 6.12

Figuração realista

Aos dez anos de idade, aproximadamente, a criança atinge essa nova etapa do desenvolvimento mental. Ela procura a lógica em sua criação, provavelmente por ter aguçado seu senso crítico, resultando no julgamento de sua própria expressão, na qual, a espontaneidade anteriormente era latente. Lowelfeld e Brittain (1970), denominam essa fase de realista porque a criança descobre o plano que substitui a linha básica. Observa-se que nessa fase a transparência desaparece dos desenhos, pois ela é substituída pelos planos, na qual a relação de profundidade entre os elementos são ordenados em cena.

A criança, nessa fase, procura representar o que vê, estando constantemente insatisfeita com o resultado final de seu trabalho. A relação dos educadores e dos pais nesse período com a criança é de extrema importância, para que ela não troque a valorização da habilidade pela da expressividade, continuando dessa maneira a carregar consigo a espontaneidade já adquirida anteriormente.

Figura 6.13

3 - A Linguagem do Desenho no Contexto do Desenvolvimento Geral da Criança

Como observamos nos itens anteriores, a construção das imagens no imaginário da criança ocorre gradativamente de acordo com as etapas operacionais do pensamento artístico de cada sujeito.

O desenho para a criança reflete suas impressões e percepções, podendo ou não estar relacionadas com a sua visão de mundo. Ao desenhar, a criança descobre suas próprias regras, estabelecendo assim o seu limite. É fundamental que o educador perceba a importância desse processo, a do desenho, para o desenvolvimento de sua autoexpressão, do raciocínio, da sensibilidade e para relacionar-se com o outro.

A educação é um processo rápido, dinâmico, no qual não cabe mais a transmissão de saberes consagrados e estáticos. Repensar as aulas de desenho implica, também, em redimensionar o conceito de desenho, não podendo mais ser traduzido em cópia mimética de um determinado objeto. A criança deve ser sempre estimulada a criar a partir de sua própria imaginação. Cada descoberta que faz, transforma-se em uma nova possibilidade, em uma nova variante.

Relacionar-se com os desenhos das crianças sem a tradução feita pela língua escrita, como por exemplo, um texto para ser decodificado, é no mínimo assustador aos olhos de profissionais despreparados para a compreensão e interpretação da arte. Muitas vezes, o educador não distingue seus significados. As mensagens escritas pelas crianças em seus trabalhos facilitam, sem dúvida, a sua compreensão, mas não são indispensáveis para o desenvolvimento do grafismo visual.

O profissional da área de educação deve proporcionar aos seus alunos outros aspectos. Não apenas aqueles de imediata aplicabilidade pedagógica, mas também os inerentes à cultura como um todo, como a música, o teatro, as artes plásticas, a fotografia, o cinema, a literatura, a dança, as exposições de arte, entre tantos outros.

O educador é responsável pela formação intelectual de seus educandos, e é justamente essa formação hoje, uma das maiores dificuldades da educação em nosso país.

Para que fique mais claro o entendimento sobre a importância da criação pessoal e individual do grafismo infantil, segue abaixo uma situação verídica sobre desenhos de crianças brasileiras recusados em uma exposição de Milão em 1948, este evento deveria expor desenhos de crianças de todo o mundo. Por que, então, os dos brasileiros foram recusados? Vejamos: Conforme Martins (1998, p. 15) "O músico Koellreuter e Geni Marcondes, que na época estavam na Itália, entrevistaram a vice-presidente da instituição organizadora. Em artigo publicado pelo O Estado de Minas de 1949, relatam:

> Quisemos saber qual fora o critério adotado para a escolha dos desenhos expostos. A Dra. Paccagnella respondeu-nos: 'os mais espontâneos, naturalmente, foram os preferidos. Fizemos uma seleção na remessa de cada país e tudo o que nos pareceu ajudado ou mesmo sugerido por adultos foi deixado de lado. No entanto, esse trabalho seletivo não pôde ser feito em relação aos desenhos vindos do Brasil. Como vêem – e a pedagoga sorriu gentilmente do nosso embaraço –, não tivemos muito o que escolher. Não recebemos nenhuma criação verdadeiramente livre das crianças brasileiras. Isso não quer dizer, é claro, que a infância do Brasil não sinta necessidade de usar também a linguagem gráfica, como a infância de todos os países do mundo. Apenas, creio que fizeram lá uma seleção completamente inversa da que fizemos aqui. Preteriram as criações espontâneas pelos desenhos assim chamados 'bem-

feitinhos' e carentes de originalidade. Acharam, por certo, que isto aqui (e apontou um renque de palmeiras feito com régua e apresentando uma perspectiva perfeita) era mais interessante do que uma criação deste tipo' (mostrou o desenho de um pequeno argentino, encantador, de liberdade inventiva). A Dra. Paccagnella tinha razão. Nada menos representativo, menos vivo que as produções brasileiras da exposição. Era como se nossas crianças tivessem nascido mortas e aqueles bichos empalhados fossem a expressão de sua falta de vitalidade (Escolinha de Arte do Brasil. Brasília, INEP, 1980, p. 32).

De acordo com o que acabamos de ler, podemos chegar à conclusão de que o que foi verdadeiramente recusado não foram os desenhos das crianças brasileiras, mas sim, os responsáveis pela seleção feita no Brasil. Como os desenhos seriam para uma exposição na Europa, provavelmente pensaram que não poderiam enviar qualquer coisa. Então professores e/ou pais, deram uma "ajudinha". Se pararmos para analisar esta situação, vamos acabar encontrando semelhanças ainda hoje nas escolas de nosso país.

O professor precisa estar consciente da sua importância em sala de aula, ele deve ser um mediador e nunca um ajudante de seu aluno. Cabe a ele estimular e incentivar as produções gráficas das crianças, independente do seu conceito de perfeição e beleza.

Acredito que vocês tenham percebido como é importante a postura do professor perante a criação gráfica das crianças.

As imagens que ilustram o conteúdo da seção foram retiradas da obra: SANS, Paulo de Tarso Cheida. Pedagogia do Desenho Infantil. Campinas: Átomo, 2001.

4 - A Leitura e a Releitura

Inúmeras são as questões que atualmente inquietam os professores educadores de arte: compreender a produção contemporânea de arte e a sua estética na educação passa a ser para o professor um desafio a ser enfrentado e decodificado perante seu aluno.

Há alguns anos, priorizava-se nas aulas de arte a produção de técnicas e a expressividade da arte. Atualmente, a principal preocupação é a estética nos conteúdos ministrados em arte.

A partir dos anos de 1980, no Brasil, o ensino de arte começa a ser repensado em novas bases conceituais e revisado quanto a sua relação com as pesquisas contemporâneas em arte. Os professores passaram a trabalhar não só com a produção, mas também a leitura da imagem e a contextualização histórica. Surgiram também as releituras, enquanto produções realizadas com base em obras de arte. No entanto, na prática artística, há muito tempo os artistas trabalham com processos intertextuais em suas obras para homenagear, criticar ou parodiar outros textos.

Necessita-se hoje de educadores que saibam compreender as mensagens gráfica/plástica/visuais, aproximando-se dessa maneira das linguagens utilizadas pela arte contemporânea, e orientando-lhe para uma atitude mais crítica perante a produção artística.

Sabemos que a escola é responsável por uma ampla formação cultural de nossa sociedade, e a arte tem em seu currículo escolar conteúdos próprios e ligados à cultura artística que deve ser devidamente explorada.

Cabe aos educadores da arte a responsabilidade na formação de sujeitos leitores e sensíveis às imagens presentes no nosso dia a dia e principalmente e em particular no mundo das artes.

Mona Lisa
Leonardo da Vinci

Mônica Lisa
Mauricio de Sousa

Figura 6.14
Fonte: <http://pt.wikipedia.org/wiki/Ficheiro:Releitura.jpeg>.

5 - Leitura

Nos últimos anos vem-se pesquisando cada dia mais sobre a leitura de uma obra de arte. Existem muitas definições em relação à leitura da obra, mas, para compreendermos melhor, é necessário que antes passemos a entender também o que é leitura.

O texto, por exemplo, não é simplesmente um amontoado de frases, mas o sentido que cada uma delas possui é a relação que se estabelece entre elas. Assim, podemos dizer que o texto é definido por sua organização e passa a ser entendido como objeto de significação.

Se formos comparar o texto com a pintura, podemos dizer que nem o texto é um agrupamento de frases e nem a pintura é um amontoado de manchas coloridas. Mas elas se interrelacionam entre si, ou melhor, cada parte depende da outra para poder ter sentido.

É necessário que se observe também o que existe fora do texto ou da pintura, o que vai influenciar com certeza em seu contexto. Podemos dizer que a criação de um texto ou de uma obra deve ser lida como se fosse um texto escrito que se dá em um determinado espaço e tempo, desvelando ideias, valores e interpretações da arte e do mundo em que está inserido. Como objeto de comunicação, o texto, faz a ligação entre o produtor-destinador e o leitor-destinatário. Entendemos que o texto para a semiótica pode ser linguístico, visual, gestual, sonoro e sincrético, que é aquele que pode possuir mais de uma expressão ao mesmo tempo como, por exemplo: o teatro, o cinema e até mesmo o computador.

John Dewey (1971), educador estrangeiro que influencia o ensino de arte no Brasil, em seus estudos sobre a função educativa da experiência da criança em suas diferentes fases de desenvolvimento e de sua consciência estética, ao tratar a arte como uma experiência estética, diferencia o ato de ver do ato de perceber. Para seu entendimento, um leitor poderá ver uma obra de arte, mas não necessariamente percebê-la esteticamente. Dessa forma, um sujeito, ao visitar uma exposição de arte e ao olhar para as obras, se ele não estabelecer relações não irá compreender o seu sentido, passando então a não percebê-la esteticamente.

Para que o sujeito possa perceber uma obra de arte, ele necessita criar sua própria experiência, fazendo de sua criação-imaginação uma conexão com a obra original, que acaba de apreciar. Nessa proposta de leitura, o leitor recria o objeto para si e tenta percorrer o caminho que o artista faz ao produzir a obra. Mas isso acontece conforme a sua informação e interesse cultural.

Se recorrermos ao dicionário Aurélio Buarque de Holanda e ao dicionário de Semiótica, podemos observar que o conceito de leitura não é diferente do que já foi posto até aqui. No Aurélio leitura é o "ato ou efeito de ler, arte de decifrar e fixar um texto de autor, segundo determinado critério". No dicionário de semiótica, a leitura é "uma semiose, uma atividade primordial cujo resultado é correlacionar um conteúdo a uma expressão dada e transformar uma cadeia de expressão em uma sintagmática de signos". Percebemos que, em ambos, os casos a leitura envolve um processo de reconhecimento, exigindo um leitor perceptivo para realizar o percurso do produtor do texto. Percebemos também que a leitura não é um ato passivo, pois exige um fazer interpretativo no qual constrói o leitor a partir de sua ação, de reconstrução do sentido do texto, no próprio texto.

Figura 6.15

A leitura de uma obra de arte só se dá quando passamos a perceber, compreender e estabelecemos relações entre seus códigos visuais como: as cores, as formas e linhas presentes na obra e como elas são distribuídas e organizadas no espaço pictórico. Para esclarecer melhor como se dá a leitura de uma obra figurativa e outra abstrata, recorremos aos seguintes exemplos: Em uma obra figurativa, por exemplo, *A Negra*, **de Tarsila do Amaral** (1923), a presença de uma figura humana dá a ela um sentido humano específico, revelando ao sujeito apreciador que a observa o seu estado de alma. Mas, se em uma pintura figurativa, a presença de um corpo nos permite essa identificação, como isso se estabelece quando o trabalho não é figurativo? Percebemos através de nossa sensibilidade plástica e pela maneira como observamos o enunciado, o jeito como o artista organiza as cores e as formas no espaço pictórico. Citamos como exemplo **Kandinsky e Mondrian**, com obras não figurativas ou abstratas, que se apresentam de diversas maneiras. Porém, ambas nos fazem sentir algo diferente quando estabelecemos uma relação com elas.

Batalha
Wassily Kandinsky
(abstracionismo informal)

Figura 6.16

Composição
Piet Mondrian
(abstracionismo formal/ geométrico)

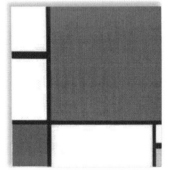

Figura 6.17

Não existe um roteiro preestabelecido para a leitura de uma obra de arte. Cabe ao leitor perceber os processos de estruturação do texto a ser analisado. Se ele for imagético, por exemplo, o primeiro obstáculo a ser enfrentado será a abordagem de uma linguagem, ou seja, a da pintura por sua descrição verbal. O objeto semiótico é o resultado de uma leitura que se constrói e para que se obtenha essa leitura, faz-se necessário que o leitor (semioticista), elabore um discurso que lhe permita delinear o seu percurso. Chamamos, portanto de intertextualidade a relação que se dá entre um sistema de linguagem verbal e uma linguagem não verbal, no caso a pintura.

6 - Releitura

Reler é reinterpretar, criar novos significados acerca de um determinado assunto, objeto, no caso da arte, a pintura. Quando recriamos um determinado objeto da natureza ou mesmo construído pelo homem através da pintura, estamos relendo-o. A questão da releitura ainda hoje é bastante complexa. Muitos educadores a confundem com cópia, o que definitivamente é um equívoco. Os professores apresentam aos seus alunos uma determinada obra de arte para que as copiem, e o fazem na certeza de que estão trabalhando com base na proposta triangular, referindo-se ao fazer artístico, como proposta de releitura, e esta como referencial de cópia. Podemos dizer que existe uma grande diferença entre a releitura e a cópia. Na releitura, o sujeito interpreta a obra com base em um referencial já existente, ou melhor, dizendo, em um texto visual que poderá estar visível ou não na obra final. Já a cópia é o aprimoramento técnico, sem modificações nem transformações em relação à obra. Não existe interpretação e tampouco uma nova criação. Na releitura, devemos buscar sempre uma nova criação e não a reprodução de uma imagem já existente. Na releitura, um artista parte da obra de outro artista para criar a sua própria obra. Podemos citar como exemplo a obra de Velazquez, Las meninas. Picasso fez várias releituras dessa obra, mas sempre se apropriando da imagem e recriando em seu próprio universo.

Figura 6.18 'As Meninas', de Velásquez (1599-1660)

Figura 6.19 'As Meninas'. Pablo Picasso, 1957. Museu Picasso, Barcelona.

Dizemos que, ao ler uma obra de arte, estamos nos beneficiando de nossos conhecimentos culturais e artísticos para podermos dar significados à obra. Não há uma leitura, mas várias leituras, em que cada qual precisa encontrar a sua maneira de interpretar essa imagem. A releitura pode ser entendida como um diálogo entre textos visuais diferentes, que são os intertextos, não deixando de serem criações e produções de novos sentidos, no qual buscamos a relação de um texto com o nosso próprio texto.

Leitura e Releitura são criações, produções de sentidos em que buscamos explicitar relações de um texto com nosso contexto.

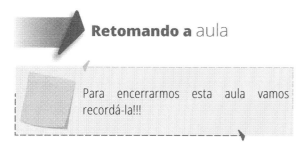

Retomando a aula

Para encerrarmos esta aula vamos recordá-la!!!

1- A Expressividade e o Grafismo Infantil

A criança tem seu próprio processo de criação e expressão em constante movimento, por isso as imagens, por ela produzidas, são importantes para que o educador perceba e esteja preparado para ajudar essas crianças na construção de um olhar mais crítico e perceptível, indispensável nos dias de hoje. Quanto mais aguçamos o nosso olhar, mais prestamos atenção nos detalhes, mais estreitamos o foco, reconhecemos melhor as imagens e conseguimos decodificar o que nelas está presente.

2 - Etapas Evolutivas

Os adultos (educadores e pais) pouco valorizam a etapa do grafismo infantil. Mas é através dessa fase que a criança vai obter a autoconfiança para progredir com maior estímulo as etapas seguintes, passando do rabisco para produções significativas, paulatinamente, explorando formas diversas, construindo o seu saber artístico.

3 - A Linguagem do Desenho no Contexto do Desenvolvimento Geral da Criança

O desenho para a criança reflete suas impressões e percepções, podendo ou não estar relacionadas com a sua visão de mundo. Ao desenhar, a criança descobre suas próprias regras, estabelecendo assim o seu limite. É fundamental que o educador perceba a importância desse processo, a do desenho, para o desenvolvimento de sua autoexpressão, do raciocínio, da sensibilidade e para relacionar-se com o outro.

4 - A Leitura e a Releitura

Inúmeras são as questões que atualmente inquietam os professores educadores de arte: compreender a produção contemporânea de arte e a sua estética na educação passam a ser para o professor um desafio a ser enfrentado e decodificado perante seu aluno.

5 - Leitura

Dizemos que, ao ler uma obra de arte, estamos nos beneficiando de nossos conhecimentos culturais e artísticos para podermos dar significados à obra. Não há uma leitura, mas várias leituras, em que cada qual precisa encontrar a sua maneira de interpretar essa imagem.

6 - Releitura

A releitura pode ser entendida como um diálogo entre textos visuais diferentes, que são os intertextos, não deixando de serem criações e produções de novos sentidos, no qual buscamos a relação de um texto com o nosso próprio texto.

E aí, tudo certo até aqui?

Vale a pena **acessar**

<www.mam.org.br>.

<www.museuhistoriconacional.com.br>.

<www.museusegall.org.br>.

<www.mnba.gov.br>.

<www.museuvirtual.org.br>.

Atividades - AULA 6

Após terem realizado uma boa leitura dos assuntos abordados em nossa aula, na Sala Virtual - Atividades, estão disponíveis os arquivos com as atividades (exercícios) referentes a esta aula. Após responder, envie por meio do Portfólio – ferramenta do ambiente de aprendizagem UNIGRAN Virtual.

Aula 7º

Teoria e Prática Integrada em Educação nas Diferentes Linguagens Artísticas (Artes Visuais, Teatro, Dança e Música)

Nas aulas anteriores, vimos as múltiplas relações que perpassam a arte e o ensino de arte, não é? Traçávamos o caminho para a abordagem de outra relação fundamental no processo ensino e aprendizagem, a relação teoria e prática, categorias indissociáveis, não é mesmo? No decorrer desta aula, veremos como as linguagens artísticas podem ser integradas na prática cotidiana, e a partir de quais pressupostos, começando por entender o que são linguagens artísticas.

As linguagens artísticas, assim como outras linguagens, são também formas de expressão e comunicação, mas têm como característica diferencial, porque própria dela, um repertório de produtos e fazeres socialmente construídos. Sendo assim, podemos afirmar que, na escola, as linguagens artísticas são elementos mediadores na construção da identidade cultural dos alunos.

> [...] as linguagens da Arte têm uma dupla significação na escola: por um lado, atuam como formas de comunicação e expressão para toda e qualquer informação das áreas de conhecimento e, por outro, têm, em torno delas, uma construção histórica que as institui como uma área de conhecimento (PONTES, 2001, p. 33).

Como área de conhecimento que compõe, com as demais, o corpus curricular do ensino básico, a arte deve ser entendida em toda a sua amplitude, não é? Requer que se reconheçam todas as suas linguagens e o que representam para o trabalho pedagógico. Então, vamos lá!

Boa aula!

Objetivos de aprendizagem

Ao término desta aula, você será capaz de:

• conhecer a importância das linguagens artísticas (artes visuais, teatro, dança e música) na prática pedagógica;
• ampliar o olhar para a estética e para uma ação pedagógica sensível, criativa e com qualidade.

Seções de estudo

1 - Teoria e Prática Integrada em Educação nas Diferentes Linguagens Artísticas (Artes Visuais, Teatro, Dança e Música)
2 - As Artes Visuais
3 - O Teatro
4 - A Dança
5 - A Música

1 - Teoria e Prática Integrada em Educação nas Diferentes Linguagens Artísticas (Artes Visuais, Teatro, Dança e Música)

Acredita-se que a relação com o outro é de grande importância para a formação do sujeito. Ao falarmos de formação cultural não podemos excluir a técnica, nem tampouco a teoria, mas, devemos ampliar o aprendizado alcançando outras instâncias e categorias de produção cultural. Esta concepção é corroborada pelos princípios orientadores dos Parâmetros Curriculares Nacionais (PCNs) para o ensino básico, no segmento **Arte**.

Os PCNs enfatizam que a aprendizagem de conteúdos para a formação do cidadão deve buscar a igualdade de participação sobre a produção nacional e internacional de Arte. Para tanto, os conteúdos devem pautar-se nas linguagens artísticas, Artes Visuais, Teatro, Música e Dança que, em conjunto, devem promover a formação artística e estética do aprendiz e sua participação na sociedade.

Os PCNs esclarecem também, que o sujeito, ao longo de sua escolaridade, deve ter a oportunidade de vivenciar o maior número de formas de arte possível, articulado dentro do contexto do ensino aprendizagem em três eixos norteadores: a produção, a fruição e a reflexão, que poderão ser trabalhados em qualquer ordem, seguindo a decisão do professor. São eixos embasados na Proposta Triangular, de Ana Mae Barbosa (1998), na qual associa o fazer, o apreciar e o contextualizar como ações conjuntas e integradas na assimilação do universo da arte.

Segundo Barbosa (1998, p. 33):

> A proposta triangular deriva de uma dupla triangulação. A primeira é de natureza epistemológica, ao designar os componentes do ensino-aprendizagem por três ações mentalmente e sensorialmente básicas, quais sejam: criação (fazer artístico), leitura da obra de arte e contextualização.

O professor de arte, para trabalhar de acordo com os PCNs, necessita de vivência e experiência pessoal em arte, que possam lhe propiciar conhecimentos técnicos para uma melhor realização didática nas situações que envolvem a aprendizagem, o fazer, o apreciar e a reflexão sobre a arte como produto cultural e histórico.

O educador em arte é o fio condutor responsável por todo o processo teórico-prático da educação escolar em arte como: a música, a dança, o teatro e as artes visuais. Todos estes saberes contribuem para a formação de um processo artístico individual e pessoal. Os professores devem ter objetivos e metas a serem alcançados a curto, médio e longo prazo, devem orientar a apreensão dos conhecimentos artísticos dos seus educandos que, de acordo com Ferraz e Fuzari (1993, p. 102), colaboram para "[...] formarem-se como cidadãos culturais no mundo contemporâneo".

Podemos dizer que os trabalhos e/ou conteúdos artísticos desenvolvidos através de processos teóricos e práticos, e na vivencia com a arte formam sujeitos criativos, sensíveis e, principalmente, apreciadores das artes em qualquer que seja a sua modalidade. É importante frisar que para que este processo aconteça é fundamental a presença constante e mediadora do educador.

Para que esta mediação possa ser feita de modo satisfatório, o professor deve, também, ter integradas as diferentes linguagens visuais à sua prática, conhecendo o histórico de cada uma delas, o que o habilitará para tomadas de decisões conscientes e críticas. Dessa forma, contemplando o fazer, o apreciar e o contextualizar, previstos nos PCNs. Vamos a elas, então.

2 - As Artes Visuais

As artes visuais estão presentes em todas as escolas brasileiras, mas há certa preocupação que inquieta educadores e estudiosos da arte-educação acerca disso e sobre como vem sendo desenvolvida nas escolas, enquanto disciplina. Esta inquietação, longe de ser a única, tem sua razão de ser, em princípio, no despreparo das escolas e dos professores para atuarem na área de artes visuais.

Bem, a esse respeito, vamos lembrar a árdua batalha da arte educação na história da educação, por certo, por ser uma área que tem por excelência o desenvolvimento da sensibilidade e criticidade, o que não era do interesse dos governantes de determinados períodos, não é? Mesmo não se mantendo calada, a arte ficou, grosso modo, distanciada da matriz curricular das escolas públicas, por algum tempo.

Vamos pensar, então: e quanto aos professores do ensino básico, que são muitos, que tiveram sua formação durante este período de distanciamento, e desde então estão em sala de aula?

Mas, não é apenas sobre a prática a reflexão aqui proposta. Trata-se também da escola, da visão empobrecida de arte como entretenimento, passa-tempo etc. Do desconhecimento da amplitude da arte e da sua importância na formação do aluno que a escola se propõe formar. Enfim, escolas e professores precisam conhecer a arte para poderem fazer arte sem confundi-la com mera atividade de lazer.

Quanto a nós, devemos saber olhar para a escola de forma crítica, de forma compromissada com nosso espaço de trabalho. Somos antes de tudo educadores e, como tal, devemos ter uma postura calcada em valores éticos e práticas pedagógicas.

O primeiro passo para que isto aconteça é reconhecer a variedade de culturas existentes na escola e, principalmente, dentro de cada sala de aula. É importante reconhecer o valor desta pluralidade e a importância destas manifestações culturais para o crescimento de cada sujeito, pois só assim estaremos trabalhando a arte com objetivo de educação. Devemos entender a arte atualmente como uma área de conhecimento que perpassa a atividade social, como, principalmente, uma maneira de se praticar a cultura.

Quanto à escola, a arte deve ser vista como disciplina com conteúdos específicos, tal qual as disciplinas que, por diversas razões, tem maior prestígio, porque a arte tem uma história, um domínio e, reafirmamos, constitui-se uma área de estudos específicos.

As inserções anuais dos alunos de artes visuais nas escolas públicas, onde desenvolvem, junto aos professores, diferentes projetos, possibilita observar que ainda hoje, nas escolas, raramente o aluno é colocado em relação com a obra de arte para que desenvolva a sua capacidade de apreciação e de crítica, o seu universo sensível. O ensino da arte, quando presente, de fato, na escola, em geral, é centrado em aulas expositivas ou em leituras de textos teóricos, não chegando a um fazer artístico com características de liberação, libertação e socialização, o que descaracteriza completamente os objetivos da arte na escola. Quando professores se dispõem a trabalhar com atividades práticas, no mais das vezes priorizam a cópia ou a pintura de trabalhos impressos, em geral com o mesmo tema/figura, distribuídos aos alunos sem qualquer contextualização.

É preciso acabar com esta visão arcaica da arte que ainda acompanha inúmeros professores, e cabe a nós, educadores e futuros educadores, mais esta missão, a de mudar o olhar destes sujeitos em relação a esta disciplina tão importante para a formação de todo e qualquer indivíduo. Martins (1998, p. 23-24) observa que,

> A arte, pois, não imita objetos, idéias ou conceitos. Ela cria algo novo, porque não é cópia ou pura reprodução, mas a representação simbólica de objetos e idéias – que também podem ser visuais, sonoras, gestuais, corporais... presentificados em uma nova realidade, sob um outro ponto de vista".

O professor deve proporcionar aos alunos novos espaços e promover situações nas quais a criança possa exercitar a sua liberdade, fazendo com que as linguagens artísticas tornem-se suportes para integrar razão e desejo, permitindo, desta maneira, que suas ações sejam reconhecidas por ela como mais uma possibilidade de criação e desenvolvimento pessoal.

3 - O Teatro

A linguagem teatral, quando trabalhada com crianças maiores, traz de volta a infância, pois a emoção sentida, por exemplo, pode ser parecida nas brincadeiras de criança e o faz de conta. O teatro

Figura 7.1
Fonte: <http://ensinarevt.com/conteudos/ >.

deve ser apreciado em cena, e sem que se perca a sua dimensão estética, o que o torna diferente de se aprender com a arte da dramatização e não podendo, portanto, ser reduzido apenas a entretenimento.

Se pararmos para pensar, vamos perceber que o teatro acontece todos os dias em nossa vida, independente de uma proposta formal. Experimentamos e passamos por determinadas situações que, muitas vezes, resolvemos através da representação, por isto dizemos que o teatro acontece em nossa vida dia a dia.

A criança, por exemplo, que brinca de boneca, de doutor ou de qualquer outra profissão ou situação segue o mesmo princípio do ator, ambos estão representando e acreditando numa situação dirigida por seus personagens.

O teatro na escola pode ter inúmeras possibilidades de realização, basta que tenhamos um objetivo a ser seguido. Na escola desejamos que o teatro seja lúdico e pedagógico, é o teatro na educação, o que busca a formação de sujeitos mais articulados, desinibidos, capazes de resolver situações inesperadas.

Ao trabalhar o teatro em sua sala de aula o professor precisa partir da essência do teatro: a noção de espaço, o ritmo e o autoconhecimento. A criança precisa conhecer-se para poder representar, ter autoconfiança, quebrar bloqueios e inibições.

O teatro possibilita ao professor uma relação mais pessoal e humana com seus alunos além de ser, sem dúvida, um excelente difusor de cultura, lazer e educação.

Através de exercícios e jogos teatrais, o sujeito desenvolve sua criatividade de maneira crítica e ativa. O sujeito constrói a sua linguagem, trabalha a sua sensibilidade e com a sua experiência de vida, dá vida a seus personagens.

O homem sofre constantes transformações, é, ele mesmo, como a cultura, dinâmica e transitória – o que parece estável, minutos depois pode ser descartável. Sendo o homem, também dinâmico, os exercícios de teatro na escola podem contribuir para que os conhecimentos adquiridos ao longo de sua

história transformem-se em habilidades técnicas, e acima de tudo, levá-lo a resultados surpreendentes, tornando-o um indivíduo com grande poder de criação, sensibilidade e mais crítico em relação ao mundo que o cerca.

Figura 7.2
Fonte: <http://pt.scribd.com/doc/3347791/Apostila-Ensino-Fundamental-Vol3-Artes>.

Tudo bem até aqui?
Então vamos em frente!

Na Arte Tecnológica, são os meios (fotografia, xérox, vídeo, cinema, livro, correio, holograma, microficha, heliografia, telefone) e a alta tecnologia (computadores, satélites, raios laser) que estão gerando novas linguagens artísticas, novas formas de percepção do mundo.

À medida que a tecnologia invadiu os meios de produção, acabou provocando também o surgimento de novas formas de expressão artística, nas quais foi ultrapassada a rígida separação entre objetos industrializados e obras de arte.

Agora, no século XXI, é a Tecnologia, a Informática, a Robótica e a Inteligência Artificial que despertam a atenção e permeiam o pensamento e as ações dos artistas pós-modernos. Como já mencionamos, o sujeito constrói a sua linguagem, trabalha a partir de seus conhecimentos e habilidades, não desprezando a sua experiência de vida e a sua sensibilidade, o que lhe assegura um estilo próprio de ver e produzir arte.

Figura 7.3
Fonte: <http://www.itaucultural.org.br>.

O cinema - um filme, para ser compreendido exige que façamos constantemente a rememoração da narrativa visual. Ele emociona, faz pensar e suscita a cada sujeito as mais diversas reações.

De acordo com Luis Buñuel (1982),

> Creio que o cinema exerce um certo poder hipnótico sobre os espectadores. Basta observar as pessoas que saem de uma sala de cinema, sempre em silêncio, a cabeça baixa e o ar distante. [...] A hipnose cinematográfica, leve e inconsciente, deve-se, sem duvida, à obscuridade da sala, mas também às mudanças de planos, de luzes e aos movimentos da câmera, que enfraquecem a inteligência crítica do espectador e exercem sobre ele uma espécie de fascinação e de violação" (BUÑUEL, 1982, p. 95-96).

Na arte do cinema, o cineasta é voltado para o ato de criar e enfatiza estes aspectos. Este fazer pressupõe, reflexão sobre o que esta sendo criado, e sobre o próprio ato de criar. No cinema, um filme, mostra de forma contundente o elo que se faz entre o observador e o observado, neste caso o filme projetado.

O vídeo - possibilita a circulação e a divulgação de obras, contribuindo para que os educandos tenham acesso a novas tecnologias, assim como aos computadores, hoje, disponíveis em inúmeras escolas, facilitando uma nova experiência. Atualmente, o vídeo é um excelente recurso áudio visual que pode ser utilizado pelos professores em suas salas de aula.

4 - A Dança

Figura 7.4
Fonte: http://pt.scribd.com/doc/3347791/
Apostila-Ensino-Fundamental-Vol3-Artes

Na dança, referimo-nos a todos os tipos de expressão corporal a que estamos submetidos na nossa vida. Não apenas as danças clássicas, mas todas as manifestações folclóricas existentes em nosso rico país.

A Educação em Dança na escola de ensino formal se diferencia da educação em Dança proporcionada pelos cursos livres. Nas academias de dança ou, como já mencionamos, nos cursos livres, se privilegia a técnica de execução dos movimentos já decodificados pelas inúmeras culturas ao longo dos séculos.

Figura 7.5 Crianças dançando.
(Pontes, 2001, p.100)

A educação em dança do ensino escolar deve trabalhar para formar um sujeito acima de tudo mais criativo e apto a refletir e a emitir opiniões críticas a respeito de diferentes trabalhos de dança. Para que isso aconteça, é necessário que a escola esteja preparada para educar o olhar sensível, o que nos remete ao conhecimento de estética e da arte como um todo.

Então nos perguntamos – como fazer uma leitura de dança? O que devemos observar? Na pintura, por exemplo, observa-se a perspectiva, o relevo, a austeridade clássica ou o romantismo barroco, a imitação da natureza, o colorido ou o desenho, a maneira de compor o agrupamento dos elementos, a variedade ou condensação dos temas (OLIVEIRA, 1997). Mas, e na dança, quais são os modos estéticos de organização? – A partir da obra coreográfica, contextualiza-se a obra historicamente, e deve ser feita uma leitura do personagem. Deve-se também, abordar a compreensão de determinados valores estéticos próprios da dança/movimento e deste em relação a outras artes, visando desta forma fornecer elementos para educar o olhar sensível da arte da dança. Conforme Martins,

> A aprendizagem da arte do movimento – a dança – exige que a criança possa:
> • Praticar o pensamento cinestésico tornado presente por meio da ação corporal, poetizado pela criação de movimentos expressivos.
> • Aprender a estrutura e o funcionamento corporal por meio de diferentes formas de

locomoção, deslocamento e orientação no espaço.
• Criar, improvisar, movimentos expressivos a partir de diferentes formas corporais, como curvar, esticar, balançar, sacudir, respondendo a pulsações internas rítmicas, mudanças de tempo, etc.
• Registrar a sequência de movimentos expressivos criados em coreografias simples.
• Perceber e ler as soluções expressivas encontradas pelo grupo para comunicar pelo movimento a sua idéia de sentimento / pensamento" (MARTINS, 1998, p.138).

Cabe às escolas oportunizar aos alunos o acesso a momentos de reflexão da dança, através de espetáculo e/ou vídeos de danças clássica, moderna e folclórica, para que estes possam entender a importância desta arte para o desenvolvimento de todos.

5 - A Música

A música é indispensável para a vida de qualquer ser humano, conforme o pensamento de Martins, "a gênese do pensamento musical se dá quando a criança ainda nem mesmo aprendeu a falar" (MARTINS, 1998, p. 131).

Podemos compreender a musica sob três planos: o erudito, o popular e o folclórico. Entre eles não deve ter barreiras, o professor deve dar condições a seus alunos de conhecer e refletir sobre os diferentes ritmos musicais, contribuindo para o aprimoramento de seu gosto musical.

Figura 7.6

De acordo com Martins (1998, p. 132),

Para experienciar e desenvolver-se na linguagem musical é necessário que o aprendiz envolva-se com:
• A prática do pensamento musical, imaginando, relacionando e organizando

– intencional e expressivamente – sons e silêncios, no contínuo espaço tempo. Para isso, vai utilizar materiais e recursos, tais como: - os parâmetros do som (altura, duração, intensidade e timbre) como ponto de partida para a transformação dos sons em linguagem musical; - a composição, a improvisação e a interpretação como meio para o desenvolvimento de tal prática; - a voz, o corpo, os variados instrumentos musicais ou objetos sonoros.
• A estrutura da linguagem musical e seus elementos constitutivos (sinais e signos sonoros, modos, melodias, ritmos, tonalidades, séries), lendo e produzindo formas sonoras.
• Os modos de notação e registro musical, integrando a criação de notações ao sistema de leitura e escrita tradicional, bem como aos códigos de notação musical contemporâneos.
• A prática da escuta musical, entrando em contato com as diferentes formas, gêneros e estilos musicais, analisando e reconhecendo seus modos de estruturação e organização.

O professor como mediador do processo de ensino-aprendizagem, deve proporcionar aos seus alunos momentos de reflexão e experiência na linguagem da música, para isso, é necessário que leve para dentro de sua sala de aula gravações e ou apresentações musicais de diversos estilos, ou seja, grupos de formações e interpretação diferentes, devem também apresentar a estes sujeitos grandes orquestras, concertos, óperas e corais.

O educador, portanto, pode também utilizar a música como parceira em exercícios de aulas práticas em artes visuais e teatro. É a musica em parceria com os movimentos corporais provenientes de diversas atividades lúdicas e pedagógicas.

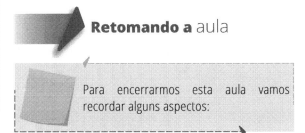

Retomando a aula

Para encerrarmos esta aula vamos recordar alguns aspectos:

1 - Teoria e Prática Integrada em Educação nas Diferentes Linguagens Artísticas (Artes Visuais, Teatro, Dança e Música)

O educador em arte é o fio condutor responsável por todo o processo teórico-prático da educação escolar em arte como: a música, a dança, o teatro e as artes visuais, pois são saberes que contribuem para a formação de um processo artístico individual e pessoal.

2 - As Artes Visuais

A arte deve ser vista pela escola como disciplina com conteúdos específicos, assim como as matérias de maior prestígio, a Arte tem uma história, e um domínio, e constitui-se como já falamos e reafirmamos, numa área de estudos específicos.

3 - O Teatro

O teatro possibilita ao professor uma relação mais pessoal e humana com seus alunos além de ser, sem dúvida, um excelente difusor de cultura, lazer e educação.

4 - A Dança

Cabe às escolas oportunizar aos seus alunos momentos de reflexão da dança, através de vídeos de danças clássicas e folclóricas, para que estes possam entender a importância desta arte para o desenvolvimento de todos.

5 - A Música

O educador pode utilizar a música como parceira em exercícios de aulas práticas em artes visuais e teatro, é a musica em parceria com os movimentos corporais provenientes de diversas atividades lúdicas e pedagógicas.

Vale a pena

Vale a pena **ler**

Ideias em educação musical (1999)
Organizador: Esther Beyer
Como se explica que todos os alunos gostem de música e tão poucos 'entendam' de música? Qual o lugar da música nas escolas? Buscando resgatar o significado da música no currículo escolar, os autores trazem importantes reflexões teóricas e apontam experiências educativas com fundamento nessa nova concepção - de um ensino da música na escola que busque respeitar o aluno enquanto sujeito sensível e construtor de conhecimento,

tornando esse ensino tão atraente e contagiante quanto é a música no seu dia a dia desses alunos.

A educação do olhar no ensino das artes (1999)
Organizador: Analice D. Pillar
O título dessa obra refere-se ao papel dos professores de todas as áreas como educadores do olhar dos educandos, ampliando e coordenando as múltiplas leituras de imagens, oferecendo-lhes elementos teóricos e a possibilidade de discussão de significados. Estão aí reunidos textos sobre leituras e releituras nas artes plásticas, visuais e dramáticas, sobre as relações entre arte e tecnologia, sobre a educação estética, sobre a imagem na literatura infantil; entre vários outros.

Vale a pena **acessar**

Sala dos Professores
.
Necessidades Educativas Especiais
<www.minerva.uevora.pt/pre1ciclo/neduespeciais.htm>.
Educação Especial
<www.cercifaf.org.pt/mosaico.edu/index.htm>.
Ciência e Arte
<http://ciarte.no.sapo.pt/>.

Vale a pena **assistir**

Festa de babete, 1988, direção Gabriel Axel. Dá lições em várias formas da Arte.
Billy Eliot, 2000, direção Stephen Daldry
Billy Elliot (Jamie Bell) é um garoto de 11 anos que vive numa pequena cidade da Inglaterra, onde o principal meio de sustento são as minas da cidade. Obrigado pelo pai a treinar boxe, Billy fica fascinado com a magia do balé, ao qual tem contato através de aulas de dança clássica que são realizadas na mesma academia onde pratica boxe. Incentivado pela professora de balé (Julie Walters), que vê em Billy um talento nato para a dança, ele resolve então pendurar as luvas de boxe e se dedicar de corpo e alma à dança, mesmo tendo que enfrentar

a contrariedade de seu irmão e seu pai à sua nova atividade.111 min.

Amadeus, 1984, direção Milos Forman
Após tentar se suicidar, Salieri (F. Murray Abraham) confessa a um padre que foi o responsável pela morte de Mozart (Tom Hulce) e relata como conheceu, conviveu e passou a odiar Mozart, que era um jovem irreverente, mas compunha como se sua música tivesse sido abençoada por Deus. 58 min. (http://www.historiadaarte.com.br/filmografia.html>).

Atividades - AULA 7
Após terem realizado uma boa leitura dos assuntos abordados em nossa aula, na Sala Virtual - Atividades, estão disponíveis os arquivos com as atividades (exercícios) referentes a esta aula. Após responder, envie por meio do Portfólio – ferramenta do ambiente de aprendizagem UNIGRAN Virtual.

OBS: Não esqueçam! Em caso de dúvidas, acessem as ferramentas "fórum" ou "quadro de avisos".

Aula 8º

Metodologia, Avaliação e Conteúdos em Artes Visuais

Chegamos à última aula. Como vimos, o domínio teórico da sua área de conhecimento é fundamental ao professor para o desenvolvimento de uma prática pedagógica de qualidade. Contudo, seja utilizando uma metodologia tal qual sugerida por educadores da área, seja criando uma metodologia própria, a definição dos conteúdos e dos critérios de avaliação pode representar um diferencial considerável nos resultados a alcançar. É do que trataremos nesta aula, das possibilidades e das alternativas de trabalho em artes.

Bom Trabalho!

Boa aula!

Objetivos de aprendizagem

Ao final desta aula, vocês serão capazes de:

• conhecer a importância do ensino da Arte através dos conhecimentos teóricos e práticos, ampliando as vivências artísticas e estéticas para uma ação pedagógica com qualidade;
• proporcionar situações de aprendizagem da Metodologia, Avaliação e Currículo em artes, favorecendo a análise da relação entre a prática e o desenvolvimento pessoal do ser humano.

Seções de estudo

1 - Metodologia em Artes Visuais
2 - Avaliação em Artes Visuais
3 - Conteúdos de Artes Visuais
4 - Atividades Práticas Como Sugestão Para Sala de Aula

1 - Metodologia em Artes Visuais

A metodologia no ensino de arte deve levar em consideração a fase de desenvolvimento cognitivo do sujeito. Crianças nos anos iniciais do ensino fundamental, p. ex., (6-7 anos) são capazes de criar representações e símbolos, compreendem o processo de expressão e criação e possuem um interesse maior pelo mundo a sua volta. Nessa fase, as crianças buscam a representação e o domínio das formas. Ela mais pesquisa do que se expressa, faz parte de um caminho a ser percorrido, num processo divertido e prazeroso, sua ação geralmente muda mo meio do caminho.

Em qualquer etapa do ensino, contudo, cada aula deve ser uma troca entre o ensinar e o aprender. Um momento mágico que requer um professor habilidoso e capaz de garantir a construção de um conhecimento significativo em arte.

Ensinar arte é uma tarefa complexa, na medida em que o professor de arte é o mediador entre a arte e o aluno e seu maior objetivo é o de tornar seus alunos, leitores de textos visuais, musicais, cênicos, e de expressão corporal, proporcionando

o desenvolvimento de competências e habilidades artísticas, bem como do conhecimento estético nas diferentes linguagens artísticas.

Requer considerar que a aprendizagem só acontecerá, efetivamente, quando o sujeito puder compreender as especificidades das múltiplas linguagens artísticas e aplicar esta compreensão em diferentes situações.

Para tanto, o educador deverá estar em constante busca da aprendizagem significativa a seus alunos. O que se deve pretender nas aulas de arte, em princípio, é a interação da criança com a arte, e esta interação, de acordo com os Parâmetros Curriculares Nacionais – Arte (1997), envolve:

> • A experiência de fazer formas artísticas e tudo o que entra em jogo nessa ação criadora: recursos pessoais, habilidades, pesquisa de materiais e técnicas, a relação entre o perceber, imaginar e realizar um trabalho de arte;
> • A experiência de fruir formas artísticas, utilizando informações e qualidades perceptivas e imaginativas para estabelecer um contato, uma conversa em que as formas signifiquem coisas diferentes para cada pessoa;
> • A experiência de refletir sobre arte como objeto de conhecimento, onde importam dados sobre a cultura em que o trabalho artístico foi realizado, a história da arte e os elementos e princípios formais que constituem a produção artística, tanto de artistas quanto dos próprios alunos (PCN, 1997, p.25).

Cada aula deve ser vista como uma nova forma de aprender, nunca uma é igual à outra e a cada aula o professor deve preparar e estabelecer objetivos que devem norteá-lo. Antes de tudo, ter em mente que o professor ensina aprendendo, conforme observado por Martins (1998, p. 129):

Para construir esses momentos o educador terá de ser guloso em seu desejo de ensinar, paciente na oferta e na espera de quem acredita e confia no outro e amoroso no compartilhar de saberes. Como um pesquisador, ele ensina porque quer saber mais de sua arte. E aprende a ensinar ensinando, pensando sobre esse ensinar. E assim ensinando, também aprende (MARTINS, 1998, p. 129).

Figura 8.1 Alunos de escola pública em visitação à XXVI UNIARTE. Dourados, UNIGRAN, 2010. Foto: Coordenação Artes Visuais.

É com as linguagens artísticas que se trabalha o conhecer e o fazer artístico, linguagens estas que se manifestam como imagens sonoras, gestuais ou visuais. Podemos dizer que a música, a dança, o teatro e nas artes visuais a linha, o ponto e a cor são elementos que compõem a compreensão da linguagem da arte.

2 - Avaliação em Artes Visuais

Avaliação em artes é uma das mais complexas tarefas atribuídas aos educadores. A avaliação exige dos professores várias maneiras de análise a fim de estabelecer critérios quanto ao julgamento sobre a produção estética e expressiva.

Para entendermos melhor a questão recorremos ao educador Cipriano Carlos Luckesi, no livro Metodologia do Ensino de Arte, de Ferraz e Fusari (1999, p. 121), que fez uma síntese afirmando que a avaliação é um meio e não um fim em si mesmo; não se dá em um vazio conceitual, mas mostra, na prática das aulas, as concepções de mundo e de educação que nós, professores, temos. indica igualmente, que a avaliação escolar, em um modelo liberal conservador, é mais classificatória, autoritária, controladora e, por outro lado, em um modelo transformador, a prática avaliativa na escola preocupa-se mais com os indicadores de mudanças necessárias e como sair do autoritarismo para uma autonomia do educando com vistas à participação democrática de todos na sociedade.

Consideramos que avaliar é uma ação pedagógica e que esta não é neutra. Concluímos que avaliar é, também, a maneira de se ensinar os conteúdos de arte e como eles são aprendidos pelos educandos,

respeitando e reconhecendo os limites e os diferentes níveis de aprendizagem de cada sujeito. Seguindo as ideias de Martins (1998, p. 142), o assunto avaliação é extremamente polêmico e contemporâneo. "Palavras como avaliação, autoavaliação, processo, produto, valor, nota, julgamento, etc. envolvem pessoas, sonhos, projetos de vida e, ainda questões éticas".

Sabemos que a avaliação desempenha inúmeros papéis na educação, em primeiro plano ela se apresenta como medida ou diagnóstico, para fornecer informações estatísticas aos órgãos federais sobre o desempenho dos estudantes, estes são geralmente reunidos em categorias e geralmente são acometidos de tarefas padronizadas. Porém, o professor deve ter a sensibilidade de saber o que é ou não adequado aquele grupo de alunos, respeitando o seu nível escolar. Além disso, precisa observar, também, a história do processo pessoal de cada sujeito e sua relação com as atividades desenvolvidas em sala de aula e na escola. Só assim estará fazendo uma avaliação formadora, e não excludente.

A escola da mesma forma deve promover situações de autoavaliação, para que possa aguçar a reflexão do aluno em relação ao seu papel de estudante. Acredita-se que se o aluno tiver a oportunidade de participar de uma avaliação, assim considerada, ele poderá expressar suas ideias de maneira clara, comparar e reconhecer as diferenças. Poderá compreender melhor os conteúdos que lhe são apresentados e, por que não? Também avaliá-los.

> Tudo bem até aqui?
> Vamos ver um pouco dos conteúdos de artes visuais?

3 - Conteúdos de Artes Visuais

Os Parâmetros Curriculares Nacionais (1997) enfatizam o ensino e a aprendizagem de conteúdos que colaborem para a formação do cidadão. A seleção e a organização destes conteúdos devem propiciar ao educando o conhecimento e a apreciação da produção em Artes Visuais, Música, Teatro e Dança, objetivando, dessa maneira, a formação estética e artística do aluno e da sua participação na sociedade.

Os conteúdos devem acolher a diversidade do repertório cultural que o aluno traz para a escola. Devem ser organizados de tal maneira que possam atender aprendizagens cada vez mais complexas, seja no exercício do próprio processo criador, seja pelo contato com a obra de arte ou outras manifestações presentes nas culturas ou na natureza.

O conjunto de conteúdos propostos pelos PCNs está articulado ao processo de ensino e aprendizagem por três eixos norteadores: a produção, a apreciação e a contextualização, que poderão ser trabalhados em qualquer ordem, de acordo com a decisão do professor.

Produzir refere-se ao fazer artístico como expressão, construção e representação e ao conjunto de informações a ele relacionadas. O produzir realiza-se por meio da experimentação e do uso das linguagens artísticas.

Apreciar refere-se à recepção, percepção, decodificação, interpretação, fruição de arte e do universo a ela relacionado. O ato de apreciar a arte inclui a produção artística do aluno e a de seus colegas.

Contextualizar é situar o conhecimento do próprio trabalho artístico, dos colegas e da arte como produto social e histórico, o que revela a existência de múltiplas culturas e subjetividades.

> Percebem que os PCNs tomam por base, para esta definição, a proposta triangular de Ana Mae Barbosa?

Como já visto em aulas anteriores, para que haja um bom aproveitamento dos conteúdos a serem trabalhados em nossa sala de aula, devemos levar em conta os três eixos articuladores de ensino e aprendizagem, definidos por Barbosa (1998) em sua Proposta Triangular, o fazer, o apreciar e o contextualizar.

É bom salientar que a aprendizagem em Arte acontece a partir de um determinado espaço cultural, tempo histórico e condições que propiciem ao aluno o conhecimento dos aspectos sociais, ambientais, econômicos, culturais e etários.

O ensino-aprendizagem em arte propicia ao aluno a capacidade de conhecer e pensar a arte a partir de sua própria experiência, desperta a consciência de seu papel de estudante perante a arte e estimula a contínua permanência de atitudes críticas ao longo de sua vida. Portanto, os conteúdos a serem trabalhados devem levar em consideração o conhecimento da própria cultura e incentivar a descoberta da cultura do outro.

Para a seleção e a organização dos conteúdos gerais de Artes Visuais é necessário considerar alguns critérios, como p. ex., conteúdos que valorizem as manifestações artísticas de povos e culturas

em diferentes épocas e locais; conteúdos que valorizem a arte brasileira; conteúdos que estimulem a compreensão da arte e da cultura do artista como um ser social; conteúdos que possibilitem a aprendizagem a partir dos três eixos norteadores em grau crescente de elaboração e aprofundamento.

Os conteúdos devem ser trabalhados de maneira que possam ser estudados ao longo do ensino fundamental, desta maneira os conteúdos gerais do ensino de Arte segundo os PCNs (1997) são:

> • A arte como expressão e comunicação dos indivíduos;
> • Elementos básicos das linguagens artísticas, modos de articulação formal, técnica, materiais e procedimentos da criação em artes;
> • Produtores de arte: vidas, épocas e produtos em conexões;
> • Diversidade das formas de arte e concepções estéticas da cultura regional, nacional e internacional: produções e suas histórias;
> • A arte na sociedade, considerando os artistas, os pensadores da arte, outros profissionais, as produções e suas formas de documentação, preservação e divulgação em diferentes culturas e momentos históricos (PCN, 1997, p. 27).

A seguir, estabeleceremos como forma de contribuir aos futuros educadores algumas competências, habilidades e conteúdos para o ensino-aprendizagem da Arte na Educação Infantil e nos anos iniciais do ensino fundamental, os quais foram construídos com base e referência nos PCNs, no Referencial Curricular Nacional para Educação Infantil (RCNEI) e no Referencial Curricular para a Educação Básica de Mato Grosso do Sul (RCEB/MS).

1º Ano do Ensino Fundamental

Deverão desenvolver, como formas de expressão artísticas, o desenho, a pintura, a colagem, a modelagem, a imitação e as canções.

Competências/Habilidades:

Expressar-se nas linguagens artísticas, articulando a percepção, a imaginação, a emoção, a sensibilidade, a criatividade e a reflexão ao realizar, apreciar e fruir produções em Artes; expressar-se por meio de brincadeiras, do canto e de rodas cantadas; conhecer instrumentos musicais e de percussão; observar os elementos da linguagem visual nas obras de arte; ter atitude de respeito diante das obras de arte produzidas pelas várias culturas e etnias; aplicar em trabalhos artísticos os elementos da linguagem visual.

Conteúdos:

• os elementos da linguagem visual (ponto, linha, forma, cor e textura).

• sons do corpo, da rua e da natureza;

• cultura e arte afro-brasileira e outras etnias;

• instrumentos musicais de corda;

• brinquedos populares;

• cantigas populares;

• teatro de bonecos.

2º Ano do Ensino Fundamental

Deverão desenvolver como formas de expressão artísticas o desenho, a pintura, a colagem, a modelagem, a dobradura, a imitação, as cantigas e canções de representações.

Competências/Habilidades:

Expressar-se nas linguagens artísticas, mantendo uma atitude de busca pessoal e/ou coletiva articulando a percepção, a imaginação, a emoção, a sensibilidade, a criatividade e a reflexão ao realizar, apreciar e fruir produções em artes; reconhecer os elementos visuais nas obras de arte; experimentar os elementos das linguagens visuais observados na leitura de imagens apresentadas nas diferentes obras e aplicá-las nas produções próprias; saber ler as imagens das histórias em quadrinhos bem como relatar verbalmente o contexto da história apresentada; conhecer a vida dos artistas regionais; expressar-se através do canto, da imitação por meio de brincadeiras de rodas cantadas.

Conteúdos:

• elementos da linguagem visual (ponto, linha, forma, cor e textura);

• instrumentos musicais de metal e metálico;

• cultura a arte afro-brasileira e outras etnias;

• história em quadrinhos;

• música popular brasileira, regional e nacional;

• brinquedos populares.

3º Ano do Ensino Fundamental

Deverão desenvolver como formas de expressão artísticas o desenho, a pintura, a colagem, a modelagem, a dobradura, a imitação, as cantigas e canções de representações.

Competências / Habilidades:

Refletir sobre a cultura brasileira e suas peculiaridades nas diversas etnias; demonstrar entendimento das diferenças dos ritmos musicais; ler as imagens das histórias em quadrinhos bem como relatar verbalmente e através de construção textual o contexto da história apresentada; comunicar-se artisticamente através da história em quadrinhos aplicando os recursos correspondentes a esta linguagem.

Conteúdos:

• elementos da linguagem visual, ponto, linha, forma, textura, cor primária, secundária e terciária, proporção, movimento, composição e equilíbrio;

• expressão dramática explorando o espaço, o corpo e respiração;

• festas folclóricas e folguedos;

• cultura e arte afro-brasileira e outras etnias;

• folclore – usos e costumes de sua região;

• história em quadrinhos.

4º Ano do Ensino Fundamental

Deverão desenvolver como formas de expressão artísticas o desenho, a pintura, a colagem, a modelagem, a dobradura, a imitação, as cantigas e canções de representações.

Competências / Habilidades:

Analisar a arte como fato histórico; conhecer, aplicar e analisar em obras e na sua própria criação os elementos da linguagem visual; demonstrar respeito pelos trabalhos e obras de arte produzidas pelas várias culturas; demonstrar certo conhecimento sobre o teatro, as artes visuais e a música como meio de expressão e comunicação de linguagens distintas.

Conteúdos:

• elementos da linguagem visual ponto, linha, forma, textura, cor fria, quente e neutra, proporção, movimento, composição, equilíbrio, planos, perspectiva e ritmo;

• expressão dramática: voz, corpo, espaço, respiração e improvisação;

• cultura e arte afro-brasileira e outras etnias;

• criações de peças teatrais com textos curtos;

• folclore e literatura: lentas, contos, mitos.

5º Ano do Ensino Fundamental

Deverão desenvolver como formas de expressão artísticas o desenho, a pintura, a colagem, a modelagem, a dobradura, a imitação, as cantigas e canções de representações.

Competências / Habilidades:

Analisar a arte como fato histórico; expressar-se nas linguagens artísticas, mantendo uma atitude de busca pessoal e/ou coletiva articulando a percepção, a imaginação, a emoção, a sensibilidade e a reflexão ao realizar, apreciar e fruir produções em artes; expressar-se por meio do canto os diversos ritmos musicais, bem como situar esses ritmos nas diversas culturas; demonstrar conhecimento sobre as festas folclóricas tradicionais brasileiras.

Conteúdos:

• folclore de seu estado de origem;

• teatro de bonecos (confecção e elaboração dos bonecos e textos);

• cultura e arte afro-brasileira e outras etnias;

• artistas plásticos nacionais e internacionais.

A Lei Nº 9394, de 20 de dezembro de 1996, em seu Artigo 26, nos diz: "O ensino da arte constituirá componente obrigatório, nos diversos níveis da educação básica, de forma a promover o desenvolvimento cultural dos alunos". Percebemos após a leitura do referido artigo que a arte, é importante para a formação de todo e qualquer cidadão e que seu conhecimento torna-se obrigatório em todas as escolas do território nacional.

A seguir, apresentaremos algumas sugestões de atividades práticas que poderão ser trabalhadas em sala de aula. A partir das atividades sugeridas, podem-se criar muitas outras, certo? São muitas as possibilidades de trabalho em arte, depende da criatividade do professor, não é? Vamos ver algumas, então.

4 - Atividades Práticas Como Sugestão Para Sala de Aula

Exercícios de livre expressão orientada no plano bidimensional visando à percepção visual do aluno para a linguagem das artes plásticas e visuais. O sentido da Arte como componente curricular não é o de fazer trabalhos bonitos e receitas estereotipadas. A técnica deve ser sempre desenvolvida pelo próprio aluno e as informações devem ser quanto ao procedimento da técnica, expressando-se através de meios fornecidos. Podemos dizer que:

• a técnica deve servir à expressão;

• a técnica deve servir como incentivo;

• a técnica é um meio e não um fim;

• o tema deve estar ligado à técnica e aos materiais de trabalho.

Temas

Um tema bem preparado e adequado à faixa de idade e ao momento abre caminho para a expressão, agindo como estímulo ao trabalho. O aluno deve vivenciar o tema proposto, recorrendo à expressão corporal, à música ou mesmo à expressão verbal.

Técnicas

Muitas técnicas podem ser apresentadas de maneira satisfatória para qualquer nível de desenvolvimento. Nesse sentido, as técnicas foram selecionadas em dois grupos: seleção por tipo de materiais e seleção por tipo de experiência.

Seleção por tipo de material	Seleção por tipo de experiência
1. Carvão	1. Ponto
2. Anilina	2. Linha
3. Lápis de cêra	3. Plano
4. Nanquim	4. Valor
5. Guache	5. Forma
6. Hidrográfica	6. Textura
7. Esferográfica	7. Cor
8. Outros	8. Volume

Seleção por tipo de material

1. carvão: bastão negro de carvão vegetal;

2. anilina: material em pó, utilizado para tingimento de roupas, couro e glacê de bolo. seu efeito lembra a aquarela;

3. lápis de cera: bastão de pigmento com parafina ou cera;

4. nanquim: pigmento negro extraído da lula ou do polvo. Pigmento negro industrial;

5. guache: tinta de pigmento com goma arábica e mel de abelhas ou glicerina. Significa pintura com água ou com aglutinante solúvel em água. Suas cores são fortes e permitem um resultado excelente. O resultado é o oposto obtido com a aquarela, nanquim ou anilina;

6. hidrográfica: a caneta hidrográfica permite bons resultados, embora não seja resistente à umidade ou à água. Sua técnica é simples e funciona como o lápis de cor. As canetas hidrográficas finas são as melhores para trabalhos lineares e as mais grossas para pintar pequenas áreas;

7. esferográfica: a técnica é próxima da hidrográfica, mas apresenta uma vantagem de ser bastante resistente à água. Atualmente encontra-se uma variedade muito grande de canetas esferográficas, inclusive com cores fluorescentes e metálicas;

8. outros materiais: além dos materiais tradicionais, o mercado apresenta uma série de outros materiais artísticos como: sanguínea, pastel seco e oleoso, tinta a óleo e acrílica, aquarela etc. E há ainda a possibilidade do próprio aluno confeccionar os seus materiais com produtos da natureza.

Atividades

Serão apresentadas, agora, atividades que podem ser desenvolvidas em sala de aula, que podem ser executadas no decorrer do ensino fundamental e/ou na educação infantil, basta que seja feita a adequação ao ano desejado. Não esqueça que é necessário que o professor conheça bem seus alunos e o contexto no qual as atividades serão trabalhadas para que, se for preciso, sejam adaptadas para que se obtenham bons resultados:

1. Trabalho coletivo: as duas próximas atividades têm como objetivo iniciar o desbloqueio do aluno em relação a seus trabalhos artísticos. Você deve praticá-los em sala de aula e depois descrever a experiência. Se você não estiver ministrando aula, faça esse exercício com sua família ou com sua turma de amigos, o importante é vivenciá-la.

a) Desenho com a linha continuada: - desenhar livremente, sobre uma superfície de papel A4, compondo toda a página, a partir de duas linhas curvas ou onduladas. – Em seguida, passar a folha para o colega que continuará o desenho. – Repita a ação até cinco ou seis vezes. – Agora você vai preencher as formas que resultaram colorindo-as. Descrever a experiência e o seu resultado.

b) Escravo de Jó: nesse tipo de exercício o desenho é continuado por toda a classe, num passa-passa parecido com o jogo escravo de Jó. A classe ou a turma que estiver participando da atividade é obrigada a criar continuamente. Se a turma for muito numerosa, dividir em grupos de oito a dez alunos.

Processo: todos desenham uma linha ou uma forma numa folha de papel A3 ou cartolina branca, na qual colocam seu nome. Passam em seguida a folha aos seus vizinhos e todos desenham mais uma linha ou forma. A partir daí, as folhas começam a circular ordenadamente pelo grupo, sendo que cada aluno nelas farão um desenho qualquer, procurando

aproveitar aquelas linhas ou formas já traçadas. Depois de desenhadas, proponha que observem o resultado e que a partir dele preencham suas formas com materiais diversos (canetinha, lápis de cor, giz de cera etc.). Material: papéis; lápis; lápis de cor; canetinhas coloridas e giz de cera. Descrever a experiência e o seu resultado.

Figura 8.2 Produção de aluno do curso de Artes Visuais, na disciplina Arte Educação. UNIGRAN, 2010. Acervo pessoal: Profª Claudia Ollé

2. Composição individual com Pontos e Linhas: desenho livre de exploração de pontos (pontos, círculos e circunferências) e linhas (reta, ondulada, quebrada, geométrica, figurativa etc.). Material: papéis; lápis; lápis de cor; canetinhas coloridas. Descrever a experiência e o seu resultado.

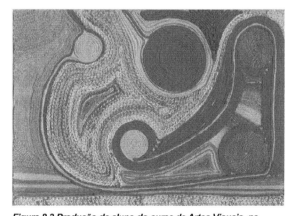

Figura 8.3 Produção de aluno do curso de Artes Visuais, na disciplina Arte Educação. UNIGRAN, 2010. Acervo pessoal: Profª Claudia Ollé

3. Composição com fios, linhas, barbante e colagem: colagem livre sobre papel canson A4 com exploração de linhas, através de fios e barbantes. Material: papéis, vários tidos de barbante e texturas diversas. Descrever a experiência e o seu resultado.

4. Composição coletiva no papel A3, com pontos, linhas e texturas ópticas e táteis. Material: papéis, vários tidos de barbante e texturas diversas. Descrever a experiência e o seu resultado.

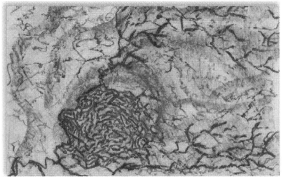

Figura 8.4 Produção de aluno do curso de Artes Visuais, na disciplina Arte Educação. UNIGRAN, 2010. Acervo pessoal: Profª Claudia Ollé

5. Desenho com bastão de cera – desenhar livremente com o lápis de cera, soltando a mão e girando o giz. Material: papéis; giz de cera.

Figura 8.5 Produção de aluno do curso de Artes Visuais, na disciplina Arte Educação. UNIGRAN, 2010. Acervo pessoal: Profª Claudia Ollé

6. Desenho com o fundo colorido – preparar o fundo do papel com lápis de cera deitado usando cores claras. Depois de pronto o fundo, desenhar livremente com o lápis de cor mais escuro, buscando texturas. Material: papéis; giz de cera; lápis de cor.

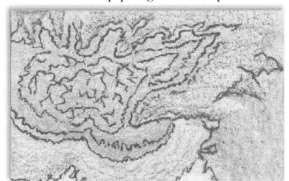

Figura 8.6 Produção de aluno do ensino fundamental da rede municipal de ensino de Dourados. Artes Visuais. 5º semestre. Projeto de estágio supervisionado. UNIGRAN, 2010. Acervo pessoal: Profª Sueli Fernandes.

Figura 8.7 Produção de aluno do curso de Artes Visuais, na disciplina Arte Educação. UNIGRAN, 2010. Acervo pessoal: Profª Claudia Ollé

8. Desenho na lixa – desenhar livremente sobre a lixa. Material: papéis; lixa; giz de cera; lápis de cor.

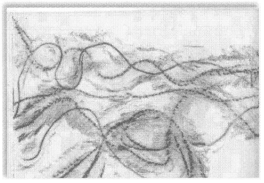

Figura 8.8 Produção de aluno do ensino fundamental da rede municipal de ensino de Dourados. Artes Visuais. Projeto de estágio supervisionado. UNIGRAN, 2010. Acervo pessoal: Profª Sueli Fernandes.

9. Desenho sobre cordão e linhas diversas – compor com linhas e cordões uma composição sobre a mesa e colocar o papel com muito cuidado sobre ela. Logo em seguida riscar com o lápis de cera deitado para que se obtenham as texturas dos materiais. Material: papéis; vários tipos de cordões e texturas; giz de cera.

Figura 8.9 Produção de aluno do ensino fundamental da rede municipal de ensino de Dourados. Artes Visuais/ 5º semestre. Projeto de estágio supervisionado. UNIGRAN, 2010. Acervo pessoal: Profª Sueli Fernandes.

10. Desenho sobre folhas de vegetais – formar com as folhas uma composição sobre a mesa, colocar o papel em cima com cuidado e riscar com o lápis de cera deitado. Depois retire a folha já riscada e termine de elaborar a atividade acrescentando outros elementos e/ou trabalhando o fundo da composição. Material: papéis; vários tipos de folhas com texturas diversas; giz de cera.

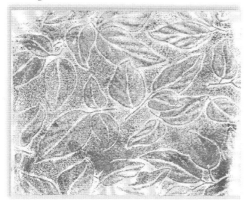

Figura 8.10 Produção de aluno do curso de Artes Visuais, na disciplina Arte Educação. UNIGRAN, 2010. Acervo pessoal: Profª Claudia Ollé

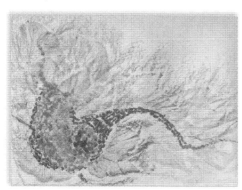

Figura 8.11 Produção de aluno do curso de Artes Visuais, na disciplina Arte Educação. UNIGRAN, 2010. Acervo pessoal: Profª Claudia Ollé

11. Desenho com lápis de cera derretido – esquentar o bastão de cera na vela e riscar ou deixar pingar no papel buscando texturas diferentes. Depois acabe de desenhar livremente com lápis de cor ou mesmo com o giz de cera. Material: papéis; giz de cera; lápis de cor.

Figura 8.12 Produção de aluno do curso de Artes Visuais, na disciplina Arte Educação. UNIGRAN, 2010. Acervo pessoal: Profª Claudia Ollé

12 . Nanquim com lápis de cera – colorir toda a superfície do papel com giz de cera colorido. Deve-se misturar bem as cores. Depois de pronta, cobrir a folha toda com nanquim preto. Quando estiver bem seco, raspar com uma ponta bem fina que pode ser um palito, uma tampa de caneta ou qualquer elemento que se possa desenhar. Ao raspar você vai descobrir as cores que estão embaixo.

Figura 8.13 Produção de aluno do ensino fundamental da rede municipal de ensino de Dourados. Artes Visuais/ 5º semestre. Projeto de estágio supervisionado. UNIGRAN, 2010. Acervo pessoal: Profª Sueli Fernandes.

13. Monotipia – colocar sobre a bandejinha de isopor ou em um vidro a tinta espalhando-a com pincel. Depois coloque a folha de papel sobre este suporte e pressione com um rolinho ou com uma colher para que se processe a impressão. Material: papéis; tinta têmpera; tinta acrílica; vidro; bandeja de isopor; rolinho ou colher; ponta seca.

Figura 8.14 Produção de aluno do curso de Arquitetura e Urbanismo, na disciplina Plástica. UNIGRAN, 2010. Acervo pessoal: Profª Claudia Ollé

14. Saturação - adição gradativa de água a partir da primeira cor. Escolher uma única cor; colocá-la em um recipiente ainda pura e aos poucos vai se acrescentando água neste mesmo recipiente. Dessa maneira vai se descobrindo outras tonalidades a partir da saturação. Material: papéis; tinta; água.

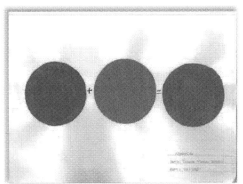

Figura 8.15 Produção de aluno do curso de
Arquitetura e Urbanismo, na disciplina Plástica.
UNIGRAN, 2010.
Acervo pessoal: Profª Claudia Ollé

15. Nuance – você adquire a partir de duas tonalidades diferentes de uma determinada cor. Azul Ciano + Azul Cobalto = Azul. Material: papéis; tinta.

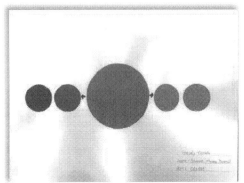

Figura 8.16 Produção de aluno do curso de
Arquitetura e Urbanismo, na disciplina Plástica.
UNIGRAN, 2010.
Acervo pessoal: profª Claudia Ollé

16. Valor Tonal – obtém-se a partir a adição de mais branco ou mais preto.

E então? Viram quantas são as possibilidades de trabalho? Aprender pode ser divertido, não é mesmo? E vejam que as atividades não são propostas aleatoriamente, todas tem um propósito, um conteúdo teórico implícito.

Ao final desta aula, e da disciplina, tenho certeza de que poderão exercer uma prática compromissada com a sensibilidade e o olhar crítico dos seus alunos. As crianças agradecem!

Um grande abraço a todos!

Retomando a aula

Para encerrarmos esta aula vamos recordar alguns aspectos:

1 - Metodologia em Artes Visuais

A metodologia no ensino de arte deve levar em consideração a fase de desenvolvimento cognitivo do sujeito. Ensinar arte é uma tarefa complexa na medida em que o professor de arte é o mediador entre a arte e o aluno e seu maior objetivo será tornar os seus alunos, leitores de textos visuais, musicais, cênicos, e de expressão corporal, proporcionando aos seus educandos o desenvolvimento de competências e habilidades artísticas, bem como do conhecimento estético nas diferentes linguagens artísticas.

2 - Avaliação em Artes Visuais

Avaliação em artes é uma das mais complexas tarefas atribuídas aos educadores. A avaliação exige dos professores várias maneiras de análise a fim de estabelecer critérios quanto ao julgamento sobre a produção estética e expressiva.

3 - Conteúdos de Artes Visuais

Os conteúdos devem acolher a diversidade do repertório cultural que o aluno traz para a escola, devem ser organizados de tal maneira que possam atender aprendizagens cada vez mais complexas, seja no exercício do próprio processo criador, seja pelo contato com a obra de arte ou outras manifestações presentes nas culturas ou na natureza.

4 - Atividades Práticas Como Sugestão Para Sala de Aula

Muitas atividades podem ser desenvolvidas em sala de aula, todas podem ser executadas no decorrer da Educação Infantil ou do Ensino Fundamental, basta ser adaptada ao ano desejado. Não esqueçam de que é necessário que o professor conheça bem seus alunos e a realidade em que as atividades serão trabalhadas para que, caso necessário, haja a adaptação das atividades.

Quantos artesãos eu tinha visto trabalhando naquele dia, e que forte que era a ligação de cada um no que fazia, que intimidade tão grande com o material trabalhado! Cara, corpo e mão do artesão formavam uma liga, uma integração, um redondo com o objeto feito, Meu Deus! Que lição de vida essa interação ser/fazer.

(BOJUNGA, Lygia. Feito à Mão. Rio de Janeiro, Agir, 1999, p.59).

 Vale a pena

Vale a pena **acessar**

<www.crmariocovas.sp.gov.br>.
<www.portinari.org.br>.
<www.wikipedia.org>.
<www.artenaescola.org.br>.
<www.casadasartes.com.br>.

Atividades - AULA 4

Após terem realizado uma boa leitura dos assuntos abordados em nossa aula, na Sala Virtual - Atividades, estão disponíveis os arquivos com as atividades (exercícios) referentes a esta aula. Após responder, envie por meio do Portfólio – ferramenta do ambiente de aprendizagem UNIGRAN Virtual.

Minhas ANOTAÇÕES

Referências BIBLIOGRÁFICAS

ALMEIDA, Célia Maria de Castro. *Concepções e práticas artísticas na escola.* In: FERREIRA, Sueli *et al.* (Org.). *O ensino das artes: construindo caminhos.* Campinas: Papirus, 2001, p. 11–38.

ALMEIDA, Paulo Nunes de. *Educação lúdica:* técnicas e jogos pedagógicos. São Paulo: Loyola, 1994.

ASSMANN, Hugo. *Reencantar a educação:* rumo à sociedade aprendente. Petrópolis: Vozes, 2000.

BACHELARD, Gaston. (Org.) *Inquietações e mudanças no Ensino da Arte.* São Paulo: Cortez, 2003. 184p.

BACHELARD, Gaston. *A imagem no ensino da arte.* São Paulo: Perspectiva, 1991.

BACHELARD, Gaston. *Arte-Educação no Brasil:* Aprendizagem Triangular. In: Jocélia Maria. (Org.). *O ensino da arte em foco.* Florianópolis: UFSC, 1994.

BACHELARD, Gaston. *O direito de sonhar.* São Paulo: Difel, 1986.

BACHELARD, Gaston. *Teoria e prática da educação artística.* São Paulo: Cultrix, 1995.

BARBOSA, A M. T. B. *Arte - educação no Brasil:* das origens ao modernismo. São Paulo: Perspectiva, 1998.

BARBOSA, Ana Amália. *Releitura, citação, apropriação ou o quê?* In: BARBOSA, Ana Mae (Org.) *Arte/Educação Contemporânea:* consonâncias internacionais. São Paulo: Cortez, 2005 (p. 143-152).

BARBOSA, Ana Mae (Org.). *Arte-educação:* conflitos e acertos. São Paulo: Max Limonade, 1985.

BARBOSA, Ana Mae (Org.). *Arte-Educação:* leitura no subsolo. 2. ed. São Paulo: Cortez, 1999.

BARBOSA, Ana Mae (Org.). *Tópicos utópicos.* Belo Horizonte: C/Arte, 1998.

BARBOSA, Ana Mae (Org.). *A imagem do ensino da arte.* 6. ed. São Paulo: Perspectiva, 2005.

BARBOSA, Ana Mae (Org.). *Arte-Educação Contemporânea:* consonâncias internacionais. São Paulo: Cortez, 2005.

BARBOSA, Ana Mae (Org.). *Arte-educação no Brasil:* das origens ao modernismo. São Paulo: Perspectiva: 1978.

BELTRAMI, Dalva Marim. *O jogo como mediação do processo ensino-aprendizagem em Claparède.* Revista da EDUCAÇÃO FÍSICA. 7/UEM(1):19-23,1996.

BENJAMIN, Walter. *Reflexões:* a criança, o brinquedo e a educação. São Paulo: Summus, 1984.

BERNARDES, Elizabeth Lannes. *Jogos e Brincadeiras Tradicionais:* um passeio pela história. Disponível em: <http://www.faced.ufu.br/colubhe06/anais/arquivos/47ElizabethBernardes.pdf>. Acesso: junho de 2011.

BOSI, Alfredo. *Reflexões sobre a arte.* São Paulo: Ática, 2003.

BRASIL. *Lei de Diretrizes e Bases da Educação -* Lei Federal n.º 9.394/96. In: Diário oficial da República Federativa do Brasil, n.º 248, de 23 de dezembro de 1996. Brasília DF, 1996. *Estabelece as diretrizes e bases para a educação nacional.*

BRASIL. Lei Federal n.º 5692/1971. Brasília DF, 1971. Estabelece as diretrizes e bases para a educação nacional.

BRASIL. *Ministério da Educação e do Desporto.* Secretaria de Educação Fundamental. Referencial curricular nacional da educação infantil. V. 2 e 3. Brasília: MEC/SEF, 1998.

BRASIL. *Secretaria de Educação Fundamental.* Parâmetros curriculares nacionais: Arte. Brasília: MEC/SEF, 1997.

BRASIL. Secretaria de Educação Fundamental. *Parâmetros curriculares nacionais:* Educação Física. Brasília: MEC/SEF, 1997. BRASIL. Secretaria de Educação Fundamental. Parâmetros curriculares nacionais: Arte. Vol. 6. Brasília: MEC/SEF, 1997.

BRIKMAN, Lola. A linguagem do movimento corporal. Tradução de Beatriz A. Cannabrava. São Paulo: Summus, 1889.

BUÑUEL, Luis. *Meu ultimo suspiro.* RJ: Nova Fronteira, 1982.

CAMARGO, Maria Lígia Marcondes de. *Música/Movimento:* um universo em duas dimensões; aspectos técnicos e pedagógicos na Educação Física. Belo Horizonte: Villa Rica, 1994.

CANCLINI, Néstor Garcia. *Culturas Híbridas:* estratégias para entrar e sair da modernidade. São Paulo: USP, 2003.

CARLETO, Eliana Aparecida. *Atividades Lúdicas: rompendo o cerco da mesmice.* In: SILVA, Maria Vieira; CUNHA, Myrtes Dias da. *Políticas e práticas docentes:* alternativas em construção. Uberlândia: Edufu, 2004.

CHÂTEAU, Jean. *O Jogo e a Criança.* São Paulo: Summus, 1987.

COLI, Jorge. *O que é arte.* 15. ed. São Paulo: Brasiliense, 1995. (Coleção Primeiros Passos).

DEWEY, John. *Experiência e educação.* Trad. Anísio Teixeira. 2. ed. São Paulo: Nacional,1971.

DEWEY, John. *Vida e educação.* São Paulo: Melhoramentos, 1978, p. 16 -17.

DOHME, Vania. *Atividades Lúdicas na educação:* o caminho de tijolos amarelos do aprendizado. Petrópolis, RJ: Vozes, 2003b.

DOHME, Vania. *Jogando:* o valor educacional dos jogos. São Paulo: Informal Editora, 2003a.

DUARTE JR. *Por que arte-educação?* Campinas: Papirus, 1983.

DUARTE JR., João Francisco. *Fundamentos Estéticos da Educação.* Campinas: Papirus,1988.

DUARTE JR., João Francisco. *Fundamentos Estéticos da Educação.* Campinas: Papirus,1988.

FERRAZ, Maria Heloisa Correa de Toledo; FUSARI, Maria F. Resende. *Metodologia do ensino da arte.* São Paulo: Cortez, 1993. – *Coleção magistério 2º grau.* Série formação do professor.

FLEURI, Reinaldo Matias (Org.) E*ducação Intercultural. Mediações necessárias.* Rio de Janeiro: DP&A, 2003.

FRANGE, Lucimar Bello P. *Noemia Varela e a arte.* Belo Horizonte : C/Arte, 2001.

FREIRE, João Batista; SCAGLIA, Alcides José. *Educação como prática corpora*l. São Paulo: Scipione, 2001.

FRIEDMANN, Adriana. *Brincar:* crescer e aprender – o resgate do jogo infantil. São Paulo: Moderna, 1996.

FRIEDMANN, Adriana. *O universo simbólico da criança:* olhares sensíveis para a infância. . Petrópolis, RJ: Vozes, 2005.

FUSARI, Maria Felismina de Rezende; FERRAZ, Maria Heloisa. *Metodologia do Ensino de Arte.* São Paulo: Cortez, 1999. (Coleção Magistério, 2º grau. Série Formação do professor).

FUSARI, Maria Felismina de Rezende; FERRAZ, Maria Heloisa. *Arte na educação escolar.* São Paulo: Cortez, 2002.

GADOTTI, Moacir. *Pensamento pedagógico brasileiro.* 2. ed. São Paulo: Ática, 1988. (Série Fundamentos)

GHIRALDELLI JR. Paulo. *História da educação.* São Paulo: Cortez, 2001. (Coleção magistério. 2º grau. Série Formação do professor).

HALL, Stuart. *A identidade cultural na pós-modernidade.* 5. ed. Rio de Janeiro: DP&A, 2001.

HUIZINGA, Johan. *Homo ludens:* o jogo como elemento da cultura. 5edição. São Paulo: Perspectiva, 2007.

IAVELBERG, Rosa. *Para gostar de aprender arte:* sala de aula e formação de professores. Porto Alegre: Artmed, 2003.

KISHIMOTO, Tizuco Morchida. (Org.). *Jogo, brinquedo, brincadeira e a educação.* 11. ed. São Paulo: Cortez, 2008.

KISHIMOTO, Tizuco Morchida. *Jogos infantis:* o jogo, a criança e a educação. Petrópolis, RJ: Vozes, 1992.

KISHIMOTO, Tizuco Morchida. J*ogos Tradicionais Infantis.* São Paulo: Vozes, 1993.

KISHIMOTO, Tizuco Morchida. *O jogo, a criança e a educação.* São Paulo: Pioneira, 1996.

LANGER, Susanne. *A importância cultural da arte.* In: Ensaios filosóficos. São Paulo: Cultrix, 1972 (p. 81-90).

LIBÂNEO, José C. *Democratização da escola pública:* a pedagogia crítico-social dos conteúdos. São Paulo: Loyola, 2002.

LUKÁCS, Georg. *Introdução a uma estética marxista.* Rio de Janeiro: Civilização Brasileira, 1978.

MACEDO, L. de; PETTY, A. L. S.; PASSOS, N. C. *Os Jogos e o Lúdico na Aprendizagem Escolar.* Porto Alegre: Artmed, 110p., 2005.

MARTINS, Mirian Celeste F. D. *Didática do ensino da arte:* a língua do mundo: poetizar, fruir e conhecer arte / Mirian Celeste Martins, Gisa Picosque, M. Terezibha Telles Guerra. – SP: FTD, 1998.

MAYER, Ralph. *Manual do Artista de técnicas e materiais.* São Paulo: Martins Fontes, 1996.

MEIRA, Mirela Ribeiro. *Estudo crítico sobre uma forma alternativa de arte-educação:* caso da escolinha de arte de Bagé. 1984. Monografia (Especialização em Educação) – Universidade Federal do Rio Grande do Sul, Porto Alegre.

PIAGET, Jean. *Seis estudos de psicologia.* Rio de Janeiro: Forense Universitária, 1988.

RICHTER, Ivone Mendes. *Interculturalidade e estética do cotidiano no ensino das artes visuais.* Campinas: Mercado das Letras, 2003.

RICHTER, Ivone Mendes. *A pluralidade cultural e o ensino da arte.* In: CORRÊA, Ayrton Dutra (Org.). Ensino de artes: múltiplos olhares. Ijuí: UniJuí, 2004. p. 141-173.

RIGOTTI, Paulo Roberto. *As artes plásticas em Mato Grosso e Mato Grosso do Sul e a presença da modernidade nas produções pictóricas de Lídia Baís.* 2000. Monografia (Especialização em História do Brasil) – Departamento de Ciências Humanas, Universidade Federal de Mato Grosso do Sul, Dourados.

RODRIGUES, Augusto. *O movimento das escolinhas da arte e suas perspectivas.* Jornal arte e educação. Rio de Janeiro, jul. ano 1 n.12, 1972.

ROMANELLI, Otaíza de Oliveira. *História da educação no Brasil.* 13. ed. Petrópolis: Vozes, 1991.

SÁNCHEZ VÁZQUEZ, Adolfo. *Filosofia da práxis.* Rio de Janeiro: Paz e Terra, 1968.

SAVIANI, Demerval. *Política e educação no Brasil:* o papel do Congresso Nacional na Legislação do Ensino. São Paulo: Cortez: Autores Associados, 1988.

VIDAL, Lux; SILVA, Aracy Lopes da. O *sistema de objetos nas sociedades indígenas:* arte e cultura material. In: SILVA, Aracy Lopes da; GRUPIONI, Luis Donizete Benzi (Orgs.). *A temática indígena na escola:* novos subsídios para professores de 1º e 2º graus. 2. ed. São Paulo: Global; Brasília: MEC/MARI/ UNESCO, 1998. p. 369-401.

XAVIER, Maria Elizabete Sampaio Prado *et al. História da educação:* escola no Brasil. São Paulo: FTD, 1994. – (Coleção aprender e ensinar).

Minhas ANOTAÇÕES

Printed in Great Britain
by Amazon

21048754R00178